국어 한자단어
3만자

국어 한자 단어 3만자

3권

수능·내신·논술·각종 공무원 시험 대비 1등급

문창탑

<국어 한자 단어 3만자> 사용법

1. 먼저 정확하게 읽어보세요.

종이에 쓰여 진 글자를 읽는 것은 우리의 두뇌에 주요한 영양공급을 하는 것과 같습니다.

2. 소리 내어 읽어보세요.

정확한 발음으로 말하는 것은, 자신의 의사를 학교나 사회에서 발표하는 데에 필요하며, 또 SNS나 유튜브 같은 환경에서도 유용하게 사용할 수 있습니다.

3. 빠르게 몇 번 읽어보는 것도 좋습니다.

읽어가는 도중에 자연스럽게 외워지도록 단어를 배치했습니다. 따라서 이 책의 단어 배치는 국어사전과 꼭 일치하지는 않습니다.

4. 붉은 색 한자풀이도 꼭 읽어보세요.

한자는 우리 조상들이 오래도록 사용하고 아껴온 우리의 주요한 문화자산 입니다. 우리가 가깝게 사용하고 익혀야 합니다.

5. 단어를 써가면서 읽어보세요.

논술 실력이 대폭 향상될 것입니다.

6. 추상적인 언어를 통해서 직접 사고할 수 있는 능력을 기르도록 시각적으로 현란한 그림이나 색은 빼고, 단순화시켰습니다. 흑백의 언어를 통해서 여러분이 직접 무한하고 찬란한 상상력의 나래를 펼칠 수 있습니다.

7. 비슷한 말(≒), 반대말(↔), 예시와 참조(※), 설명을 넣었습니다.

8. 이해를 돕기 위해서, 사회, 경제, 역사, 생물, 물리, 천문, 문학, 철학, 종교 등으로, 단어를 분류 했습니다. 국어 학습뿐만 아니라 모든 과목에 유용하게 적용될 것입니다.

9. 되풀이하여 읽을 것을 권합니다. 정독, 음독, 묵독, 속독 등의 방법으로 읽어보세요. 여러분은 어느새 단어의 마스터, 공부의 신이 되어 있을 것입니다.

10. 국어 단어를 읽으면서 영어나 프랑스어 , 중국어, 일어 등 다른 나라 언어들을 쉽게 익힐 수 있도록 익숙한 모양으로 배치했습니다.

11. 책을 읽을 때마다 횟수를 표시할 수 있도록 ○△□를 배치했습니다. ○△□가 상징하는 하늘. 땅. 사람은 우리말의 창제 원리입니다.

* 이 도서는 국립국어원의 표준국어대사전을 참조하였습니다.

ㅅ

▶
성행 盛行 성할 성 / 다닐 행 | 매우 성하게 유행함.

성행하다 盛行하다 성할 성 / 다닐 행 | 매우 성하게 유행하다.

성향 性向 성품 성 / 향할 향 | 성질에 따른 경향

성현 聖賢 성인 성 / 어질 현 | 성인과 현인.

성형 成形 이룰 성 / 모양 형 | 1. 일정한 형체를 만듦.   2. 의학 외과적 수단으로 신체의 어떤 부분을 고치거나 만듦.

성호 城狐 재 성 / 여우 호 | '성안에 사는 여우'란 뜻으로, 임금 곁에 있는 소인을 비유함.

▶
❶성화 盛火 성할 성 / 불 화 | 활활 타오르는 불.

❷성화 聖火 성인 성 / 불 화 | 1. 신에게 제사를 지낼 때에 밝히는 성스러운 불.   2. 올림픽 경기 때에 대회장의 성화대에 켜 놓는 횃불.

❸성화 聖化 성인 성 / 될 화 | 1. 성인이나 임금이 덕행으로써 세상을 교화함.   2. 성스럽게 됨.

❹성화 成火 이룰 성 / 불 화 | 1. 일 따위가 뜻대로 되지 않아서 답답하고 애가 탐.   2. 몹시 귀찮게 구는 일.

성화를 대다 成火를 대다 이룰 성 / 불 화 | 자꾸 몹시 귀찮게 굴다.

▶
❶성황 盛況 성할 성 / 상황 황 | 성대하고 활기에 찬 분위기.

❷성황 城隍 재 성 / 해자 황 | 민속 '서낭'의 원말.

성황단 城隍壇 재 성 / 해자 황 / 단 단 | 마을과 토지를 지켜준다는 서낭단.

▶
❶성회 盛會 성할 성 / 모일 회 | 성대하고 활기에 찬 모임

❷성회 聖會 성인 성 / 모일 회 | 종교적 의식이나 신성한 집회.

▶
❶세간 世間 세상 세 / 사이 간 | 세상 일반.

❷세간사정 世間事情 인간 세 / 사이 간 / 일 사 / 뜻 정 | 세상일의 형편

▶
유세객 遊說客 놀 유 / 달랠 세 / 손 객 | 유창한 말솜씨로 자기의 주장을 펴며 돌아다니는 사람.

세거 世居 인간 세 / 살 거 | 한 곳에 대대로 삶.

세견선 歲遣船 해 세 / 보낼 견 / 배 선 | 역사 조선 세종 때에, 쓰시마섬(對馬島) 도주의 청원을 들어주어 삼포를 개항하고, 내왕을 허락한 무역선.

세경 細徑 가늘 세 / 지름길 경 | 작고 매우 좁다란 길.

▶
❶세계 世界 인간 세 / 경계 계 | 1. 지구상의 모든 나라.   2. 우주 또는 천체.

세계관 世界觀 인간 세 / 경계 계 / 관점 관 | 1. 자신이 사는 세계를 바라보고 이해하는 방식.   2. 인생의 의의나 가치에 관한 통일적인 견해.

세계화 世界化 인간 세 / 경계 계 / 되다 화 | 1. 세계적으로 됨.   2. 세계 여러 나라를 이해하고 받아

들임.

세계사 世界史 인간 세 / 경계 계 / 사기 사 | 세계 전체의 역사.

세계사적 世界史的 인간 세 / 경계 계 / 사기 사 / 과녁 적 | 세계 전체의 역사적 성격을 가지는 것.

세계공민 世界公民 인간 세 / 경계 계 / 공평할 공 / 백성 민 | 세계 국가의 주민.

세계시민 世界市民 인간 세 / 경계 계 / 저자 시 / 백성 민 | 세계를 하나의 나라로 볼 때 구성원으로서의 시민. 세계의 모든 인류는 평등하며, 세계 인류는 한 나라의 국민이라는 견해에서 나온 말이다.

세계영혼 世界靈魂 인간 세 / 경계 계 / 신령 영(령) / 넋 혼 | 철학 우주나 세계를 지배하는 통일적·창조적 원리가 되는 정신. 인도의 범(梵) 사상에서 찾아볼 수 있다.

세계정신 世界精神 인간 세 / 경계 계 / 정할 정 / 귀신 신 | 1. 우주나 세계를 지배하는 통일적·창조적 원리가 되는 정신. 인도의 범(梵) 사상이나 셸링의 철학 따위에서 찾아볼 수 있다. 2. 헤겔의 역사 철학에서, 세계사 속에 자기를 전개하여 실현하는 신적 이성으로서의 정신.

세계은행 世界銀行 인간 세 / 경계 계 / 은 은 / 다닐 행 | 제2차 세계 대전 후에 경제를 부흥하고 개발도상국을 개발하기 위하여 설립한 국제 은행. 주로 장기자금을 제공해 준다.

세계시장 世界市場 인간 세 / 경계 계 / 저자 시 / 마당 장 | 세계 여러 경제 주체가 국제무역으로 형성되는 시장관계.

세계공황 世界恐慌 인간 세 / 경계 계 / 두려울 공 / 어리둥절할 황 | 세계적 규모의 경제 공황. 1929년 10월 뉴욕 증권시장의 주가 폭락으로 시작된 경제공황은 곧 이어 전 세계적으로 확대되었다.

세계국가 世界國家 인간 세 / 경계 계 / 나라 국 / 집 가 | 전 세계의 인류 전체를 하나의 국민으로 하는 국가.

세계대전 世界大戰 인간 세 / 경계 계 / 클 대 / 싸움 전 | 세계 여러 나라가 관여하는 큰 규모의 전쟁.

세계문학 世界文學 인간 세 / 경계 계 / 글월 문 / 배울 학 | 1. 문학 오랜 시간에 걸쳐 인류에게 읽히는 문학. 단테, 셰익스피어의 작품 따위가 여기에 속한다. 2. 문학 개개 국가의 국민 문학 속에서 보편적인 인간성을 추구한 문학. 괴테가 주장하였다.

세계종교 世界宗敎 인간 세 / 경계 계 / 마루 종 / 가르칠 교 | 민족을 초월하여 보편성을 추구하며 세계에서 널리 믿는 종교. 기독교·가톨릭·불교·이슬람교 따위를 이른다.

❷세계 世系 인간 세 / 맬 계 | 대대로 내려오는 계통.

❸세계 歲計 해 세 / 셀 계 | (경영) 한 회계 연도나 한 해의 세입과 세출을 계산함.

세곡 稅穀 세금 세 / 곡식 곡 | 조세로 바치는 곡식.

세공 細工 가늘 세 / 장인 공 | 잔손을 많이 들여 정밀하게 만듦.

세과 歲過 해 세 / 지날 과 | 한 해가 지나감. 또는 세월이 흐름.

세관 稅關 세금 세 / 관계할 관 | 관세청에 딸려 있는 기관. 비행장, 항만, 국경지대에 설치되어 여행자들의 물품이나 수출입 화물에 대한 단속과 관세에 관한 일을 맡아본다.

세관신고 稅關申告 세금 세 / 관계할 관 / 거듭 신 / 고할 고 | 수출입 화물을 세관에 신고하는 일.

세광 洗鑛 씻을 세 / 쇳돌 광 | ▣광업 구덩이 속에서 파낸 광석을 물에 깨끗이 씻어 잡물을 떨어냄.

❶세교 世交 인간 세 / 사귈 교 | 대대로 맺어 온 친분.

❷세교 勢交 형세 세 / 사귈 교 | 세력과 이익 따위를 얻기 위하여 남을 사귀는 일.

❸세교 世敎 인간 세 / 가르칠 교 | 세상을 살아가면서 얻는 교훈

세궁 細窮 가늘 세 / 다할 궁 | 형세가 매우 어렵다. 몹시 가난하다.

세균 細菌 가늘 세 / 버섯 균 | 병을 일으키거나 발효작용을 하는 단세포 미생물.

세균전 細菌戰 가늘 세 / 버섯 균 / 싸움 전 | ▣군사 생물학 무기를 이용하는 전쟁.

세금 稅金 세금 세 / 금 금 | ▣행정 국가 또는 지방 공공 단체가 필요한 경비로 사용하기 위하여 국민으로부터 거두어들이는 금전. 국세와 지방세가 있다.

세기 世紀 인간 세 / 버리 기 | 백 년을 단위로 하는 기간.

세기적 世紀的 인간 세 / 버리 기 / 과녁 적 | 그 세기를 대표할 만큼 뛰어나거나 특이한 것.

세기말 世紀末 인간 세 / 버리 기 / 끝 말 | 1. 한 세기의 끝. 2. 유럽, 특히 프랑스에 절망적·퇴폐적 분위기가 지배하던 19세기 말.

세기말문학 世紀末文學 인간 세 / 버리 기 / 끝 말 / 글월 문 / 배울 학 | ▣문학 19세기 말에서 20세기 초에 걸쳐 유럽에서 나타난 문학. 당시의 염세적이고 퇴폐적인 사회 풍조에서 일어난 것으로, 리얼리즘에 반기를 들고 허무·퇴폐·탐미적 경향을 보였다.

세뇌 洗腦 씻을 세 / 골 뇌 | 머릿속을 씻듯이, 본디 가지고 있던 의식을 버리고 다른 사상·주의를 따르도록 뇌리에 주입하는 일.

세답 洗踏 씻을 세 / 밟을 답 | 빨래.

세대 世代 인간 세 / 세대 대 | 1. 약 30년 정도의 기간. 2. 같은 시대에 살면서 공통의 의식을 가지는 비슷한 연령층의 사람들. ※ 예시: 세대 차이.

세대교체 世代交替 인간 세 / 세대 대 / 사귈 교 / 바꿀 체 | 신세대와 구세대가 교대하여 주역이 바뀜.

세도 勢道 형세 세 / 길 도 | 정치상의 권세. 또는 그 권세를 마구 휘두르는 일.

세도정치 勢道政治 형세 세 / 길 도 / 정사 정 / 다스릴 치 | 왕실의 근친이나 신하가 강력한 권세를 잡고 온갖 정사를 마음대로 하는 정치. 조선 정조 때 홍국영에서 비롯하여 순조·헌종·철종의 3대 60여 년 동안 왕의 외척인 안동 김씨, 풍양

조씨 가문에 의하여 이루어졌다.

세력 勢力 형세 세 / 힘 력(역) | 권력이나 기세의 힘.

▶**세련 洗練/洗鍊** 씻을 세 / 익힐 련(연) | 서투르거나 어색한 데가 없이 능숙하고 미끈하게 갈고 닦음.

세련되다 洗練/洗鍊되다 씻을 세 / 익힐 련(연) | 서투르거나 어색한 데가 없이 능숙하게 잘 다듬어져 있다.

세례 洗禮 씻을 세 / 예도 레(예) | 1. 기독교 입교하는 사람에게 모든 죄악을 씻는 표시로 베푸는 의식. 물세례와 성령세례가 있다. 2. 어떤 사건이나 현상으로 받는 영향이나 단련.

세로 細路 가늘 세 / 길 로(노) | 좁은 길.

세록지신 世祿之臣 인간 세 / 녹 록(녹) / 갈 지 / 신하 신 | 대대로 나라에서 녹봉을 받는 신하.

세론 世論 인간 세 / 논할 론(논) | 사회 대중의 공통된 의견. ≒ 여론.

❶**세류 細柳** 가늘 세 / 버들 류(유) | 1. 가지가 매우 가는 버드나무. 2. 가늘고 연연한 사물이나 사람을 비유.

❷**세류 細流** 가늘 세 / 흐를 류(유) | 가늘게 흐르는 시냇물.

❸**세류 世流** 인간 세 / 흐를 류(유) | 사회 형편의 흐름.

❶**세리 稅吏** 세금 세 / 벼슬아치 리(이) | 세금을 징수하는 관리.

❷**세리 勢利** 형세 세 / 이로울 리(이) | 권세와 이익.

세리지교 勢利之交 형세 세 / 이로울 리(이) / 갈 지 / 사귈 교 | 권세와 이익을 얻을 목적으로 맺는 교제.

세립 細粒 가늘 세 / 낟알 립(입) | 매우 잔 알갱이.

세마포 細麻布 가늘 세 / 삼 마 / 베 포 | 가는 실로 곱게 짠 베.

▶❶**세말 細末** 가늘 세 / 끝 말 | 1. 고운 가루. 2. 곱게 가루를 빻음.

❷**세말 歲末** 해 세 / 끝 말 | 한 해가 끝날 무렵. 설을 앞둔 섣달 그믐께를 이른다. ≒ 세모.

▶**세면 洗面** 씻을 세 / 낯 면 | 세수.

세면대 洗面臺 씻을 세 / 낯 면 / 대 대 | 세면할 수 있도록 시설을 갖추어 놓은 대.

▶❶**세모 細毛** 가늘 세 / 터럭 모 | 매우 가는 털.

❷**세모 洗毛** 씻을 세 / 터럭 모 | 털을 씻음.

❸**세모 歲暮** 해 세 / 저물 모 | 한 해가 끝날 무렵. 설을 앞둔 섣달 그믐께를 이른다.

세목 稅目 세금 세 / 눈 목 | 조세의 종목.

세무 稅務 세금 세 / 힘쓸 무 | 세금을 매기고 거두어들이는 일에 관한 사무.

세문안 歲問安 해 세 / 물을 문 / 편안 안 | 새해에 윗사람에게 안부 인사를 여쭙는 일.

세미 稅米 세금 세 / 쌀 미 | 조세로 바치던 쌀.

세민 細民 가늘 세 / 백성 민 | 수입이 적어 몹시 가난한 사람.

영세민 零細民 떨어질 영(령) / 가늘 세 / 백성 민 | 수입이 적어 몹시 가난한 사람. ≒ 빈민.

세민굴 細民窟 가늘 세 / 백성 민 / 굴 굴 | 가난한 사람들이 모여 사는 구역.

세밀 細密 가늘 세 / 빽빽할 밀 | 자세하고 꼼꼼함.

세밀하다 細密하다 가늘 세 / 빽빽할 밀 | 자세하고 꼼꼼하다. ≒ 빈틈없다, 상세하다. /↔ 조잡하다, 조악하다.

세배 歲拜 해 세 / 절 배 | 섣달그믐이나 정초에 웃어른께 인사로 하는 절.

세뱃돈 歲拜돈 해 세 / 절 배 | 세뱃값으로 주는 돈.

세병 洗兵 씻을 세 / 병사 병 | 병기를 씻어서 거두어들인다는 뜻으로, 전쟁을 끝냄.

❶세보 細報 가늘 세 / 갚을 보 | 자세하게 보고함.

❷세보 世寶 인간 세 / 보배 보 | 대대로 내려오는 보물.

❸세보 世譜 인간 세 / 족보 보 | 조상 대대로 내려오는 혈통과 집안의 역사에 대한 기록을 모아 엮은 책.

세부 細部 가늘 세 / 떼 부 | 자세한 부분.

세부적 細部的 가늘 세 / 떼 부 / 과녁 적 | 세세한 부분까지 미치는 것.

세분 細分 가늘 세 / 나눌 분 | 여러 갈래로 잘게 나눔.

세분하다 細分하다 가늘 세 / 나눌 분 | 여러 갈래로 잘게 나누다.

세비 歲費 해 세 / 쓸 비 | 1. 국가 기관에서 한 해 동안 쓰는 경비. 2. 국가 기관에서 관료 등에게 지급하는 돈. 3. 국회의원이 매달 지급받는 수당 및 활동비.

❶세사 細絲 가늘 세 / 실 사 | 올이 가느다란 실.

❷세사 世事 인간 세 / 일 사 | 세상에서 일어나는 온갖 일.

세상 世上 인간 세 / 윗 상 | 사람이 살고 있는 모든 사회를 이르는 말.

세상만사 世上萬事 인간 세 / 윗 상 / 일만 만 / 일 사 | 세상에서 일어나는 온갖 일.

세상모르다 世上모르다 인간 세 / 윗 상 | 세상 돌아가는 형편에 어둡다.

세상인심 世上人心 인간 세 / 윗 상 / 사람 인 / 마음 심 | 세상 사람들의 마음.

세상천지 世上天地 인간 세 / 윗 상 / 하늘 천 / 땅 지 | '세상'을 강조하여 이르는 말.

세상에 世上에 인간 세 / 윗 상 | 뜻밖의 일이 생겨서 놀랐을 때 하는 말.

저세상 저世上 인간 세 / 윗 상 | 죽은 다음에 간다는 저쪽의 세상이라는 뜻으로, '저승'을 달리 이르는 말.

❶세설 細雪 가늘 세 / 눈 설 | 가랑눈.

❷세설 細說 가늘 세 / 말씀 설 | 잔소리.

세세생생 世世生生 인간 세 / 날 생 | 불교 | 몇 번이든지 다시 환생하는 일.

세세연년 歲歲年年 해 세 / 해 년(연) | 여러 해를 거듭하여 계속 이어짐.

세세하다 細細하다 가늘 세 | 매우 자세하다.

▶ **세속 世俗** 세상 세 / 풍속 속 | 사람이 살고 있는 모든 사회를 통틀어 이르는 말.

세속오계 世俗五戒 세상 세 / 풍속 속 / 다섯 오 / 경계할 계 | 신라시대 화랑이 지켜야 할 다섯 가지 계율. 진평왕 때에 원광(圓光)법사가 정한 것으로, 사군이충(事君以忠)·사친이효(事親以孝)·교우이신(交友以信)·임전무퇴(臨戰無退)·살생유택(殺生有擇)을 이른다.

세손 世孫 세상 세 / 손자 손 | 왕세자의 맏아들.

❶ **세수 洗手** 씻을 세 / 손 수 | 손이나 얼굴을 씻음. 늑 세면, 세안.

❷ **세수 稅收** 세금 세 / 거둘 수 | 국민에게서 조세를 징수하여 얻는 정부의 수입.

❸ **세수 歲首** 해 세 / 머리 수 | 한 해의 처음. 또는 한 해의 첫 달. 늑 정초, 세초.

세시 歲時 해 세 / 때 시 | 새해의 처음.

세습 世襲 인간 세 / 엄습할 습 | 대대로 물려줌.

❶ **세신 世臣** 인간 세 / 신하 신 | 1. 대대로 한 가문이나 왕가를 섬기는 신하. 2. 대대로 나라에서 녹봉을 받는 신하.

❷ **세신 洗身** 씻을 세 / 몸 신 | 몸에 붙어 있는 때를 씻음.

세심하다 細心하다 가늘 세 / 마음 심 | 작은 일에도 꼼꼼하게 주의를 기울여 빈틈이 없다.

❶ **세안 洗顏** 씻을 세 / 낯 안 | 얼굴을 씻음.

❷ **세안 洗眼** 씻을 세 / 눈 안 | 눈을 씻음.

세안수 洗眼水 씻을 세 / 눈 안 / 물 수 | 눈을 씻어 소독하는 물약.

❸ **세안 細案** 가늘 세 / 책상 안 | 자세하고 세밀한 안건.

❹ **세안 歲안** 해 세 | 한 해가 끝나기 이전.

세액 稅額 세금 세 / 이마 액 | 조세의 액수.

세약하다 細弱하다 가늘 세 / 약할 약 | 가늘고 약하다.

세업 世業 인간 세 / 업 업 | 대대로 이어서 내려오는 직업.

세열 細裂 가늘 세 / 찢을 열(렬) | 잘게 갈라짐. 또는 잘게 찢음.

❶ **세외 世外** 인간 세 / 바깥 외 | 세상 밖이라는 뜻으로, 속세를 떠난 곳.

❷ **세외 稅外** 세금 세 / 바깥 외 | 세금 이외.

세외수입 稅外收入 세금 세 / 바깥 외 / 거둘 수 / 들 입 | 조세 이외의 여러 가지 수입. 수수료, 전매 수입 따위가 있다.

세요 細腰 가늘 세 / 허리 요 | 가는 허리. 허리가 가늘고 날씬한 여자. ※ 참조: 규중칠우쟁론기(閨

中七友爭論記)에서 세요각시는 바늘임.

세우 細雨 가늘 세 / 비 우 | 가늘게 내리는 비.

세월 歲月 해 세 / 달 월 | 흘러가는 시간.

세월여류 歲月如流 해 세 / 달 월 / 같을 여 / 흐를 류(유) | 세월이 흐르는 물과 같다는 뜻으로, 세월이 매우 빨리 흘러감을 비유.

세월없다 歲月없다 해 세 / 달 월 | 언제 끝날지 짐작이 가지 않을 정도로, 일이 더디거나 끊임없다.

❶세율 稅律 세금 세 / 법칙 율(률) | (법률) 세금의 부과 및 징수에 관한 법.

❷세율 稅率 세금 세 / 비율 율(률) | (법률) 과세물에 대하여 세금을 계산하여 매기는 법정비율. 비례 세율과 누진 세율이 있다.

세의 世誼 인간 세 / 정 의 | 대대로 사귀어 온 정.

세인 世人 인간 세 / 사람 인 | 세상사람.

❶세입 稅入 세금 세 / 들 입 | 조세의 수입.

❷세입 歲入 해 세 / 들 입 | 한 회계 연도에 있어서의 정부 또는 지방 자치 단체의 모든 수입.

❶세작 細作 가늘 세 / 지을 작 | 국가나 단체의 비밀이나 상황을 몰래 알아내어 대립 관계에 있는 다른 곳에 정보를 제공하는 사람.

❷세작 世爵 인간 세 / 벼슬 작 | 집안 대대로 물려지는 작위.

❸세작 細雀 가늘 세 / 참새 작 | 차나무의 어린 새싹을 따서 만든 차. 찻잎이 참새의 혓바닥 크기

만 할 때 따서 만든다는 데서 붙은 이름이다. ≒ 작설차.

세자 世子 인간 세 / 아들 자 | (역사) 제후국에서, 임금의 자리를 이을 임금의 아들.

세자빈 世子嬪 인간 세 / 아들 자 / 아내 빈 | (역사) 왕세자의 아내.

세장하다 細長하다 가늘 세 / 길 장 | 가늘고 길다.

세전 歲前 해 세 / 앞 전 | 설을 쇠기 전.

❶세정 世情 인간 세 / 뜻 정 | 1. 세상의 사정이나 형편. 2. 세상 사람들의 인심.

❷세정 細情 가늘 세 / 뜻 정 | 1. 세세히 맺힌 정. 2. 자세한 사정이나 형편.

❸세정 稅政 세금 세 / 정사 정 | 세무에 관한 행정.

❹세정 洗淨 씻을 세 / 깨끗할 정 | 씻어서 깨끗이 함.

세정력 洗淨力 씻을 세 / 깨끗할 정 / 힘 력 | 때나 찌꺼기를 깨끗이 씻어 내는 힘.

❶세제 洗劑 씻을 세 / 약제 제 | 세척하는 데 쓰는 물질. 비누 따위를 이른다.

❷세제 稅制 세금 세 / 절제할 제 | 세금을 매기고 거두어들이는 제도.

❸세제 世弟 인간 세 / 아우 제 | (역사) 왕위를 이어받을 왕의 아우. ≒ 왕세제.

❹세제 歲除 해 세 / 덜 제 | 섣달 그믐날 밤.

❶세족 勢族 형세 세 / 겨레 족 | 세력 있는 집안. ≒

세가.

❷세족 洗足 씻을 세 / 발 족 | 발을 씻음. ≒ 탁족 .

세족식 洗足式 씻을 세 / 발 족 / 법 식 | 가톨릭 성 목요일 저녁 미사 때에, 열두 제자의 발을 씻긴 예수를 본받아 세족례를 행하는 의식.

세존 世尊 인간 세 / 높을 존 | 불교 '석가모니'의 다른 이름. 세상에서 가장 존귀한 존재라는 뜻 이다.

❶세차 洗車 씻을 세 / 수레 차 | 자동차에 묻은 먼 지나 흙 따위를 씻음.

세차하다 洗車하다 씻을 세 / 수레 차 | 자동차에 묻은 먼지나 흙 따위를 씻다.

❷세차 歲差 해 세 / 다를 차 | 천문 천체의 작용에 의하여, 지구 자전축의 방향이 조금씩 변하는 현상.

세찰 細察 가늘 세 / 살필 찰 | 자세히 살핌.

세척 洗滌 씻을 세 / 씻을 척 | 깨끗이 씻음.

❶세초 歲初 해 세 / 처음 초 | 한 해의 첫머리. ≒ 설, 세수, 정초.

❷세초 洗草 씻을 세 / 풀 초 | 역사 조선 시대에, 실록을 편찬한 뒤 그 초고를 없애 버리던 일. 자하문 밖에서 사초를 물에 씻고, 다시 제지 원 료로 사용하였다.

세출 歲出 해 세 / 날 출 | 행정 국가나 지방자치 단체의 한 회계 연도에 있어서 모든 지출.

세칙 細則 가늘 세 / 법칙 칙 | 세분하여 자세하게

만든 규칙.

세칭 世稱 인간 세 / 일컬을 칭 | 세상에서 흔히 일컬 음.

세탁 洗濯 씻을 세 / 씻을 탁 | 기계를 이용하여 빨 래를 하는 일.

세태 世態 인간 세 / 모습 태 | 세상의 상태나 형편. ≒ 세파, 시국.

세태염량 世態炎涼 인간 세 / 모습 태 / 불꽃 염 / 서 늘할 량(양) | 세력이 있을 때는 아첨하여 따르고, 세력이 없어지면 푸대접하는 세상인심을 비유.

세태소설 世態小說 인간 세 / 모습 태 / 작을 소 / 말 씀 설 | 문학 사람들의 일상생활과 사회의 풍 속, 인심, 유행 따위를 묘사한 소설.

세파 世波 인간 세 / 갈래 파 | 모질고 거센 세상의 어려움.

세평 世評 인간 세 / 평할 평 | 세상 사람들 사이에 오가는 평판이나 비평.

세포 細胞 가늘 세 / 세포 포 | 생물 생물체를 이루 는 기본 단위.

세포막 細胞膜 가늘 세 / 세포 포 / 막 막 | 생물 세 포질을 둘러싸고 있는 막. 물질을 선택적으로 투과하고 운반하며 외부의 신호를 감지하는 구 실을 한다.

세풍 世風 인간 세 / 바람 풍 | 세상의 풍조.

세한 歲寒 해 세 / 추을 한 | 설 전후의 추위. 매우 심한 한겨울의 추위.

세한삼우 歲寒三友 해 세 / 춥다 한 / 셋 삼 / 벗 우 | 추운 겨울철의 세 벗(송죽매 **松竹梅**)이라는 뜻으로, 추위에 잘 견디는 소나무·대나무·매화나무를 통틀어 이르는 말.

세한도 歲寒圖 해 세 / 춥다 한 / 그림 도 | 추사 김정희의 '세한도'는 선비의 절조와 자신의 처지를 나타낸 그림이다. '세한연후 지송백지후조(**歲寒然後 知松柏之後凋** 날이 차진 연후에야 소나무와 잣나무가 늦게 시듦을 알게 된다)'.

❶**소 訴** 호소할 소 | 법률 원고가 법원에 심판을 청구하는 일.

❷**소 疏** 소통할 소 | 1. 임금에게 올리던 글. 2. 불교 경전의 글귀를 풀이하여 놓은 글.

❸**소 沼** 못 소 | 땅바닥이 우묵하게 빠지고 물이 괴어 있는 곳. ≒ 늪.

소가족 小家族 작을 소 / 집 가 / 겨레 족 | 식구 수가 적은 가족.

소각 燒却 불사를 소 / 물리칠 각 | 불에 태워 없애 버림.

소갈증 消渴症 사라질 소 / 목마를 갈 / 증세 증 | 한의 갈증으로 물을 많이 먹히는 병증.

소감 所感 바 소 / 느낄 감 | 마음에 느낀 바.

소강 小康 작을 소 / 편안 강 | 1. 병이 조금 나아진 기색이 있음. 2. 소란이 그치고 조금 잠잠함.

소강상태 小康狀態 작을 소 / 편안 강 / 형상 상 / 모습 태 | 소란이나 혼란 따위가 그치고 조금 잠잠한 상태.

소개 紹介 이을 소 / 낄 개 | 둘 사이에서 일이 진행되게 주선함.

소개업 紹介業 이을 소 / 낄 개 / 업 업 | 중간에서 소개를 해주고 돈을 받는 직업.

소거 掃去 쓸 소 / 갈 거 | 지워 없앰.

소거하다 消去하다 사라질 소 / 갈 거 | 지워 없애다. ≒ 없애다, 삭제하다, 제거하다.

소격 疏隔 소통할 소 / 사이 뜰 격 | 사귀는 사이가 멀어져서 왕래가 막힘. ≒ 소원(**疏遠**).

소견 所見 바 소 / 볼 견 | 일이나 사물을 살펴보고 가지게 되는 생각이나 의견. ≒ 견해.

소과 小過 작을 소 / 지날 과 | 작은 허물이나 잘못.

❶**소관 所管** 바 소 / 대롱 관 | 맡아 관리하는 바.

❷**소관 小官** 작을 소 / 벼슬 관 | 1. 지위가 낮은 관리. 2. 관리가 자기를 낮추어 이르는 일인칭 대명사.

소광 素光 본디 소 / 빛 광 | 달이나 눈, 이슬, 서리 따위의 흰빛.

소교 小轎 작을 소 / 가마 교 | 작은 가마.

소구 遡求 거스를 소 / 구할 구 | 거슬러 올라가서 구함

소국 小國 작을 소 / 나라 국 | 작은 나라.

소규모 小規模 작을 소 / 법 규 / 본뜰 모 | 범위나 크기가 작음.

❶**소극 笑劇** 웃음 소 / 심할 극 | 관객을 웃기기 위하

여 만든 비속한 연극. 과장된 표현·노골적인 농담·우연성·황당무계함 따위를 특징으로 한다.

❷소극 消極 사라질 소 / 극진할 극 | 스스로 앞으로 나아가거나 상황을 개선하려는 기백이 부족하고 활동적이지 못함.

소극적 消極的 사라질 소 / 극진할 극 / 과녁 적 | 스스로 앞으로 나아가거나 상황을 개선하려는 기백이 부족하고 활동적이지 못한 것. 늑 수동적, 퇴영적, 고식적.

소극주의 消極主義 사라질 소 / 극진할 극 / 주인 주 / 뜻 의 | 1. 일을 소극적으로 하는 태도. 2. 철학 행위를 하지 않음으로써 악을 피하려는 경향이나 태도. 금욕주의가 여기에 해당한다. 3. 철학 회의론이나 불가지론을 주장하는 태도. 또는 현상계의 실재를 부정하는 태도.

소급 遡及 거슬러 올라갈 소 / 미치다 급 | 지나간 일에 거슬러 올라감. ※ 예시: 법률불소급의 원칙.

소급입법 遡及立法 거슬러 올라갈 소 / 미치다 급 / 설 입(립) / 법 법 | 법률 어떤 법을 만들기 이전의 일까지 소급하여 적용할 수 있게 법을 제정함.

소기 所期 바 소 / 기약할 기 | 마음에 기약한 바.

소낭 小囊 작을 소 / 주머니 낭 | 작은 주머니.

소녀 少女 적을 소 / 여자 녀(여) | 어린 여자아이.

소년 少年 적을 소 / 해 년(연) | 어린 남자아이.

소년공 少年工 적을 소 / 해 년(연) / 장인 공 | 소년인 직공.

소년근로자 少年勤勞者 적을 소 / 해 년(연) / 부지런할 근 / 일할 로(노) / 사람 자 | 법률 만 18세 미만의 어린 근로자. 노동법에서는 소년이 장시간 노동을 하거나 불량한 작업 환경에서 일하는 것을 막기 위하여 특별한 보호를 하도록 규정하고 있다.

소년등과 少年登科 적을 소 / 해 년(연) / 오를 등 / 과목 과 | 예전에, 젊은 나이에 과거에 급제하던 일.

비행소년 非行少年 아닐 비 / 다닐 행 / 적을 소 / 해 년(연) | 소년법의 대상이 되는 반사회 성향의 소년.

소년범 少年犯 적을 소 / 해 년(연) / 범할 범 | 법률 죄를 저지른 19세 미만의 미성년자.

촉법소년 觸法少年 닿을 촉 / 법 법 / 적을 소 / 해 년(연) | 법률 형법에 저촉되는 행위를 한, 10세 이상 14세 미만의 소년. 형사 책임능력이 없기 때문에 처벌을 받지 않으며 보호처분의 대상이 된다.

청소년 靑少年 푸를 청 / 적을 소 / 해 년(연) | 1. 청년과 소년을 아울러 이르는 말. 2. 청소년 기본법에서, 9세 이상 24세 이하인 사람을 이르는 말. 3. 청소년 보호법에서, 19세 미만인 사람을 이르는 말.

소농 小農 작을 소 / 농사 농 | 작은 규모로 짓는 농사.

소대 小隊 작을 소 / 무리 대 | 군사 군대 편성 단위의 하나. 분대의 위, 중대의 아랫니며, 대개 위관급의 중위, 소위가 지휘를 맡는다.

❶**소도 小道** 작을 소/길 도 | 작은 길.

❷**소도 小島** 작을 소/섬 도 | 작은 섬.

❸**소도 蘇塗** 되살아날 소/칠할 도 | 역사 삼한 때에, 신단을 설치하고 천신에게 제사를 지내던 장소. 죄인이 이곳으로 달아나더라도 잡아가지 못하였다.

소도구 小道具 작을 소/길 도/갖출 구 | 연극이나 영화 따위에서, 무대 장치나 분장에 쓰는 작은 도구류.

소독 消毒 사라질 소/독 독 | 병의 감염이나 전염을 예방하기 위하여 병원균을 죽이는 일.

소독법 消毒法 사라질 소/독 독/법 법 | 전염병을 예방하기 위하여 병원균을 죽이는 방법. 물리적 방법으로 가열이나 자외선·소각에 의한 소독이 있고, 화학적 방법으로 약물 소독이 있다.

❶**소동 騷動** 떠들 소/움직일 동 | 흥분해서 시끄럽게 떠들어 대는 일.

소동하다 騷動하다 떠들 소/움직일 동 | 흥분해서 시끄럽게 떠들어 대다.

❷**소동 小童** 작을 소/아이 동 | 1. 열 살 안팎의 어린아이. 2. 심부름하는 아이.

소두 小豆 작을 소/콩 두 | 팥.

소득 所得 바 소/얻을 득 | 일한 결과로 얻은 정신적·물질적 이익.

소득세 所得稅 바 소/얻을 득/세금 세 | 개인이 벌어들인 소득에 따라 매기는 세금.

근로소득세 勤勞所得稅 부지런할 근/일할 로(노)/바 소/얻을 득/세금 세 | 근로자가 근로의 대가로 받은 소득에 대하여 부과하는 조세.

종합소득세 綜合所得稅 모을 종/합할 합/바 소/얻을 득/세금 세 | 납세자의 각종 소득을 합계한 총소득에 대하여 매기는 소득세.

양도소득세 讓渡所得稅 사양할 양/건널 도/바 소/얻을 득/세금 세 | 토지, 건물 따위를 양도하여 얻은 소득에 대하여 부과하는 조세.

소득분포 所得分布 바 소/얻을 득/나눌 분/베포 | 사회 집단에서 소득 금액의 차이에 따라 구분되는 소득 계층의 상태.

소등 消燈 사라질 소/등 등 | 등불을 끔. ↔ 점등.

소등하다 消燈하다 사라질 소/등 등 | 등불을 끄다.

소등시간 消燈時間 사라질 소/등 등/때 시/사이 간 | 잠자리에 들기 위하여 불을 끄는 시간.

소란 騷亂 떠들 소/어지러울 란(난) | 시끄럽고 어수선함.

소란하다 騷亂하다 떠들 소/어지러울 란(난) | 시끄럽고 어수선하다.

소략하다 疏略하다 소통할 소/간략할 략(약) | 꼼꼼하지 못하고 간략하다. ≒ 성기다. 거칠다.

소략히 疏略히 소통할 소/간략할 략(약) | 꼼꼼하지 못하고 간략하게.

소량 少量 적을 소/헤아릴 량(양) | 적은 분량.

❶**소렴 疏簾** 소통할 소 / 발 렴(염) | 성기게 엮은 발.

❷**소렴 小殮/小斂** 작을 소 / 염할 렴(염) | 운명한 다음 날, 시신에 수의를 갈아입힘.

소로 小路 작을 소 / 길 로(노) | 작고 매우 좁다란 길.

❶**소론 小論** 작을 소 / 논할 론(논) | 간단한 논설.

❷**소론 所論** 바 소 / 논할 론(논) | 주장하는 바.

❸**소론 少論** 적을 소 / 논할 론(논) | 조선 시대에, 사색당파의 하나. 서인 가운데 소장파인 한태동, 윤증 등을 중심으로 한 당파이며, 노론의 종주인 송시열과 대립하였다.

❶**소리 小利** 작을 소 / 이로울 리(이) | 작은 이익.

❷**소리장도 笑裏藏刀** 웃음 소 / 속 리(이) / 감출 장 / 칼 도 | 웃는 마음속에 칼이 있다는 뜻으로, 겉으로는 웃고 있으나 마음속에는 해칠 마음을 품고 있음.

소망 所望 바 소 / 바랄 망 | 어떤 일을 바람.

소망하다 所望하다 바 소 / 바랄 망 | 어떤 일을 바라다.

소매 小賣 작을 소 / 팔 매 | 물건을 생산자나 도매상에게서 사들여 소비자에게 직접 낱개로 팖.

소매상 小賣商 작을 소 / 팔 매 / 장사 상 | 소매하는 장사.

소맥 小麥 작을 소 / 보리 맥 | 밀.

소멸 消滅 사라질 소 / 없어질 멸 | 사라져 없어짐.

↔ 생성(生成).

소멸하다 消滅하다 사라질 소 / 꺼질 멸 | 사라져 없어지다.

소멸시효 消滅時效 사라질 소 / 꺼질 멸 / 때 시 / 본받을 효 | 법률 권리자가 자신의 권리를 행사할 수 있음에도 불구하고, 일정 기간 동안 권리를 행사하지 아니하는 경우에 권리를 소멸하는 제도.

❶**소명 疏明** 소통할 소 / 밝을 명 | 까닭이나 이유를 밝혀 설명함.

❷**소명 召命** 부를 소 / 목숨 명 | 1. 임금이 신하를 부르는 명령. 2. 기독교 하나님의 일을 하도록 부름을 받는 일.

소모 消耗 사라질 소 / 소모할 모 | 써서 없앰.

소모하다 消耗하다 사라질 소 / 소모할 모 | 써서 없애다.

소모전 消耗戰 사라질 소 / 소모할 모 / 싸울 투 | 군사 인원이나 병기, 물자를 계속 소모시키면서, 쉽게 승부가 나지 않는 전쟁.

❶**소모사 召募使** 부를 소 / 모을 모 / 하여금 사 | 역사 조선 시대에, 의병을 모집하기 위하여 임시로 파견하던 벼슬.

❷**소모사 梳毛絲** 얼레빗 소 / 터럭 모 / 실 사 | 품질이 좋은 양털 섬유를 가지런히 하여 꼬아 만든 실.

소목장 小木匠 작을 소 / 나무 목 / 장인 장 | 나무로 가구나 문방구 따위를 짜는 일을 하는 목수.

소묘 素描 본디 소/그릴 묘 | 미술 연필, 목탄, 철필 따위로 사물의 형태와 명암을 위주로 그린 그림.

▶

소문 所聞 바 소/들을 문 | 사람들 사이에 전하여 들리는 말.

소문내다 所聞내다 바 소/들을 문 | 소문을 퍼뜨리다.

소리소문 소리所聞 바 소/들을 문 | '소문'을 강조하여 이르는 말.

▶

소박 素朴 본디 소/성씨 박 | 꾸밈이나 거짓이 없고 수수함.

소박하다 素朴하다 본디 소/성씨 박 | 꾸밈이나 거짓이 없고 수수하다. ≒ 수수하다, 순박하다.

소박미 素朴美 본디 소/성씨 박/아름다울 미 | 꾸밈이나 거짓이 없는 수수한 아름다움.

소반 小盤 작을 소/소반 반 | 자그마한 밥상.

▶

소방 消防 사라질 소/막을 방 | 화재를 진압하거나 예방함.

소방서 消防署 사라질 소/막을 방/마을 서 | 소방에 관한 업무를 맡아보는 기관.

소변 小便 작을 소/똥오줌 변 | '오줌'을 점잖게 이르는 말.

▶

소복 素服 본디 소/옷 복 | 하얗게 차려입은 옷. 흔히 상복으로 입는다.

소복하다 素服하다 본디 소/옷 복 | 소복을 입다.

소복단장 素服丹粧 본디 소/옷 복/붉을 단/단장할 장 | 아래위를 하얗게 차려입고 곱고 맵시 있게 꾸밈.

▶

소비 消費 사라질 소/쓰다 비 | 써서 없앰.

소비경기 消費景氣 사라질 소/쓰다 비/볕 경/기운 기 | 소비자의 구매 활동이 활발해짐으로써 호경기로 향하는 것.

소비도시 消費都市 사라질 소/쓰다 비/도읍 도/저자 시 | 생산보다 소비를 주로 하는 도시. 생산과 직접 관계가 없는 정치, 교육, 군사나 관광 따위의 시설이 집중되어 있다.

소비성향 消費性向 사라질 소/쓸 비/성품 성/향할 향 | 소득의 변화에 따라 소비가 변화하는 경향. 소득과 소비는 비례하는 성질을 보이지만, 소득이 더욱 많아지면 저축의 비율이 높아진다.

소비자가격 消費者價格 사라질 소/쓸 비/사람 자/값 가/격식 격 | 경제 소비자가 어떤 재화를 사들일 때의 가격. 물건의 생산자 가격에 이윤, 운송비 따위를 넣은 가격이다.

소비자선택이론 消費者選擇理論 사라질 소/쓸 비/사람 자/가릴 선/가릴 택/다스릴 이(리)/논할 론(논) | 경제 한정된 소득으로 최대의 만족을 얻을 수 있게 소비하고자 하는 합리적인 소비행태를 가정하여 설명하는 이론.

▶

❶소사 小事 작을 소/일 사 | 조그마하거나 하찮은 일.

❷소사 小史 작을 소/사기 사 | 줄여서 간략하게 기록한 역사.

❸소사 小使 작을 소/하여금 사 | 관청이나 회사, 학교 따위에서 잔심부름을 시키기 위하여 고용

한 사람.

❹**소사 召史** 부를 소 / 사기 사 | 양민의 아내나 과부를 이르는 말.

❺**소사 小師** 작을 소 / 스승 사 | 〔불교〕 제자를 스승이 되는 승려에 상대하여 이르는 말.

❻**소사 小士** 작을 소 / 선비 사 | 거사(居士)나 처사(處士)가 자기를 낮추어 이르는 일인칭 대명사.

❼**소사 素紗** 본디 소 / 비단 사 | 희고 얇은 비단.

❽**소사 燒死** 불사를 소 / 죽을 사 | 불에 타서 죽음.

❾**소사 掃射** 쓸 소 / 쏠 사 | 〔군사〕 기관총 따위를 상하좌우로 휘두르며 연달아 쏘는 일.

▶❶**소산 所産** 바 소 / 낳을 산 | 1. 어떤 지역에서 생산되는 물건. 2. 어떤 행위나 상황에 의한 결과로 나타나는 현상. 늑 산출물, 산물, 결과물.

❷**소산 消散** 사라질 소 / 흩을 산 | 흩어져 사라짐.

▶❶**소상 小像** 작을 소 / 모양 상 | 작은 상.

❷**소상 素像** 본디 소 / 모양 상 | 채색을 하지 않은 상.

❸**소상 塑像** 흙 빚을 소 / 모양 상 | 찰흙으로 만든 형상.

❹**소상 小祥** 작을 소 / 상서 상 | 사람이 죽은 지 1년 만에 지내는 제사.

❺**소상 昭詳** 밝을 소 / 자세할 상 | 분명하고 상세히 함.

소상하다 昭詳하다 밝을 소 / 자세할 상 | 분명하고 상세하다.

▶❶**소생 蘇生/甦生** 되살아날 소 / 날 생 | 거의 죽어 가다가 다시 살아남.

소생하다 蘇生/甦生하다 되살아날 소 / 날 생 | 다시 살아나다.

❷**소생 所生** 바 소 / 날 생 | 자기가 낳은 아들이나 딸.

❸**소생 疏生** 소통할 소 / 날 생 | 임금에게 상소하는 글을 올린 선비.

❹**소생 小生** 작을 소 / 날 생 | 예전에, 말하는 이가 자기를 낮추어 이르던 일인칭 대명사.

소설 小說 작을 소 / 말씀 설 | 사실 또는 작가의 상상을 바탕으로 허구적으로 꾸며낸 산문문학. 길이에 따라 장편·중편·단편소설, 내용에 따라 과학소설·역사소설·추리소설 등으로 구분할 수 있음.

소설가 小說家 작을 소 / 말씀 설 / 집 가 | 소설 쓰는 일을 전문적으로 하는 사람.

▶❶**소성 塑性** 흙 빚을 소 / 성품 성 | 외부에서 힘을 받아 형태가 바뀐 뒤에 그 힘이 없어져도 본래의 모양으로 돌아가지 않는 성질.

❷**소성 燒成** 불사를 소 / 이룰 성 | 가마에서 벽돌 따위를 구워 만듦.

소성품 燒成品 불사를 소 / 이룰 성 / 물건 품 | 가마에서 구워 만든 제품.

소세 梳洗 얼레빗 소 / 씻을 세 | 머리를 빗고 낯을

19

씻음.

❶**소소하다** 小小하다 작을 소 | 작고 대수롭지 아니하다.

❷**소소하다** 炤炤하다 밝을 소 | 밝고 환하다.

❸**소소하다** 蕭蕭하다 쓸쓸할 소 | 바람이나 빗소리 따위가 쓸쓸하다.

❹**소소하다** 疏疏하다 소통할 소 | 드문드문하고 성기다.

소속 所屬 바 소 / 무리 속 | 일정한 단체나 기관이나 소속에 딸림.

소속감 所屬感 바 소 / 무리 속 / 느낄 감 | 자신이 어떤 집단에 소속되어 있다는 느낌.

소송 訴訟 호소할 소 / 송사할 송 | (법률) 원고와 피고 사이의 판결을 법원에 요구함.

소송대리 訴訟代理 호소할 소 / 송사할 송 / 대신할 대 / 다스릴 리(이) | (법률) 소송 당사자를 대신하여 소송 행위를 하는 제삼자. 법률에 의한 것과 소송 위임에 의한 것이 있다.

소쇄하다 瀟灑하다 맑고 깊을 소 / 뿌릴 쇄 | 기운이 맑고 깨끗하다.

❶**소수** 素數 본디 소 / 셈 수 | (수학) 1과 자신의 수 이외의 자연수로는 나눌 수 없는 자연수. 2, 3, 5, 7, 11 따위가 있다.

❷**소수** 少數 적을 소 / 셈 수 | 적은 수효.

소수의견 少數意見 적을 소 / 셈 수 / 뜻 의 / 볼 견 | 다수결에 의하여 의사 결정이 이루어지는 경우에, 다수의 찬성을 얻지 못하고 폐기된 의견. ↔ 다수 의견.

소수민족 少數民族 적을 소 / 셈 수 / 백성 민 / 겨레 족 | 다민족 국가에서, 지배력을 가진 민족에 대하여 인구수가 적고 언어와 관습 따위를 달리하는 민족.

❶**소승** 小僧 작을 소 / 중 승 | 승려가 자기를 낮추어 이르는 일인칭 대명사.

❷**소승** 小乘 작을 소 / 탈 승 | (불교) 수행을 통한 개인의 해탈을 가르치는 교법.

소승적 小乘的 작을 소 / 탈 승 / 과녁 적 | 시야가 좁아 작은 것에 얽매이는 것. ↔ 대승적.

소시민 小市民 작을 소 / 저자 시 / 백성 민 | 노동자와 자본가의 중간 계급에 속하는 소상인, 수공업자, 봉급생활자, 하급 공무원 따위를 통틀어 이르는 말.

❶**소식** 小食 작을 소 / 밥 식 | 음식을 적게 먹음.

❷**소식** 消息 사라질 소 / 쉴 식 | 멀리 떨어져 있는 사람의 사정을 알리는 말이나 글. ≒ 동정, 보도.

소식통 消息通 사라질 소 / 쉴 식 / 통할 통 | 어떤 일의 내막이나 사정을 잘 아는 사람.

소식불통 消息不通 사라질 소 / 쉴 식 / 아닐 불 / 통할 통 | 소식이 서로 끊김.

❶**소신** 所信 바 소 / 믿을 신 | 굳게 믿고 있는 바. 또는 생각하는 바. ≒ 신념, 신조.

❷**소신** 燒身 불사를 소 / 몸 신 | 자기 몸을 스스로

불사름.

소신공양 燒身供養 불사를 소 / 몸 신 / 이바지할 공 / 기를 양 | **불교** 자기 몸을 태워 부처 앞에 바침. ※ 김동리의 〈등신불〉의 소재.

❶소실 消失 사라질 소 / 잃을 실 | 사라져 없어짐.

❷소실 燒失 불사를 소 / 잃을 실 | 불에 타서 사라짐.

소심하다 小心하다 작을 소 / 마음 심 | 대담하지 못하고 조심성이 지나치게 많다.

❶소시 小市 작을 소 / 저자 시 | 1. 작은 도시. 2. 작은 시장.

❷소시 少時 적을 소 / 때 시 | 젊었을 때.

소싯적 少時적 적을 소 / 때 시 | 젊었을 때.

소아 小兒 작을 소 / 아이 아 | 어린아이. 나이가 적은 아이.

소아과 小兒科 작을 소 / 아이 아 / 과목 과 | **의학** 어린아이의 병을 전문적으로 진찰·치료하던 의학 분야. 소아청소년과로 이름이 바뀌었다.

소액 少額 적을 소 / 이마 액 | 적은 액수.

소야곡 小夜曲 작을 소 / 밤 야 / 굽을 곡 | **음악** 저녁에 남자가 연인의 집 창밖에서 부르는 사랑의 노래.

❶소양 素養 본디 소 / 기를 양 | 평소 닦아 놓은 교양.

❷소양 霄壤 하늘 소 / 흙덩이 양 | '천지'를 달리 이르는 말. 높은 하늘과 넓은 땅이라는 뜻이다.

소양지간 霄壤之間 하늘 소 / 흙덩이 양 / 갈 지 / 사이 간 | 하늘과 땅 사이의 차이라는 뜻으로, 서로 엄청나게 다름을 뜻함.

❸소양감 搔癢感 긁을 소 / 가려울 양 / 느낄 감 | 아프고 가려운 느낌.

소여 所與 바 소 / 더불 여 | 주어진 바. 또는 부여된 바.

소염제 消炎劑 사라질 소 / 불꽃 염 / 약제 제 | **약학** 염증을 치료하는 약.

❶소왕 小王 작을 소 / 임금 왕 | 작은 범위의 권한을 가진 왕.

❷소왕 素王 본디 소 / 임금 왕 | 왕자다운 덕이 있어 왕이 될 자격을 갖춘 사람.

소외 疏外 성글다 소 / 바깥 외 | 1. 어떤 무리에서 따돌리거나 멀리함. 2. 개인이 사회에 속하지 못하고 거리가 있는 상태.

소외되다 疏外되다 소통할 소 / 바깥 외 | 어떤 무리에서 기피되어 따돌림을 당하다.

❶소요 逍遙 거닐다 소 / 노닐다 요 | 자유롭게 이리저리 노닐다. ≒ 산책.

소요학파 逍遙學派 거닐다 소 / 노닐다 요 / 배울 학 / 갈래 파 | 고대 그리스 철학파의 하나. 아리스토텔레스가 학원 안의 나무 사이를 산책하며 제자들을 가르쳤다는 데서 붙은 이름이다. ≒ 아리스토텔레스학파,

❷소요 騷擾 떠들 소 / 시끄러울 요 | 1. 여럿이 떠들썩하게 들고일어남. 또는 그런 술렁거림과 소란. 2. 여러 사람이 모여 폭행이나 협박 또는 파

괴 행위를 함으로써 공공질서를 문란하게 함. 늑 소란, 데모.

❸**소요 所要** 바 소 / 요긴할 요 | 필요로 하거나 요구되는 바. 늑 필요, 소용.

소요량 所要量 바 소 / 요긴할 요 / 헤아릴 량 | 필요로 하거나 요구되는 분량

소욕 所欲 바 소 / 하고자 할 욕 | 하고 싶어 하는 바. 또는 하고자 하는 바.

소용 所用 바 소 / 쓸 용 | 쓸 곳. 또는 쓰이는 바.

❶**소원 所願** 바 소 / 원할 원 | 어떤 일이 이루어지기를 바람. 늑 희원. 갈망.

소원성취 所願成就 바 소 / 원할 원 / 이룰 성 / 나아길 취 | 바라던 바를 이루어 냄.

❷**소원 訴願** 호소할 소 / 원할 원 | 하소연하여 바로잡아 주기를 바람.

헌법소원 憲法訴願 법 헌 / 법 법 / 호소할 소 / 원할 원 | (법률) 헌법 정신에 위배된 법률에 의하여 기본권의 침해를 받은 사람이 직접 헌법재판소에 구제를 청구하는 일.

❸**소원 疏遠** 성글다 소 / 멀다 원 | 사이가 멀어서 서먹서먹함. 늑 소외, 소격.

소원하다 疏遠하다 성글다 소 / 멀다 원 | 거리가 멀고 서먹서먹하다. ↔ 친밀하다.

❶**소위 所謂** 바 소 / 이를 위 | 이른바. 세상에서 말하는 바.

❷**소위 所爲** 바 소 / 할 위 | 1. 하는 일. 2. 이미 해

놓은 일.

❸**소위 小委** 작을 소 / 맡길 위 | 소위원회.

소유 所有 바 소 / 있을 유 | 가지고 있음.

소유자 所有者 바 소 / 있을 유 / 사람 자 | 가지고 있는 사람. 늑 임자.

소유욕 所有欲 바 소 / 있을 유 / 하고자 할 욕 | 가지고 싶어 하는 욕망.

❶**소음 騷音** 떠들 소 / 소리 음 | 불규칙하게 뒤섞여 불쾌하고 시끄러운 소리.

백색소음 白色騷音 흰 백 / 빛 색 / 떠들 소 / 소리 음 | 영에서 무한대까지의 주파수 성분이 골고루 다 분포되어 있는 잡음. 넓은 음폭을 가져 일상생활에 방해가 되지 않는다. 화이트 노이즈 (white noise).

❷**소음 消音** 사라질 소 / 소리 음 | 소리를 없애거나 작게 하여 밖으로 새 나가지 않도록 함.

❸**소음 嘯音** 휘파람 불 소 / 소리 음 | 휘파람 소리.

소읍 小邑 작을 소 / 고을 읍 | 작은 고을.

소의 所依 바 소 / 의지할 의 | 의거하는 것.

소의경전 所依經典 바 소 / 의지할 의 / 지날 경 / 법 전 | 각 종파에서 근본으로 삼는 경전.

❶**소이 所以** 바 소 / 써 이 | 까닭.

소이연 所以然 바 소 / 써 이 / 그럴 연 | 그리된 까닭.

❷**소이탄 燒夷彈** 불사를 소 / 오랑캐 이 / 탄알 탄

| **군사** 소이제를 써서 목표물을 불살라 없애는 포탄.

❶**소인 小人** 작을 소 / 사람 인 | 1. 키나 몸집이 작은 사람. 2. 나이가 어린 사람. 3. 신분이 낮은 사람이 자기를 낮추어 이르던 일인칭 대명사. ↔ 군자, 대인.

소인배 小人輩 작을 소 / 사람 인 / 무리 배 | 마음 씀씀이가 좁고 간사한 사람들이나 그 무리.

❷**소인 消印** 사라질 소 / 도장 인 | 우체국에서 접수된 우편물에 도장을 찍음.

❸**소인 素因** 본디 소 / 인할 인 | 근본이 되는 까닭. ≒ 까닭, 원인.

소일 消日 사라질 소 / 날 일 | 1. 하는 일 없이 세월을 보냄. 2. 어떤 것에 재미를 붙여 심심하지 않게 세월을 보냄. ≒ 소광(消光).

소일하다 消日하다 사라질 소 / 날 일 | 1. 하는 일 없이 세월을 보내다. 2. 어떤 것에 재미를 붙여 심심하지 않게 세월을 보내다.

소임 所任 바 소 / 맡길 임 | 맡은 바 직책이나 임무.

소립자 素粒子 본디 소 / 낟알 립(입) / 아들 자 | 현대물리학에서, 물질 또는 장을 구성하는 가장 작은 입자. 광양자, 전자, 양성자, 중성자, 중간자, 중성미자, 양전자 따위이며, 이들은 여러 가지 상호 작용을 통하여 서로 전화(轉化)한다.

소립자론 素粒子論 본디 소 / 낟알 립(입) / 아들 자 / 논할 론 | **물리** 소립자의 성질 및 상호작용을 연구하는 학문. 양자화된 장의 개념을 써서 다루게 되므로, '장의 이론' 또는 '장의 양자론'이라고도 한다.

❶**소자 小子** 작을 소 / 아들 자 | 1. 스승이 제자를 친근하게 부르는 말. 2. 아들이 부모에게 자기를 낮추어 부르는 일인칭 대명사.

❷**소자 素子** 본디 소 / 아들 자 | 장치, 전자회로의 구성 요소가 되는 낱낱의 부품. 진공관·트랜지스터, 저항 코일·콘덴서 따위가 있다.

소작 小作 작을 소 / 지을 작 | 농토를 갖지 못한 농민이, 다른 사람의 땅을 빌려 소작료를 내고 농사를 짓는 일.

소작지 小作地 작을 소 / 지을 작 / 땅 지 | 소작인이 지주에게 빌려 농사를 짓고 소작료를 지급하는 땅.

소작료 小作料 작을 소 / 지을 작 / 헤아릴 료(요) | 농지를 빌리는 대가로 지주에게 내는 돈.

❶**소장 所藏** 바 소 / 감출 장 | 자기의 것으로 지니어 간직함.

소장하다 所藏하다 바 소 / 감출 장 | 간직하다.

❷**소장 訴狀** 호소할 소 / 문서 장 | 소송을 제기하기 위하여 법원에 제출하는 서류.

❸**소장 少壯** 적을 소 / 장할 장 | 젊고 기운참.

❹**소장 少長** 적을 소 / 길 장 | 젊은이와 늙은이.

❺**소장 消長** 사라질 소 / 길 장 | 쇠하여 사라짐과 성하여 자라남.

❻**소장 小腸** 작을 소 / 창자 장 | **생물** 작은창자

❼**소장 所長** 바 소 / 길 장 | 연구소, 강습소, 출장소 따위와 같이 '소(所)'라고 이름 붙인 곳의 우두머리.

❽**소장 少將** 적을 소 / 장수 장 | 장성 계급의 하나. 중장의 아래, 준장의 위이며 계급장은 별 두 개이다.

소재 素材 바탕 소 / 재료 재 | 바탕이 되는 재료.

소저 小姐 작을 소 / 누이 저 | 아가씨.

소전 小傳 작을 소 / 전할 전 | 줄여서 간략하게 쓴 전기.

소절 小節 작을 소 / 마디 절 | 말, 글, 노래 따위의 한 도막. ≒ 마디.

소정 所定 바 소 / 정할 정 | 정해진 바. ※ 예시:채택된 원고에 대해서는 소정의 고료를 보내 드립니다.

▶❶**소조 塑造** 흙 빚을 소 / 지을 조 | 찰흙, 석고로 빚거나 덧붙여서 만든 조형 미술.

❷**소조 燒造** 불사를 소 / 지을 조 | 벽돌이나 기와 따위를 구워 만드는 일.

❸**소조 疏阻** 소통할 소 / 막힐 조 | 1. 멀리 떨어져 있어 서로 통하지 못함. 2. 오랫동안 서로 소식이 막힘.

▶❶**소주 燒酒** 불사를 소 / 술 주 | 곡주나 고구마주 따위를 끓여서 얻는 증류식 술. 무색투명하고 알코올 성분이 많다.

❷**소주 疏註** 소통할 소 / 글 뜻 풀 주 | 본문에 대한 주해. 소(疏)는 주(註)를 해석·덧붙인 것이고, 주(註)는 경(經)을 해석한 것이다.

❸**소주 小註** 작을 소 / 글 뜻 풀 주 | 큰 주석 아래에 더 자세히 단 주석.

❹**소주 小舟** 작을 소 / 배 주 | 작은 배.

▶❶**소중 所重** 바 소 / 무거울 중 | 매우 귀중함.

소중하다 所重하다 바 소 / 무거울 중 | 매우 귀중하다.

❷**소중 笑中** 웃음 소 / 가운데 중 | 웃는 마음속. 또는 웃는 가운데

소중유도 笑中有刀 웃음 소 / 가운데 중 / 있을 유 / 칼 도 | 웃는 마음속에 칼이 있다는 뜻으로, 겉으로는 웃고 있으나 마음속에는 해칠 마음을 품고 있음. ≒ 소리장도(笑裏藏刀).

▶❶**소지 所持** 바 소 / 가질 지 | 물건을 지니고 있는 일. ≒ 보유, 지참.

소지하다 所持하다 바 소 / 가질 지 | 물건을 지니고 있다. ≒ 보유하다, 지니다.

소지품 所持品 바 소 / 가질 지 / 물건 품 | 가지고 있는 물품.

❷**소지 素地** 본디 소 / 땅 지 | 1. 본래의 바탕. 2. 문제가 되거나 부정적인 일 따위를 생기게 하는 원인.

❸**소지 小指** 작을 소 / 가리킬 지 | 다섯 손가락 가운데 다섯째 손가락. 가장 가늘다.

❹**소지 掃地** 쓸 소 / 땅 지 | 땅바닥을 쓰는 일.

소지하다 掃地하다 쓸 소 / 땅 지 | 땅을 쓸다.

❺소지 燒紙 불사를 소/종이 지 | 부정(不淨)을 없애고 신에게 소원을 빌기 위하여 흰 종이를 태워 공중으로 올리는 일.

소지 올리다 燒紙 올리다 불사를 소/종이 지 | 소원을 빌기 위해 흰 종이를 살라 공중으로 오르게 하다.

소진 消盡 쓰다 소/다하다 진 | 다 써서 없앰.

소진하다 消盡하다 쓰다 소/다하다 진 | 다 써서 없애다.

소진장의 蘇秦張儀 소생하다 소/나라 이름 진/베풀다 장/법식 의 | 소진과 장의처럼 말솜씨가 좋은 사람을 이르는 말.

합종연횡 合縱連橫 더할 합/세로 종/연결할 연/가로 횡 | 소진의 합종설과 장의의 연횡설. 소진과 장의는 중국 전국시대의 유명한 유세가. 여러 나라가 연합하여 진나라에 대항하자는 합종책과 여러 나라가 강대한 진나라와 화친을 맺자는 연횡설을 펼쳤다.

소질 素質 희다 소/바탕 질 | 본디부터 가지고 있는 성질. 또는 타고난 능력이나 기질.

소집 召集 부를 소/모을 집 | 불러서 모음.

소찬 素饌 본디 소/반찬 찬 | 고기나 생선이 들어 있지 아니한 반찬.

시위소찬 尸位素餐 주검 시/자리 위/본디 소/밥 찬 | 덕이나 공로가 없어 직책을 다하지 못하면서 자리만 차지하고 녹을 받아먹음을 비유. ≪한서≫〈주운전(朱雲傳)〉에 나옴.

소청 訴請 호소할 소/청할 청 | 하소연하여 청함.

소총 小銃 작을 소/총 총 | (군사) 개인 휴대용 전투 화기.

소추 訴追 호소할 소/쫓을 추 | 1. 형사 사건에 대하여 공소를 제기하는 일. 우리나라는 국가 소추주의와 검사 소추주의를 택하고 있다. 2. 고급공무원이 헌법이나 법률을 위배하였을 경우 국가가 탄핵을 결의하는 일.

소출 所出 바 소/날 출 | 논밭에서 나는 곡식.

소치 所致 바 소/이를 치 | 어떤 까닭으로 생긴 일. ※ 예시: 부덕의 소치

소침 消沈/銷沈 사라질 소/잠길 침 | 기나 기세가 사그라지고 까라짐.

소침하다 消沈하다/銷沈하다 사라질 소/잠길 침 | 의기나 기세가 사그라지고 까라지다.

의기소침 意氣銷沈 뜻 의/기운 기/녹일 소/잠길 침 | 기운이 없어지고 풀이 죽음.

소탈하다 疏脫하다 소통할 소/벗을 탈 | 예절이나 형식에 얽매이지 아니하고, 수수하고 털털하다.

소탐대실 小貪大失 작을 소/탐할 탐/클 대/잃을 실 | 작은 것을 탐하다가 큰 것을 잃음.

소탕 掃蕩 쓸 소/방탕할 탕 | 휩쓸어 죄다 없애 버림.

소탕전 掃蕩戰 쓸 소/방탕할 탕/싸움 전 | 적의 패잔병까지도 샅샅이 뒤져서 없애는 전투.

소택 沼澤 못 소/못 택 | 늪과 못.

소택지 沼澤地 못 소/못 택/땅 지 | 늪과 연못이

25

있는 습한 땅.

▶

소통 疏通 소통할 소 / 통할 통 | 서로 잘 통함.

소통하다 疏通하다 소통할 소 / 통할 통 | 서로 막히지 않고 잘 통하다.

의사소통 意思疏通 뜻 의 / 생각 사 / 소통할 소 / 통할 통 | 생각이나 뜻이 서로 통함.

소포 小包 작을 소 / 쌀 포 | 조그맣게 포장한 물건.

소폭 小幅 작을 소 / 폭 폭 | 좁은 폭이나 범위.

소품 小品 작을 소 / 물건 품 | 1. 규모가 작은 예술 작품. 2. 실물과 같은 모양으로 정교하게 만들어진 작은 모형.

소풍 逍風/消風 사라질 소 / 바람 풍 | 휴식을 취하기 위해서 야외에 나갔다 오는 일.

소행 素行 본디 소 / 다닐 행 | 평소의 행실.

▶

소형 小形 작을 소 / 모양 형 | 사물의 작은 형체.

소형면허 小型免許 작을 소 / 모형 형 / 면할 면 / 허락할 허 | 소형 자동차를 운전하는 데에 필요한 운전면허.

소호 沼湖 못 소 / 호수 호 | 늪과 호수.

▶

소홀 疏忽 성기다 소 / 소홀히 할 홀 | 1.대수롭지 않고 예사로움. 2. 생각 없이 아무렇게나 함.

소홀하다 疏忽하다 성기다 소 / 소홀히 할 홀 | 1.대수롭지 않고 예사롭다. 2. 생각 없이 아무렇게나 하다. ≒ 등한시하다(**等閑視**하다).

▶

❶소화 小話 작을 소 / 말씀 화 | 짤막한 이야기.

❷소화 消火 사라질 소 / 불 화 | 불을 끔. ≒ 진화.

❸소화 燒火 불사를 소 / 불 화 | 불에 태우거나 사름.

❹소화 消化 사라질 소 / 될 화 | 1. 섭취한 음식물을 분해하여 영양분을 흡수하기 쉬운 형태로 변화시키는 일. 2. 지식이나 기술을 충분히 익혀 자기 것으로 만듦을 비유함.

소화액 消化液 사라질 소 / 될 화 / 진액 | 섭취한 음식물의 소화를 돕기 위하여 분비되는 액체. 침, 위액, 이자액, 쓸개즙, 창자액 따위이다.

▶

소환 召喚 부를 소 / 부를 환 | 법률 법원이 피고인, 증인, 변호인, 대리인 따위의 소송 관계인에게 소환장을 발부하여, 공판 기일에 법원에 나올 것을 명령하는 일.

소환제 召還制 부를 소 / 부를 환 / 절제할 제 | 임기가 끝나기 전에 국민 또는 주민의 발의로 공직자를 파면하는 제도.

국민소환제 國民召還制 나라 국 / 백성 민 / 부를 소 / 부를 환 / 절제할 제 | 선거 따위로 선출·임명한 국민의 대표 또는 공무원을 임기가 끝나기 전에 국민의 발의에 의하여 파면·소환하는 제도.

▶

❶소회 所懷 바 소 / 품을 회 | 마음에 품고 있는 회포.

❷소회 素懷 본디 소 / 품을 회 | 평소에 품고 있는 회포나 뜻.

❸소희 笑戱 웃음 소 / 놀이 희 | 웃으며 장난하는 일.

속 贖 속죄할 속 | 예전에, 죄를 씻으려고 벌 대신에 재물이나 노력 따위를 바치던 일.

속가 俗家 풍속 속 / 집 가 | 불교를 믿지 않는 사람의 집을 불가에서 일컫는 집.

속가량 俗假量 거짓 가 / 헤아릴 량(양) | 마음속으로 대강 어림잡아 보는 셈.

속간 續刊 이을 속 / 새길 간 | 간행을 중단하였던 신문이나 잡지 따위를 다시 계속하여 간행함.

속개 續開 이을 속 / 열 개 | 잠시 중단되었던 회의 따위를 다시 계속하여 엶.

속개선포 續開宣布 이을 속 / 열 개 / 베풀 선 / 베포 | 중지된 회의를 다시 시작하는 것을 선언하는 일. 일반적으로 의사봉 3번 쳐서 속개를 알린다.

속계 俗界 풍속 속 / 지경 계 | 세속의 사람들이 살고 있는 현실 세계. 늑 세속, 속세.

속공 速攻 빠를 속 / 칠 공 | 농구·배구·축구 따위의 구기 경기에서, 재빠른 동작으로 공격함. ↔ 지공.

▶ **속구 速球** 빠를 속 / 공 구 | 야구에서, 투수가 빠르게 던지는 공.

강속구 強速球 강할 강 / 빠를 속 / 공 구 | 야구에서, 투수가 던지는 빠르고 강한 공.

속국 屬國 무리 속 / 나라 국 | 법적으로는 독립국이지만, 실제로는 정치나 경제·군사 면에서 다른 나라에 지배되고 있는 나라. 늑 종속국.

▶ **속기 速記** 빠를 속 / 기록할 기 | 빨리 받아 적음.

속기사 速記士 빠를 속 / 기록할 기 / 선비 사 | 속기를 직업으로 하는 사람.

▶ **속단 速斷** 빠를 속 / 자르다 단 | 서둘러 판단함. 늑 지레짐작.

속단하다 速斷하다 빠를 속 / 자르다 단 | 서둘러 판단하다.

속단론자 速斷論者 빠를 속 / 끊을 단 / 논할 론(논) / 사람 자 | 속단하여 주장하는 사람.

속달 速達 빠를 속 / 통달할 달 | 빨리 배달함.

속담 俗談 풍속 속 / 이야기 담 | 예로부터 민간에 전하여 오는 격언이나 잠언.

▶ **❶속도 速度** 빠를 속 / 법도 도 | 빠르기. 물체가 나아가거나 일이 진행되는 빠르기.

가속도 加速度 더할 가 / 빠를 속 / 법도 도 | 일의 진행에 따라 점점 빨라지는 속도.

빛의 속도 빛의 **速度** 빠를 속 / 법도 도 | 빛이 진행하는 속도. 진공 속에서 1초에 약 30만 km 진행하는 빠르기이다. 상대성 이론에 의하면 진공 속에서 이 빛의 속도보다 빠른 운동은 있을 수 없다.

속도계 速度計 빠를 속 / 법도 도 / 셀 계 | 움직이는 물체의 속도를 재는 장치.

❷속도 屬島 무리 속 / 섬 도 | 육지나 큰 섬에 딸려 있는 섬.

속독 速讀 빠를 속 / 읽을 독 | 빠른 속도로 읽음.

속되다 俗되다 풍속 속 | 고상하지 못하고 천하다.

속량 贖良 속죄할 속 / 어질 량(양) | 1. 기독교 예수가 십자가에 못 박힘으로써 인류의 죄를 대신

씻어 구원한 일.　2. 몸값을 받고 노비의 신분을 풀어 주어서 양민이 되게 하던 일.

속력 速力 빠를 속 / 힘 력(역) | 속도의 크기. 또는 속도를 이루는 힘.

속류 俗流 풍속 속 / 흐를 류(유) | 속된 무리. 또는 속된 무리에 속한 사람.

속명 俗名 풍속 속 / 이름 명 | 본명이나 학명 외에, 민간에서 흔히 부르는 이름.

▶ **속물 俗物** 속되다 속 / 물건 물 | 1. 속된 물건.　2. 품위나 교양 없이 속된 사람.

속물근성 俗物根性 속되다 속 / 물건 물 / 뿌리 근 / 성품 성 | 금전이나 명예를 제일로 치고, 눈앞의 이익에만 관심을 가지는 생각이나 성질.

속박 束縛 묶을 속 / 오랏줄 박 | 자유가 없게 얽어 맴.

❶ **속발 續發** 이을 속 / 필 발 | 사건이나 사고 따위가 계속하여 일어남.

속발성 續發性 이을 속 / 필 발 / 성품 성 | 어떤 병이 다른 병에 바로 이어서 계속 생기는 특성.

❷ **속발 速發** 빠를 속 / 필 발 | 1. 빨리 길을 떠남. 2. 효과가 빨리 나타남

❸ **속발 束髮** 묶을 속 / 터럭 발 | 1. 머리털을 가지런히 하여 흐트러지지 않게 잡아 묶음.　2. 머리털을 위로 치올려 상투를 틂.

속병 속病 병 병 | 1. 몸속의 병을 통틀어 이르는 말.　2. 화가 나거나 속이 상하여 생긴 마음의 아픔. ≒ 속탈.

❶ **속보 速報** 빠를 속 / 갚을 보 | 빨리 알림. 또는 빨리 알리는 보도.

속보판 速報板 빠를 속 / 갚을 보 / 널빤지 판 | 주요 사항을 빨리 알리는 데 쓰는 게시판.

❷ **속보 續報** 이을 속 / 갚을 보 | 앞의 보도에 잇대어서 알림.

❸ **속보 速步** 빠를 속 / 걸음 보 | 빨리 걸음. 또는 빠른 걸음.

❶ **속사 速寫** 빠를 속 / 베낄 사 | 글을 빨리 베껴 씀.

❷ **속사 速射** 빠를 속 / 쏠 사 | 총, 포 따위를 계속하여 빨리 쏨.

속사포 速射砲 빠를 속 / 쏠 사 / 대포 포 | 탄알을 쉽게 장전하여 빨리 발사할 수 있는 포. 예전에, 기관총이나 기관포를 이르던 말.

속설 俗說 풍속 속 / 말씀 설 | 세간에 전하여 내려오는 이야기.　※ 참조: 가담항설(街談巷說)

❶ **속성 屬性** 무리 속 / 성품 성 | 사물의 특징이나 성질.

❷ **속성 速成** 빠를 속 / 이룰 성 | 빨리 이루어짐.

속성재배 速成栽培 빠를 속 / 이룰 성 / 심을 재 / 북을 돋울 배 | 온실, 온상 따위를 사용하여 자연 상태로 자라는 것보다 빨리 자라게 하는 재배 방법.

속세 俗世 풍속 속 / 인간 세 | 불가에서 세속의 일반 사회를 이르는 말.

▶ **속수 束手** 묶다 속 / 손 수 | 1. 두 손을 묶음.　2. 팔

짱을 끼고 가만히 있음.

속수무책 束手無策 묶을 속 / 손 수 / 없을 무 / 계책 책 | 두 손을 묶은 것처럼 계책이 없어 꼼짝 못 함.

속악하다 俗惡하다 풍속 속 / 악할 악 | 속되고 고 약하다.

속어 俗語 풍속 속 / 말씀 어 | 저속하고 상스러운 말. ≒ 상말, 비어, 비속어.

속요 俗謠 풍속 속 / 노래 요 | 민간에서 널리 떠도 는 속된 노래.

속유 俗儒 풍속 속 / 선비 유 | 식견이나 행실이 변 변하지 못하고 속된 선비.

속읍 屬邑 무리 속 / 고을 읍 | 큰 고을에 딸린 작은 고을.

▶ **속인 俗人** 풍속 속 / 사람 인 | 1. 일반의 평범한 사 람. 2. 고상한 맛이 없는 속된 사람. 3. 불가에 서 승려가 아닌 일반 사람을 이르는 말. ≒ 범 인, 세인.

속인주의 屬人主義 무리 속 / 사람 인 / 주인 주 / 뜻 의 | 출생 시의 부모의 국적에 따라서 국적을 결정하는 원칙.

속지주의 屬地主義 무리 속 / 땅 지 / 주인 주 / 뜻 의 | 어떤 나라의 영토 안에서 태어난 사람은, 그 출생지의 국적을 얻게 된다는 원칙.

▶ ❶**속전 續戰** 이을 속 / 싸움 전 | 운동 경기나 전투 따위를 계속함.

❷**속전 速戰** 빠를 속 / 싸움 전 | 운동 경기나 전투

따위에서, 재빨리 몰아쳐 싸움.

속전속결 速戰速決 빠를 속 / 싸움 전 / 빠를 속 / 결 단할 결 | 싸움을 오래 끌지 않고, 빨리 몰아쳐 승 부를 결정함.

❸**속전 贖錢** 속죄할 속 / 돈 전 | 죄를 면하기 위하여 바치는 돈.

❶**속정 俗情** 풍속 속 / 뜻 정 | 1. 명예와 이익을 바 라는 세속적인 생각. 2. 세간의 인정.

❷**속정 속情** 뜻 정 | 1. 비밀한 사정이나 내용. 2. 은근하고 진실한 정. ≒ 속내, 이면.

속죄 贖罪 속죄할 속 / 허물 죄 | 1. 지은 죄를 물건 이나 다른 공로 따위로 비겨 없앰. 2. 기독교 예 수가 십자가에 못 박힘으로써 인류의 죄를 대신 씻어 구원한 일. ≒ 대속, 속량.

속천 屬賤 무리 속 / 천할 천 | 역사 죄인을 천인 (賤人)으로 만들어 장부에 올리던 일.

속출 續出 이을 속 / 날 출 | 잇따라 나옴.

속판 續版 이을 속 / 판목 판 | 먼저 나온 출판물에 잇대어 출판함.

속편 續篇 이을 속 / 엮을 편 | 이미 만들어진 책이 나 영화에 잇대어 만들어진 것.

속필 速筆 빠를 속 / 붓 필 | 빨리 쓰는 글씨.

속현 續絃 잇다 속 / 줄 현 | 거문고와 비파의 끊어 진 줄을 다시 이음. 아내를 여읜 뒤에 새 아내를 맞는 일을 비유.

▶ **속환 贖還** 속죄할 속 / 돌아올 환 | 돈이나 물건 따위

로 대신 갚아주고 도로 찾아옴.

속환사 贖還使 속죄할 속 / 돌아올 환 / 하여금 사
| 역사 병자호란 때, 청나라로 잡혀간 사람을
돈을 주고 찾아오던 일을 맡아보던 사신.

속회 續會 이을 속 / 모일 회 | 중단하였던 회의를
다시 계속함.

속효 速效 빠를 속 / 본받을 효 | 빨리 나타나는 효
과.

속효성 速效性 빠를 속 / 본받을 효 / 성품 성 | 효과
가 빠르게 나타나는 성질

속히 速히 빠를 속 | 빠르게.

손괴 損壞 덜 손 / 무너질 괴 | 어떤 물건을 망가뜨
림.

손괴죄 損壞罪 덜 손 / 무너질 괴 / 허물 죄 | 다른
사람의 재물이나 문서의 가치를 손상하여 성립
하는 범죄.

손상 損傷 덜 손 / 다칠 상 | 깨지거나 상함.

손색 遜色 흠집 날 손 / 빛 색 | 다른 것과 견주어
보아 못한 점.

손색없다 遜色없다 흠집 날 손 / 빛 색 | 다른 것과
견주어 못한 점이 없다.

손실 損失 덜 손 / 잃을 실 | 잃어버리거나 축나서
손해를 봄.

손익 損益 덜 손 / 더할 익 | 손해와 이익.

손익계산 損益計算 덜 손 / 더할 익 / 셀 계 / 셈 산
| 경영 한 회계기간에 기업에서 생기는 모든

비용과 수익을 밝히고 셈하는 일.

손익분기점 損益分岐點 덜 손 / 더할 익 / 나눌 분 /
갈림길 기 / 점 점 | 경영 한 기간의 매출액과 총
비용과 같아지는 점.

손자 孫子 손자 손 / 아들 자 | 아들의 아들. 또는 딸
의 아들. ※ 참조: 손주는 손자와 손녀를 아울러
이르는 말.

손해 損害 덜 손 / 해할 해 | 1. 물질적으로나 정신
적으로 밑짐. 2. 해를 입음.

손해배상 損害賠償 덜 손 / 해할 해 / 물어줄 배 / 갚
을 상 | 법률에 따라 남에게 끼친 손해를 물어 주
는 일.

솔군 率軍 거느릴 솔 / 군사 군 | 군대를 거느림.

솔직성 率直性 거느릴 솔 / 곧을 직 / 성품 성 | 거짓
이나 꾸밈이 없고 바르고 곧은 성질.

솔직하다 率直하다 거느릴 솔 / 곧을 직 | 거짓이나
숨김이 없이 바르고 곧다. 늑 진솔하다, 정직하
다.

솔직담백하다 率直淡白하다 거느릴 솔 / 곧을 직 /
맑을 담 / 흰 백 | 거짓이나 숨김이 없이 바르고 곧
으며, 욕심이 없고 마음이 깨끗하다.

소증 素症 본디 소 / 증세 증 | 푸성귀만 너무 먹어
서 고기가 먹고 싶은 증세.

송가 頌歌 칭송할 송 / 노래 가 | 공덕을 기리는 노
래.

송고 送稿 보낼 송 / 볏짚 고 | 원고를 담당자에게
보냄.

❶**송구** 送舊 보낼 송 / 예 구 | 묵은 해를 보냄.

❷**송구하다** 悚懼하다 두려울 송 / 두려워할 구 | 두려워서 마음이 거북스럽다.

송금 送金 보낼 송 / 금 금 | 돈을 부쳐 보냄.

❶**송기** 松肌 소나무 송 / 살가죽 기 | 소나무의 속껍질. 쌀가루와 함께 섞어서 떡이나 죽을 만들어 먹기도 한다.

❷**송기** 誦記 외울 송 / 기록할 기 | 외워서 기억함.

송년 送年 보낼 송 / 해 년(연) | 묵은 한 해를 보냄.

송년사 送年辭 보낼 송 / 해 년(연) / 말씀 사 | 묵은 한 해를 보내면서 하는 인사말이나 이야기.

송년호 送年號 보낼 송 / 해 년(연) / 이름 호 | 한 해를 마감하며 특집으로 발행하는 정기 간행물.

송달 送達 보낼 송 / 통달할 달 | 1. 편지, 서류, 물품 따위를 보냄. 2. 소송에 관련된 서류를 당사자나 소송 관계인에게 보내는 일. 법원의 서기나 서기관이 맡는다.

송달리 送達吏 보낼 송 / 통달할 달 / 벼슬아치 리(이) | (법원) 서기의 위임을 받아서 소송관계인에게 소송관계 서류를 전달하는 사람. 주로 집행관이나 우편집배인이 송달을 맡는다.

송덕 頌德 칭송할 송 / 클 덕 | 공덕을 기림.

송덕문 頌德文 칭송할 송 / 클 덕 / 글월 문 | 공덕을 기리어 지은 글.

송덕비 頌德碑 칭송할 송 / 클 덕 / 비석 비 | 공덕을 기리기 위하여 세운 비.

송독 誦讀 외울 송 / 읽을 독 | 1. 소리를 내어 글을 읽음. 2. 외워서 글을 읽음.

송림 松林 소나무 송 / 수풀 림(임) | 소나무가 우거진 숲.

송백 松柏 소나무 송 / 측백 백 | 소나무와 잣나무.

송백지조 松柏之操 소나무 송 / 잣나무 백 / 어조사 지 / 지조 조 | 소나무와 잣나무의 사철 푸름. 변하지 않는 굳은 절개를 비유.

송무백열 松茂柏悅 소나무 송 / 무성할 무 / 잣나무 백 / 기뻐할 열 | 소나무가 무성하면 잣나무가 기뻐한다. 벗이 잘되는 것을 기뻐함을 비유.

송별 送別 보낼 송 / 나눌 별 | 떠나는 사람을 이별하여 보냄.

송별연 送別宴 보낼 송 / 나눌 별 / 잔치 연 | 떠나는 사람을 위하여 베푸는 잔치.

송별사 送別辭 보낼 송 / 나눌 별 / 말씀 사 | 떠나는 사람을 이별하여 보내면서 하는 인사말.

송사 送辭 보낼 송 / 말씀 사 | '송별사'의 준말.

송부 送付 보낼 송 / 줄 부 | 물품을 부치어 보냄.

송사 訟事 송사할 송 / 일 사 | 1. 재판에 의하여 원고와 피고 사이의 권리나 의무 따위의 법률관계를 확정하여 줄 것을 법원에 요구함. 민사소송, 형사소송, 행정소송, 선거소송 따위가 있다. 2. 백성끼리 분쟁이 있을 때, 관부에 호소하여 판결을 구하던 일.

❶**송시** 頌詩 칭송할 송 / 시 시 | 공덕을 기리는 시.

❷송시 誦詩 외울 송 / 시 시 | 시를 외워 읊음.

❶송신 送信 보낼 송 / 믿을 신 | 통신을 보냄. ↔ 수신.

송신장치 送信裝置 보낼 송 / 믿을 신 / 꾸밀 장 / 둘 치 | 무선 통신의 송신을 위한 고주파 에너지를 발생하게 하는 장치.

❷송신 送神 보낼 송 / 귀신 신 | 제사가 끝난 뒤에 신을 보내는 일.

송연하다 悚然/竦然하다 두려워할 송 / 그러할 연 | 두려워 몸을 옹송그릴 정도로 오싹 소름이 끼 치다. ※ 예시: 모골(毛骨)이 송연하다.

❶송영 送迎 보낼 송 / 맞을 영 | 1. 가는 사람을 보 내고 오는 사람을 맞음. 2. 묵은해를 보내고 새해를 맞음.

❷송영 誦詠 외울 송 / 읊을 영 | 시가를 외워 읊조 림.

송유관 送油管 보낼 송 / 기름 유 / 대롱 관 | 석유나 원유 따위를 다른 곳으로 보내기 위하여 설치 한 관.

❶송장 送狀 보낼 송 / 문서 장 | 1. 보내는 짐의 내 용을 적은 문서. 짐을 받을 사람에게 보낸다. 2. 상품을 멀리 떨어진 곳으로 발송할 때, 짐을 받을 사람에게 보내는 상품의 명세서.

❷송장 送葬 보낼 송 / 장사지낼 장 | 죽은 이를 장 사 지내어 보냄.

❶송전 送傳 보낼 송 / 전할 전 | 보내어 전함.

❷송전 送電 보낼 송 / 번개 전 | 전력을 보내는 일

송죽 松竹 소나무 송 / 대 죽 | 소나무와 대나무.

송진 松津 소나무 송 / 나루 진 | 소나무나 잣나무에 서 분비되는 끈적끈적한 액체.

송충이 松蟲이 소나무 송 / 벌레 충 | 솔나방의 애벌 레. 몸은 누에 모양이며 온몸에 긴 털이 나 있고 솔잎을 갉아 먹는다.

송축 頌祝 칭송할 송 / 빌 축 | 경사를 기리고 축하 함.

송출 送出 보낼 송 / 날 출 | 내보냄.

송출하다 送出하다 보낼 송 / 날 출 | 내보내다.

송치 送致 보낼 송 / 이를 치 | 1. 서류나 물건 따위 를 보내어 정해진 곳에 이르게 함. 2. 수사기관 에서 검찰청으로 피의자와 서류를 넘겨 보내는 일.

송파 送波 보낼 송 / 물결 파 | 전파를 내보냄.

송판 松板 소나무 송 / 널빤지 판 | 소나무를 켜서 만 든 널빤지

❶송풍 松風 소나무 송 / 바람 풍 | 솔숲 사이를 스쳐 부는 바람.

❷송풍 送風 보낼 송 / 바람 풍 | 기계 따위로 바람을 일으켜 보냄.

송풍기 送風機 보낼 송 / 바람 풍 / 틀 기 | 바람을 일 으켜 보내는 기계.

❶송화 松花 소나무 송 / 꽃 화 | 소나무의 꽃가루. 빛은 노랗고 달착지근한 향내가 나며 다식과 같 은 음식을 만드는 데 쓴다.

송화다식 松花茶食 소나무 송 / 꽃 화 / 차 다 / 밥 식 | 송홧가루를 꿀에 반죽하여 판에 박아 낸 과자.

❷송화 送話 보낼 송 / 말씀 화 | 전화로 상대편에게 말을 보냄.

❸송화 送貨 보낼 송 / 재물 화 | 화물을 부쳐 보냄.

송환 送還 보낼 송 / 돌아올 환 | 도로 돌려보냄.

강제송환 強制送還 강할 강 / 절제할 제 / 보낼 송 / 돌아올 환 | 밀입국자나 국내에서 범죄를 저지른 외국인을 강제로 돌려보내는 일.

쇄골 鎖骨 쇠사슬 쇄 / 뼈 골 | 가슴 위쪽 좌우에 있는 한 쌍의 빗장뼈.

쇄골 碎骨 부술 쇄 / 뼈 골 | 뼈를 부숨.

쇄골분신 碎骨粉身 부술 쇄 / 뼈 골 / 가루 분 / 몸 신 | 뼈를 가루로 만들고 몸을 부순다는 뜻으로, 정성을 다하여 노력함.

쇄국 鎖國 쇠사슬 쇄 / 나라 국 | 나라의 문을 닫아 걸고, 다른 나라와 국교를 맺지 않고 통상과 교역을 금지함.

쇄국정책 鎖國政策 쇠사슬 쇄 / 나라 국 / 정사 정 / 꾀 책 | 나라의 문호를 닫고, 다른 나라와의 국교나 통상을 금지하는 정책. 자국의 이익이나 국가 안보를 지키기 위하여 문호를 닫는 정책을 시행하기도 한다. ↔ 개방정책.

쇄도 殺到 빠르다 쇄 / 이를 도 | 한꺼번에 세차게 몰려듦.

쇄도하다 殺到하다 빠르다 쇄 / 이를 도 | 한꺼번에 세차게 몰려들다. ※ 예시: 주문이 쇄도하다.

쇄락 灑落/洒落 뿌릴 쇄 / 떨어질 락(낙) | 기분이나 몸이 상쾌하고 깨끗함.

쇄락하다 灑落하다/洒落하다 뿌릴 쇄 / 떨어질 락(낙) | 기분이나 몸이 상쾌하고 깨끗하다.

쇄문 鎖門 쇠사슬 쇄 / 문 문 | 문을 걸어 잠금.

쇄빙 碎氷 부술 쇄 / 얼음 빙 | 얼음을 깨뜨려 부숨.

쇄빙선 碎氷船 부술 쇄 / 얼음 빙 / 배 선 | 얼어붙은 바다나 강의 얼음을 깨뜨려 부수고 뱃길을 내는, 특수한 장비를 갖춘 배.

쇄석 碎石 부술 쇄 / 돌 석 | 돌을 잘게 깨뜨려 부숨.

쇄설 碎屑 부술 쇄 / 가루 설 | 깨어진 부스러기.

쇄편 碎片 부술 쇄 / 조각 편 | 깨진 조각. 부서진 조각.

❶쇄신 刷新 솔질하다 쇄 / 새롭다 신 | 묵은 것을 버리고 새롭게 함.

국정쇄신 國政刷新 나라 국 / 정사 정 / 인쇄할 쇄 / 새 신 | 나라를 운영할 때, 묵은 것을 버리고 새롭게 하는 일.

❷쇄신 碎身 부술 쇄 / 몸 신 | 뼈를 가루로 만들고 몸을 부숨.

분골쇄신 粉骨碎身 가루 분 / 뼈 골 / 부술 쇄 / 몸 신 | 뼈를 가루로 만들고 몸을 부술 정도의 지극한 정성과 노력.

쇄언 瑣言 자질구레할 쇄 / 말씀 언 | 잔소리. 쓸데없이 자질구레한 말을 늘어놓음.

쇄족 鎖足 쇠사슬 쇄 / 발 족 | 노예나 죄수의 발목에 사슬을 걸어 자물쇠를 채움.

쇄항 鎖港 쇠사슬 쇄 / 항구 항 | 1. 항구에 배가 드나들지 못하도록 막음. 2. 다른 나라 배의 출입을 금하여 통상을 막음.

쇠고집 쇠固執 굳을 고 / 잡을 집 | 몹시 센 고집. 또는 그런 고집이 있는 사람.

▶**쇠락 衰落** 쇠할 쇠 / 떨어질 락(낙) | 쇠약하여 말라서 떨어짐.

쇠락하다 衰落하다 쇠할 쇠 / 떨어질 락(낙) | 쇠약하여 말라서 떨어지다. ↔ 영락하다, 조락하다.

쇠망 衰亡 쇠할 쇠 / 망할 망 | 쇠퇴하여 망함.

쇠멸 衰滅 쇠할 쇠 / 꺼질 멸 | 쇠퇴하여 없어짐.

쇠미 衰微 쇠할 쇠 / 작을 미 | 쇠잔하고 미약함.

쇠약 衰弱 쇠할 쇠 / 약할 약 | 힘이 쇠하고 약함.

쇠운 衰運 쇠할 쇠 / 옮길 운 | 점점 줄어서 약해진 운수.

쇠잔 衰殘 쇠할 쇠 / 잔인할 잔 | 쇠하여 힘이나 세력이 점점 약해짐.

▶**쇠퇴 衰退/衰頹** 쇠할 쇠 / 물러날 퇴 | 기세나 상태가 쇠하여 전보다 못하여 감.

쇠퇴하다 衰退/衰頹 쇠할 쇠 / 물러날 퇴 | 기세나 상태가 쇠하여 전보다 못하여 지다.

쇠하다 衰하다 쇠할 쇠 | 점점 줄어서 약해지다.

쇤 | '소인(小人)'의 준말.

쇤네 | 소인네. '소인'을 좀 더 낮추는 말.

수간초옥 數間草屋 셈 수 / 사이 간 / 풀 초 / 집 옥 | 몇 간 안 되는 작은 초가집.

수감 收監 거둘 수 / 볼 감 | 구치소나 교도소에 가두어 넣음.

수강 受講 받을 수 / 외울 강 | 강의나 강습을 받음.

수거 收去 거둘 수 / 갈 거 | 거두어 감.

▶**수검 受檢** 받을 수 / 검사할 검 | 검사나 검열 따위를 받음.

수검자 受檢者 받을 수 / 검사할 검 / 사람 자 | 검사나 검열 따위를 받는 사람.

▶**수결 手決** 손 수 / 결단할 결 | 예전에, 자기의 성명이나 직함 아래에 도장 대신에 자필로 직접 쓰던 글자.

수결하다 手決하다 손 수 / 결단할 결 | 자필로 글자를 직접 쓰다.

❶**수계 水系** 물 수 / 맬 계 | 지표의 물이 점차로 모여서 같은 물줄기를 이루는 계통

❷**수계 水界** 물 수 / 지경 계 | 물과 육지의 경계.

❸**수계 守誡** 지킬 수 / 경계할 계 | 계명을 지킴.

❹**수계 授戒** 줄 수 / 경계할 계 | 부처의 가르침을 받드는 사람에게 계율을 줌.

수곡 收穀 거둘 수 / 곡식 곡 | 곡식을 거두어들이는 일.

❶**수공 水攻** 물 수 / 칠 공 | 물을 이용하여 공격함. 물길을 끊어 급수를 막거나 큰 물을 끌어다가 침수시켜 공격함.

❷**수공 手工** 손 수 / 장인 공 | 손으로 하는 간단한 공예.

수공업 手工業 손 수 / 장인 공 / 업 업 | 손과 간단한 도구를 사용하여 생산하는 작은 규모의 공업.

수관 水管 물 수 / 대롱 관 | 물이 흘러가도록 만든 관.

수괴 首魁 머리 수 / 괴수 괴 | 못된 짓을 하는 무리의 우두머리.

❶**수교 修交** 닦을 수 / 사귈 교 | 나라와 나라 사이에 교제를 맺음.

수교조약 修交條約 닦을 수 / 사귈 교 / 가지 조 / 맺을 약 | 국교를 맺기로 정하는 조약.

❷**수교 垂敎** 드리울 수 / 가르칠 교 | 가르침을 주거나 받음.

❸**수교 手交** 손 수 / 사귈 교 | 손으로 직접 전해 줌.

❶**수구 守舊** 지킬 수 / 예 구 | 옛날의 제도나 풍습을 그대로 지킴.

수구적 守舊的 지킬 수 / 예 구 / 과녁 적 | 옛 제도나 관습을 그대로 지키고 따르려고 하는.

❷**수구 水口** 물 수 / 입 구 | 물이 흘러나오는 곳.

❸**수구초심 首丘初心** 머리 수 / 언덕 구 / 처음 초 / 마음 심 | 고향을 그리워하는 마음. 여우가 죽을 때에 머리를 자기가 살던 언덕 쪽으로 둔다는 데서 온 말.

수국 水國 물 수 / 나라 국 | 바다의 세계.

수군 水軍 물 수 / 군사 군 | `군사` 주로 바다에서 공격과 방어의 임무를 수행하는 군대.

수궁 水宮 물 수 / 집 궁 | 물속에 있다고 하는 상상의 궁전.

수궁가 水宮歌 물 수 / 집 궁 / 노래 가 | 토끼타령. 고전소설 〈토끼전〉을 바탕으로, 토끼와 자라의 행동을 통하여 인간을 풍자한 내용이다. 판소리 열두 마당의 하나.

❶**수금 收金** 거둘 수 / 금 금 | 받을 돈을 거두어들임.

❷**수금 囚禁** 가둘 수 / 금할 금 | 죄인을 잡아 가두어 둠.

❶**수급 受給** 받을 수 / 줄 급 | 1. 급여, 연금, 배급 따위를 받음. 2. 받고 줌.

수급하다 受給하다 받을 수 / 줄 급 | 1. 급여, 연금, 배급 따위를 받다. 2. 받고 주다.

❷**수급 需給** 쓰일 수 / 줄 급 | 수요와 공급.

❸**수급 首級** 머리 수 / 등급 급 | 1. 으뜸가는 급. 2. 전쟁에서 베어 얻은 적군의 머리.

수긍 首肯 머리 수 / 즐길 긍 | 옳다고 인정함.

수긍하다 首肯하다 머리 수 / 즐길 긍 | 옳다고 인정하다. ≒ 납득하다, 시인하다.

❶**수기 手記** 손 수 / 적다 기 | 1. 자기의 체험을 직접 기록한 글. 2. 글이나 글씨를 자기 손으로 직접 씀.

❷**수기 修己** 닦을 수 / 몸 기 | 자기의 몸을 닦음.

수기치인 修己治人 닦을 수 / 몸 기 / 다스릴 치 / 사람 인 | 자신의 몸과 마음을 닦은 후에 남을 다스림.

❸**수기 隨機** 따를 수 / 틀 기 | 1. 어떠한 기회를 따름. 2. 그때그때의 기회에 따라 일을 적절히 처리함. 3. 중생의 근기에 따름.

❹**수기 授記** 줄 수 / 기록할 기 | 불교 부처가 제자에게 예언적인 교설을 주는 일.

❺**수기 水氣** 물 수 / 기운 기 | 물기.

❻**수기 手旗** 손 수 / 기 기 | 1. 손에 쥐는 작은 기. 2. 군대, 철도, 선박에서 신호로 쓰는 작은 기.

수기신호 手旗信號 손 수 / 기 기 / 믿을 신 / 이름 호 | 손에 수기를 쥐고 가시거리 이내에서 행하는 통신 방법. 군대·철도·선박에서 오른손에 붉은 기, 왼손에 흰 기를 들고 신호를 한다.

❶**수난 水難** 물 수 / 어려울 난 | 비나 홍수 따위의 물로 인하여 생기는 재난.

❷**수난 受難** 받을 수 / 어려울 난 | 견디기 힘든 어려운 일을 당함.

수난사 受難史 받을 수 / 어려울 난 / 사기 사 | 수난을 겪은 역사.

❶**수납 收納** 거둘 수 / 들일 납 | 받아들임. 거두어들임.

수납하다 收納하다 거둘 수 / 들일 납 | 돈이나 물품 따위를 받아 거두어들이다.

❷**수납 受納** 받을 수 / 들일 납 | 받아서 넣어 둠.

수납공간 受納空間 받을 수 / 들일 납 / 빌 공 / 사이 간 | 물건을 넣어 두는 공간.

수녀 修女 닦을 수 / 여자 녀(여) | 가톨릭 청빈·정결·복종을 서약하고 독신으로 수도하는 여자.

수년래 數年來 셈 수 / 해 년(연) / 올 래(내) | 두서너 해를 지나서 지금까지 이르러 오는 동안.

수뇌 首腦 머리 수 / 골 뇌 | 어떤 조직, 단체, 기관의 가장 중요한 자리의 인물.

수뇌부 首腦部 머리 수 / 골 뇌 / 떼 부 | 어떤 조직이나 단체, 기관의 가장 중요한 지위에 있는 사람들.

수단 手段 손 수 / 단계 단 | 1. 어떤 목적을 이루기 위한 방법. 2. 일을 처리하여 나가는 솜씨와 꾀.

수단시 手段視 손 수 / 단계 단 / 볼 시 | 사람이나 사물을 어떤 목적을 위한 수단으로 봄.

수당 手當 손 수 / 마땅 당 | 정해진 봉급 이외에 따로 주는 보수.

수덕 修德 닦을 수 / 클 덕 | 덕을 닦음.

❶**수도 首都** 머리 수 / 도읍 도 | 한 나라의 중앙 정부가 있는 도시. ≒ 서울, 도성.

수도권 首都圈 머리 수 / 도읍 도 / 우리 권 | 수도를 중심으로 이루어진 대도시권.

탈수도권 脫首都圈 벗을 탈 / 머리 수 / 도읍 도 / 우리 권 | 수도권에서 벗어남.

친수도권 親首都圈 친할 친 / 머리 수 / 도읍 도 / 우리 권 | 수도권을 이롭게 하거나 도움.

수도권 총량제 首都圈總量制 머리 수 / 도읍 도 / 우리 권 / 다 총 / 헤아릴 량 / 절제할 제 | 〔법률〕 개발이 수도권에만 집중되는 것을 막기 위하여, 매년 수도권의 공장 건축 면적을 총량으로 설정해서 설립을 제한하는 제도.

❷수도 水道 물 수 / 길 도 | 1. 물길. 2. 뱃길. 3. 상수도. 먹는 물을 관을 통하여 보내주는 설비.

수도관 水道管 물 수 / 길 도 / 대롱 관 | 수돗물을 보내는 관.

❸수도 修道 닦을 수 / 길 도 | 도를 닦음. ≒ 수행, 수련.

수도자 修道者 닦을 수 / 길 도 / 사람 자 | 도를 닦는 사람.

❶수동 手動 손 수 / 움직일 동 | 다른 동력을 사용하지 않고, 손으로 움직임. ↔ 자동.

수동식 手動式 손 수 / 움직일 동 / 법 식 | 다른 동력을 이용하지 않고 손의 힘으로 움직여서 사용하도록 되어 있는 방식. ↔ 자동식

❷수동 受動 받을 수 / 움직일 동 | 스스로 움직이지 않고 다른 것의 작용을 받아 움직임.↔ 능동.

수동성 受動性 받을 수 / 움직일 동 / 성품 성 | 스스로 움직이지 않고 다른 것의 작용을 받아 움직이는 성질. ↔ 능동성.

수두 水痘 물 수 / 역질 두 | 〔의학〕 어린아이의 피부에 붉고 둥근 발진이 났다가 작은 물집으로 변하는 바이러스 전염병.

수득 收得 거둘 수 / 얻을 득 | 거두어들여 가짐.

수락 受諾 받을 수 / 허락할 락(낙) | 받아들임.

수란 水卵 물 수 / 알 란(난) | 달걀을 깨뜨려 수란짜에 담고 끓는 물에 넣어 흰자만 익힌 음식.

수란 繡襴 수놓을 수 / 내리닫이 란(난) | 1. 수놓은 치마. 2. 궁중 나인들이 예식 때 입던 치마. 치마폭이 넓고 길이가 길며 금실로 수를 놓았다.

❶수량 數量 셈 수 / 헤아릴 량(양) | 수효와 분량.

수량화 數量化 셈 수 / 헤아릴 량(양) / 될 화 | 지능, 생활수준, 사회적 태도처럼 수량으로 직접 나타내기 어려운 현상에 대하여 간접적으로 수량을 부여함.

❷수량 水量 물 수 / 헤아릴 량(양) | 물의 분량.

❸수량 收量 거둘 수 / 헤아릴 량(양) | 생산과정에서 거두어들인 분량.

수려하다 秀麗하다 빼어날 수 / 고울 려(여) | 빼어나게 아름답다.

수력 水力 물 수 / 힘 력(역) | 흐르거나 떨어지는 물의 힘.

수력발전 水力發電 물 수 / 힘 력(역) / 필 발 / 번개 전 | 물의 힘을 이용하여 발전기를 돌려서 전기를 일으키는 방식.

수력전기 水力電氣 물 수 / 힘 력(역) / 번개 전 / 기운

기 | 물의 힘을 이용하여 발전기를 돌려서 일으키는 전기.

❶**수련 修鍊/修練** 닦을 수 / 익힐 련(연) | 1. 인격, 기술, 학문 따위를 닦아서 단련함. 2. 몸과 마음을 닦아서 익힘.

❷**수련 睡蓮** 졸음 수 / 연꽃 련(연) | 식물 수련과의 여러해살이 수초.

❶**수렴 收斂** 거두다 수 / 거두다 렴 | 1. 돈이나 물건 따위를 거두어들임. 2. 의견이나 사상이 여럿으로 나뉘어 있는 것을 하나로 모음..

❷**수렴 垂簾** 드리우다 수 / 주렴 렴 | 발을 드리움.

수렴청정 垂簾聽政 드리우다 수 / 주렴 렴 / 듣다 청 / 정사 정 | 임금이 어린 나이로 즉위하였을 때, 왕대비나 대왕대비가 어린 왕을 도와 정사를 돌보던 일. 왕대비가 신하를 접견할 때 발을 늘여놓은 데서 유래함.

수렵 狩獵 사냥할 수 / 사냥 렵(엽) | 사냥. 총, 활, 길들인 매나 올가미 따위로 짐승을 잡음.

수렵도 狩獵圖 사냥할 수 / 사냥 렵(엽) / 그림 도 | 사냥하는 모습을 그린 그림.

❶**수령 受領** 받을 수 / 거느릴 령(영) | 돈이나 물품을 받아들임. 늑 수납, 수취.

수령인 受領人 받을 수 / 거느릴 령(영) / 사람 인 | 돈이나 물품을 받아들이는 사람. 늑 수취인.

❷**수령 壽齡** 목숨 수 / 나이 령(영) | 오래도록 삶.

❸**수령 樹齡** 나무 수 / 나이 령(영) | 나무의 나이.

❹**수령 首領** 머리 수 / 거느릴 령(영) | 한 당파나 무리의 우두머리. 늑 두령, 두목.

❺**수령 守令** 지킬 수 / 하여금 령(영) | 역사 고려·조선 시대에, 각 고을을 맡아 다스리던 지방관들을 통틀어 이르는 말. 절도사, 관찰사, 부윤, 목사, 부사, 군수, 현감, 현령 따위를 이른다.

수로 水路 물 수 / 길 로(노) | 물길. 물이 흐르거나 물을 보내는 통로.

수로안내인 水路案內人 물 수 / 길 로(노) / 생각 안 / 안내 / 사람 인 | '도선사'를 이르는 말.

수록 收錄 거둘 수 / 기록할 록(녹) | 모아서 기록함.

수록하다 收錄하다 거둘 수 / 기록할 록(녹) | 1. 모아서 기록하다. 2. 책이나 잡지에 싣다.

❶**수뢰 受賂** 받을 수 / 뇌물 뢰(뇌) | 뇌물을 받음.

수뢰죄 收賂罪 거둘 수 / 뇌물 뢰(뇌) / 허물 죄 | 법률 공무원 또는 중재인이 직무와 관련하여 뇌물을 받거나 요구 또는 약속한 때에 성립하는 범죄.

알선수뢰 斡旋受賂 돌 알 / 돌 선 / 받을 수 / 뇌물 뢰(뇌) | 법률 공무원이 그 지위를 이용하여 다른 공무원의 직무상의 부정행위를 알선하고 뇌물을 받는 일.

❷**수뢰 水雷** 물 수 / 우레 뢰(뇌) | 어뢰, 기뢰 따위와 같이 물속에서 폭발하여 적의 배를 파괴하는 무기.

수료 修了 닦을 수 / 마칠 료(요) | 일정한 학과를 다 배워 끝냄. 늑 이수, 졸업.

수료식 修了式 닦을 수 / 마칠 료(요) / 법 식 | 일정한 학과를 다 배워 마쳤음을 기념하는 식.

❶**수루 戍樓** 수자리 수 / 다락 루(누) | 적군의 동정을 살피려고 성 위에 만든 누각.

❷**수루 水樓** 물 수 / 다락 루(누) | 물가에 세운 누각.

❸**수루 愁淚** 근심 수 / 눈물 루(누) | 근심과 걱정으로 흘리는 눈물.

수류 水流 물 수 / 흐를 류(유) | 물의 흐름.

수륙 水陸 물 수 / 뭍 륙(육) | 물과 육지.

수륙만리 水陸萬里 물 수 / 뭍 륙(육) / 일만 만 / 마을 리(이) | 바다와 육지에 걸쳐 만 리나 떨어진 먼 거리.

수륙병진 水陸竝進 물 수 / 뭍 륙(육) / 나란히 병 / 나아갈 진 | 바다와 육지에서 동시에 공격하여 나아가는 일.

❶**수리 修理** 닦을 수 / 다스릴 리(이) | 고장 난 데를 손보아 고침.

수리하다 修理하다 닦을 수 / 다스릴 리(이) | 고장 난 데를 손보아 고치다.

❷**수리 受理** 받을 수 / 다스릴 리(이) | 서류를 받아서 처리함.

❸**수리 數理** 셈 수 / 다스릴 리(이) | 1. 수학의 이론이나 이치.   2. 수학과 자연 과학을 아울러 이르는 말.

수리학 數理學 셈 수 / 다스릴 리(이) / 배울 학 | 수

학과 자연 과학을 아울러 이르는 말.

❹**수리안전답 水利安全畓** 물 수 / 이로울 리(이) / 편안 안 / 온전할 전 / 논 답 | 수리·관개 시설이 잘되어 가뭄에도 농사를 지을 수 있는 논.

수림 樹林 나무 수 / 수풀 림(임) | 나무가 우거진 숲. 늑 삼림.

수립 樹立 나무 수 / 설 립(입) | 국가나 정부, 제도, 계획 따위를 이룩하여 세움. 늑 설립.

수립하다 樹立하다 나무 수 / 설 립(입) | 국가나 정부, 제도, 계획 따위를 이룩하여 세우다.

❶**수마 睡魔** 졸음 수 / 마귀 마 | 견딜 수 없이 오는 졸음을 악마에 비유함.

❷**수마 水魔** 물 수 / 마귀 마 | 수해를 악마에 비유함.

수매 收買 거둘 수 / 살 매 | 거두어 사들임.

❶**수면 睡眠** 졸음 수 / 잘 면 | 1. 잠을 자는 일.   2. 활동을 쉬는 상태를 비유함. 늑 잠, 졸음, 휴식.

❷**수면 水面** 물 수 / 낯 면 | 물의 겉면.

❸**수면 獸面** 짐승 수 / 낯 면 | 1. 짐승의 얼굴.   2. 짐승의 얼굴 모양을 본떠서 만든 탈이나 조각.

❶**수명 壽命** 목숨 수 / 목숨 명 | 생물이 살아 있는 연한.

수명장수 壽命長壽 목숨 수 / 목숨 명 / 길 장 / 목숨 수 | 목숨이 길어 오래 삶.

❷**수명 受命** 받을 수 / 목숨 명 | 명령을 받음.

수모 受侮 받을 수 / 업신여길 모 | 모욕을 받음.

수목 樹木 나무 수 / 나무 목 | 살아 있는 나무.

수몰 水沒 물 수 / 빠질 몰 | 물속에 잠김.

▶ **수묵 水墨** 물 수 / 먹 묵 | 1. 빛이 묽은 먹물. 2. 먹으로 짙고 엷음을 이용하여 그린 그림.

수묵산수 水墨山水 물 수 / 먹 묵 / 산 산 | 〔미술〕 채색을 쓰지 아니하고 먹물로만 그린 산수화.

▶ **❶수문 水紋** 물 수 / 무늬 문 | 물결의 무늬.

❷수문 水門 물 수 / 문 문 | 물의 흐름을 막거나 유량을 조절하기 위하여 설치한 문. ≒ 갑문.

❸수문 守門 지킬 수 / 문 문 | 문을 지킴.

수문장 守門將 지킬 수 / 문 문 / 장수 장 | 〔역사〕 각 궁궐이나 성의 문을 지키던 무관 벼슬.

▶ **수미 首尾** 머리 수 / 꼬리 미 | 사물의 머리와 꼬리.

수미상관 首尾相關 머리 수 / 꼬리 미 / 서로 상 / 관계할 관 | 1. 머리와 꼬리가 서로 맞물림. 양쪽 끝이 서로 통함. 2. 시의 첫 부분과 끝 부분이 같은 내용으로 반복됨. ≒ 수미쌍관(首尾雙關).

수미일관 首尾一貫 머리 수 / 꼬리 미 / 하나 일 / 꿸 관 | 일을 처음부터 끝까지 한결같게 함. = 시종일관(始終一貫). 시종여일(始終如一). 초지일관(初志一貫).

수박 手搏 손 수 / 두드릴 박 | 1. 주먹을 불끈 쥐고 침. 2. 우리나라 전통 무예의 하나. 주로 손을 써서 상대를 공격하거나 수련을 한다. 발사용

을 기본으로 삼는 택견과 대조를 이룬다.

▶ **❶수반 首班** 머리 수 / 반열 반 | 우두머리. 여럿 가운데 으뜸가는 자리. ※ 예시: 행정부의 수반은 대통령이다.

❷수반 隨伴 따를 수 / 함께 갈 반 | 뒤따름. 어떤 일과 더불어 생김.

수반하다 隨伴하다 따를 수 / 함께 갈 반 | 1. 붙좇아서 따르다. 2. 어떤 일과 더불어 생기다.

❸수반 水盤 물 수 / 소반 반 | 물을 담아서 꽃을 꽂도록 만든 바닥이 평평하고 운두(그릇의 높이)가 낮은 그릇.

❹수반 水畔 물 수 / 밭두둑 반 | 물가. 바다, 강, 못 따위와 같이 물이 있는 곳의 가장자리.

수방 水防 물 수 / 막을 방 | 수해를 막기 위하여 제방을 쌓는 일 따위.

수배 手配 손 수 / 나눌 배 | 범인을 잡으려고 수사망을 폄.

수법 手法 손 수 / 법 법 | 수단과 방법.

수벽 手擗 손 수 / 가슴 칠 벽 | 손바닥.

▶ **❶수병 水兵** 물 수 / 병사 병 | 해군의 병사. ≒ 해병.

❷수병 守兵 지킬 수 / 병사 병 | 수비하는 군사.

❸수병 戍兵 수자리 수 / 병사 병 | 국경을 수비하는 군사.

❹수병 手兵 손 수 / 병사 병 | 1. 자기에게 직접 딸린 병졸. 2. 자기의 손발처럼 가까이 두고 쓰는 부하.

❺**수병 繡屛** 수놓을 수 / 병풍 병 | 수를 놓아 만든 병풍.

수보 酬報 갚을 수 / 갚을 보 | 남의 호의나 은혜를 갚음. ≒ 보답.

❶**수복 收復** 거둘 수 / 회복할 복 | 잃었던 것을 되찾음. ≒ 탈환.

수복하다 收復하다 거둘 수 / 회복할 복 | 잃었던 땅이나 권리를 되찾다.

❷**수복 壽福** 목숨 수 / 복 복 | 오래 살며 복을 누림.

수복강녕 壽福康寧 목숨 수 / 복 복 / 건강할 강 / 편안할 녕 | 오래 살고, 복을 누리며, 건강하고, 평안함.

❸**수복 首服** 머리 수 / 옷 복 | 〔법률〕 친고죄에서, 범인이 피해자에게 자기의 범죄 사실을 알리는 일. 형의 감면 사유가 되며, 자수와 같은 효력을 갖는다. ≒ 자복.

수부 水夫 물 수 / 지아비 부 | 뱃사람. 배에서 허드렛일을 하는 하급 선원.

❶**수분 水分** 물 수 / 나눌 분 | 물기. 축축한 물의 기운.

❷**수분 守分** 지킬 수 / 나눌 분 | 분수나 본분을 지킴.

❸**수분 水盆** 물 수 / 동이 분 | 물을 담아 꽃을 꽂거나 괴석 따위를 넣어 두는 그릇.

❹**수분 授粉** 줄 수 / 가루 분 | 가루받이. 식물의 암술에 수술의 꽃가루를 붙여 줌.

수불석권 手不釋卷 손 수 / 아닐 불 / 풀다 석 / 책 권 | 손에서 책을 놓지 않고 늘 글을 읽음. 쉬지 않고 학문에 힘쓰는 모양.

수비 守備 지킬 수 / 갖출 비 | 외부의 침략이나 공격을 막아 지킴. ≒ 방어, 방비.

수비진 守備陣 지킬 수 / 갖출 비 / 진 칠 진 | 적의 공격을 막기 위하여 친 진. ≒ 방어진.

수비대 守備隊 지킬 수 / 갖출 비 / 무리 대 | 수비와 경계를 위하여 배치한 부대. ↔ 공격대

❶**수사 修辭** 꾸밀 수 / 말씀 사 | 말을 아름답게 꾸미고 다듬는 것.

수사법 修辭法 꾸밀 수 / 말씀 사 / 법 법 | 효과적·미적 표현을 위하여 문장과 언어를 꾸미는 방법. 크게 나누어 강조법, 변화법, 비유법이 있다.

❷**수사 搜査** 찾을 수 / 조사할 사 | 찾아서 조사함.

수사망 搜査網 찾을 수 / 조사할 사 / 그물 망 | 수사하기 위하여 그물을 쳐 놓은 것처럼 사람을 여러 곳에 배치하여 놓은 조직.

수삭 數朔 셈 수 / 초하루 삭 | 몇 달.

수산 水産 물 수 / 낳을 산 | 바다나 강 따위의 물에서 나는 산물.

수산업 水産業 물 수 / 낳을 산 / 업 업 | 수산물의 어획, 양식, 제조, 가공 따위에 관한 산업.

수산양식 水産養殖 물 수 / 낳을 산 / 기를 양 / 불릴 식 | 인공적으로 수산물을 길러 번식하게 하는 일.

❶**수상 水上** 물 수 / 윗 상 | 물 위.

❷**수상 受賞** 받을 수 / 상줄 상 | 상을 받음.

수상하다 受賞하다 받을 수 / 상줄 상 | 상을 받다.

❸**수상 授賞** 줄 수 / 상줄 상 | 상을 줌.

❹**수상 首相** 머리 수 / 서로 상 | 내각의 우두머리.

❺**수상 手相** 손 수 / 서로 상 | 손금.

❻**수상 隨想** 따를 수 / 생각 상 | 그때그때 떠오르는 생각.

수상록 隨想錄 따를 수 / 생각 상 / 기록할 록(녹) | 그때그때 떠오르는 느낌이나 생각을 적은 글.

❼**수상 殊常** 다를 수 / 떳떳할 상 | 보통과는 달리 이상하여 의심스러움.

수상하다 殊常하다 다를 수 / 떳떳할 상 | 보통과는 달리 이상하여 의심스럽다. ≒ 이상하다, 기이하다.

❽**수상 受像** 받을 수 / 모양 상 | 텔레비전이나 사진 전송 따위에서, 신호로 받은 사물의 상을 볼 수 있게 비치는 일.

수상기 受像機 받을 수 / 모양 상 / 틀 기 | 방송된 영상 전파를 받아서 화상으로 변화시키는 장치. ≒ 브라운관.

수색 搜索 찾을 수 / 찾을 색 | 1. 구석구석 뒤지어 찾음. 2. 【법률】 형사 소송법에서, 압수할 물건이나 체포할 사람을 발견할 목적으로 주거, 물건, 사람의 신체 또는 기타 장소에 대하여 행하는 강제 처분.

수색대 搜索隊 찾을 수 / 찾을 색 / 무리 대 | 적의 위치, 병력, 화력 따위를 수색하기 위하여 파견하는 부대.

수생 水生 물 수 / 날 생 | 1. 생물이 물속에서 남. 2. 물속에서 삶.

수생식물 水生植物 물 수 / 날 생 / 심을 식 / 물건 물 | 물속에서 생육하는 식물을 통틀어 이르는 말. 연, 마름, 개구리밥 따위가 있는데 침수식물, 부유식물 따위로 나눈다.

❶**수석 首席** 머리 수 / 자리 석 | 등급이나 직위 따위에서 맨 윗자리. ≒ 으뜸, 장원.

차석 次席 버금 차 / 자리 석 | 1. 수석에 다음가는 자리. 2. 수석에 다음가는 사람.

민정수석 民政首席 백성 민 / 정사 정 / 머리 수 / 자리 석 | 대통령 비서실 산하에 있는 민정수석비서관. 민정, 공직기강, 법무, 민원 등의 업무를 총괄한다.

❷**수석 水石** 물 수 / 돌 석 | 1. 물과 돌. 2. 물과 돌로 이루어진 자연의 경치.

❸**수석 樹石** 나무 수 / 돌 석 | 나무와 돌.

❹**수석 壽石** 목숨 수 / 돌 석 | 보고 즐기는 관상용의 자연석.

❶**수선 修繕** 닦을 수 / 기울 선 | 낡거나 헌 물건을 고침. ≒ 보수, 땜질.

수선하다 修繕하다 닦을 수 / 기울 선 | 고치다.

❷**수선 水仙** 물 수 / 신선 선 | 1. 물속에 산다는 신선. 2. 수선화. 수선화과의 여러해살이풀.

❸**수선 垂線** 드리울 수 / 줄 선 | 수직선. 직선이나 평면과 직각을 이루는 직선.

▶

❶**수성 守城** 지킬 수 / 재 성 | 적의 공격이나 침략을 막기 위하여 성을 지킴.

❷**수성 修城** 닦을 수 / 재 성 | 성을 수리함.

❸**수성 遂成** 드디어 수 / 이룰 성 | 일을 다 마치어 이룸. 일을 끝냄.

❹**수성 垂成** 드리울 수 / 이룰 성 | 일이 거의 이루어짐.

수성지업 垂成之業 드리울 수 / 이룰 성 / 갈 지 / 업 업 | 자신이 하던 일을 자손에게 물려주어 뒤를 이어 이루게 하는 것.

❺**수성지주 守成之主** 지킬 수 / 이룰 성 / 갈 지 / 임금 주 | 창업 후에, 뒤를 이어 나라의 기초를 튼튼히 다지는 군주.

❻**수성 水性** 물 수 / 성품 성 | 1. 물의 성질. 2. 물에 녹기 쉬운 성질

❼**수성 獸性** 짐승 수 / 성품 성 | 1. 짐승의 성질. 2. 야만적이거나 잔인한 성질.

❽**수성 愁聲** 근심 수 / 소리 성 | 1. 근심하여 탄식하는 소리. 2. 구슬픈 소리.

❾**수성 水星** 물 수 / 별 성 | 천문 태양에서 가장 가까운 행성. 공전 주기는 87.98일, 자전 주기는 59일, 반지름은 2,439km, 질량은 지구의 18분의 1, 태양과의 평균 거리는 5791만 km이다.

❿**수성 壽星** 목숨 수 / 별 성 | 남극노인성. 지구의 남극 부근에 있어 2월 무렵에 남쪽 지평선 가

까이에서 잠시 보이는 별. 고대 중국에서는 사람의 수명을 맡아보는 별이라 하여 이 별을 보면 오래 산다고 믿었다.

▶

❶**수세 水洗** 물 수 / 씻을 세 | 물로 씻음.

❷**수세 水勢** 물 수 / 형세 세 | 물의 힘.

❸**수세 守勢** 지킬 수 / 형세 세 | 적의 공격을 맞아 수비하는 태세나 그 세력. ↔ 공세.

❹**수세 收稅** 거둘 수 / 세금 세 | 세금을 걷음.

❺**수세 守歲** 지킬 수 / 해 세 | 민속 음력 섣달 그믐밤에 밤을 지새우는 풍습. 이날 밤에 잠을 자면 눈썹이 하얗게 센다고 함.

❻**수세대 數世代** 셈 수 / 인간 세 / 대신할 대 | 여러 세대.

수소문 搜所聞 찾을 수 / 바 소 / 들을 문 | 떠도는 소문을 두루 찾아 살핌.

수속 手續 손 수 / 이을 속 | 일을 처리하는 과정이나 절차.

▶

수송 輸送 보낼 수 / 보낼 송 | 실어 옮김. 실어 보냄.

수송관 輸送管 보낼 수 / 보낼 송 / 대롱 관 | 기체나 액체 따위를 보내는 관.

수송차량 輸送車輛 보낼 수 / 보낼 송 / 수레 차 / 수레 량(양) | 실어 나르는 데 쓰이는 차량.

▶

❶**수수 手授** 손 수 / 줄 수 | 자기 손으로 직접 줌.

❷**수수 授受** 줄 수 / 받을 수 | 주고받음.

수수하다 授受하다 줄 수 / 받을 수 | 주고받다.

❸수수 收受 거둘 수 / 받을 수 | 1. 거두어서 받음. 2. 무상으로 금품을 받음. 형법에서, 수뢰죄 및 장물죄를 이루는 요건이 된다.

수수하다 收受하다 거둘 수 / 받을 수 | 거두어서 받다.

❹수수 戍守 수자리 수 / 지킬 수 | 국경을 지킴. 또는 그런 군사.

❺수수 袖手 소매 수 / 손 수 | 팔짱을 낌.

수수방관 袖手傍觀 소매 수 / 손 수 / 곁 방 / 볼 관 | 내버려 둠. 팔짱을 낀 채 간섭하지 않고 보고만 있음. ※ 참조: 강 건너 불구경하듯 한다.

수순 手順 손 수 / 순할 순 | 차례.

수술 手術 손 수 / 재주 술 | 1. 의학 의료 기계를 사용하여 피부나 조직을 자르거나 째거나 조작을 가하여 병을 고치는 일. 2. 어떤 결함이나 폐단 따위를 근본적으로 고치는 일을 비유함.

수술대 手術臺 손 수 / 재주 술 / 대 대 | 수술을 하기 위하여 설비한 대. 자유로이 움직일 수 있게 만들어져 있다.

수술실 手術室 손 수 / 재주 술 / 집 실 | 수술을 하기 위하여 필요한 설비를 갖추어 둔 방.

❶수습 修習 닦을 수 / 익힐 습 | 학업이나 실무 따위를 배워 익힘.

수습생 修習生 닦을 수 / 익힐 습 / 날 생 | 실무를 배워 익히면서 일하는 사람.

수습사원 修習社員 닦을 수 / 익힐 습 / 모일 사 / 인원 원 | 회사의 일을 배워 익히는 과정에 있는 사원. ≒ 견습사원.

❷수습 收拾 거둘 수 / 주울 습 | 1. 흩어진 재산이나 물건을 거두어 가지런히 정돈함. 2. 어수선한 사태를 거두어 바로잡음. ≒ 정돈.

수습책 收拾策 거둘 수 / 주울 습 / 꾀 책 | 사건을 수습하는 방책.

수습인심 收拾人心 거둘 수 / 주울 습 / 사람 인 / 마음 심 | 혼란한 인심을 가라앉혀 바로잡음.

수승 殊勝 다를 수 / 이길 승 | 가장 뛰어난 일.

수시 隨時 따를 수 / 때 시 | 아무 때나 늘. 그때그때.

수시로 隨時로 따를 수 / 때 시 | 아무 때나 늘. 그때그때. ≒ 때때로, 무시로, / ↔ 가끔.

수시변통 隨時變通 따를 수 / 때 시 / 변할 변 / 통할 통 | 그때그때의 상황에 따라 일을 처리함.

수시처변 隨時處變 따를 수 / 때 시 / 곳 처 / 변할 변 | 그때그때 변하는 것에 따라 일을 처리함.

❶수식 修飾 닦을 수 / 꾸밀 식 | 1. 겉모양을 꾸밈. 2. 문장의 표현을 화려하게, 기교 있게 꾸밈.

수식어 修飾語 닦을 수 / 꾸밀 식 / 말씀 어 | 문장의 표현을 아름답고 명확하게 하기 위하여 꾸미는 말.

❷수식 數式 셈 수 / 법 식 | 수 또는 양을 나타내는 숫자나 문자를 계산 기호로 연결한 식. 등식, 부등식 따위가 있다.

❶**수신 守信** 지킬 수 / 믿을 신 | 절의를 지킴.

❷**수신 守身** 지킬 수 / 몸 신 | 자신의 몸을 지킴.

❸**수신 瘦身** 여윌 수 / 몸 신 | 마르고 야윈 몸.

❹**수신 水神** 물 수 / 귀신 신 | 물을 맡아 다스리는
신. ≒ 용왕.

❺**수신 受信** 받을 수 / 믿을 신 | 1.우편이나 전보
따위의 통신을 받음.   2. 전신이나 전화, 라디
오, 텔레비전 방송 따위의 신호를 받음.

수신자 受信者 받을 수 / 믿을 신 / 사람 자 | 우편이
나 전보 따위의 통신이나 유무선 통신에서 신
호를 받는 사람. ↔ 발신자

❻**수신 修身** 닦을 수 / 몸 신 | 마음과 행실을 바르
게 닦아 수양함. ≒ 수양.

수신제가 修身齊家 닦을 수 / 몸 신 / 가지런할 제 /
집 가 | 먼저 자신의 몸과 마음을 닦아 수양하고
난 후에 집안을 다스림. ※ 참조: 수신제가 치
국평천하(**修身齊家治國平天下**).

❼**수신호 手信號** 손 수 / 믿을 신 / 이름 호 | 등불이
나 기를 들고 손으로 하는 신호.

❶**수심 愁心** 근심 수 / 마음 심 | 매우 근심함. ≒ 근
심, 걱정, 염려.

❷**수심 水深** 물 수 / 깊을 심 | 강이나 바다, 호수 따
위의 물의 깊이.

❸**수심 水心** 물 수 / 마음 심 | 1. 수면의 중심.   2.
강이나 호수 따위의 한가운데.

❹**수심 守心** 지킬 수 / 마음 심 | 절조를 지키는 마

음.

❺**수심 修心** 닦을 수 / 마음 심 | 마음을 닦음.

❻**수심 獸心** 짐승 수 / 마음 심 | 짐승같이 사납고 모
진 마음.

❼**수심 樹心** 나무 수 / 마음 심 | 나무줄기의 가운데
단단한 부분.

수심하다 殊甚하다 다를 수 / 심할 심 | 매우 심하
다.

수십 數十 셈 수 / 열 십 | 십의 여러 배가 되는 수.

수십만 數十萬 셈 수 / 열 십 / 일만 만 | 수사 십만
의 여러 배가 되는 수.

수압 水壓 물 수 / 누를 압 | 물의 압력.

수압식 水壓式 물 수 / 누를 압 / 법 식 | 물의 압력을
이용하는 방식.

❶**수액 水液** 물 수 / 진 액 | 물이나 액체.

❷**수액 樹液** 나무 수 / 진 액 | 1. 땅속에서 나무의
줄기를 통하여 잎으로 올라가는 액체.   2. 나무
에서 분비하는 액체.

❸**수액 輸液** 보낼 수 / 진 액 | 인체에 생리적 식염
수, 링거액, 포도당 용액처럼 혈액과 삼투압이
같은 다량의 액체를 주입하는 일. 쇼크, 탈수증,
영양실조의 경우에 주사한다.

❹**수액 髓液** 뼛골 수 / 진 액 | 의학 뇌척수액. 맑고
투명한 액체로 뇌와 척수를 둘러싸고 있으며,
외부의 충격으로부터 뇌와 척수를 보호하는 역
할을 한다.

❶**수양 修養** 닦을 수 / 기를 양 | 몸과 마음을 갈고 닦아 품성이나 지식, 도덕 따위를 높은 경지로 끌어올림.

❷**수양 收養** 거둘 수 / 기를 양 | 다른 사람의 자식을 맡아서 제 자식처럼 기름.

수양부모 收養父母 거둘 수 / 기를 양 / 아버지 부 / 어머니 모 | 수양아버지와 수양어머니를 아울러 이르는 말.

❸**수양 垂楊** 드리울 수 / 버들 양 | 수양버들.

❹**수양 水楊** 물 수 / 버들 양 | 갯버들.

❶**수어 守禦** 지킬 수 / 막을 어 | 적의 침입을 막음.

수어장대 守禦將臺 지킬 수 / 막을 어 / 장수 장 / 대 대 | 적의 침입을 막기 위하여 요새 방어를 맡은 수어사가 지휘, 명령하는 대.

❷**수어 狩漁** 사냥할 수 / 고기 잡을 어 | 사냥과 낚시질.

❸**수어 水魚** 물 수 / 물고기 어 | 물이 없으면 살 수 없는 물고기와 물의 관계라는 뜻으로, 아주 친밀하여 떨어질 수 없는 사이.

수어지교 水魚之交 물 수 / 물고기 어 / 어조사 지 / 사귀다 교 | 물이 없으면 살 수 없는 물고기와 물의 관계처럼 아주 친밀하여 떨어질 수 없는 사이.

❺**수어 瘦語** 여월 수 / 말씀 어 | 어떤 계층이나 부류의 사람들이 다른 사람들이 알아듣지 못하도록 자기네 구성원들끼리만 빈번하게 사용하는 말. 상인·학생·군인·노름꾼·부랑배 따위의 집단에 따라 다르다.

❻**수어 手語** 손 수 / 말씀 어 | 수화 언어.

❼**수어 數語** 셈 수 / 말씀 어 | 두어 마디의 말.

수업 修業 닦을 수 / 업 업 | 기술이나 학업을 익히고 닦음.

수여 授與 줄 수 / 더불 여 | 증서, 상장, 훈장 따위를 줌. ≒ 서훈, 증정.

수여하다 授與하다 줄 수 / 더불 여 | 증서, 상장, 훈장 따위를 주다.

수역 水域 물 수 / 지경 역 | 수면의 일정한 구역.

배타적 경제 수역 排他的經濟水域 밀칠 배 / 다를 타 / 과녁 적 / 지날 경 / 건널 제 / 물 수 / 지경 역 | 연안으로부터 200해리 수역 안에 들어가는 바다. 연안국은 이 수역 안의 어업 및 광물 자원에 대한 모든 경제적 권리를 배타적으로 독점하며, 해양 오염을 막기 위한 규제의 권한을 가진다.

❶**수연 晬宴** 돌 수 / 잔치 연 | 생일에 음식을 차려 놓고 여러 사람이 모여 즐기는 일.

❷**수연 壽宴/壽筵** 목숨 수 / 잔치 연 | 장수를 축하하는 잔치. 보통 환갑잔치를 이른다.

수염 鬚髥 수염 수 / 구레나룻 염 | 성숙한 남자의 입 가나 턱 또는 뺨에 나는 털.

❶**수영 水泳** 물 수 / 헤엄칠 영 | (체육) 스포츠나 놀이로서 물속을 헤엄치는 일. ≒ 미역, 헤엄.

❷**수영 水營** 물 수 / 경영할 영 | (역사) 조선 시대에, 수군절도사가 있던 군영.

수예 手藝 손 수 / 재주 예 | 자수, 뜨개질 따위의 손

으로 하는 재주.

수오 羞惡 부끄러울 수 / 미워할 오 | 부끄러워하고
미워함.

수오지심 羞惡之心 부끄러울 수 / 미워할 오 / 갈 지
/ 마음 심 | 옳지 못함을 부끄러워하고 남의 착
하지 못함을 미워함.

수완 手腕 손 수 / 팔뚝 완 | 일을 꾸미는 재간.

수완가 手腕家 손 수 / 팔뚝 완 / 집 가 | 일을 꾸미
거나 치러 나가는 재간이 있는 사람.

❶수요 壽夭 목숨 수 / 일찍 죽을 요 | 오래 삶과 일
찍 죽음.

수요장단 壽夭長短 목숨 수 / 일찍 죽을 요 / 길 장 /
짧을 단 | '수요'를 강조하여 이르는 말.

❷수요 須要 모름지기 수 / 요긴할 요 | 반드시 요구
되는 바가 있음. ≒ 필요.

❸수요 需要 쓰일 수 / 요긴할 요 | 경제 어떤 재화
나 용역을 일정한 가격으로 사려고 하는 욕구.
↔공급.

수요자 需要者 쓰일 수 / 요긴할 요 / 사람 자 | 경제 필
요해서 사거나 얻고자 하는 사람.

수요의 법칙 需要의法則 쓰일 수 / 요긴할 요 / 법
법 / 법칙 칙 | 경제 가격이 올라가면 수요가 줄
고 가격이 내려가면 수요가 늘어난다는 법칙.

수요공급의 법칙 需要供給의法則 쓰일 수 / 요
긴할 요 / 이바지할 공 / 줄 급 / 법 법 / 법칙 칙
| 경제 수요와 공급의 변화에 따른 가격의 결
정과 변화를 설명한 법칙. 가격은 수요와 공급

이 균형을 이룰 때 정해지며, 수요가 공급보다
많으면 가격이 오르고 공급이 수요보다 많으면
가격이 내려가게 된다.

수요독점 需要獨占 쓰일 수 / 요긴할 요 / 홀로 독 /
점령할 점 | 경제 한 상품에 대해서 공급자는 여
럿이고 수요자는 하나인 경우, 수요자가 수요량
을 마음대로 결정하는 시장 상태.

수요과점 需要寡占 쓰일 수 / 요긴할 요 / 적을 과 /
점령할 점 | 경제 한 상품에 대해서 공급자는 여
럿이고 수요자는 소수여서, 수요자가 수요량을
마음대로 결정하는 시장 상태.

수요초과인플레 需要超過inflation 쓰일 수 / 요긴
할 요 / 뛰어넘을 초 / 지날 과 | 경제 수요가 공급
보다 늘어날 때 일어나는 물가상승 현상. 소비,
투자, 재정 지출, 수출 초과 등으로 초과 수요가
발생하는 경우를 이른다.

수요탄력성 需要彈力性 쓰일 수 / 요긴할 요 / 탄알
탄 / 힘 력(역) / 성품 성 | 경제 수요량이 소비자
의 소득이나 가격 변화로 어느 정도 변화하는가
를 나타내는 지표.

수요곡선 需要曲線 쓰일 수 / 요긴할 요 / 굽을 곡 /
줄 선 | 경제 가격의 변화에 따른 수요량의 변
화를 보여 주는 곡선. 일반적으로 가격이 올라
가면 수요량은 줄어든다.

유효수요 有效需要 있을 유 / 본받을 효 / 쓰일 수 /
요긴할 요 | 경제 실제로 구매력이 있는 수요.

유효수요의 원칙 有效需要의原理 있을 유 / 본받을
효 / 쓰일 수 / 요긴할 요 | 경제 영국의 경제학자
케인스가 주장한 경제 이론. 사회의 경제 활동
수준은 유효 수요에 따라 결정된다는 내용이다.

수요카르텔 需要 Kartell 쓰일 수 / 요긴할 요 | 기업 가가 단결하여 기업 경영에 필요한 기계, 원료, 보조 재료, 노동력 따위를 유리하게 구입하기 위하여 만든 조합.

❶**수욕 水浴** 물 수 / 목욕할 욕 | 물로 미역을 감음.

❷**수욕 受辱** 받을 수 / 욕될 욕 | 남에게 모욕을 당함.

❸**수욕 羞辱** 부끄러울 수 / 욕될 욕 | 부끄럽고 욕됨.

❹**수욕 獸慾** 짐승 수 / 욕심 욕 | 짐승과 같은 모질고 사나운 욕심.

❺**수용 收容** 거둘 수 / 용납할 용 | 모아 넣음.

수용소 收容所 거둘 수 / 용납할 용 / 바 소 | 많은 사람을 집단적으로 한곳에 가두거나 모아 넣는 곳.

❺**수용 受容** 받을 수 / 용납할 용 | 받아들임.

수용체 受容體 받을 수 / 용납할 용 / 몸 체 | 어떤 작용을 받아들이는 물질.

수용성 受容性 받을 수 / 용납할 용 / 성품 성 | 다른 것으로부터 사물을 받아들이는 능력.

수용성 水溶性 물 수 / 녹을 용 / 성품 성 | 어떤 물질이 물에 녹는 성질.

❶**수운 水雲** 물 수 / 구름 운 | 1. 물과 구름을 아울러 이르는 말. 곧 대자연을 이른다. 2. 물과 구름처럼 떠돎.

❷**수운 水運** 물 수 / 옮길 운 | 강이나 바다를 이용

하여 사람이나 물건을 배로 실어 나름.

❸**수운 輪運** 보낼 수 / 옮길 운 | 운송이나 운반보다 큰 규모로 사람이나 물건을 실어 나름.

❶**수원 水源** 물 수 / 근원 원 | 물의 근원.

❷**수원 愁怨** 근심 수 / 원망할 원 | 근심하고 원망함.

수원수구 誰怨誰咎 누구 수 / 원망할 원 / 누구 수 / 허물할 구 | 누구를 원망하고 누구를 탓하겠는가. 남을 원망하거나 탓할 것이 없음.

❶**수위 水位** 물 수 / 자리 위 | 강, 바다, 호수, 저수지 따위의 물의 높이.

❷**수위 首位** 머리 수 / 자리 위 | 첫째가는 자리나 우두머리가 되는 자리. ≒ 수석, 일등.

❸**수위 守衛** 지킬 수 / 지킬 위 | 지키고 호위함.

수위실 守衛室 지킬 수 / 지킬 위 / 집 실 | 수위가 경비하는 일을 맡아보는 방.

❶**수유 授乳** 줄 수 / 젖 유 | 아이에게 젖을 먹임.

수유기 授乳期 줄 수 / 젖 유 / 기약할 기 | 젖먹이에게 젖을 먹여 기르는 기간.

❷**수유 須臾** 모름지기 수 / 잠깐 유 | 짧은 시간. ≒ 잠시.

수육 수肉 고기 육 | 삶아 내어 물기를 뺀 고기. 어원은 '숙육(熟肉)'.

❶**수은 酬恩** 갚을 수 / 은혜 은 | 은혜를 갚음.

❷**수은 受恩** 받을 수 / 은혜 은 | 은혜를 입음.

❸**수은 水銀** 물 수 / 은 은 | 상온에서 유일하게 액체 상태로 있는 은백색의 금속 원소. 독성이 있으며 질산에 쉽게 녹는다. 금을 정련하거나, 의약·화약·살충제·온도계·기압계 따위를 만드는 데 쓴다. 원자기호는 Hg, 원자번호는 80.

수응 酬應 갚을 수 / 응할 응 | 요구에 응함.

수응하다 酬應하다 갚을 수 / 응할 응 | 요구에 응하다. ≒ 수락하다.

❶**수의 囚衣** 가둘 수 / 옷 의 | 죄수복.

❷**수의 隨意** 따를 수 / 뜻 의 | 자기의 마음대로 함.

수의계약 隨意契約 따를 수 / 뜻 의 / 맺을 계 / 맺을 약 | 〔법률〕 경쟁이나 입찰의 방법에 의하지 않고, 상대편을 임의로 선택하여 체결하는 계약.

수의근 隨意筋 따를 수 / 뜻 의 / 힘줄 근 | 〔의학〕 의지에 따라 움직일 수 있는 근육.

❸**수의사 獸醫師** 짐승 수 / 의원 의 / 스승 사 | 가축에 생기는 질병을 진찰하고 치료하는 의사.

수익 收益 거둘 수 / 더할 익 | 1. 이익을 거두어들임. 2. 기업이 경제 활동의 대가로서 얻은 경제 가치. ≒ 소득, 이득.

수익 受益 받을 수 / 더할 익 | 이익을 얻음.

수익자부담 受益者負擔 받을 수 / 더할 익 / 사람 자 / 질 부 / 멜 담 | 〔경제〕 국가나 공공단체가 특정한 공익사업의 경비를 충당하기 위하여, 그 사업에서 이익을 받는 이에게 부담을 시키는 일.

❶**수인 囚人** 가둘 수 / 사람 인 | 옥에 갇힌 사람.

❷**수인 數人** 셈 수 / 사람 인 | 두서너 사람.

❸**수인사 修人事** 닦을 수 / 사람 인 / 일 사 | 늘 하는 예절.

수인사대천명 修人事待天命 닦을 수 / 사람 인 / 일 사 / 기다릴 대 / 하늘 천 / 목숨 명 | 사람의 힘으로 할 수 있는 일을 다하고, 그 후에 천명을 기다림. ≒ 진인사대천명 (**盡人事待天命**).

❹**수인성 水因性** 물 수 / 인할 인 / 성품 성 | 어떤 전염병 따위가 물을 통하여 옮겨지는 특성.

수일 數日 셈 수 / 날 일 | 두서너 날. 이삼일.

수임 受任 받을 수 / 맡길 임 | 임무나 위임을 받음.

❶**수입 收入** 거둘 수 / 들 입 | 돈이나 물품 따위를 거두어들임. ≒ 소득, 수확. / ↔ 지출.

❷**수입 輸入** 보낼 수 / 들 입 | 1. 다른 나라로부터 상품이나 기술 따위를 사들임. 2. 다른 나라의 사상, 문화, 제도 따위를 배워 들여옴. ↔ 수출.

수입관세 輸入關稅 보낼 수 / 들 입 / 관계할 관 / 세금 세 | 〔경제〕 수입품에 부과하는 관세. 자국의 산업을 보호하고 자국의 수입을 늘리기 위한 것이다.

수입대체 輸入代替 보낼 수 / 들 입 / 대신할 대 / 바꿀 체 | 〔경제〕 수입에 의존하던 재화와 용역을 국내에서 생산하여 공급하는 일.

수입허가제 輸入許可制 보낼 수 / 들 입 | 〔경제〕 상품의 수입에 대하여 정부나 정부 기관의 허가를 받도록 하는 제도.

수자리 戍자리 수자리 수 | 국경을 지키던 일. 또는

그런 병사.

❶**수작 秀作** 빼어날 수 / 지을 작 | 우수한 작품.

❷**수작 授爵** 줄 수 / 벼슬 작 | 작위를 줌.

❸**수작 酬酌** 잔 돌릴 수 / 술 따를 작 | 1. 서로 말을 주고받음. 2. 술잔을 서로 주고받음. 수작이란 술잔을 권하고 술잔을 받은 이가 답례로 다시 술잔을 돌려주는 옛 음주 예법이다. 예시: 수작을 걸다. 엉뚱한 수작을 부리다.

수작질 酬酌질 값을 수 / 술 부을 작 | 수작하는 짓.

❶**수장 首長** 머리 수 / 길 장 | 우두머리. 위에서 중심이 되어 집단이나 단체를 지배·통솔하는 사람.

❷**수장 收藏** 거둘 수 / 감출 장 | 거두어서 깊이 간직함.

수장하다 收藏하다 거둘 수 / 감출 장 | 깊이 간직하다.

❸**수장 水葬** 물 수 / 장사지낼 장 | 1. 시신을 물속에 넣어 장사 지냄. 2. 물속에서 잃어버리거나 물속에 가라앉힘

수재 水災 물 수 / 재앙 재 | 물난리.

수저 匙▽箸 숟가락 시 / 젓가락 저 | 숟가락과 젓가락.

❶**수적 水賊** 물 수 / 도둑 적 | 배를 타고 바다나 강에서 남의 재물을 강제로 빼앗아 가는 도둑.

❷**수적 水滴** 물 수 / 물방울 적 | 물방울.

수적천석 水滴穿石 물 수 / 물방울 적 / 뚫을 천 / 돌 석 | 작은 물방울이 바위를 뚫는다. 아주 작은 힘일지라도 꾸준히 노력하면 큰일을 해낼 수 있다.

❶**수전 水田** 물 수 / 밭 전 | 논. 물을 댈 수 있는 논.

❷**수전 水戰** 물 수 / 싸움 전 | 물 위에서 전투를 함. ≒ 해전.

수전노 守錢奴 지킬 수 / 돈 전 / 노예 노 | 돈을 모을 줄만 알고 쓸 줄 모르는 사람을 낮잡아 이르는 말.

❸**수전증 手顫症** 손 수 / 떨 전 / 증세 증 | 의학 손이 떨리는 증상. 주로 알코올 의존자나 노인에게서 나타난다.

수절 守節 지킬 수 / 마디 절 | 절의를 지킴.

❶**수정 修整** 닦을 수 / 가지런할 정 | 고치어 정돈함.

❷**수정 修訂** 닦을 수 / 바로잡을 정 | 글이나 글자의 잘못된 점을 고침.

❸**수정 水精** 물 수 / 정할 정 | 물속에 사는 요정. 달.

❹**수정 水晶** 물 수 / 맑을 정 | 무색투명한 석영의 하나. 여섯모가 난 결정체이며, 주성분은 이산화규소이다.

❺**수정 授精** 줄 수 / 정할 정 | 정자를 난자에 결합시키는 일.

❻**수정 修正** 닦 닦을 수 / 바를 정 | 바로잡아 고침. ≒ 변경, 개선.

수정하다 修正하다 닦을 수 / 바를 정 | 바로잡아 고치다.

수정자본주의 修正資本主義 닦을 수 / 바를 정 / 재물 자 / 근본 본 / 주인 주 / 뜻 의 | 자본주의 체제 자체를 변혁하지 않고, 일부 결점만 수정하려는 사상이나 정책.

수정파 사회주의 修正派社會主義 닦을 수 / 바를 정 / 갈래 파 / 모일 사 / 모일 회 / 주인 주 / 뜻 의 | 마르크스주의의 혁명적 요소를 수정하고 자본주의 체제와 타협하려는 태도. 독일 사회민주당의 베른슈타인과 카우츠키가 그 대표자이며, 계급투쟁 노선과 프롤레타리아 독재를 부정하고 의회주의를 강조하였다.

❶수제 手製 손 수 / 지을 제 | 손으로 만듦.

수제품 手製品 손 수 / 지을 제 / 물건 품 | 손으로 만든 물건.

❷수제자 首弟子 머리 수 / 아우 제 / 아들 자 | 여러 제자 가운데 가장 뛰어난 제자.

수조 水槽 물 수 / 구유 조 | 물을 담아 두는 큰 통.

❶수족 手足 손 수 / 발 족 | 손발. 손발과 같이 편하게 마음대로 부리는 사람을 비유함.

❷수족관 水族館 물 수 / 겨레 족 / 집 관 | 물속에 사는 생물을 모아 놓고 기르는 설비.

수졸 守卒 지킬 수 / 마칠 졸 | 수비하는 병졸.

❶수종 隨從 따를 수 / 좇을 종 | 남을 따라다니며 곁에서 심부름 따위의 시중을 듦.

❷수종 首從 머리 수 / 좇을 종 | 일을 할 때 앞서서 하는 사람과 그 뒤를 따라 하는 사람.

❸수종 樹種 나무 수 / 씨 종 | 1. 나무의 종류나 종

자. 2. 곡식이나 나무 따위를 심어 가꿈. ≒ 재배.

수죄 受罪 받을 수 / 허물 죄 | 죄를 받음.

❶수주 受注 받을 수 / 부을 주 | 주문을 받음.

수주하다 受注하다 받을 수 / 부을 주 | 주문을 받다.

❷수주대토 守株待兔 지킬 수 / 그루터기 주 / 기다릴 대 / 토끼 토 | 한 가지 일에만 얽매어 발전을 모르는 어리석은 사람을 비유. ※ 중국 송나라의 한 농부가 우연히 나무 그루터기에 토끼가 부딪쳐 죽은 것을 잡은 후, 또 그와 같은 일이 있을까 하여 일도 하지 않고 그루터기만 지키고 있었다는 고사.

수준 水準 물 수 / 준할 준 | 사물의 가치나 질 따위의 기준이 되는 일정한 표준이나 정도.

❶수중 手中 손 수 / 가운데 중 | 1. 손의 안. 2. 자기가 소유할 수 있거나 권력을 행사할 수 있는 범위. ≒ 손안, 손아귀.

❷수중 水中 물 수 / 가운데 중 | 물속. 물의 가운데.

수중식물 水中植物 물 수 / 가운데 중 / 심을 식 / 물건 물 | 식물 물속에서 생육하는 식물을 통틀어 이르는 말.

수증기 水蒸氣/水烝氣 물 수 / 찔 증 / 기운 기 | 기체 상태로 되어 있는 물.

❶수지 收支 거둘 수 / 지탱할 지 | 수입과 지출.

수지결산 收支決算 거둘 수 / 지탱할 지 / 결단할 결 / 셈 산 | 일정 기간의 수입과 지출의 결산.

수지맞다 收支맞다 거둘 수 / 지탱할지 | 1. 장사나 사업 따위에서 이익이 남다.   2. 뜻하지 않게 좋은 일이 생기다. ≒ 횡재하다.

❷**수지 樹脂** 나무 수 / 기름 지 | 1. 나무에서 분비하는 점도가 높은 액체.   2. 천연수지와 합성수지를 통틀어 이르는 말. ≒ 고무, 진.

수지분비 樹脂分泌 나무 수 / 기름 지 / 나눌 분 / 분비할 비 | 병에 걸린 식물이 고무와 같은 분비물을 배출하는 일.

❸**수지 手指** 손 수 / 가리킬 지 | 손끝의 다섯 개로 갈라진 부분.

❶**수직 手織** 손 수 / 짤 직 | 손으로 직물을 짬.

❷**수직 守直** 지킬 수 / 곧을 직 | 건물이나 물건 따위를 맡아서 지키는 사람.

❸**수직 垂直** 드리울 수 / 곧을 직 | 1. 똑바로 드리우는 상태.   2. (수학) 직선과 직선, 직선과 평면, 평면과 평면이 서로 만나 직각을 이루는 상태. 3. 중력의 방향. ↔ 수평.

수직강하 垂直降下 드리울 수 / 곧을 직 / 내릴 강 / 아래 하 | 아래를 향하여 위에서 곧바로 내려옴

수진본 袖珍本 소매 수 / 보배 진 / 근본 본 | 소매 안에 넣고 다닐 수 있을 정도로 작게 만든 책.

수질 水質 물 수 / 바탕 질 | 물의 성질.

수집 蒐集 모을 수 / 모을 집 | 여러 가지 물건이나 재료를 찾아 모음.

수집벽 蒐集癖 모을 수 / 모을 집 / 버릇 벽 | 취미나 연구를 위하여 여러 가지 물건이나 재료를 찾아 모으기를 대단히 즐기는 버릇.

수차 水車 물 수 / 수레 차 | 물레방아.

수채화 水彩畫 물 수 / 채색 채 / 그림 화 | (미술) 서양화에서, 물감을 물에 풀어서 그린 그림.

수척하다 瘦瘠하다 마를 수 / 야위다 척 | 몸이 몹시 야위고 마르다.

수첩 手帖 손 수 / 문서 첩 | 몸에 지니고 다니며 아무 때나 간단한 기록을 하는 조그마한 공책.

수청 守廳 지킬 수 / 관청 청 | 1. 높은 벼슬아치 밑에서 심부름을 하던 일.   2. 아녀자나 기생이 높은 벼슬아치에게 몸을 바쳐 시중을 들던 일. 3. 양반집에서 잡일을 맡아보거나 시중을 들던 사람. ≒ 청지기.

❶**수초 水草** 물 수 / 풀 초 | 물속이나 물가에 자라는 풀. ≒ 물풀.

❷**수초 樹草** 나무 수 / 풀 초 | 나무와 풀.

수축 收縮 거둘 수 / 줄일 축 | 1. 근육 따위가 오그라듦.   2. 부피나 규모가 줄어듦. ≒ 수렴. / ↔ 신장, 이완, 팽창.

수출 輸出 보낼 수 / 날 출 | 국내의 상품이나 기술을 외국으로 팔아 내보냄. ↔ 수입.

수출품 輸出品 보낼 수 / 날 출 / 물건 품 | 외국에 팔아 내보내는 물품.

수출액 輸出額 보낼 수 / 날 출 / 이마 액 | 수출로 벌어들인 돈의 액수.

수출허가제 輸出許可制 보낼 수 / 날 출 / 허락할 허

/ 옳을 가 / 절제할 제 | 상품을 수출하기 전에 정부의 허가를 받도록 하는 제도.

❶**수취 收聚** 거둘 수 / 모을 취 | 거두어 모음.

❷**수취 收取** 거둘 수 / 가질 취 | 거두어들여서 가짐. ≒ 수집.

❸**수취 受取** 받을 수 / 가질 취 | 받아서 가짐.

❶**수치 羞恥** 부끄러울 수 / 부끄러울 치 | 부끄러움. 다른 사람들을 볼 낯이 없거나 스스로 떳떳하지 못함.

수치스럽다 羞恥스럽다 부끄러울 수 / 부끄러울 치 | 부끄럽다.

❷**수치 數値** 셈 수 / 값 치 | 계산하여 얻은 값.

수칙 守則 지킬 수 / 법칙 칙 | 행동이나 절차에 관하여 지켜야 할 규칙.

❶**수침 水浸** 물 수 / 잠길 침 | 1. 물에 담금. 2. 물에 젖거나 잠김.

❷**수침 水沈** 물 수 / 잠길 침 | 물에 가라앉음.

수탁 受託 받을 수 / 부탁할 탁 | 1. 의뢰나 부탁을 받음. 2. 남의 물건 따위를 맡음. ↔ 위탁.

수탁물 受託物 받을 수 / 부탁할 탁 / 물건 물 | 남의 부탁으로 맡아 두는 물건.

수탈 收奪 거둘 수 / 빼앗을 탈 | 강제로 빼앗음. ≒ 약탈, 착취.

수태 受胎 받을 수 / 아이 밸 태 | 아이를 뱀. 또는 새끼를 뱀.

수태고지 受胎告知 받을 수 / 아이 밸 태 / 고할 고 / 알 지 | 기독교 마리아가 성령에 의하여 잉태할 것임을 천사 가브리엘이 마리아에게 알린 일.

수통 水筒 손 수 / 대통 통 | 물통. 먹는 물을 담아 가지고 다니는 그릇.

수틀 繡틀 수놓을 수 | 수를 놓을 때 바탕천을 팽팽하게 잡아당기어 끼우는 틀.

수판 數板 셈 수 / 널빤지 판 | 셈을 놓는 데 쓰는 기구.

수평 水平 물 수 / 평평할 평 | 1. 기울지 않고 평평한 상태. 2. 지구 중력의 방향과 직각을 이루는 방향. ↔ 수직.

❶**수포 水泡** 물 수 / 거품 포 | 1. 물거품. 2. 노력이 헛되게 된 상태를 비유. ≒ 포말.

❷**수포 水疱** 물 수 / 물집 포 | 피부에 생긴 '물집'.

수표 手票 손 수 / 표 표 | 경제 은행에 당좌예금을 가진 사람이 발행하여, 소지인에게 일정한 금액을 줄 것을 은행에 위탁하는 유가증권.

❶**수피 獸皮** 짐승 수 / 가죽 피 | 짐승의 가죽.

❷**수피 樹皮** 나무 수 / 가죽 피 | 식물 나무의 껍질.

수필 隨筆 따를 수 / 붓 필 | 일정한 형식을 따르지 않고 인생이나 자연 또는 일상생활에서의 느낌이나 체험을 생각나는 대로 쓴 산문 형식의 글. 경수필과 중수필로 나뉘는데, 작가의 개성이나 인간성이 나타나며 유머, 위트, 기지가 들어 있다. ≒ 에세이.

❶**수하 手下** 손 수 / 아래 하 | 1. 나이나 항렬이 자기보다 아랫니거나 낮은 관계. 2. 직책상 자기보다 더 낮은 자리에 있는 사람. 3. 어떤 사람의 영향력 아래. ≒ 부하, 손아래, 예하.

❷**수하 誰何** 누구 수 / 어찌 하 | 누구. 특정한 사람이 아닌 막연한 사람을 가리키는 인칭 대명사.

❸**수하 樹下** 나무 수 / 아래 하 | 나무의 아래.

❹**수하 蒐荷** 모을 수 / 멜 하 | 화물이나 상품 따위가 한곳에 모이게 함.

수하물차 手荷物車 손 수 / 멜 하 / 물건 물 / 수레 차 | 수하물을 실어 나르는 차.

❶**수학 數學** 셈 수 / 배울 학 | 〔수학〕 수량 및 공간의 성질에 관하여 연구하는 학문. 대수학, 기하학, 미분, 적분 등의 학문을 통틀어 이르는 말이다.

❷**수학 受學** 받을 수 / 배울 학 | 학문을 배우거나 수업을 받음.

❸**수학 修學** 닦을 수 / 배울 학 | 학문을 닦음. ≒ 공부, 학업.

수학여행 修學旅行 닦을 수 / 배울 학 / 나그네 여(려) / 다닐 행 | 교육 활동의 하나로서 교사의 인솔 아래 실시하는 여행. 학생들이 자연 및 문화를 실지로 보고 들으며 지식을 넓히도록 한다.

수합 收合 거둘 수 / 합할 합 | 거두어서 합침. 또는 모아서 합침.

❶**수해 水害** 물 수 / 해할 해 | 장마나 홍수로 인한 피해.

❷**수해 樹海** 나무 수 / 바다 해 | 나무의 바다라는 뜻으로, 울창한 삼림.

❶**수행 修行** 닦을 수 / 다닐 행 | 1. 행실, 학문, 기예 따위를 닦음. 2. 생리적 욕구나 욕망을 금하고 정신과 육체를 훈련함으로써, 정신의 정화나 신적 존재와의 합일을 얻으려고 하는 종교적 행위. ≒ 수도, 수련.

❷**수행 遂行** 드디어 수 / 다닐 행 | 생각하거나 계획한 대로 일을 해냄. ≒ 이행, 실행.

수행하다 遂行하다 드디어 수 / 다닐 행 | 계획한 대로 일을 해내다.

❸**수행 隨行** 따를 수 / 다닐 행 | 1. 따라서 실행함. 2. 일정한 임무를 띠고 가는 사람을 따라감.

수행하다 隨行하다 따를 수 / 다닐 행 | 따라가다.

수행원 隨行員 따를 수 / 다닐 행 / 인원 원 | 높은 지위의 사람을 따라다니면서 그를 돕거나 신변을 보호하는 사람. ≒ 수행인, 보디가드.

수험 受驗 받을 수 / 시험 험 | 시험을 치름.

수험생 受驗生 받을 수 / 시험 험 / 날 생 | 시험을 치르는 학생.

❶**수혈 竪穴** 세울 수 / 구멍 혈 | 땅 표면에서 아래로 파 내려간 구멍. 고대인들이 주거 양식으로 이용하기도 했다. ≒ 움.

❷**수혈 輸血** 보낼 수 / 피 혈 | 피가 부족한 사람에게 치료의 목적으로, 건강한 사람의 혈액을 환자의 혈관 내에 주입하는 것.

❶**수형 樹形** 나무 수 / 모양 형 | 나무의 모양. 뿌리·

줄기·가지·잎 따위로 되어 있고, 높이에 따라 교목(喬木)·아교목(亞喬木)·관목(灌木)으로 구분된다.

❷**수형 受刑** 받을 수 / 형벌 형 | 형벌을 받음.

❶**수혜 受惠** 받을 수 / 은혜 혜 | 은혜를 입음.

수혜자 受惠者 받을 수 / 은혜 혜 / 사람 자 | 혜택을 받는 사람.

수혜균등 受惠均等 받을 수 / 은혜 혜 / 고를 균 / 무리 등 | 혜택을 다 같이 골고루 받음.

❷**수혜 繡鞋** 수놓을 수 / 신 혜 | 수를 놓은 비단으로 만든 신.

수호 守護 지킬 수 / 도울 호 | 지키고 보호함.

수호조약 修好條約 닦을 수 / 좋을 호 / 가지 조 / 맺을 약 | 아직 국제법의 여러 원칙을 완전히 지킬 수 없는 나라와 교제를 맺기 위한 조약. 주로 외국인의 생명, 재산을 확실히 보증할 수 없는 나라 사이에 맺는다.

병자수호조약 丙子修好條約 천간(天干) 병 / 지지(地支) 자 / 닦을 수 / 좋을 호 / 가지 조 / 맺을 약 〔역사〕 일본군함 운양호 사건을 계기로 조선 고종 13년(1876)에, 조선과 일본 사이에 체결한 수호조약. 군사력을 동원한 일본의 강압에 의하여 맺어진 불평등조약이었으며, 조선은 부산 외에 인천, 원산의 두 항구를 개항하게 되었다.

수호신 守護神 지킬 수 / 도울 호 / 귀신 신 | 지키고 보호하여 주는 신.

❶**수화 水火** 물 수 / 불 화 | 물과 불.

❷**수화 受話** 받을 수 / 말씀 화 | 전화를 받음.

❸**수화 手話** 손 수 / 말씀 화 | 청각 장애가 있는 사람들이 손과 손가락의 모양으로 의미를 전달하는 언어.

❹**수화물 手貨物** 손 수 / 재물 화 / 물건 물 | 손에 간편하게 들고 다닐 수 있는 짐.

❺**수화폐월 羞花閉月** 부끄러울 수 / 꽃 화 / 닫을 폐 / 달 월 | 꽃도 부끄러워하고 달도 숨는다는 뜻으로, 여인의 얼굴과 맵시가 매우 아름다움을 비유.

수확 收穫 거둘 수 / 거둘 확 | 익은 농작물을 거두어들임

수확고 收穫高 거둘 수 / 거둘 확 / 높을 고 | 농작물을 거두어들인 양.

수확량 收穫量 거둘 수 / 거둘 확 / 헤아릴 량(양) | 농작물을 거두어들인 양.

수회 愁懷 근심 수 / 품을 회 | 마음속에 깊이 새겨진 근심.

수효 數爻 셈 수 / 괘 효 | 낱낱의 수.

❶**수훈 首勳** 머리 수 / 공훈 | 첫째가는 큰 공훈.

❷**수훈 受勳** 받을 수 / 공훈 | 훈장을 받음.

❸**수훈 樹勳** 나무 수 / 공훈 | 공훈을 세움.

숙고 熟考 익을 숙 / 생각할 고 | 1. 곰곰 잘 생각함. 2. 아주 자세히 참고함.

숙고하다 熟考하다 익을 숙 / 생각할 고 | 1. 곰곰 잘 생각하다. 2. 아주 자세히 참고하다. ≒ 숙려하

다.

숙군 肅軍 엄숙할 숙 / 군사 군 | 군의 기강을 바로 잡기 위하여, 군 내부의 부정과 불상사에 관련된 군인들을 인사 조치함.

숙녀 淑女 맑을 숙 / 여자 녀(여) | 교양과 예의와 품격을 갖춘 현숙한 여자.

숙년 宿年 잘 숙 / 해 년(연) | 지난 여러 해.

숙념 宿念 잘 숙 / 생각 념(염) | 오래전부터 품어 온 염원이나 소망.

숙달 熟達 익을 숙 / 통달할 달 | 익숙하게 통달함.

숙달하다 熟達하다 익을 숙 / 통달할 달 | 익숙하게 통달하다.

숙독 熟讀 익을 숙 / 읽을 독 | 글을 익숙하게 잘 읽음.

숙려 熟慮 익을 숙 / 생각할 려(여) | 곰곰이 생각하거나 궁리함.

숙련 熟鍊/熟練 익을 숙 / 익힐 련(연) | 연습을 많이 하여 능숙하게 익힘.

숙련공 熟鍊工 익을 숙 / 익힐 련(연) / 장인 공 | 기술이 능숙한 기술자나 노동자.

숙련노동 熟鍊勞動 익을 숙 / 익힐 련(연) / 일할 노(로) / 움직일 동 | 오랜 훈련 기간을 필요로 하는 노동. 인쇄공, 자동차 정비공, 선반공 따위의 노동이 있다.

숙론 熟論 익을 숙 / 논할 론 | 깊이 생각하여 충분히 의논함.

숙론하다 熟論하다 익을 숙 / 논할 론 | 깊이 생각하여 충분히 의논하다.

숙맥 菽麥 콩 숙 / 보리 맥 | 콩과 보리. 사리 분별을 못하고 세상 물정을 잘 모르는 사람. ※ 콩과 보리를 구별 못하는 '숙맥불변(菽麥不辨)' 에서 나옴.

숙맥불변 菽麥不辨 콩 숙 / 보리 맥 / 아닐 불 / 분별할 변 | 콩인지 보리인지를 구별하지 못한다는 뜻으로, 사리 분별을 못 하고 세상 물정을 잘 모름을 이르는 말.

숙면 熟眠 익을 숙 / 잘 면 | 잠이 깊이 듦

숙명 宿命 잘 숙 / 목숨 명 | 날 때부터 타고난 정해진 운명.

숙명적 宿命的 잘 숙 / 목숨 명 / 과녁 적 | 이미 정해진 운명에 의한.

숙명론 宿命論 잘 숙 / 목숨 명 / 논할 론 | 모든 일은 미리 정해진 필연적인 법칙에 따라 일어나므로, 인간의 의지로는 바꿀 수 없다는 이론. ≒ 운명론./↔ 결정론.

숙명론자 宿命論者 잘 숙 / 목숨 명 / 논할 론 / 사람 자 | 운명론을 믿거나 주장하는 사람.

숙박 宿泊 잘 숙 / 머무를 박 | 여관이나 호텔 따위에서 잠을 자고 머무름.

숙박부 宿泊簿 잘 숙 / 머무를 박 / 문서 부 | 여관이나 호텔 따위에서 숙박인의 성명, 주소, 행선지 따위를 적는 장부.

숙병 宿病 잘 숙 / 병 병 | 오래전부터 앓고 있는 병.

숙부 叔父 아저씨 숙 / 아버지 부 | 아버지의 남동생

숙모 叔母 아저씨 숙 / 어머니 모 | 아버지 남동생의 아내

숙부인 淑夫人 맑을 숙 / 지아비 부 / 사람 인 | 역사 조선 시대에, 정삼품 당상 문무관의 아내에게 주던 외명부의 품계. 숙인의 위, 정부인의 아래 품계이다.

❶숙사 宿舍 잘 숙 / 집 사 | 1. 숙박하는 집. 2. 여러 사람이 집단으로 살고 있는 집.

❷숙사 塾舍 글방 숙 / 집 사 | 1. 공부하는 학생들이 묵는 곳. 일종의 기숙사이다. 2. 글방과 숙소를 겸한 서당.

❸숙사 熟思 익을 숙 / 생각 사 | 깊이 생각함.

숙살 肅殺 엄숙할 숙 / 죽일 살 | 쌀쌀한 가을 기운이 풀이나 나무를 말려 죽임.

❶숙성 熟成 익을 숙 / 이룰 성 | 충분히 잘 익음. 충분히 이루어짐.

숙성하다 熟成하다 익을 숙 / 이룰 성 | 충분히 잘 익다. 충분히 이루어지다.

❷숙성 夙成 이룰 숙 / 이룰 성 | 나이에 비해 발육이 빠름. 조숙함.

숙성하다 夙成하다 이를 숙 / 이룰 성 | 나이에 비하여 발육이 빠르다.

숙세 夙世 이를 숙 / 인간 세 | 지나간 시대.

숙소 宿所 잘 숙 / 바 소 | 집을 떠난 사람이 임시로 묵는 곳.

숙수 熟手 익을 숙 / 손 수 | 잔치와 같은 큰일이 있을 때에 음식을 만드는 사람

숙식 宿食 잘 숙 / 밥 식 | 자고 먹음.

숙어 熟語 익을 숙 / 말 어 | 사람들 사이에서 익숙하게 굳어진 말.

숙연하다 肅然하다 엄숙할 숙 / 그럴 연 | 고요하고 엄숙하다.

숙영 宿營 잘 숙 / 경영할 영 | 군대가 병영 밖에서 지내는 일. 훈련이나 전쟁을 수행하기 위해서이다.

❶숙원 宿願 잘 숙 / 원할 원 | 오래전부터 품어 온 소원.

숙원 사업 宿願事業 잘 숙 / 원할 원 / 일 사 / 업 업 | 오래전부터 추진되기를 바라던 사업.

❷숙원 宿怨/夙怨 잘 숙 / 원망할 원 | 오랫동안 품고 있는 원한.

숙의 熟議 익을 숙 / 의논할 의 | 깊이 생각하여 충분히 의논함.

숙인 熟人 익을 숙 / 사람 인 | 자주 대하여 친하게 지내는 사람.

숙적 宿敵 잘 숙 / 대적할 적 | 오래전부터의 원수.

숙정 肅正 엄숙할 숙 / 바를 정 | 부정을 엄격히 단속하여 바로잡음.

관기숙정 官紀肅正 벼슬 관 / 벼리 기 / 엄숙할 숙 / 바를 정 | 관청의 규율을 바로잡음.

숙제 宿題 잘 숙 / 제목 제 | 복습이나 예습을 위하여 학생들에게 내 주는 방과 후의 과제.

숙지 熟知 익을 숙 / 알 지 | 익숙하게 앎. 또는 충분히 앎.

숙직 宿直 잘 숙 / 곧을 직 | 관청, 회사, 학교 따위의 직장에서, 교대로 잠을 자면서 지키는 일.

❶**숙질 叔姪** 아저씨 숙 / 조카 질 | 아저씨와 조카.

숙질간 叔姪間 아저씨 숙 / 조카 질 / 사이 간 | 아저씨와 조카 사이.

❷**숙질 宿疾** 잘 숙 / 병 질 | 오래전부터 앓고 있는 병.

숙채 熟菜 익을 숙 / 나물 채 | 익혀서 무친 나물.

숙청 肅淸 엄숙할 숙 / 맑을 청 | 조직이나 단체에서 반대파를 처단하거나 제거함.

❶**숙취 宿醉** 잘 숙 / 취할 취 | 이튿날까지 깨지 아니하는 취기.

❷**숙취 熟醉** 익을 숙 / 취할 취 | 술에 흠뻑 취함.

❸**숙취 夙就** 이를 숙 / 나아갈 취 | 일찍 성취함.

숙침 熟寢 익을 숙 / 잘 침 | 잠이 깊이 듦.

숙환 宿患 잘 숙 / 근심 환 | 오래 묵은 병.

숙흥야매 夙興夜寐 이를 숙 / 일 흥 / 밤 야 / 잘 매 | 아침에 일찍 일어나고 밤에 늦게 잔다는 뜻으로, 부지런히 일함.

❶**순간 瞬間** 깜짝일 순 / 사이 간 | 아주 짧은 동안.

순간적 瞬間的 깜짝일 순 / 사이 간 / 과녁 적 | 아주 짧은 동안에 있는.

❷**순간 旬刊** 열흘 순 / 새길 간 | 신문, 잡지 따위를 열흘에 한 번씩 간행하는 일

순강 巡講 돌 순 / 외울 강 | 1. 여러 곳으로 돌아다니면서 강의나 강연을 함. 2. 여러 사람이 차례로 돌아가며 강의함.

순결 純潔 순수할 순 / 깨끗할 결 | 잡된 것이 섞이지 아니하고 깨끗함.

순결무구 純潔無垢 순수할 순 / 깨끗할 결 / 없을 무 / 때 구 | 깨끗하여 조금도 더러운 티가 없다.

❶**순경 順境** 순할 순 / 지경 경 | 일이 마음먹은 대로 잘되어 가는 경우. 또는 모든 일이 순조로운 환경. ↔ 역경.

❷**순경 巡警** 돌 순 / 깨우칠 경 | 1. 여러 곳을 돌아다니며 사정을 살핌. 2. 경찰 공무원 계급의 하나. 경장의 아랫니다. ≒ 순찰, 경관.

❸**순경 巡更** 돌 순 / 고칠 경 | 밤에 도둑이나 화재 따위를 경계하기 위하여 돌아다님.

순교 殉敎 따라 죽을 순 / 가르칠 교 | 모든 압박과 박해를 물리치고, 자기가 믿는 신앙을 지키기 위하여 목숨을 바치는 일

순교자 殉敎者 따라 죽을 순 / 가르칠 교 / 사람 자 | 순교한 사람.

순국 殉國 따라 죽을 순 / 나라 국 | 나라를 위하여 목숨을 바침.

순국선열 殉國先烈 따라 죽을 순 / 나라 국 / 먼저 선

/매울 열(렬) | 나라를 위하여 목숨을 바친 애국 열사.

순두부 純豆腐 콩 두 / 썩을 부 | 눌러서 굳히지 아니한 두부.

순따주기 筍따주기 죽순 순 | 초목의 곁순을 잘라 내는 일.

순라군 巡邏軍 돌 순 / 순라 라(나) / 군사 군 | 역사 조선 시대에, 도둑·화재 따위를 경계하기 위하여 밤에 궁중과 장안 안팎을 순찰하던 군졸.

순량하다 順良하다 순할 순 / 어질 량(양) | 성질이 부드럽고 착하다.

순력 巡歷 돌 순 / 지날 력(역) | 1. 각처로 돌아다님. 2. 역사 관찰사나 원 등이 관할 지역을 순회하던 일.

❶**순례** 巡禮 돌다 순 / 예절 례(예) | 여러 곳을 찾아다니며 방문함.

순례하다 巡禮하다 돌다 순 / 예절 례(예) | 여러 곳을 찾아다니며 방문하다.

순례자 巡禮者 돌 순 / 예도 례(예) / 사람 자 | 종교적인 목적으로 성지를 순례하는 사람.

성지순례 聖地巡禮 성인 성 / 땅 지 / 돌 순 / 예도 례(예) | 종교적인 의미가 있는 곳을 찾아다니며 방문하여 참배함.

순로 順路 순할 순 / 길 로(노) | 평탄하고 곧은 길.

순류 順流 순할 순 / 흐를 류(유) | 1. 물이 순탄하게 제 길을 따라 아래로 흐름. 2. 세상 물정이 돌아가는 대로 좇음을 비유. ↔ 역류.

순리 順理 순할 순 / 다스릴 리(이) | 순한 이치나 도리

순리적 順理的 순할 순 / 다스릴 리(이) / 과녁 적 | 이치나 도리에 따르는.

순리롭다 順理롭다 순할 순 / 다스릴 리(이) | 도리에 어그러짐이 없이 순순하고 무리가 없다.

순망치한 脣亡齒寒 입술 순 / 없다 망 / 이빨 치 / 차다 한 | 입술이 없으면 이가 시리다. 서로 이해관계가 밀접하게 얽혀있어 어느 한쪽이 망하면 다른 쪽도 망함. ※ 참조: 입술이 없으면 이가 시리다.

순면 純綿 순수할 순 / 솜 면 | 다른 것이 전혀 섞여 있지 않은 면.

순명 順命 순할 순 / 목숨 명 | 명령에 복종함.

순모 純毛 순수할 순 / 터럭 모 | 다른 것이 전혀 섞이지 않은 모.

순문학 純文學 순수할 순 / 글월 문 / 배울 학 | 예술적 가치를 오로지 추구하는 문학. 사상·주의를 다루지 않으며, 흥미 위주의 대중 통속 문학과도 구별된다.

순미 純美 순수할 순 / 아름다울 미 | 티 없이 깨끗하고 아름다움.

순박 淳朴 순박할 순 / 성씨 박 | 거짓이나 꾸밈이 없이 순수함.

순박하다 淳朴하다 순박할 순 / 성씨 박 | 거짓이나 꾸밈이 없이 순수하며 인정이 두텁다.

순발력 瞬發力 깜짝일 순 / 필 발 / 힘 력(역) | 1. 근

육이 순간적으로 빨리 수축하면서 나는 힘. 2. 순간적으로 판단하여 말하거나 행동하는 능력.

순방 巡訪 돌 순 / 찾을 방 | 차례로 돌아가며 방문함

순배 巡杯 돌 순 / 잔 배 | 술잔을 차례로 돌림.

순백 純白/醇白 순수할 순 / 흰 백 | 다른 색이 섞이지 아니한 순수한 흰색.

❶순복 順服 순할 순 / 옷 복 | 순순히 복종함.

순복하다 順服하다 순할 순 / 옷 복 | 순순히 복종하다.

❷순복 馴服 길들일 순 / 옷 복 | 길이 들어서 잘 따르고 복종함.

순사 巡査 돌 순 / 조사할 사 | 일제 강점기에, 경찰관의 가장 낮은 계급.

순삭 旬朔 열흘 순 / 초하루 삭 | 1. 열흘과 초하루. 순은 열흘, 삭은 초하루를 가리킨다. 2. 열흘 동안.

순산 順産 순할 순 / 낳을 산 | 산모가 순조롭게 아이를 낳음.

순서 順序 순할 순 / 차례 서 | 차례.

❶순수 純粹 순수할 순 / 순수할 수 | 1. 전혀 다른 것의 섞임이 없음. 2. 사사로운 욕심이나 못된 생각이 없음. ≒ 순진, 순전./↔ 불순.

순수성 純粹性 순수할 순 / 순수할 수 / 성품 성 | 순수한 성질.

순수문학 純粹文學 순수할 순 / 순수할 수 / 글월 문 / 배울 학 | 예술적 가치를 추구하는 문학. 사상이나 이념을 다루지 않으며, 흥미 위주의 대중 통속 문학과도 구별된다. ≒ 본격 문학, 순문학.

순수시 純粹詩 순수할 순 / 순수할 수 / 시 시 | 시에서 사상이나 의미를 전달하는 산문적 요소를 없애고, 순수하게 감동을 일으키는 정서적 요소만으로 쓴 시.

순수이성 純粹理性 순수할 순 / 순수할 수 / 다스릴 이(리) / 성품 성 | 철학 경험 또는 인식을 가능하게 하는 선천적 인식 능력. 칸트 철학의 기본 개념으로, 신, 세계, 영혼 따위의 선천적 이념에 관계되는 고차원적인 인식 능력을 이르는데, 이 경우에는 감성이나 오성은 포함되지 않는다.

순수개념 純粹概念 순수할 순 / 순수할 수 / 대개 개 / 생각 념(염) | 철학 칸트 철학에서, 경험에 의하지 않고 원래부터 선척적으로 가지고 있다고 여겨지는 개념.

❷순수 巡狩 돌 순 / 사냥할 수 | 임금이 나라 안을 두루 살피며 돌아다니던 일.

순수비 巡狩碑 돌 순 / 사냥할 수 / 비석 비 | 임금이 살피며 돌아다닌 곳을 기념하기 위하여 세운 비석.

진흥왕순수비 眞興王巡狩碑 참 진 / 일 흥 / 임금 왕 / 돌 순 / 사냥할 수 / 비석 비 | 역사 신라 진흥왕이 한강 유역에서 동북 해안과 가야를 쳐서 영토를 넓힌 다음, 신하들과 변경을 두루 살피며 돌아다닐 때에 세운 기념비. 현재 북한산비, 황초령비, 마운령비, 창녕비의 넷이 남아 있다.

순순히 順順히 순할 순 | 성질이나 태도가 고분고

분하고 온순하게.

순순하다 順順하다 순할 순 | 1. 고분고분하고 온순하다. 2. 음식 맛이 순하다.

▶ **순시** 巡視 돌 순 / 볼 시 | 돌아다니며 사정을 보살 핌. ≒ 순찰, 순경, 시찰.

순시선 巡視船 돌 순 / 볼 시 / 배 선 | 해상의 안전 과 치안 확보를 위해서, 바다를 돌아다니며 감 독하는 배.

순식간 瞬息間 깜짝일 순 / 쉴 식 / 사이 간 | 눈을 한 번 깜짝하거나 숨을 한 번 쉴 만한 아주 짧 은 동안.

순실하다 純實하다 순수할 순 / 열매 실 | 순직하고 참되다.

▶ **순애** 純愛 순수할 순 / 사랑 애 | 순수하고 깨끗한 사랑.

순애물 純愛物 순수할 순 / 사랑 애 / 물건 물 | 소 설·영화·연극 따위에서, 순수하고 깨끗한 사랑 을 주제로 다룬 작품.

순양함 巡洋艦 돌 순 / 큰 바다 양 / 큰 배 함 | 전투 함과 구축함의 중간으로 기동력과 전투력이 좋 은 큰 군함.

❶**순연** 順延 순할 순 / 늘일 연 | 차례로 기일을 늦 춤.

순연하다 順延하다 순할 순 / 늘일 연 | 차례로 기 일을 늦추다

❷**순연** 巡演 돌 순 / 펼 연 | 순회공연. 여러 곳으로 돌아다니면서 하는 공연.

▶ ❶**순열** 殉烈 따라 죽을 순 / 매울 열(렬) | 충렬(忠烈) 을 위하여 목숨을 바침.

❷**순열** 順列 순할 순 / 벌일 열(렬) | 차례대로 늘어 선 줄.

순위 順位 순할 순 / 자리 위 | 차례나 순서를 나타 내는 위치.

순은 純銀 순수할 순 / 은 은 | 다른 것이 조금도 섞 이지 아니한 순수한 은.

순응 順應 순할 순 / 응할 응 | 1. 부드럽게 대응함. 2. 환경이나 변화에 적응하여 익숙해짐.

순응력 順應力 순할 순 / 응할 응 / 힘 력 | 생물이 외 계의 상태에 적응하여 변화할 수 있는 능력.

순이익 純利益 순수할 순 / 이로울 이(리) / 더할 익 | 총이익에서 영업비, 잡비 따위의 비용을 빼고 남은 순전한 이익.

순일 純一 순수할 수 / 한 일 | 다른 것이 섞이지 않 고 순수함

순장 殉葬 따라 죽을 순 / 장사지낼 장 | 역사 한 집 단의 지배층 계급에 속하는 사람이 죽었을 때, 그 뒤를 따라 산 사람을 함께 묻던 일. 왕이나 귀족 등이 죽으면 첩, 신하, 종 등을 함께 묻었 다.

순전하다 純全하다 순수할 순 / 온전할 전 | 순수하 고 완전하다.

순절 殉節 따라죽을 순 / 절개 절 | 충절이나 정절을 지키기 위하여 죽음.

순정 純情 순수할 순 / 뜻 정 | 순수한 감정이나 애

정.

순조 順調 순할 순 / 고를 조 | 일이 아무 탈 없이 잘되어 가는 상태.

순조롭다 順調롭다 순할 순 / 고를 조 | 일이 아무 탈 없이 잘되어 가고 있다. 늑 순탄하다.

❶**순종 順從** 순할 순 / 좇을 종 | 순순히 따름. ↔ 거역, 반항.

❷**순종 純種** 순수할 순 / 씨 종 | 다른 계통과 섞이지 않은 유전적으로 순수한 계통 혹은 품종.

순직 殉職 따라 죽을 순 / 직분 직 | 직무를 보다가 죽음

순진 純眞 순수할 순 / 참 진 | 1. 마음이 꾸밈이 없고 순박함. 2. 세상 물정에 어두워 어수룩함.

순진하다 純眞하다 순수할 순 / 참 진 | 마음이 꾸밈이 없고 순박하다.

순진무구 純眞無垢 순수할 순 / 참 진 / 없을 무 / 때 구 | 티 없이 순진함.

순차 順次 순할 순 / 차례 차 | 돌아오는 차례.

순차적 順次的 순할 순 / 차례 차 / 과녁 적 | 순서를 따라 차례대로.

순찰 巡察 돌 순 / 살필 찰 | 여러 곳을 돌아다니며 사정을 살핌.

❶**순치 馴致** 길들일 순 / 이를 치 | 1. 짐승을 길들임. 2. 차차 어떠한 상태로 이르게 함.

순치되다 馴致되다 길들일 순 / 이를 치 | 1. 짐승이 길들여지다. 2. 차차 어떠한 상태에 이르다.

❷**순치 脣齒** 입술 순 / 이 치 | 1. 입술과 이를 아울러 이르는 말. 2. 입술과 이처럼 이해관계가 밀접한 둘 사이를 비유.

순탄하다 順坦하다 순할 순 / 평탄할 탄 | 아무 탈 없이 순조롭다. 늑 순조롭다, 평탄하다.

순풍 順風 순할 순 / 바람 풍 | 순하게 부는 바람.

순하다 順하다 순할 순 | 1. 성질이 부드럽다. 2. 맛이 독하지 않다. 3. 일이 까다롭지 아니하다. 4. 배가 가는 방향과 바람이 부는 방향이 같다.

❶**순항 順航** 순할 순 / 배 항 | 순조롭게 항행함.

순항고도 巡航高度 돌 순 / 배 항 / 높을 고 / 법도 도 | 안전한 비행을 위하여 유지하여야 하는 적절한 해발 고도.

❷**순항 巡航** 돌 순 / 배 항 | 배를 타고 여러 곳을 돌아다님.

❸**순항 巡港** 돌 순 / 항구 항 | 항구를 돌아다님.

❶**순행 順行** 순할 순 / 갈 행 | 1. 차례대로 나아감. 2. 거스르지 아니하고 행함. ↔ 역행.

❷**순행 巡行** 돌 순 / 다닐 행 | 1. 여행이나 공부를 하기 위하여 여러 곳으로 돌아다님. 2. 감독하거나 단속하기 위해 돌아다님.

❸**순행 巡幸** 돌 순 / 다행 행 | 역사 임금이 나라 안을 두루 살피며 돌아다니던 일.

순혈 純血 순수할 순 / 피 혈 | 다른 피가 섞이지 아니한 순수한 혈통.

❶**순화 純化** 순수할 순 / 변할 화 | 1. 불순한 것이 제

거되어 순수해 짐. 2. 복잡한 것을 단순하게 함.

❷**순화 醇化** 물 타지 않은 진한 술 순 / 변할 화 | 1. 정성 어린 가르침으로 감화함. 2. 잡스러운 것을 걸러서 순수하게 함. ※ 예시: 민족정신의 순화.

❸**순화 馴化** 길들일 순 / 될 화 | 길들이기. 적응함. ≒ 순응.

순화되다 馴化되다 길들일 순 / 될 화 | 다른 지역에 옮겨진 생물이 점차로 그 환경에 적응해 가다.

❹**순화 舜花/蕣花** 순임금 순 / 꽃 화 | 무궁화 꽃. 우리나라의 국화(**國花**)이다.

순환 循環 돌 순 / 고리 환 | 주기적으로 자꾸 되풀이하여 돎.

순환도로 循環道路 돌 순 / 고리 환 / 길 도 / 길 로 (노) | 일정한 지역을 순환할 수 있게 닦아 놓은 도로.

순환계통 循環系統 돌 순 / 고리 환 / 맬 계 / 거느릴 통 | (생물) 몸 전체에 피를 순환시켜 골고루 영양을 공급하면서 노폐물을 수용하는 계통의 조직. 심장, 동맥, 정맥, 모세혈관의 혈관 계통, 림프관 계통으로 이루어진다.

순회 巡廻 돌 순 / 돌 회 | 여러 곳을 돌아다님.

순회공연 巡廻公演 돌 순 / 돌 회 / 공평할 공 / 펼 연 | 여러 곳으로 돌아다니면서 하는 공연.

❶**순효 順孝** 순할 순 / 효도 효 | 부모에게 순종하여 효도를 다함.

❷**순효 純孝** 순수할 순 / 효도 효 | 순수한 효심. 또는 지극한 효성.

순후하다 淳厚하다/**醇厚**하다 박할 순 / 두터울 후 | 온순하고 인정이 두텁다.

술래 巡▽邏▽ 돌 순 / 순라 라(나) | 여러 아이들이 술래가 되어 숨은 아이를 찾아내는 놀이. 술래는 본디 순라(巡邏)에서 유래되었다고 본다.

술이부작 述而不作 저술할 술 / 어조사 이 / 아닐 부 / 짓다 작 | 옛것을 전했을 뿐 새로운 것을 창작한 것은 아니다. 공자가 자신의 업적을 일러, 새로운 창작이 아니며 '술이부작'했다고 함. 〈논어〉

술책 術策 재주 술 / 꾀 책 | 어떤 일을 꾸미는 꾀나 방법. ≒ 계략, 계교, 계책.

기만술책 欺瞞術策 속일 기 / 속일 만 / 재주 술 / 꾀 책 | 남을 속여 넘기는 술책.

술회 述懷 펼 술 / 품을 회 | 마음속에 품고 있는 생각.

술회하다 述懷하다 펼 술 / 품을 회 | 마음속에 품고 있는 여러 가지 생각을 말하다. ≒ 말하다, 진술하다, 토로하다.

❶**숭고 崇高** 높을 숭 / 높을 고 | 뜻이 높고 고상함.

숭고하다 崇高하다 높을 숭 / 높을 고 | 뜻이 높고 고상하다. ≒ 드높다, 숭엄하다, 존엄하다.

숭고미 崇高美 높을 숭 / 높을 고 / 아름다울 미 | 숭고한 느낌을 주는 아름다움.

❷**숭고 崇古** 높을 숭 / 옛 고 | 옛 문물을 높여 소중히 여김.

숭고하다 崇古하다 높을 숭 / 옛 고 | 옛 문물을 높여 소중히 여기다.

숭모 崇慕 높을 숭 / 그릴 모 | 우러러 사모함.

숭배 崇拜 높을 숭 / 절 배 | 우러러 공경함.

숭앙 崇仰 높을 숭 / 우러를 앙 | 높이 우러름.

숭앙하다 崇仰하다 높을 숭 / 우러를 앙 | 높이 우러르다.

숭문 崇文 높을 숭 / 글월 문 | 글을 숭상함. 또는 문학을 높임.

슬하 膝下 무릎 슬 / 아래 하 | 무릎의 아래라는 뜻으로, 어버이의 보살핌 아래.

습격 襲擊 엄습할 습 / 칠 격 | 갑자기 상대편을 덮쳐 침

습곡 褶曲 주름 습 / 굽을 곡 | 지층이 물결 모양으로 주름이 지는 현상

습곡산지 褶曲山地 주름 습 / 굽을 곡 / 산 산 / 땅 지 | 습곡 작용으로 생긴 산지.

습관 習慣 익힐 습 / 익숙할 관 | 버릇. 어떤 행위를 오랫동안 되풀이하는 과정에서 저절로 익혀진 행동 방식.

습관성 習慣性 익힐 습 / 익숙할 관 / 성품 성 | 습관이 되어 버린 성질. ≒ 관성, 타성.

습기 濕氣 젖을 습 / 기운 기 | 물기. 축축한 기운.

습도 濕度 젖을 습 / 법도 도 | 공기 가운데 수증기가 들어 있는 정도

습독 習讀 익힐 습 / 읽을 독 | 글을 익혀 읽음.

습득 習得 익힐 습 / 얻을 득 | 학문이나 기술 따위를 배워서 자기 것으로 함.

습득형질 習得形質 익힐 습 / 얻을 득 / 모양 형 / 바탕 질 | 생물이 태어난 후 환경의 영향이나 기관의 용불용(用不用)에 의해 얻게 된 형질로 후세. 후세에 유전되지 않는다. ≒ 획득 형질.

습랭 濕冷 젖을 습 / 찰 랭(냉) | 1. 질병을 일으키는 차고 축축한 기운. 2. 냉기와 습기 때문에 생기는 병증.

습생 濕生 젖을 습 / 날 생 | 습한 곳에서 사는 생물.

습성 習性 익힐 습 / 성품 성 | 습관이 되어 버린 성질.

습성화 習性化 익힐 습 / 성품 성 / 될 화 | 습성으로 됨.

습속 習俗 익힐 습 / 풍속 속 | 습관이 된 풍속.

습식 濕式 젖을 습 / 법 식 | 용액이나 용제 따위의 액체를 쓰는 방식. ↔ 건식.

습열 濕熱 젖을 습 / 더울 열 | 차가운 기운에 침해받아 얻은 병에 나는 열.

습유 拾遺 주울 습 / 남길 유 | 1. 남이 잃어버린 것을 주움. 2. 빠진 것을 보충함.

습윤 濕潤 젖을 습 / 불을 윤 | 습기가 많음.

습윤기후 濕潤氣候 젖을 습 / 불을 윤 / 기운 기 / 기후 후 | 강수량이 증발량보다 많은 기후. 축축한 습기가 있는 날이 많다.

습자 習字 익힐 습/글자 자| 글씨 쓰기를 익힘.

❶습작 習作 익힐 습/지을 작| 시, 소설, 그림 따위의 작법을 익히기 위하여 연습 삼아 지어봄.

습작품 習作品 익힐 습/지을 작/물건 품| 연습 삼아 짓거나 그린 문학 작품이나 그림.

❷습작 襲爵 엄습할 습/벼슬 작| 작위를 물려받음.

습지 濕地 젖을 습/땅 지| 습기가 많은 축축한 땅.

습진 濕疹 젖을 습/마마 진| 여러 가지 자극물로 인하여 피부에 일어나는 염증. 피부가 붓거나 거칠어지고 가려움증도 나타난다.

습포 濕布 젖을 습/베 포| 젖은 찜질을 할 때 쓰는 헝겊.

습하다 濕하다 젖을 습| 물기가 많아 축축하다. ↔ 건조하다.

❶승강 昇降/陞降 오를 승/내릴 강| 오르고 내림.

승강기 昇降機 오를 승/내릴 강/틀 기| 동력을 사용하여 사람이나 화물을 아래위로 나르는 장치.

승강이 昇降이 오를 승/내릴 강| 서로 자기주장을 고집하며 옥신각신 함. ≒ 말다툼, 승강이. ※ 참조: '싱갱이'는 강원도 사투리.

❷승강 乘降 탈 승/내릴 강| 차, 배, 비행기 따위를 타고 내림.

승객 乘客 탈 승/손객| 차, 배, 비행기 등의 탈것을 타는 손님.

승격 昇格 오를 승/격식 격| 지위나 등급 따위가 오름.

승격하다 昇格하다 오를 승/격식 격| 지위나 등급 따위가 오르다. ≒ 승급하다, 진급하다./↔ 강등하다.

승경 勝景 이길 승/볕 경| 뛰어난 경치.

승계 承繼 이을 승/이을 계| 선임자의 뒤를 이어받음.

승계인 承繼人 이을 승/이을 계/사람 인| 다른 사람의 권리와 의무를 이어받은 사람. ≒ 후계자.

승과 僧科 중 승/과목 과| 역사 고려·조선 시대에, 승려에게 시험을 보게 하여 뽑던 과거.

승군 勝軍 이길 승/군사 군| 싸움에서 이긴 군대.

승급 昇級/陞級 오를 승/등급 급| 급수나 등급이 오름.

승낙 承諾 이을 승/허락할 낙(락)| 청하는 바를 들어줌.

❶승단 僧團 중 승/둥글 단| 종교와 신앙을 위하여 특별한 수행을 하는 승려의 단체.

❷승단 昇段 오를 승/층계 단| 태권도, 유도, 바둑 따위의 단수가 오름.

승단대회 昇段大會 오를 승/층계 단/클 대/모일 회| 태권도, 유도나 바둑 따위의 단수를 높이기 위하여 여는 대회.

승당 昇堂 오를 승/집 당| 마루에 오름.

승당입실 升堂入室 되승/집당/들입/집실| 마루에 오른 다음 방으로 들어간다는 뜻으로, 일에는 차례가 있음.

승려 僧侶 중 승/짝 려| 스님. 불교의 출가 수행자.

승리 勝利 이길 승/이로울 리(이)| 겨루어서 이김.

▶ **승마 乘馬** 탈 승/말 마| 말을 탐.

승마술 乘馬術 탈 승/말 마/재주 술| 말을 타고 부리는 재주.

승명 承命 이을 승/목숨 명| 임금이나 어버이의 명령을 받듦.

❶**승무 僧舞** 중 승/춤출 무| 장삼과 고깔을 걸치고 북채를 쥐고 추는 스님의 춤.

❷**승무 乘務** 탈 승/힘쓸 무| 운행 중인 차, 기차, 배, 비행기 안에서 운행과 관련된 직무.

승무원 乘務員 탈 승/힘쓸 무/인원 원| 운행 중인 차, 기차, 배, 비행기 안에서 운행과 관련된 직무를 맡아보는 사람.

승방 僧坊 중 승/동네 방| 절. 승려가 불상을 모시고 불도를 닦으며 사는 집.

승병 僧兵 중 승/병사 병| 승군. 승려들로 조직된 군대.

승보 勝報 이길 승/갚을 보| 싸움이나 경기에 이겼다는 소식.

승복 承服 이을 승/옷 복| 납득하여 따름.

승부 勝負 이길 승/질 부| 이김과 짐.

승산 勝算 이길 승/셈 산| 이길 수 있는 가능성.

승선 乘船 탈 승/배 선| 배를 탐.

승선원 乘船員 탈 승/배 선/인원 원| 배에 탄 사람.

승선계약 乘船契約 탈 승/배 선/맺을 계/맺을 약| 선원이 배를 타고 일하기로 배의 소유자와 맺는 근로 계약.

승소 勝訴 이길 승/호소할 소| 소송에서 이기는 일.

승속 僧俗 중 승/풍속 속| 승려와 승려가 아닌 속인(俗人).

▶ **승수 乘數** 탈 승/셈 수| 어떤 수에 곱하는 수. '10×5'에서 '5'를 이르는 말이다.

승수효과 乘數效果 탈 승/셈 수/본받을 효/실과 과| 경제 어떤 경제요인의 변화가 다른 경제요인의 변화를 유발하여 파급적 효과를 낳고, 최종적으로는 처음의 몇 배의 증가 또는 감소로 나타나는 효과.

▶ **승승 乘勝** 탈 승/이길 승| 싸움에서 이기는 형세를 탐.

승승장구 乘勝長驅 탈 승/이길 승/길 장/몰 구| 싸움에 이긴 형세를 타고 계속 몰아침.

승압 昇壓 오를 승/누를 압| 전압을 높임.

승용차 乘用車 탈 승/쓸 용/수레 차| 사람이 타고 다니는 자동차.

승은 承恩 이을 승 / 은혜 은 | 신하가 임금에게서 특별한 은혜를 받음.

❶승인 承認 이을 승 / 알 인 | 어떤 사실을 마땅하다고 받아들임. ≒ 인정. /↔ 거부, 거절.

승인하다 承認하다 이을 승 / 알 인 | 받아들이다.

❷승인 勝因 이길 승 / 인할 인 | 승리의 원인. ↔ 패인.

승자 勝者 이길 승 / 사람 자 | 싸움이나 경기 따위에서 이긴 사람.

승전 勝戰 이길 승 / 싸움 전 | 싸움에서 이김.

승전고 勝戰鼓 이길 승 / 싸움 전 / 북 고 | 싸움에 이겼을 때 울리는 북. ※ 참조: 예전 전장에서 북소리는 진군, 징소리는 퇴각을 알리는 것임.

승전국 勝戰國 이길 승 / 싸움 전 / 나라 국 | 전쟁에서 이긴 나라.

승정원 承政院 이을 승 / 정사 정 / 집 원 | 역사 조선 시대에, 왕명의 출납을 맡아보던 관아.

승지 承旨 이을 승 / 뜻 지 | 역사 조선 시대에, 승정원에 속하여 왕명의 출납을 맡아보던 정삼품의 당상관. 정원이 6명으로, 도승지·좌승지·우승지·좌부승지·우부승지·동부승지가 있었다.

승진 昇進/陞進 오를 승 / 나아갈 진 | 벼슬이나 직위의 등급이 오름.

승차 乘車 탈 승 / 수레 차 | 차를 탐

승천 昇天 오를 승 / 하늘 천 | 하늘에 오름.

승천제 昇天祭 오를 승 / 하늘 천 / 제사 제 | 기독교 예수의 승천을 기념하는 행사. 부활절 뒤 40일이 되는 날에 행한다.

승패 勝敗 이길 승 / 패할 패 | 승리와 패배.

❶승하 昇遐 오를 승 / 멀 하 | 임금이나 존귀한 사람이 세상을 떠남.

❷승하차 乘下車 탈 승 / 아래 하 / 수레 차 | 차를 타거나 차에서 내림.

승하다 勝하다 이길 승 | 1. 재주나 능력 따위가 뛰어나다. 2. 어떤 특성이 두드러지다.

승합 乘合 탈 승 / 합할 합 | 자동차 따위에 여럿이 함께 탐.

승합차 乘合車 탈 승 / 합할 합 / 수레 차 | 많은 사람을 태울 수 있는 대형 자동차

❶승화 昇華 오를 승 / 빛날 화 | 1. 어떤 현상이 더 높은 상태로 발전하는 일. 2. 고체에 열을 가하면 액체가 되는 일이 없이 곧바로 기체로 변하는 현상. 드라이아이스 따위에서 볼 수 있다. 3. 심리 자아의 방어기제의 하나. 사회적으로 인정되지 않는 충동·욕구를 예술 활동, 종교 활동 따위의 사회적·정신적 가치가 있는 것으로 바꿔서 충족하는 일이다.

승화열 昇華熱 오를 승 / 빛날 화 / 더울 열 | 물질이 승화할 때 흡수하거나 방출하는 열.

❷승화 昇華 오를 승 / 빛날 화 | 문학 비극을 봄으로써 마음에 쌓여 있던 우울함, 불안감, 긴장감 따위가 해소되고 마음이 정화되는 일. 아리스토텔레스의 ≪시학(詩學)≫.

시 詩 시 시 | 문학의 한 장르. 자연이나 인생에 대

하여 일어나는 감흥과 사상 따위를 함축적이고 운율적인 언어로 표현한 글이다. 형식에 따라 정형시(定型詩)·자유시(自由詩)·산문시(散文詩)로 나누며, 내용에 따라 서정시(敍情詩)·서사시(敍事詩)·극시(劇詩) 등으로 나눈다.

❶시가 詩歌 시 시 / 노래 가 | 시와 노래

❷시가 市街 저자 시 / 거리 가 | 도시의 큰 길거리.

시가전 市街戰 저자 시 / 거리 가 / 싸움 전 | 시가지에서 벌이는 전투.

시가행진 市街行進 저자 시 / 거리 가 / 다닐 행 / 나아갈 진 | 시가를 여럿이 함께 행진하는 일.

❸시가 市價 저자 시 / 값 가 | 시장에서 상품이 매매되는 가격.

❶시각 視角 볼 시 / 각도 각 | 사물을 관찰하는 각도.

❷시각 視覺 볼 시 / 느낄 각 | 시각적 자극을 받아들이는 감각 작용.

시각언어 視覺言語 볼 시 / 느낄 각 / 말씀 언 / 말씀 어 | 문자가 아니라, 색채나 도형 따위로 뜻을 전달하는 언어. 수화, 상징 도형, 표지 따위가 있다.

❸시각 時刻 때 시 / 시각 각 | 시간의 어느 한 시점. 짧은 시간. ※ 참조: 1각(刻) = 15분(分).

시간 時間 때 시 / 사이 간 | 하루의 24분의 1이 되는 동안을 세는 단위.

시강 侍講 모실 시 / 외울 강 | 역사 왕이나 동궁의 앞에서 학문을 강의하던 일.

시건장치 施鍵裝置 베풀 시 / 열쇠 건 / 꾸밀 장 / 둘 치 | 문 따위를 잠그는 장치.

❶시계 時計 때 시 / 셀 계 | 시간을 재거나 나타내는 기계 장치.

❷시계 視界 볼 시 / 지경 계 | 눈으로 보는 것

시계추 時計錘 때 시 / 셀 계 / 저울추 추 | 괘종시계 따위에 매달린 추.

❶시공 施工 베풀 시 / 장인 공 | 공사를 시작함.

시공하다 施工하다 베풀 시 / 장인 공 | 공사를 시작하다.

❷시공간 時空間 때 시 / 빌 공 / 사이 간 | 시간과 공간.

시공간예술 時空間藝術 때 시 / 빌 공 / 사이 간 / 재주 예 / 재주 술 | 시간과 공간의 변화 속에서 표현되는 예술. 연극, 영화, 무용 따위가 있다.

시구 始球 비로소 시 / 공 구 | 야구 경기 따위에서, 대회가 시작되었음을 알리기 위하여 처음으로 공을 던지는 일.

시국 時局 때 시 / 판 국 | 현재 당면한 국내 및 국제 정세.

시국담 時局談 때 시 / 판 국 / 말씀 담 | 시국에 관한 이야기.

시금석 試金石 시험 시 / 쇠 금 / 돌 석 | 1. 금속의 순도를 판정하는 데 쓰는 검은색의 현무암이나 규질의 암석. 금이나 은 조각을 이 돌의 표면에 문질러 나타난 흔적의 빛깔과 표본의 금 빛깔을 서로 비교한다. 2. 사물의 가치를 판단하는 기

준이나 표준을 비유.

시급 時給 때 시 / 줄 급 | 노동한 시간에 따라 지급되는 임금.

시급하다 時急하다 때 시 / 급할 급 | 시각을 다툴 만큼 몹시 절박하고 급하다. ≒ 급박하다, 급하다.

시급히 時急히 때 시 / 급할 급 | 시각을 다툴 만큼 몹시 절박하고 급하게.

❶시기 時期 때 시 / 기약할 기 | 어떤 일이나 현상이 진행되는 시점.

❷시기 時機 때 시 / 틀 기 | 적당한 때나 기회.

시기상조 時機尙早 때 시 / 틀 기 / 오히려 상 / 이를 조 | 어떤 일을 하기에 아직 때가 이름.

❸시기 猜忌 시기할 시 / 꺼릴 기 | 남이 잘되는 것을 샘하여 미워함. ≒ 질투, 투기, 샘.

시기심 猜忌心 시기할 시 / 꺼릴 기 / 마음 심 | 남이 잘되는 것을 샘하고 미워하는 마음.

시내 市內 저자 시 / 안내 | 도시 안 쪽.

시녀 侍女 모실 시 / 여자 녀(여) | 역사 조선 시대에, 궁궐 안에서 왕과 왕비를 가까이 모시는 궁녀.

시대 時代 때 시 / 대신할 대 | 역사적으로 구분한 일정한 기간.

시대감각 時代感覺 때 시 / 대신할 대 / 느낄 감 / 깨달을 각 | 그 시대의 특성을 느낄 수 있는 감각.

시대극 時代劇 때 시 / 대신할 대 / 심할 극 | 역사적

인 사건이나 인물을 다룬 연극이나 영화.

시대상 時代相 때 시 / 대신할 대 / 서로 상 | 시대에 나타난 모습이나 형편.

시대색 時代色 때 시 / 대신할 대 / 빛 색 | 시대의 풍조나 경향을 나타내는 특색.

시대정신 時代精神 때 시 / 대신할 대 / 정할 정 / 귀신 신 | 한 시대를 지배하는 정신.

시대착오 時代錯誤 때 시 / 대신할 대 / 어긋날 착 / 잘못할 오 | 변화된 새로운 시대에 맞지 않는, 낡고 뒤떨어진 생각이나 풍조, 생활방식.

시도 試圖 시험 시 / 그림 도 | 어떤 것을 이루어 보려고 함.

❶시동 始動 비로소 시 / 움직일 동 | 처음으로 움직이기 시작함.

❷시동 侍童 모실 시 / 아이 동 | 심부름하는 아이.

시력 視力 볼 시 / 힘 력(역) | 물체의 형상을 보고 인식하는 눈의 능력.

❶시련 試鍊/試練 시험 시 / 불릴 련(연) | 겪기 어려운 단련이나 고비.

시련기 試鍊期 시험 시 / 불릴 련(연) / 기약할 기 | 시련을 겪는 시기.

❷시련 詩聯 시 시 / 연이을 련(연) | 시구를 쓴 주련.

❶시론 時論 때 시 / 논할 론(논) | 한 시대의 여론.

❷시론 詩論 시 시 / 논할 론(논) | 시에 대한 이론.

시류 時流 때 시 / 흐를 류 | 시대의 풍조나 경향. ※

예시: 시류에 따르다.

❶**시립 市立** 저자 시 / 설 립(입) | 시에서 세우고 관리함.

❷**시립 侍立** 모실 시 / 설 립(입) | 웃어른을 모시고 섬.

시말서 始末書 비로소 시 / 끝 말 / 글 서 | 잘못을 저지른 사람이 사건의 경위를 자세히 적은 문서. ≒ 전말서.

❶**시무 始務** 비로소 시 / 힘쓸 무 | 어떤 일을 맡아 보기 시작함.

시무책 時務策 때 시 / 힘쓸 무 / 꾀 책 | 그 시대에 중요하게 다룰 일에 대한 계책.

❷**시문 詩文** 시 시 / 글월 문 | 시가와 산문.

시문집 詩文集 시 시 / 글월 문 / 모을 집 | 시와 글을 모은 책.

시민 市民 저자 시 / 백성 민 | 1. 시에 사는 사람. 2. 국가 사회의 일원으로서 헌법에 의한 모든 권리와 의무를 가지는 자유민.

시민혁명 市民革命 저자 시 / 백성 민 / 가죽 혁 / 목숨 명 | 자본가 계급이 주도권을 쥐고 왕과 귀족, 사제 중심의 봉건제도를 타파하여 자본주의적인 정치, 경제 체제를 확립한 사회 혁명. 17세기 영국의 명예혁명, 18세기의 프랑스 혁명이 대표적이다. ≒ 부르주아혁명

시발 始發 비로소 시 / 필 발 | 1. 차 따위가 맨 처음 떠남. 2. 일이 처음으로 시작됨. ≒ 발차, 출발.

시발역 始發驛 비로소 시 / 필 발 / 역 역 | 차가 처음 출발하는 역.

❶**시방 時方** 때 시 / 모 방 | 말하는 바로 이때. 지금.

❷**시방 十▽方** 열 십 / 모 방 | 사방(四方 동.서.남.북.), 사우(四隅 동남, 동북, 서남, 서북), 상하(上下)를 통틀어 이르는 말.

시방세계 十▽方世界 열 십 / 모 방 / 인간 세 / 지경 계 | 온 세계

시범 示範 보일 시 / 법 범 | 모범을 보임.

시범적 示範的 보일 시 / 법 범 / 과녁 적 | 모범을 보이는.

시변 時變 때 시 / 변할 변 | 시세의 변화. 또는 그때그때의 변화.

❶**시보 試補** 시험 시 / 기울 보 | 관직에 정식으로 임명되기 전에 실제로 그 일에 종사하여 익히는 일.

❷**시보 時報** 때 시 / 갚을 보 | 1. 표준 시간을 알리는 일. 2. 그때그때의 보도. 또는 그런 보도를 실은 잡지나 신문.

시봉 侍奉 모실 시 / 받들 봉 | 어버이를 모시어 받듦.

시부 媤父 시집 시 / 아버지 부 | 시아버지. 남편의 아버지.

❶**시비 詩碑** 시 시 / 비석 비 | 시를 새긴 비석.

❷**시비 是非** 옳을 시 / 그르다 비 | 옳음과 그름. 옳고 그름을 따짐.

시시비비 是是非非 이 시 / 아닐 비 | 여러 가지의 잘잘못을 가림. 옳고 그름을 따짐.

시비곡직 是非曲直 이 시 / 아닐 비 / 굽을 곡 / 곧을 직 | 옳고 그르고 굽고 곧음. 옳고 그름을 따짐.

❶시사 時事 때 시 / 일 사 | 당시에 일어난 여러 가지 사회적 사건.

❷시사 示唆 보일 시 / 넌지시 알릴 사 | 넌지시 일러 줌. 어떤 것을 미리 간접적으로 표현해 줌. ≒ 암시.

❸시사 試寫 시험 시 / 베낄 사 | 영화나 광고 따위를 일반에게 공개하기 전에 심사원, 비평가, 제작 관계자 등의 특정인에게 먼저 시험적으로 보이는 일. ≒ 시연, 리허설.

시산혈해 屍山血海 주검 시 / 산 산 / 피 혈 / 바다 해 | 사람의 시체가 산같이 쌓이고 피가 바다같이 흐름.

❶시상 詩想 시 시 / 생각 상 | 시를 짓기 위해 떠오르는 생각.

❷시상 施賞 베풀 시 / 상줄 상 | 상장이나 상품, 상금 따위를 줌.

시상식 施賞式 베풀 시 / 상줄 상 / 법 식 | 시상할 때에 베푸는 의식.

❸시상 視床 볼 시 / 평상 상 | 간뇌의 대부분을 차지하는 회백질 부위.

❹시생대 始生代 비로소 시 / 날 생 / 대신할 대 | 지질시대 구분 중 최초의 시대.

시선 視線 볼 시 / 줄 선 | 눈길. 눈의 방향.

시설 施設 베풀 시 / 베풀 설 | 도구, 기계, 장치 따위를 베풀어 설비함.

시설물 施設物 베풀 시 / 베풀 설 / 물건 물 | 베풀어 차려 놓은 구조물.

시성 詩聖 시 시 / 성인 성 | 1. 역사상 뛰어난 위대한 시인을 이르는 말. 2. 이백을 시선(詩仙)이라 부르는 데 비해, '두보'를 시성(詩聖)이라 하였다.

시성식 諡聖式 시호 시 / 성인 성 / 법 식 | 천주교 순교를 했거나 덕행이 뛰어났던 사람을 사후에 성인으로 추대하는 예식.

시세 時勢 때 시 / 형세 세 | 1. 그 당시의 형세나 세상의 형편. 2. 일정한 시기의 물건값. ≒ 시가.

시세예측 時勢豫測 때 시 / 형세 세 / 미리 예 / 헤아릴 측 | 장래의 시세 변동을 미리 예측해 보는 일.

시쳇말 時體말 때 시 / 몸 체 | 그 시대에 유행하는 말. ≒ 시셋말.

❶시속 時速 때 시 / 빠를 속 | 1시간을 단위로 하여 잰 속도.

❷시속 時俗 때 시 / 풍속 속 | 그때그때의 풍습

시숙 媤叔 시집 시 / 아저씨 숙 | 시아주버니.

시술 施術 베풀 시 / 재주 술 | 의술이나 최면술 따위의 술법을 베풂.

시술하다 施術하다 베풀 시 / 재주 술 | 의술이나 최면술 따위의 술법을 베풀다.

시승 試乘 시험 시 / 탈 승 | 차나 배, 말 따위를 시험적으로 타 봄.

시시각각 時時刻刻 때 시 / 새길 각 | 시간이 흘러가는 대로.

시시때때로 時時때때로 때 시 | '때때로'를 강조.

❶**시식 時食** 때 시 / 밥 식 | 그 계절에 특별히 있는 음식.

❷**시식 試食** 시험 시 / 밥 식 | 음식의 맛이나 요리 솜씨를 보려고 시험 삼아 먹어 봄.

시식하다 試食하다 시험 시 / 밥 식 | 시험 삼아 먹어 보다.

시심 詩心 시 시 / 마음 심 | 시에 흥미를 가짐.

시안 試案 시험 시 / 책상 안 | 시험으로 또는 임시로 만든 계획.

시야 視野 볼 시 / 들 야 | 시력이 미치는 범위.

시약 試藥 시험 시 / 약 약 | 화학 화학 분석에서, 물질의 성분이나 양을 알아내는 데 쓰이는 약품.

시어 詩語 시 시 / 말씀 어 | 시에 쓰는 말.

시연 試演 시험 시 / 펼 연 | 무용이나 연극 따위를 일반에게 공개하기 전에 시험적으로 상연함.

시연회 試演會 시험 시 / 펼 연 / 모일 회 | 시연을 하기 위하여 이루어진 모임.

시외 市外 저자 시 / 바깥 외 | 도시의 밖 부근.

시외버스 市外bus 저자 시 / 바깥 외 | 도시 바깥의 지역을 운행하는 버스.

시우 時雨 때 시 / 비 우 | 때를 맞추어서 오는 비.

시운 時運 때 시 / 옮길 운 | 시대나 그때의 운수.

시운전 試運轉 시험 시 / 옮길 운 / 구를 전 | 기차, 배, 자동차, 기계 따위를 새로 만들거나 수리하였을 때에 실제로 사용하기 전에 시험 삼아 하는 운전.

시원 始原 비로소 시 / 언덕 원 | 최초의 시작

❶**시위 示威** 보일 시 / 위엄 위 | 위력이나 기세를 떨쳐 보임.

시위대 示威隊 보일 시 / 위엄 위 / 무리 대 | 시위를 하는 대오.

시위행진 示威行進 보일 시 / 위엄 위 / 다닐 행 / 나아갈 진 | 많은 사람이 공공연하게 의사를 표시하며 사회적·정치적 위력을 보이기 위하여 하는 행진.

❷**시위 侍衛** 모실 시 / 지킬 위 | 임금을 모시어 호위함.

시윗소리 侍衛소리 모실 시 / 지킬 위 | 왕이나 왕비의 행차 때에, 내관이 호위하며 외치는 소리. '시위, 시위'라고 외쳤다. 혼행길에 신랑 신부가 가마를 타고 갈 때에도 하였다.

시유지 市有地 저자 시 / 있을 유 / 땅 지 | 시가 소유하고 있는 토지.

시은 施恩 베풀 시 / 은혜 은 | 은혜를 베풂.

시음 試飲 시험 시 / 마실 음 | 술이나 음료수 따위

를 맛보기 위하여 시험 삼아 마셔 보는 일.

시읍면 市邑面 저자 시 / 고을 읍 / 낯 면 | 행정 구역인 시와 읍과 면.

▶**❶시의 市議** 저자 시 / 의논할 의 | 시의회. 지방자치단체인 시의 의결 기관.

❷시의 時宜 때 시 / 마땅 의 | 1. 그때그때의 요구. 2. 그 당시의 사정에 알맞음.

시의적절 時宜適切 때 시 / 마땅 의 / 맞을 적 / 끊을 절 | 그 당시의 사정이나 요구에 아주 알맞음.

❸시의 侍醫 모실 시 / 의원 의 | 궁중에서, 임금과 왕족의 진료를 맡은 의사.

❹시의 施意 베풀 시 / 뜻 의 | 금품이나 물품을 조금 주어 성의만 나타내는 일.

시이불견 視而不見 볼 시 / 말 이을 이 / 아닐 불 / 볼 견 | 보아도 보이지 아니함.

❶시인 詩人 시 시 / 사람 인 | 시를 전문적으로 짓는 사람.

❷시인 是認 이 시 / 알 인 | 옳거나 그렇다고 인정함.

시인하다 是認하다 이 시 / 알 인 | 인정하다.

▶**❶시일 時日** 때 시 / 날 일 | 1. 때와 날. 2. 기일이나 기한

❷시일 是日 이 시 / 날 일 | 이날.

시자 侍者 모실 시 / 사람 자 | 시중드는 사람.

❶시작 始作 비로소 시 / 지을 작 | 처음으로 함.

시작하다 始作하다 비로소 시 / 지을 작 | 처음으로 하다.

❷시작품 詩作品 시 시 / 지을 작 / 물건 품 | 시로 된 작품.

▶**시장 市場** 저자 시 / 마당 장 | 여러 가지 상품을 사고파는 일정한 장소.

시장가격 市場價格 저자 시 / 마당 장 / 값 가 / 격식 격 | 상품이 시장에서 그때그때 실제적으로 거래되는 가격.

시장독점 市場獨占 저자 시 / 마당 장 / 홀로 독 / 점령할 점 | 큰 회사가 재력으로 상품 공급의 지배권을 장악하는 일. 트러스트, 카르텔 따위의 방법도 있다.

사회주의시장경제 社會主義市場經濟 모일 사 / 모일 회 / 주인 주 / 뜻 의 / 저자 시 / 마당 장 / 다스릴 경 / 건널 제 | 사회주의의 근간을 유지하면서, 국가경제의 운용에 자본주의 기법을 도입하는 경제 체제. 중국이 표방하는 새로운 체제 이론이다. ≒ 시장사회주의 경제.

시장의 우상 市場의偶像 저자 시 / 마당 장 / 짝 우 / 모양 상 | 철학 영국의 철학자 베이컨이 말한 우상설의 네 가지 우상 가운데 하나. 올바른 인식을 방해하는 선입견 가운데, 사람이 서로 거래하며 관련을 짓는 시장에서와 같이, 언어를 바로 그 사물 자체로 생각하는 데에서 생기는 오류를 이른다.

▶**❶시재 詩材** 시 시 / 재목 재 | 시를 읊거나 짓는 재료.

❷시재 詩才 시 시 / 재주 재 | 시를 짓는 재능.

❸시재 時在 때 시 / 있을 재 | 1. 당장에 가지고 있는 돈이나 곡식. 2. 지금의 시간.

시재금 時在金 때 시 / 있을 재 / 금 금 | 지금 가지고 있는 돈. ≒ 시잿돈.

❶시전 詩箋 시 시 / 기록할 전 | 시나 편지 따위를 쓰는 종이.

❷시전 詩傳 시 시 / 전할 전 | ≪시경≫의 내용을 알기 쉽게 풀이한 책.

❸시전 市廛 저자 시 / 가게 전 | 1. 시장 거리의 가게. 2. 조선 시대에, 지금의 종로를 중심으로 설치한 상설 시장. 관아에서 임대하여 주고, 특정 상품에 대한 독점 판매권과 난전을 금지하는 특권을 주었다.

시전도고 市廛都賈 저자 시 / 가게 전 / 도읍 도 / 값 가 | 조선 후기에, 서울의 육의전과 여러 시전에 관권의 도움을 얻어 만든 도고(물건을 도매로 파는 가게).

시절 時節 때 시 / 마디 절 | 1. 일정한 시기나 때. 2. 계절. 3. 세상의 형편. ※ 예시 | 시절이 어수선하다.

시점 視點 볼 시 / 점 점 | 1. 어떤 대상을 볼 때에 시선이 가 닿는 지점. 2. 〔문학〕 소설에서, 이야기를 서술하여 나가는 방식이나 관점. 작중 화자에 따라, 1인칭 주인공, 1인칭 관찰자, 작가 관찰자, 전지적 작가 시점 등이 있다.

❶시정 市政 저자 시 / 정사 정 | 지방자치단체로서의 시의 행정.

❷시정 施政 베풀 시 / 정사 정 | 정치를 시행함.

❸시정 時政 때 시 / 정사 정 | 그 당시의 정치나 행정에 관한 일.

❹시정 是正 이 시 / 바를 정 | 잘못된 것을 바로잡는 것

시정하다 是正하다 이 시 / 바를 정 | 잘못된 것을 바로잡다.

❺시정 市井 저자 시 / 우물 정 | 1. 시장에서 장사하는 저잣거리. 2. 인가가 모인 곳. 중국 고대에 우물이 있는 곳에 사람이 모여 살았다는 데서 유래한다.

시정소설 市井小說 저자 시 / 우물 정 / 작을 소 / 말씀 설 | 중류 이하의 일반 시민의 생활상을 그린 소설.

시정잡배 市井雜輩 저자 시 / 우물 정 / 섞일 잡 / 무리 배 | 펀둥펀둥 놀면서 방탕한 생활을 하며 시중에 떠돌아다니는 점잖지 못한 무리. ≒ 시정무뢰배.

❶시제 時制 때 시 / 지을 제 | 어떤 일이 일어난 시간. ≒ 때매김, 텐스(tense).

❷시제 詩題 시 시 / 제목 제 | 시의 제목.

❸시제 時祭 때 시 / 제사 제 | 1. 음력 2월, 5월, 8월, 11월에 가묘에 지내는 제사. 2. 음력 10월에 5대 이상의 조상 무덤에 지내는 제사. 3. 철을 따라서 1년에 네 번 지내는 종묘의 제사. ≒ 시향(時享).

❹시제품 試製品 시험 시 / 지을 제 / 물건 품 | 시험삼아 만들어 본 제품.

❶시조 始祖 비로소 시 / 할아버지 조 | 1. 한 겨레나

가계의 맨 처음이 되는 조상. 2. 어떤 학문이나 기술 따위를 처음으로 연 사람. 늑 비조, 태두.

❷시조 翅鳥 날개 시 / 새 조 | 하늘을 날아다니는 새.

❸시조 時潮 때 시 / 밀물 조 | 시대적인 조류.

❹시조 時調 때 시 / 고를 조 | 문학 고려 말기부터 발달하여 온 우리나라 고유의 정형시. 초장, 중장, 종장의 3장 6구 4음보의 기본 형태를 가진 평시조와 파격의 엇시조, 사설시조로 나뉜다.

❶시종 始終 처음 시 / 마칠 종 | 처음과 끝.

시종일관 始終一貫 처음 시 / 마칠 종 / 하나 일 / 꿰다 관 | 일을 처음부터 끝까지 한결같이 함.

시종여일 始終如一 비로소 시 / 마칠 종 / 같을 여 / 한 일 | 처음부터 끝까지 변함없이 한결같음.

❷시종무관 侍從武官 모실 시 / 좇을 종 / 호반 무 / 벼슬 관 | 대한 제국 때에, 궁내부에 속하여 임금을 호종하는 일을 맡아보던 무관.

시좌 侍坐 모실 시 / 앉을 좌 | 1. 웃어른을 모시고 앉음. 2. 임금이 정전에 나갔을 때에 세자가 모시고 앉던 일.

시주 施主 베풀 시 / 주인 주 | 자비심으로 조건 없이 절이나 승려에게 물건을 베풀어 주는 일. 늑 공양주, 탁발.

시주승 施主僧 베풀 시 / 주인 주 / 중 승 | 시주로 돈이나 곡식을 얻으러 다니는 승려.

❶시중 時中 때 시 / 가운데 중 | 그 당시의 사정에 알맞음.

❷시중 市中 저자 시 / 가운데 중 | 도시의 안.

시중금리 市中金利 저자 시 / 가운데 중 / 금 금 / 이로울 리(이) | 시중은행이 세우는 표준적인 대출 금리.

❶시진 時辰 때 시 / 별 진 | 시간. 시각.

❷시진 市塵 저자 시 / 티끌 진 | 1. 거리의 티끌과 먼지. 2. 거리의 혼잡함.

❸시진 視診 볼 시 / 진찰할 진 | 의학 눈으로만 안색과 몸을 살펴보고 진단하는 일.

❶시차 時差 때 시 / 다를 차 | 세계 표준시를 기준으로 하여 정한 세계 각 지역의 시간 차이.

❷시차 視差 볼 시 / 다를 차 | 1. 하나의 물체를 서로 다른 두 지점에서 보았을 때 방향의 차이. 2. 관측자의 위치에서 본 천체의 방향과 어떤 표준점에서 본 천체의 방향과의 차이.

시찰 視察 볼 시 / 살필 찰 | 두루 돌아다니며 현지의 사정을 살핌.

시찰단 視察團 볼 시 / 살필 찰 / 둥글 단 | 두루 돌아다니며 현지의 사정을 살피기 위하여 조직한 단체.

시책 施策 베풀 시 / 꾀 책 | 어떤 정책을 시행함.

시책문 諡冊文 시호 시 / 책 책 / 글월 문 | 제왕이나 후비의 시호를 임금께 아뢸 때에, 그 생전의 덕행을 칭송하여 지은 글.

❶시청 市廳 저자 시 / 관청 청 | 시의 행정 사무를 맡아보는 기관.

❷시청 視聽 볼 시 / 들을 청 | 눈으로 보고 귀로 들음.

시청자 視聽者 볼 시 / 들을 청 / 사람 자 | 텔레비전의 방송 프로그램을 시청하는 사람.

시청률 視聽率 볼 시 / 들을 청 / 비율 률(율) | 라디오, 텔레비전 방송을 시청하는 정도.

시청각 視聽覺 볼 시 / 들을 청 / 깨달을 각 | 눈으로 보는 감각과 귀로 듣는 감각.

시청각 교육 視聽覺教育 볼 시 / 들을 청 / 깨달을 각 / 가르칠 교 / 기를 육 | 학습효과를 높이기 위하여 시청각 자료를 활용하는 교육. 학습에 실물, 지도, 표본, 모형, 괘도, 레코드, 슬라이드, 영화, 라디오, 텔레비전 따위를 사용한다.

❸시청 試聽 시험 시 / 들을 청 | 새로운 곡이나 녹음한 내용 따위를 시험 삼아 들어 봄.

❶시초 始初 비로소 시 / 처음 초 | 맨 처음.

❷시초 柴草 섶 시 / 풀 초 | 땔나무로 쓰는 풀.

시추 試錐 시험 시 / 송곳 추 | 지하자원을 탐사하거나 지층을 조사하기 위하여 땅속 깊이 구멍을 파는 일.

시축 始蹴 비로소 시 / 찰 축 | 축구 경기 대회가 시작되었음을 상징적으로 알리기 위하여, 운동장 한가운데에 놓인 공을 처음으로 차는 일.

❶시침 時針 때 시 / 바늘 침 | 시계에서, 시간을 가리키는 짧은 바늘.

❷시침 施鍼 베풀 시 / 침 침 | 몸에 침을 놓음.

시칭 時稱 때 시 / 일컬을 칭 | 그 당시 사람들의 칭송.

시탄 柴炭 섶 시 / 숯 탄 | 땔감으로 쓰이는 땔나무와 숯, 석탄.

시편 詩篇 시 시 / 책 편 | 1. 편 단위의 시. 2. 시를 모아 묶은 책.

❶시평 詩評 시 시 / 평할 평 | 시 작품에 대한 비평.

❷시평 時評 때 시 / 평할 평 | 시사에 관한 평론.

❶시풍 詩風 시 시 / 바람 풍 | 시인의 작품 속에 나타나는 독특한 기풍.

❷시풍 時風 때 시 / 바람 풍 | 1. 그 시대의 풍속. 2. 계절에 따라 주기적으로 일정한 방향으로 부는 바람.

시하 侍下 모실 시 / 아래 하 | 부모나 조부모를 모시고 있는 처지.

시학 詩學 시 시 / 배울 학 | 아리스토텔레스가 지은 책. 예술 활동은 모방 본능에 바탕을 두며, 비극의 본질을 카타르시스라고 설명하였는데, 후세의 서양 문예에 큰 영향을 주었다.

시한 時限 때 시 / 한할 한 | 일정한 동안의 끝을 정한 때.

시한부 時限附 때 시 / 한할 한 / 붙을 부 | 어떤 일에 일정한 시간의 한계를 둠.

시한폭탄 時限爆彈 때 시 / 한할 한 / 터질 폭 / 탄알 탄 | 일정한 시간이 지나면 폭발하도록 장치한

폭탄.

시합 試合 시험 시 / 합할 합 | 경기에서 승부를 겨루는 일.

시합장 試合場 시험 시 / 합할 합 / 마당 장 | 승부를 겨루는 장소.

시해 弑害 윗사람 죽일 시 / 해할 해 | 부모나 임금을 죽임.

❶시행 詩行 시 시 / 다닐 행 | 시의 행.

❷시행 施行 베풀 시 / 다닐 행 | 실지로 행함.

시행하다 施行하다 베풀 시 / 다닐 행 | 행하다.

시행규칙 施行規則 베풀 시 / 다닐 행 / 법 규 / 법칙 칙 | 법률 법령의 시행에 관한 사항을 상세히 규정한 규칙

❸시행 試行 시험 시 / 다닐 행 | 시험적으로 행함.

시행하다 試行하다 시험 시 / 다닐 행 | 시험적으로 행하다.

시행착오 試行錯誤 시험 시 / 다닐 행 / 어긋날 착 / 그르칠 오 | 일을 시험적으로 행했다가 실패하는 일을 반복하는 것.

시행착오학습 試行錯誤學習 시험 시 / 다닐 행 / 어긋날 착 / 그르칠 오 / 배울 학 / 익힐 습 | 손다이크가 발견한 학습 원리의 하나. 학습자가 목표에 도달하는 확실한 방법을 모르는 채, 본능, 습관 따위에 의하여 시행과 착오를 되풀이하다가 우연히 성공한 동작을 계속함으로써 점차 시간을 절약하여 목표에 도달할 수 있게 된다는 원리이다.

미로학습 迷路學習 미혹할 미 / 길 로(노) / 배울 학 / 익힐 습 | 미로에서 시행착오를 거듭하면서 점차 헤매지 않고 목표 지점에 도달하게 되는 학습.

시험 試驗 시험 시 / 경험 험 | 1. 재능이나 실력을 평가함. 2. 사람의 됨됨이를 알기 위하여 떠보는 일.

시험적 試驗的 시험 시 / 경험 험 / 과녁 적 | 1. 재능이나 실력을 검사하고 평가하는. 2. 사물의 성질이나 기능을 실지로 증험하여 보는. 3. 사람의 됨됨이를 알기 위하여 떠보는.

시혜 施惠 베풀 시 / 은혜 혜 | 은혜를 베풂.

시호 諡號 시호 시 / 이름 호 | 제왕이나 재상, 유현(儒賢) 들이 죽은 뒤에, 그들의 공덕을 칭송하여 붙인 이름. ※ 예시 | 이순신 장군과 김시민 장군은 '충무'라는 시호를 받았다.

시혼 詩魂 시 시 / 넋 혼 | 시를 짓는 마음.

❶시화 詩畵 시 시 / 그림 화 | 시를 곁들인 그림.

시화전 詩畵展 시 시 / 그림 화 / 펼 전 | 시와 그림을 전시하는 전람회.

❷시화연풍 時和年豐 때 시 / 화할 화 / 해 연(년) / 풍년 풍 | 나라가 태평하고 풍년이 들어 평화로움.

시황 市況 저자 시 / 상황 황 | 시장에서 거래가 이루어지는 상황.

시효 時效 때 시 / 본받을 효 | 1. 어떤 효력이 유지되는 일정한 기간. 2. 법률 어떤 권리나 의무가 존속되는 법정기간.

공소 시효 公訴時效 공평할 공 / 호소할 소 / 때 시 /

본받을 효 | 범죄를 저지른 후 일정한 기간이 지나면 검사의 공소권이 없어져 공소를 제기할 수 없는 제도. (중복)

소멸시효 消滅時效 사라질 소 / 꺼질 멸 / 때 시 / 본받을 효 | 권리자가 자신의 권리를 행사할 수 있음에도 불구하고 일정 기간 동안 권리를 행사하지 않는 경우에 그 권리를 소멸하는 제도.

시흥 詩興 시 시 / 일 흥 | 1. 시를 짓고 싶은 마음. 2. 시에 도취되어 일어나는 흥취.

식객 食客 밥 식 / 손 객 | 예전에, 세력 있는 대갓집에 얹혀 있으면서 문객 노릇을 하던 사람.

식견 識見 알 식 / 볼 견 | 학식과 견문이라는 뜻으로, 사물을 분별할 수 있는 능력.

❶식경 食頃 밥 식 / 이랑 경 | 밥을 먹을 동안이라는 뜻으로, 잠깐 동안.

❷식경 息耕 쉴 식 / 밭갈 경 | 한참 갈 만한 넓이라는 뜻으로, 밭의 하루갈이를 여섯으로 나눈 넓이.

식곤증 食困症 밥 식 / 곤할 곤 / 증세 증 | 음식을 먹은 뒤에 몸이 나른해지고 졸음이 오는 증상.

식구 食口 밥 식 / 입 구 | 1. 한 집에서 함께 살면서 끼니를 같이하는 사람. 2. 한 조직에 속하여 함께 일하는 사람을 비유. ≒ 가구, 권속, 가족.

식기 食器 밥 식 / 그릇 기 | 음식을 담는 그릇.

식단 食單 밥 식 / 홑 단 | 일정한 기간 동안 먹을 음식의 종류와 순서를 짜 놓은 계획표.

식당 食堂 밥 식 / 집 당 | 1. 건물 안에 식사를 할 수 있게 시설을 갖춘 장소. 2. 음식을 만들어 손님들에게 파는 가게.

식대 食代 밥 식 / 대신할 대 | 1. 음식에 대한 값. 2. 병역이나 부역에 나간 사람들이 차례로 돌아가며 밥을 먹는 일. ≒ 밥값, 식비.

식도락 食道樂 밥 식 / 길 도 / 즐길 락(낙) | 여러 가지 음식을 두루 맛보는 것을 즐거움으로 삼는 일.

식도염 食道炎 밥 식 / 길 도 / 불꽃 염 | 식도에 생기는 염증.

식량 食糧 밥 식 / 양식 량(양) | 생존을 위하여 필요한 사람의 먹을거리. ≒ 양식.

식량난 食糧難 밥 식 / 양식 량(양) / 어려울 난 | 식량이 모자라서 생기는 어려움.

식료 食料 밥 식 / 헤아릴 료(요) | 음식 재료.

식료품 食料品 밥 식 / 헤아릴 료(요) / 물건 품 | 음식의 재료가 되는 물품.

식림 植林 심을 식 / 수풀 림(임) | 나무를 심거나 씨를 뿌리거나 하는 인위적인 방법으로 숲을 조성함.

식모 植毛 심을 식 / 터럭 모 | 머리털을 심는 것.

식목 植木 심을 식 / 나무 목 | 나무를 심음. ≒ 식수. / ↔ 벌목.

식물 植物 심을 식 / 물건 물 | (생물) 생물계의 두 갈래 가운데 하나. 대체로 자유롭게 움직이지 못하고, 신경과 감각이 없으며 셀룰로스를 포함한

세포막이 있다. 엽록소에서 광합성으로 영양을 보충하고 산소를 배출하며, 꽃과 홀씨주머니 따위의 생식기관이 있다. 종자식물, 양치식물, 선태식물, 균류, 조류(藻類), 세균식물 따위로 분류한다.

식물분포 植物分布 심을 식 / 물건 물 / 나눌 분 / 베포 | 식물의 무리가 공간적으로 구분되어 사는 일.

식물인간 植物人間 심을 식 / 물건 물 / 사람 인 / 사이 간 | 대뇌의 손상으로 의식과 운동 기능은 상실되었으나, 호흡과 소화, 흡수, 순환 따위의 기능은 유지하고 있는 환자.

▶ **식민 植民** 심을 식 / 백성 민 | 본국과는 다른 종속적 지배를 받고 있는 지역에, 자국민을 영주의 목적으로 이주시켜 경제적으로 개척하며 활동하는 일.

식민국 植民國 심을 식 / 백성 민 / 나라 국 | 식민지를 가진 나라.

식민지 植民地 심을 식 / 백성 민 / 땅 지 | 정치적·경제적으로 다른 나라에 예속되어 국가로서의 주권을 상실한 나라. 경제적으로는 식민지 본국에 대한 원료공급지, 상품시장, 자본수출지의 기능을 하며, 정치적으로는 종속국이 된다.

식민정책 植民政策 심을 식 / 백성 민 / 정사 정 / 꾀 책 | 식민지의 획득과 경영에 관한 정책.

식민지 무역 植民地貿易 심을 식 / 백성 민 / 땅 지 / 무역할 무 / 바꿀 역 | 식민국이 자기의 주권 아래 종속된 속령, 식민지, 보호국, 조차지, 위임통치국과의 무역에서, 약탈이나 부등가 교환의 형태로 행하는 무역.

식민지전쟁 植民地戰爭 심을 식 / 백성 민 / 땅 지 / 싸움 전 / 다툴 쟁 | 북아메리카·인도·서인도제도·아시아, 아프리카 따위의 식민지를 둘러싸고 일어난 서구 열강의 식민지 쟁탈 전쟁.

해협식민지 海峽植民地 바다 해 / 골짜기 협 / 심을 식 / 백성 민 / 땅 지 | 1. 해협 주위에 있는 식민지. 2. 동남아시아 말라카 해협에 면한 옛 영국 직할 식민지. 1946년에 싱가포르는 분리되고 기타는 말라야 연방에 편입되었다.

▶ **식별 識別** 알 식 / 나눌 별 | 분별하여 알아봄. ≒ 구별, 변별./ ↔ 혼동.

식별력 識別力 알 식 / 나눌 별 / 힘 력 | 알아서 구별하는 능력.

식보 食補 밥 식 / 기울 보 | 음식을 먹어 원기를 보함.

식복 食福 밥 식 / 복 복 | 좋은 음식을 먹을 기회를 잘 만나게 되는 타고난 복.

식분 蝕分 좀먹을 식 / 나눌 분 | 일식이나 월식 때에 태양이나 달이 가려진 정도.

▶ **식불감미 食不甘味** 밥 식 / 아닐 불 / 달 감 / 맛 미 | 근심과 걱정으로 음식을 먹어도 맛이 없음.

식불언 食不言 밥 식 / 아닐 불 / 말씀 언 | 음식을 먹을 때는 쓸데없는 말을 안함.

식비 食費 밥 식 / 쓸 비 | 먹는 데 드는 돈.

식사 食事 밥 식 / 일 사 | 끼니로 음식을 먹음.

▶ **식산 殖産** 불릴 식 / 낳을 산 | 재산을 불리는 것.

식산흥업 殖産興業 불릴 식/낳을 산/일 흥/업 업 | 생산을 늘리고 산업을 일으킴.

식상하다 食傷하다 밥 식/다칠 상 | 어떤 음식을 자꾸 먹어 물리다.

식생활 食生活 밥 식/날 생/살 활 | 먹고 사는 생활.

식성 食性 밥 식/성품 성 | 음식에 대하여 좋아하거나 싫어하는 성미.

식세포 食細胞 밥 식/가늘 세/세포 포 | 혈액이나 조직 안을 떠돌아다니면서 세균이나 조직의 분해물 따위를 포식하여 소화·분해하는 세포. 동물체의 자기방어에 중요한 역할을 한다.

식솔 食率 밥 식/거느릴 솔 | 한집안에 딸린 구성원. 늑 가구, 가솔, 권속.

식수 食水 밥 식/물 수 | 먹을 용도의 물.

식수난 食水難 밥 식/물 수/어려울 난 | 식수가 부족하여 겪는 어려움.

식언 食言 먹을 식/말할 언 | 1. 지키지 않은 말. 2. 한번 내뱉은 말을 도로 입 속에 집어넣는다는 뜻으로, 약속한 말을 제대로 지키지 아니함.

식염 食鹽 밥 식/소금 염 | 먹는 소금.

식염수 食鹽水 밥 식/소금 염/물 수 | 1. 소금을 녹인 물. 2. 체액과 같은 농도로 만든 식염수. 체액과 같은 삼투압이 되므로 환자의 주사용으로 쓰이며, 콘택트렌즈 세척용으로 쓰이기도 한다.

식욕 食慾 밥 식/욕심 욕 | 음식을 먹고 싶어 하는 욕망.

식욕부진 食慾不振 밥 식/욕심 욕/아닐 부/떨칠 진 | 음식을 먹고 싶어 하는 욕망이 줄어듦.

식용 食用 밥 식/쓸 용 | 먹을 것으로 씀.

식용색소 食用色素 밥 식/욕심 욕/빛 색/본디 소 | 음식물을 물들이는 데 쓰는 몸에 해롭지 않은 색소.

식용유 食用油 밥 식/쓸 용/기름 유 | 음식을 만드는 데 사용하는 기름.

식용육 食用肉 밥 식/쓸 용/고기 육 | 음식으로 먹는 고기. 쇠고기, 돼지고기, 닭고기 따위가 있다.

식용작물 食用作物 밥 식/쓸 용/지을 작/물건 물 | 식용으로 재배하는 농작물.

식육 食肉 밥 식/고기 육 | 음식으로 고기를 먹음.

식육성 食肉性 밥 식/고기 육/성품 성 | 고기 또는 동물성 먹이를 먹는 성질.

식읍 食邑 밥 식/고을 읍 | (역사) 고대에, 왕족, 공신, 대신들에게 공로에 대한 특별 보상으로 주는 영지. 그 지역 조세를 받아먹게 하였고, 대대로 상속되었다.

식이 食餌 밥 식/미끼 이 | 동물이 살아가기 위하여 먹어야 할 음식.

식이요법 食餌療法 밥 식/미끼 이/고칠 요(료)/법 법 | 음식물의 품질, 성분, 분량 따위를 조절하여서 직접 질병을 치료하거나 예방하는 방법.

식자 識者 알 식 / 사람 자 | 학식, 견식, 상식이 있는 사람

식자우환 識字憂患 알 식 / 글자 자 / 근심 우 / 근심 환 | 글자를 아는 것이 도리어 근심을 사게 됨. 오히려 모르는 게 나았음을 이름. ※ 참조: 아는 게 병이다. 모르는 게 약이다.

식장 式場 법 식 / 마당 장 | 식을 거행하는 장소.

❶식재 植栽 심을 식 / 심을 재 | 초목을 심어 재배함.

❷식재 殖財 불릴 식 / 재물 재 | 재산을 불리어 늘림.

❶식전 式前 법 식 / 앞 전 | 의식 전.

❷식전 食前 밥 식 / 앞 전 | 식사 전.

식전바람 食前바람 밥 식 / 앞 전 | 아직 아침밥을 먹지 않은 이른 때.

식중독 食中毒 밥 식 / 가운데 중 / 독 독 | 음식물 가운데 함유된 유독 물질의 섭취로 생기는 급성 소화기관병

식초 食醋 밥 식 / 초 초 | 액체 조미료의 하나. 초산이 들어 있어 신맛이 난다.

식충 食蟲 밥 식 / 벌레 충 | 벌레를 잡아먹음.

식충식물 食蟲植物 밥 식 / 벌레 충 / 심을 식 / 물건 물 | 잎으로 벌레를 잡아 양분을 취하는 식물. 파리지옥, 끈끈이주걱, 통발 따위가 있다.

식칼 食칼 밥 식 | 부엌에서 쓰는 칼.

식탁 食卓 밥 식 / 높을 탁 | 음식을 차려 놓고 먹을 수 있게 만든 탁자.

식탐 食貪 밥 식 / 탐낼 탐 | 음식을 탐냄.

식판 食板 밥 식 / 널빤지 판 | 음식을 담을 수 있도록 오목하게 칸을 나누어 만든 식기.

식품 食品 밥 식 / 물건 품 | 일상적으로 섭취하는 음식물. ≒ 식료품, 양식.

식혜 食醯 밥 식 / 식혜 혜 | 밥에 엿기름을 부어서 삭힌 우리나라의 전통 음료.

❶식후 式後 법 식 / 뒤 후 | 의식이 끝난 뒤.

❷식후 食後 밥 식 / 뒤 후 | 밥을 먹은 뒤.

식후경 食後景 밥 식 / 뒤 후 / 볕 경 | 아무리 좋은 구경거리도 배가 부른 뒤라야 볼 맛이 난다는 말.

신간 新刊 새 신 / 새길 간 | 책을 새로 간행함.

신간서적 新刊書籍 새 신 / 새길 간 / 글 서 / 문서 적 | 새로 간행된 서적.

신건 新件 새 신 / 물건 건 | 새로운 사건이나 안건.

❶신검 訊檢 물을 신 / 검사할 검 | 물어보고 조사함.

❷신검 身檢 몸 신 / 검사할 검 | 신체검사. 건강상태를 알기 위하여 신체의 각 부분을 검사하는 일.

❸신검 神劍 귀신 신 / 칼 검 | 신묘한 검.

신격화 神格化 귀신 신 / 격식 격 / 될 화 | 어떤 대상을 신의 자격을 가진 것으로 만듦.

신경 神經 귀신 신 / 지날 경 | 1. 생물 몸의 각 부

분의 자극을 중추에 전달하는 실 모양의 세포 기관. 2. 어떤 일에 대한 느낌이나 생각.

신경쇠약 神經衰弱 귀신 신 / 지날 경 / 쇠할 쇠 / 약할 약 | 신경이 계속 자극을 받아서 피로가 쌓여 생기는 질병. 피로감, 두통, 불면증, 어깨 쑤심, 어지럼증, 귀울림, 주의 산만, 기억력 감퇴 따위의 증상을 나타낸다.

신경안정제 神經安靜劑 귀신 신 / 지날 경 / 편안 안 / 고요할 정 / 약제 제 | 신경쇠약, 정신불안증 따위의 신경증을 다스려 안정시켜주는 약.

신경전 神經戰 귀신 신 / 지날 경 / 싸움 전 | 적극적으로 공격하지 않고, 선전, 모략 따위로 적의 신경을 피로하게 하고 사기를 잃게 하는 전술.

신경질 神經質 귀신 신 / 지날 경 / 바탕 질 | 신경이 너무 예민하거나 섬약하여 사소한 일에도 자극되어 곧잘 흥분하는 성질.

신경향파 新傾向派 새 신 / 기울 경 / 향할 향 / 갈래 파 | 1924년 러시아혁명 이후 우리나라에서, 백조파와 창조파의 낭만주의 및 자연주의 경향을 비판하고 일어난 사회주의 경향의 새로운 문학 유파.

❶**신고 申告** 거듭 신 / 고할 고 | 국민이 행정 관청에 일정한 사실을 진술·보고함.

신고하다 申告하다 거듭 신 / 고할 고 | 국민이 행정 관청에 일정한 사실을 진술·보고하다.

❷**신고 辛苦** 매울 신 / 쓸 고 | 어려운 일을 당하는 고통.

신곡 新曲 새 신 / 굽을 곡 | 새로 지은 곡.

신공 神工 귀신 신 / 장인 공 | 1. 물건을 신묘하게 잘 만듦. 2. 물건을 신묘하게 잘 만드는 사람.

❶**신관 新館** 새 신 / 집 관 | 새로 지은 건물. ↔ 구관(舊館).

❷**신관 新官** 새 신 / 벼슬 관 | 새로 부임한 관리. ↔ 구관(舊官).

❸**신관 神官** 귀신 신 / 벼슬 관 | 신을 받들어 모시는 일을 맡은 관직.

❹**신관 信管** 믿을 신 / 대롱 관 | 탄환, 폭탄, 지뢰 따위의 작약을 점화하여 폭발시키는 기폭 장치.

❶**신광 神光** 귀신 신 / 빛 광 | 1. 신의 몸에서 빛이 남. 2. 신비스러운 빛.

❷**신광 身光** 몸 신 / 빛 광 | 부처와 보살의 몸에서 발하는 빛.

❸**신광 晨光** 새벽 신 / 빛 광 | 새벽에 동이 틀 무렵의 빛.

신교 新敎 새 신 / 가르칠 교 | 기독교 16세기 종교 개혁의 결과로 로마가톨릭교회에서 떨어져 나와 성립된 종교 단체를 통틀어 이르는 말. ≒ 기독교, 개신교.

신구 新舊 새 신 / 예 구 | 새 것과 헌 것.

❶**신국 神國** 귀신 신 / 나라 국 | 신이 다스리는 나라. 곧 천국을 이른다.

❷**신국 新國** 새 신 / 나라 국 | 새로 건설된 나라.

❸**신국면 新局面** 새 신 / 판 국 / 낯 면 | 새로운 국면.

신권정치 神權政治 귀신 신 / 저울추 권 / 정사 정 /

다스릴 치 | 통치자가 신 또는 신의 대리자가 되어 절대 권력으로 국민을 지배하는 정치형태.

신규 新規 새 신 / 법 규 | 새로운 규정.

신규사업 新規事業 새 신 / 법 규 / 일 사 / 업 업 | 새로운 분야에 대한 사업.

❶신기 神氣 귀신 신 / 기운 기 | 신비롭고 불가사의한 운기.

❷신기 神技 귀신 신 / 재주 기 | 매우 뛰어난 기술이나 재주.

❸신기 神奇 귀신 신 / 기특할 기 | 신묘하고 기이함.

신기하다 神奇하다 귀신 신 / 기특할 기 | 신묘하고 기이하다.

신기원 新紀元 새 신 / 벼리 기 / 으뜸 원 | 새로운 기원. 또는 그것으로 시작된 새로운 시대.

신년 新年 새 신 / 해 년(연) | 새해. 새로 시작되는 해.

신년사 新年辭 새 신 / 해 년(연) / 말씀 사 | 새해를 맞이하여 하는 공식적인 인사말.

신념 信念 믿을 신 / 생각 념(염) | 굳게 믿는 마음.

❶신단 晨旦 새벽 신 / 아침 단 | 날이 새면서 오전 반나절쯤까지의 동안.

❷신단 神丹 귀신 신 / 붉을 단 | 신선이 만든다는 장생불사의 환약.

❸신단 神壇 귀신 신 / 단 단 | 신령에게 제사 지내는 단.

신단수 神壇樹 귀신 신 / 단 단 / 나무 수 | 단군 신화에서, 환웅이 처음 하늘에서 그 밑으로 내려왔다는 신성한 나무.

❶신당 新黨 새 신 / 무리 당 | 새로 조직한 당.

❷신당 神堂 귀신 신 / 집 당 | 신령을 모셔 놓는 집.

신대륙 新大陸 새 신 / 클 대 / 뭍 륙(육) | 1. 신세계. 새로 발견한 대륙. 2. 남북 아메리카주 및 대양주.

대양주 大洋洲 클 대 / 큰 바다 양 / 물가 주 | 육대주의 하나. 오스트레일리아, 뉴질랜드를 비롯하여 멜라네시아, 미크로네시아, 폴리네시아를 포함하는 섬과 대륙으로 이루어져 있다.

❶신도 新都 새 신 / 도읍 도 | 새로 정한 도읍.

신도시 新都市 새 신 / 도읍 도 / 저자 시 | 계획적으로 개발한 새 도시.

❷신도비 神道碑 귀신 신 / 길 도 / 비석 비 | 임금이나 종이품 이상의 벼슬아치의 무덤 근처의 큰길 가에 세운 비석. 죽은 사람의 평생사적을 기록하였다.

신독 愼獨 삼갈 신 / 홀로 독 | 홀로 있을 때에도 도리에 어그러짐이 없도록 몸가짐을 바로 하고 언행을 삼감.

신동 神童 귀신 신 / 아이 동 | 재주와 슬기가 특별히 뛰어난 아이.

신라방 新羅坊 새 신 / 벌일 라(나) / 동네 방 | 역사 통일 신라 시대에, 당나라에 설치한 신라인의 거주지. 중국을 왕래하는 상인과 유학승 등이 모여 자치적으로 동네를 이루었다.

신랄 辛辣 매울 신 / 매울 랄(날) | 1. 맛이 아주 쓰고 매움. 2. 매우 날카롭고 예리함.

신랄하다 辛辣하다 매울 신 / 매울 랄(날) | 1. 맛이 아주 쓰고 맵다. 2. 매우 날카롭고 예리하다. ※ 예시: 신랄한 비판.

신랑 新郎 새 신 / 사내 랑(낭) | 갓 결혼한 남자.

신령하다 神靈하다 귀신 신 / 신령 령(영) | 신기하고 영묘하다.

신록 新綠 새 신 / 푸를 록(녹) | 늦봄이나 초여름에 초목에 새로 돋아난 연푸른 잎.

신뢰 信賴 믿을 신 / 의뢰할 뢰(뇌) | 믿고 의지함.

신료 臣僚 신하 신 / 동료 료(요) | 모든 신하

신망 信望 믿을 신 / 바랄 망 | 믿고 기대함.

신망애 信望愛 믿을 신 / 바랄 망 / 사랑 애 | 믿음, 소망, 사랑.

❶신명 身命 몸 신 / 목숨 명 | 몸과 목숨.

❷신명 神明 귀신 신 / 밝을 명 | 1. 천지신명. 하늘과 땅의 신령. 2. 정신 의식과 사유 활동.

❸신명 神命 귀신 신 / 목숨 명 | 신의 명령.

신묘하다 神妙하다 귀신 신 / 묘할 묘 | 신통하고 묘하다.

❶신문 訊問 캐물을 신 / 물을 문 | 캐어물음.

반대신문 反對訊問 돌이킬 반 / 대할 대 / 캐물을 신 / 물을 문 | 증인 신문에서, 주신문이 끝난 뒤에 반대 측 당사자가 증인을 상대로 행하는 신문.

❷신문 新聞 새 신 / 들을 문 | 1. 새로운 소식이나 견문. 2. 세상의 새로운 소식이나 사건에 대하여 빠르고 널리 전달해 주는 정기 간행물

신문고 申聞鼓 거듭 신 / 들을 문 / 북 고 | 역사 조선 시대에, 백성이 억울한 일을 하소연할 때 치게 하던 북. 태종 때에 대궐의 문루에 달았다.

신문학 新文學 새 신 / 글월 문 / 배울 학 | 우리나라에서 1894년 갑오개혁 이후에 일어난 새로운 형식과 내용의 문학.

신미 辛味 매울 신 / 맛 미 | 매운 맛.

신민 臣民 신하 신 / 백성 민 | 관료와 백성.

신변 身邊 몸 신 / 주변 변 | 몸의 주위. ※ 예시: 신변이 위태롭다.

신변잡기 身邊雜記 몸 신 / 주변 변 / 섞일 잡 / 기록할 기 | 자신의 주변에서 일어나는 여러 가지 일을 적은 수필체의 글.

❶신병 身柄 몸 신 / 자루 병 | 몸. 보호나 구금의 대상이 되는 본인의 몸. ※ 예시: 용의자의 신병을 확보하다.

❷신병 身病 몸 신 / 병 병 | 육신의 병.

❸신병 新兵 새 신 / 병사 병 | 새로 입대한 병사.

신보 新報 새 신 / 갚을 보 | 새로운 보도.

신봉 信奉 믿을 신 / 받들 봉 | 믿고 받드는 것.

❶신부 新婦 새 신 / 며느리 부 | 갓 결혼한 여자.

❷신부 神父 귀신 신 / 아버지 부 | 천주교 주교 다음가는 성직자

신분 身分 몸 신 / 구분할 분 | 개인의 사회적인 위치나 계급.

신분보장 身分保障 몸 신 / 구분할 분 / 지킬 보 / 막을 장 | 공무원이 법이 정한 사유와 절차에 의하지 않고서는, 형(刑)의 선고, 징계 처분, 면직, 기타 신분상의 불이익 처분을 당하지 않는 일.

신분상속 身分相續 몸 신 / 구분할 분 / 서로 상 / 이을 속 | 신분상의 지위를 물려받는 상속.

신분제도 身分制度 몸 신 / 구분할 분 / 절제할 제 / 법도 도 | 근대 이전의 시대에, 개인의 사회적 신분이 숙명적이고 세습적으로 고정된 제도.

신비 神秘 귀신 신 / 숨길 비 | 1. 신기하고 묘함. 2. 보통의 이론이나 인식을 초월한 신기한 일.

신비감 神祕感 귀신 신 / 숨길 비 / 느낄 감 | 신비로운 느낌.

신비경 神祕境 귀신 신 / 숨길 비 / 지경 경 | 신비로운 지경.

신비주의 神秘主義 귀신 신 / 숨길 비 / 주인 주 / 뜻 의 | 우주를 움직이는 신이나 절대자 등 궁극적인 실재와의 내면적인 합일을 추구하는 사상. 초월적인 존재와의 합일을 위해서는 이성이나 교리의 실천보다는 명상이나 비의(祕儀)를 통해서만 가능하다고 본다. 능 미스티시즘,

신빙 信憑 믿을 신 / 기댈 빙 | 믿어서 근거나 증거로 삼음.

신빙성 信憑性 믿을 신 / 기댈 빙 / 성품 성 | 믿어서 근거나 증거로 삼을 수 있는 성질.

❶**신사 紳士** 큰 띠 신 / 선비 사 | 교양과 예의와 품격이 갖추어져 있는 점잖은 남자.

신사도 紳士道 큰 띠 신 / 선비 사 / 길 도 | 신사로서 지켜야 할 도리.

신사협정 紳士協定 큰 띠 신 / 선비 사 / 화합할 협 / 정할 정 | 1. 서로 상대편을 믿고 맺는 사적인 비밀 협정. 2. 법적 구속력을 갖지 않는 비공식적인 국제 협정.

신사유람단 紳士遊覽團 큰 띠 신 / 선비 사 / 놀 유 / 볼 람(남) / 둥글 단 | 역사 조선 고종 18년(1881)에, 새로운 문물제도의 시찰을 위하여 일본에 파견한 시찰단.

❷**신사 神社** 귀신 신 / 모일 사 | 일본에서, 왕실의 조상이나 고유의 신 또는 국가에 공로가 큰 사람을 신으로 모신 사당.

❶**신산 辛酸** 매울 신 / 실 산 | 1. 맛이 맵고 심. 2. 세상살이가 힘들고 고생스러움을 비유. 능 고초, 고통, 신고.

신산스럽다 辛酸스럽다 매울 신 / 실 산 | 사는 것이 힘들고 고생스럽다.

❷**신산 神算** 귀신 신 / 셈 산 | 신통한 계책.

신상 身上 몸 신 / 윗 상 | 한 사람의 몸이나 처신, 또는 그의 주변에 관한 일이나 형편.

신상필벌 信賞必罰 믿을 신 / 상줄 상 / 반드시 필 / 벌할 벌 | 공이 있는 자에게는 반드시 상을 주고, 죄가 있는 사람에게는 반드시 벌을 준다. 상과 벌을 공정하고 엄중하게 하는 일.

신색 神色 귀신 신 / 빛 색 | 얼굴빛.

신생 新生 새 신 / 날 생 | 새로 생김.

신생국가 新生國家 새 신 / 날 생 / 나라 국 / 집 가 | 새로 독립한 국가.

신생대 新生代 새 신 / 날 생 / 대신할 대 | 중생대에서 이어지는 가장 새로운 지질 시대. 약 6,500만 년 전부터 현재까지의 시대를 이르며, 그 말기에 인류가 나타났다.

신생아 新生兒 새 신 / 날 생 / 아이 아 | 갓난아이. 태어난 지 얼마 되지 아니한 아이.

신서 新書 새 신 / 글 서 | 새 책.

❶**신선하다 新鮮하다** 새 신 / 고울 선 | 새롭고 산뜻하다.

신선미 新鮮味 새 신 / 고울 선 / 맛 미 | 새롭고 산뜻한 맛.

❷**신선 神仙** 귀신 신 / 신선 선 | 도를 닦아서 현실의 인간 세계를 떠나 자연과 벗하며 산다는 상상의 사람. 세속적인 일에 얽매이지 않고, 고통이나 질병도 없으며 죽지 않는다고 한다. ≒ 선인, 도인, 도사.

신선도 神仙圖 귀신 신 / 신선 선 / 그림 도 | 동양화에서, 신선의 무리를 주제로 하여 그린 그림.

신설 新設 새 신 / 베풀 설 | 새로 설치함.

신설하다 新設하다 새 신 / 베풀 설 | 새로 설치하다.

❶**신성 新星** 새 신 / 별 성 | 1. 천문 희미하던 별이 폭발 따위에 의하여 갑자기 밝아졌다가 다시 서서히 희미해지는 별. 2. 어떤 분야나

단체에 새로 나타나서 주목이나 인기를 받는 사람을 비유.

❷**신성 晨星** 새벽 신 / 별 성 | 천문 '금성'을 이르는 말. ≒ 샛별.

❸**신성 晨省** 새벽 신 / 살필 성 | 아침 일찍 부모의 침소에 가서 밤사이의 안부를 살피는 일.

❹**신성 神性** 귀신 신 / 성품 성 | 신의 성격. 또는 신과 같은 성격.

❺**신성 神聖** 귀신 신 / 성인 성 | 함부로 가까이할 수 없을 만큼 고결하고 거룩함.

신성하다 神聖하다 귀신 신 / 성인 성 | 고결하고 거룩하다.

신성모독 神聖冒瀆 귀신 신 / 성인 성 / 무릅쓸 모 / 도랑 독 | 신성한 천주성을 모독하는 일.

신성불가침 神聖不可侵 귀신 신 / 성인 성 / 아닐 불 / 가능할 가 / 침노할 침 | 신성하여 함부로 침범할 수 없음.

신성시하다 神聖視하다 귀신 신 / 성인 성 / 볼 시 | 어떤 대상을 신성한 것으로 여기다.

신성로마제국 神聖Roma帝國 귀신 신 / 성인 성 / 임금 제 / 나라 국 | 역사 962년 독일의 오토 1세가 로마 교황으로부터 대관을 받은 때부터 1806년 프란츠 2세가 나폴레옹에 패하여 제위에서 물러날 때까지의 독일 제국의 명칭. (962~1806).

신성동맹 神聖同盟 귀신 신 / 성인 성 / 한가지 동 / 맹세 맹 | 역사 빈 회의 직후인 1815년에 러시아, 오스트리아, 프로이센의 세 나라 군주가 파리에서 맺은 종교적 동맹. 영국, 터키, 로마교황

을 제외한 유럽의 모든 군주들이 결집하여, 기독교적 우애로 하나의 가족으로 결합하고, 왕권신수설로 신민을 지배하며, 영구평화를 유지시킨다고 선언.

신성가족 神聖家族 귀신 신 / 성인 성 / 집 가 / 겨레 족 | **책** 1845년에 독일의 사회주의자인 마르크스와 엥겔스가 헤겔 철학의 영향을 청산하고, 사적 유물론의 입장을 명확히 밝힌 책

신세 身世/身勢 몸 신 / 인간 세 | 일신상의 처지와 형편.

신세지다 身世/身勢지다 몸 신 / 인간 세 | 남에게 도움을 받다.

신세타령 身世타령 몸 신 / 인간 세 | 자신의 불행한 신세를 넋두리하듯이 늘어놓는 일.

신세계 新世界 새로울 신 / 인간 세 / 지경 계 | 1. 새롭게 생활하거나 활동하는 장소. 2. 새로운 경치.

신소설 新小說 새로울 신 / 작을 소 / 말씀 설 | **문학** 1894년 갑오개혁 이후부터 현대소설이 창작되기 전까지 개화기를 배경으로 창작된 소설. 봉건질서의 타파, 개화, 계몽, 자주독립 사상 따위를 주제로 다루었으며, 이인직의 〈혈의 누〉, 이해조의 〈자유종〉, 최찬식의 〈추월색〉 등이 있다.

신속하다 迅速하다 빠를 신 / 빠를 속 | 매우 날쌔고 빠르다

❶신수 身手 몸 신 / 손 수 | 용모와 풍채.

❷신수 身數 몸 신 / 셈 수 | 한 사람의 운수.

❸신수 神授 귀신 신 / 줄 수 | 신이 내려 줌.

왕권신수설 王權神授說 임금 왕 / 권력 권 / 귀신 신 / 줄 수 / 말씀 설 | **정치** 국왕의 권리는 신에게서 받은 절대적인 것이므로 인민이나 의회에 의하여 제한되지 않는다는 설.

❹신수 神樹 귀신 신 / 나무 수 | 신령이 깃들어 있다고 전해지는 나무.

❺신수 神獸 귀신 신 / 짐승 수 | 신령스러운 짐승. 용, 봉황, 해태, 주작, 현무 따위를 이른다.

❶신시 新詩 새 신 / 시 시 | 1. **문학** 사상적·형식적으로 새로운 방향을 지향하는 시. 2. **문학** 우리나라 신문학 운동 초창기에 나타난 새로운 시 형식. 현대시의 출발점이 되며, 최남선이 1908년에 발표한 〈해에게서 소년에게〉가 최초의 작품이다. 늑 신체시

❷신시 神市 귀신 신 / 저자 시 | **역사** 환웅이 태백산 신단수 밑에 세웠다는 도시.

❸신시 申時 거듭 신 / 때 시 | 십이시(十二時)의 아홉째 시. 오후 세 시에서 다섯 시까지이다.

신시가 新市街 새 신 / 저자 시 / 거리 가 | 기존 도시에서 뻗어 나가 새로 발전한 시가.

신식 新式 새 신 / 법 식 | 새로운 방식이나 형식.

신식민주의 新植民主義 새 신 / 심을 식 / 백성 민 / 주인 주 / 뜻 의 | 형식적으로는 독립을 허용하면서 정치·경제·사회·군사적 측면에서 사실상의 지배를 유지하려는 새로운 형태의 식민지주의.

신신 申申 거듭 신 | 남에게 부탁할 때에 거듭거듭 간곡하게 하는 모양.

신신당부 申申當付 거듭 신 / 마땅 당 / 줄 부 | 거듭하여 간곡히 하는 당부.

신신부탁 申申付託 거듭 신 / 줄 부 / 부탁할 탁 | 거듭하여 간곡히 하는 부탁.

신신하다 新新하다 새 신 | 1. 아주 신선하다. 2. 새로운 데가 있다. 3. 마음에 들게 시원스럽다

신실하다 信實하다 믿을 신 / 열매 실 | 믿음직하고 거짓이 없다.

신심 信心 믿을 신 / 마음 심 | 옳다고 믿는 마음.

신앙 信仰 믿을 신 / 우러를 앙 | 믿고 받드는 일.

신앙생활 信仰生活 믿을 신 / 우러를 앙 / 날 생 / 살 활 | 신앙을 가지고 종교에 의지하는 영적 생활.

신애 信愛 믿을 신 / 사랑 애 | 믿고 사랑함. 또는 믿음과 사랑

❶신약 新藥 새 신 / 약 약 | 새로 발명한 약.

❷신약 神藥 귀신 신 / 약 약 | 신통할 정도로 효험이 있는 약.

❸신약 神弱 귀신 신 / 약할 약 | 의식과 정신 활동이 약해지는 일.

❹신약 新約 새 신 / 맺을 약 | 기독교 신약성서. 하나님이 예수를 통하여 신자들에게 새롭게 한 약속.

신언서판 身言書判 몸 신 / 말씀 언 / 글 서 / 판단할 판 | 예전에 인물을 선택하는 데 기준으로 삼던 네 가지 조건. 즉 몸가짐, 말씨, 문필, 판단력.

신엄하다 神嚴하다 귀신 신 / 엄할 엄 | 신기하고 엄숙하다.

❶신역 身役 몸 신 / 부릴 역 | 1. 역사 예전에 노비가 하던 일. 2. 역사 나라에서 성인 장정에게 부과하던 군역과 부역. ※ 예시 | 신역이 고되다.

❷신역 新役 새 신 / 부릴 역 | 새로 맡은 일.

❸신역 新譯 새 신 / 번역할 역 | 새로 번역함. 또는 그 번역

❹신역 神域 귀신 신 / 지경 역 | 신성한 지역.

신열 身熱 몸 신 / 더울 열 | 병으로 인하여 오르는 몸의 열.

신예 新銳 새 신 / 날카로울 예 | 새롭고 기세나 힘이 뛰어남.

신외무물 身外無物 몸 신 / 바깥 외 / 없을 무 / 물건 물 | 몸 외에 다른 것이 없다는 뜻으로, 몸이 가장 귀하다는 말.

신용 信用 믿을 신 / 사용할 용 | 1. 사람이나 사물이 틀림없다고 믿어 의심하지 아니함. 2. 거래한 재화의 대가를 앞으로 치를 수 있음을 보이는 능력.

신용사회 信用社會 믿을 신 / 쓸 용 / 모일 사 / 모일 회 | 신용을 바탕으로 조직화된 집단이나 세계.

신용거래 信用去來 믿을 신 / 쓸 용 / 갈 거 / 올 래 (내) | 매매나 고용 따위의 계약에서, 화폐의 지급을 뒷날로 정하는 거래.

신용증권 信用證券 믿을 신 / 쓸 용 / 증거 증 / 문서

권 | 신용에 의하여 돈을 대신해서 사용되는 증권.

❶신원 新元 새 신 / 으뜸 원 | 설날. 정월 초하룻날.

❷신원 身元 몸 신 / 으뜸 원 | 개인의 성장 과정과 관련된 자료. 주소, 원적, 직업, 품행 등으로 파악한다.

신원보증 身元保證 몸 신 / 으뜸 원 / 지킬 보 / 증거 증 | 고용자의 신분이 확실함과 직장 생활에서 손해를 끼치는 일에 대하여 보증인이 책임을 지는 일.

❸신원 伸冤 펼 신 / 원통할 원 | 가슴에 맺힌 원한을 풀어 버림.

신원설치 伸冤雪恥 펼 신 / 원통할 원 / 깨끗하게 할 설 / 부끄러울 치 | 가슴에 맺힌 원한을 풀어 버리고 창피스러운 일을 씻어 버림.

신월 新月 새 신 / 달 월 | 초승에 뜨는 달.

❶신위 信委 믿을 신 / 맡길 위 | 믿고서 맡김.

❷신위 神位 귀신 신 / 자리 위 | 1. 죽은 사람의 영혼이 의지할 자리. 2. 신주(神主)를 모셔 두는 자리.

❸신위 神威 귀신 신 / 위엄 위 | 1. 신의 위엄. 2. 감히 범할 수 없는 거룩한 위엄.

❹신위 臣位 신하 신 / 자리 위 | 신하의 등급이나 지위.

신음 呻吟 읊조릴 신 / 읊을 음 | 앓는 소리를 냄. 또는 앓는 소리.

신의 信義 믿을 신 / 옳을 의 | 믿음과 의리.

신의성실의 원칙 信義誠實의原則 믿을 신 / 옳을 의 / 정성 성 / 열매 실 / 근원 원 / 법칙 칙 | 모든 사람은 사회의 일원으로서, 상대편의 신뢰에 어긋나지 않도록 성의 있게 행동하여야 한다는 원칙. 민법은 권리의 행사와 의무의 이행을 이 원칙에 따르도록 하고 있다. 준말은 '신의칙'.

신이 神異 귀신 신 / 다를 이 | 신기하고 이상함.

신이하다 神異하다 귀신 신 / 다를 이 | 신기하고 이상하다.

❶신인 新人 새 신 / 사람 인 | 어떤 분야에 새로 등장한 사람.

❷신인 神人 귀신 신 / 사람 인 | 1. 신과 사람을 아울러 이르는 말. 2. 신과 같이 신령하고 숭고한 사람.

신인동형설 神人同形說 귀신 신 / 사람 인 / 한가지 동 / 모형 형 / 말씀 설 | 신에게 인간의 본질이나 속성이 있다고 인정하는 주장이나 견해.

❶신임 信任 믿을 신 / 맡길 임 | 믿고 일을 맡김. ≒ 신뢰.

❷신임 新任 새 신 / 맡길 임 | 새로 임명됨. ↔ 구임.

신입 新入 새 신 / 들 입 | 어떤 모임이나 단체에 새로 들어옴.

신자 信者 믿을 신 / 사람 자 | 종교를 믿는 사람.

신자본주의 新資本主義 새 신 / 재물 자 / 근본 본 / 주인 주 / 뜻 의 | 자본주의 체제 자체를 변혁하지 않고, 수정을 가하여 모순을 완화하려는 사상.

실업이나 공황 따위와 같은 자본주의의 여러 가지 모순을 국가의 개입으로 완화하려는 미국의 뉴딜 정책이 대표적인 사례이다. 늑 수정자본주의.

신작 新作 새 신 / 지을 작 | 새로 작품 따위를 지어 만듦.

신작로 新作路 새 신 / 지을 작 / 길 로 | 새로 만든 길이라는 뜻으로, 자동차가 다닐 수 있을 정도로 넓게 새로 낸 길.

❶신장 身長/身丈 몸 신 / 길 장 | 키. 사람이나 동물이 똑바로 섰을 때에 발바닥에서 머리끝에 이르는 몸의 길이.

❷신장 伸張 펄 신 / 베풀 장 | 길고 넓게 늘어남.

❸신장 腎臟 콩팥 신 / 오장 장 | 콩팥. 척추동물의 비뇨 기관과 관련된 장기의 하나.

신장이식 腎臟移植 콩팥 신 / 오장 장 / 옮길 이 / 심을 식 | 콩팥의 기능이 약한 환자에게 건강한 사람의 콩팥을 이식하는 수술

❹신장 新裝 새 신 / 꾸밀 장 | 새로 단장함.

신장개업 新裝開業 새 신 / 꾸밀 장 / 열 개 / 업 업 | 새로 단장해서 영업을 시작함.

신전 神殿 귀신 신 / 전각 전 | 신령을 모신 전각. 늑 성전.

신점 神占 귀신 신 / 점령할 점 | 신통하게 잘 알아맞히는 점.

❶신접 神接 귀신 신 / 이을 접 | 신령이 몸에 접함.

❷신접 新接 새 신 / 이을 접 | 1. 새로 살림을 차려 한 가정을 이룸. 2. 다른 곳에서 옮겨 와서 새로 자리를 잡고 삶.

신접살림 新接살림 새 신 / 이을 접 | 처음으로 차린 살림살이. 늑 새살림, 신접살이, 신혼살림.

❶신정 新正 새 신 / 바를 정 | 양력 1월 1일. 늑 새해, 신년, 정초.

❷신정 新情 새 신 / 뜻 정 | 새로 사귄 정.

❸신정 神政 귀신 신 / 정사 정 | 신의 대변자인 사제가 종교적 원리에 의하여 통치하는 정치형태.

신정국가 神政國家 귀신 신 / 정사 정 / 나라 국 / 집 가 | 신정이 베풀어지는 국가.

신정론 神正論 귀신 신 / 바를 정 / 논할 론(논) | 신은 악이나 화를 좋은 목적을 위한 수단으로 인정하고 있으므로 신은 바르고 의로운 것이라는 이론. 이 세상에 악이나 화가 존재한다는 이유를 들어 신의 존재를 부인하려는 이론에 대응하여 생긴 것이다.

신제품 新製品 새 신 / 지을 제 / 물건 품 | 새로 만든 물건.

❶신조 信條 믿을 신 / 가지 조 | 굳게 믿어 지키고 있는 생각. 늑 교의, 소신, 신념, 도그마.

❷신조 神鳥 귀신 신 / 새 조 | 신령한 새.

❸신조 新造 새 신 / 지을 조 | 새로 만듦.

신조어 新造語 새 신 / 지을 조 / 말씀 어 | 새로 생긴 말.

❶신주 新註 새 신/글뜻 풀 주| 새로운 주석.

❷신주 神酒 귀신 신/술 주| 신령에게 올리는 술.

❸신주 神主 귀신 신/주인 주| 죽은 사람의 위패.

신줏단지 神主단지 귀신 신/주인 주| 민속 신주를 모시는 그릇. 보통 장손의 집안에서 오지항아리나 대바구니 따위에 조상의 이름을 써넣어 안방의 시렁 위에 모셔 두고 위한다.

❶신중 愼重 삼갈 신/무거울 중| 매우 조심스러움. ≒ 세심, 조심.

신중하다 愼重하다 삼갈 신/무거울 중| 매우 조심스럽다.

❷신중 身中 몸 신/가운데 중| 몸의 속.

신중심주의 神中心主義 귀신 신/가운데 중/마음 심/주인 주/뜻 의| 신을 세계와 모든 세계 현상의 중심으로 파악하여, 신을 궁극의 목적으로 삼는 세계관.

신지 神智 귀신 신/슬기 지| 신령스럽고 기묘한 지혜.

신진 新進 새 신/나아갈 진| 어떤 사회나 분야에 새로 나섬.

신진기예 新進氣銳 새 신/나아갈 진/기운 기/날카로울 예| 새로 나타난 신인으로서 뜻과 기상이 날카로움

신진작가 新進作家 새 신/나아갈 진/지을 작/집 가| 문단에 등장한 지 얼마 되지 않은 사람.

기성작가 旣成作家 이미 기/이룰 성/지을 작/집 가| 이미 문단에서 작품 활동을 하며 이름이 알려진 작가.

신진대사 新陳代謝 새 신/베풀 진/대신할 대/사례할 사| 1. 묵은 것은 없어지고 새 것이 대신 생기는 일. 2. 생물 생물체가 몸 밖으로부터 영양물질을 섭취하여, 생체 성분이나 생명 활동에 쓰는 물질이나 에너지를 생성하고 필요하지 않은 물질을 걸러서 몸 밖으로 내보내는 작용.

신착 新着 새 신/붙을 착| 새로 도착함.

신참 新參 새 신/참여할 참| 단체나 부류에 새로 참가하거나 들어온 사람.

신채 神采/神彩 귀신 신/풍채 채| 1. 정신과 풍채. 2. 신과 같이 뛰어난 풍채.

신책 神策 귀신 신/꾀 책| 신기한 계책.

신천지 新天地 새 신/하늘 천/땅 지| 새로운 세계.

신청 申請 거듭 신/청할 청| 단체나 기관에 어떠한 일이나 물건 따위를 청구함.

신청서 申請書 거듭 신/청할 청/글 서| 단체나 기관에 어떠한 사항을 요청하는 문서.

신청년 新靑年 새 신/푸를 청/해 년(연)| 개화기에, 신식 교육을 받은 청년을 이르던 말.

신체 身體 몸 신/몸 체| 사람의 몸. ≒ 몸, 육체, 육신.

신체검사 身體檢査 몸 신/몸 체/검사할 검/조사할 사| 건강 상태를 알기 위하여 신체의 각 부분을 검사하는 일.

신체발부 身體髮膚 몸 신 / 몸 체 / 터럭 발 / 살갗 부 | 몸과 머리털과 피부라는 뜻으로, 몸 전체를 이르는 말.

신체형 身體刑 몸 신 / 몸 체 / 형벌 형 | (법률) 범죄인의 신체에 육체적인 고통을 주는 형벌. 현재는 우리나라를 포함하여 대부분의 나라에서 폐지하였다.

신체의 자유 身體의自由 몸 신 / 몸 체 / 스스로 자 / 말미암을 유 | (법률) 법률의 절차에 의하지 아니하고는 정당한 이유 없이, 체포, 구금, 심문, 처벌 또는 강제 노역을 당하지 아니할 자유. 대부분의 국가에서 헌법에 이를 보장하고 있다.

❶신체시 新體詩 새로울 신 / 몸 체 / 시 시 | 우리나라 신문학 운동 초창기에 나타난 새로운 시 형식. 대체로 창가적인 3.4또는 4.4의 가락을 가졌으며, 현대시의 출발점이 된다. 최남선이 1908년에 발표한 〈해에게서 소년에게〉가 최초의 작품이다.

❷신체제 新體制 새 신 / 몸 체 / 절제할 제 | 새로운 질서와 편제.

❶신축 新築 새 신 / 쌓을 축 | 건물 따위를 새로 건축함.

신축하다 新築하다 새 신 / 쌓을 축 | 건물 따위를 새로 건축하다.

❷신축 伸縮 펼 신 / 줄일 축 | 늘고 줆. 또는 늘이고 줄임.

신축성 伸縮性 펼 신 / 줄일 축 / 성품 성 | 1. 물체가 늘어나고 줄어드는 성질. 2. 일의 형편에 따라 적절하게 대처할 수 있는 성질. ≒ 융통성, 탄력성.

신축자재 伸縮自在 펼 신 / 줄일 축 / 스스로 자 / 있을 재 | 마음대로 늘었다 줄었다 하여, 움직이는 것이 여유가 있고 구속이 없음.

신춘 新春 새 신 / 봄 춘 | 겨울을 보내고 맞이하는 첫봄.

신출 新出 새 신 / 날 출 | 1. 새로 세상에 나옴. 또는 그런 인물이나 물건. 2. 곡식이나 과일 따위에서 그해에 처음 거두어들인 것. ≒ 만물, 신진, 신품.

신출내기 新出내기 새 신 / 날 출 | 어떤 일에 처음 나서서 일이 서투른 사람.

신출귀몰 神出鬼沒 귀신 신 / 날 출 / 귀신 귀 / 빠질 몰 | 귀신같이 나타났다가 사라진다는 뜻으로, 움직임을 쉽게 알 수 없을 만큼 자유자재로 나타나고 사라짐을 비유.

신칙 申飭 거듭 신 / 신칙할 칙 | 단단히 타일러서 경계함.

❶신탁 神託 귀신 신 / 부탁할 탁 | 신이 사람을 매개자로 하여 그의 뜻을 나타내거나 인간의 물음에 대답하는 일.

❷신탁 信託 믿을 신 / 부탁할 탁 | 믿고 맡김.

신탁관리인 信託管理人 믿을 신 / 부탁할 탁 / 대롱 관 / 다스릴 리(이) / 사람 인 | (법률) 신탁의 수익자가 확정되어 있지 않거나 존재하지 않는 경우에, 법원이 이해관계인의 청구 또는 직권으로 선임한 관리인.

신탁통치 信託統治 믿을 신 / 부탁할 탁 / 거느릴 통 /

다스릴 치 | 정치 제2 차 세계 대전 후, 국제연합의 위임을 받은 나라가 일정한 비자치 지역에서 통치하는 일. 한국은 모스크바 삼상회의의 결의로 8·15광복 직후 5년 동안의 신탁통치가 협의되었지만 한국인의 반탁운동으로 이루어지지 않았다. ≒ trusteeship.

위임통치 委任統治 맡길 위 / 맡길 임 / 거느릴 통 / 다스릴 치 | 정치 제1 차 세계 대전 이후에 영국, 프랑스 등 국제연맹의 위임을 받은 선진국이 독일과 터키의 옛 식민지를 통치하였다. 국제 연합의 신탁통치는 이 제도를 이어받은 것이다.

▶**신통력 神通力** 귀신 신 / 통할 통 / 힘 력 | 무슨 일이든지 해낼 수 있는 영묘하고 불가사의한 힘이나 능력.

신통하다 神通하다 귀신 신 / 통할 통 | 1. 신기롭게 깊이 통달하다. 2. 신기할 정도로 묘하다.

신통방통하다 神通방通하다 귀신 신 / 통할 통 | 매우 신통하다. 매우 대견하다.

신통기 神統記 귀신 신 / 거느릴 통 / 기록할 기 | 고대 그리스의 시인 헤시오도스가 지은 서사시. 세계의 창조, 올림포스 신의 계보, 신들의 탄생과 그들의 지배권, 신들의 자손 계보 따위를 다루고 있으며, 모두 1,200행으로 되어 있다.

▶**신파 新派** 새롭다 신 / 갈래 파 | 원줄기에서 새로 생긴 갈래. = 신파극.

신파극 新派劇 새 신 / 갈래 파 / 심할 극 | 1910년대부터 1940년대까지 우리나라에서 유행하였던 연극 형태. 우리 정서에 맞지 않는 일본의 신파극을 모방하기도 하였으나, 점차 우리 고유의 대중적 정서를 위주로 하였다.

신표 信標 믿을 신 / 표할 표 | 뒷날에 보고 증거가 되게 하기 위하여 서로 주고받는 물건.

▶**❶신품 新品** 새 신 / 물건 품 | 새로운 물건.

❷신품 神品 귀신 신 / 물건 품 | 1. 아주 뛰어난 물품이나 작품. 2. 카톨릭 그리스도의 대리자로서 사제가 되는 신부에게 신권(神權)을 부여하는 일.

신풍 新風 새 신 / 바람 풍 | 1. 신선한 바람. 2. 새로운 풍속.

신필 神筆 귀신 신 / 붓 필 | 뛰어나게 잘 쓴 글씨.

신하 臣下 신하 신 / 아래 하 | 임금을 섬기어 벼슬하는 사람.

▶**신학 神學** 귀신 신 / 배울 학 | 신이 인간과 세계에 대하여 맺고 있는 관계와 신을 연구하는 학문. 대개는 기독교 교리 및 신앙생활의 윤리를 연구하는 학문을 이른다.

해방신학 解放神學 풀 해 / 놓을 방 / 귀신 신 / 배울 학 | 20세기 라틴 아메리카 가톨릭 신학자들을 중심으로 일어난 신학 운동. 교회는 억압받는 자의 해방을 위하여 혁명 운동에 적극 참여하여야 한다고 주장하였다.

신학의 시녀 神學의侍女 귀신 신 / 배울 학 / 모실 시 / 여자 녀(여) | 중세의 스콜라 철학에서, 철학이 신학에 종속되며 신학을 이해하기 위한 도구로 여겨지던 것을 이르는 말.

신학기 新學期 새 신 / 배울 학 / 기약할 기 | 새로 맞이하는 학기.

신행 新行 새 신 / 다닐 행 | 1. 혼인할 때에, 신랑이 신부 집으로 가거나 신부가 신랑 집으로 감. 2. 왕비로 간택되어 입궁함.

신험 神驗 귀신 신 / 시험 험 | 신비한 영험.

신호 信號 믿을 신 / 이름 호 | 일정한 부호, 표지, 소리, 몸짓 따위로 의사를 전달하거나 지시를 함.

신혼 新婚 새 신 / 혼인할 혼 | 갓 결혼함.

신화 神話 귀신 신 / 이야기 화 | 고대인의 사유가 반영된 신성한 이야기. 우주의 기원, 신이나 영웅, 민족의 기원이나 역사가 주요 내용이다. ※ 예시: 단군 신화. 그리스 로마 신화.

신화시대 神話時代 귀신 신 / 이야기 화 / 때 시 / 시대 대 | 역사가 있기 이전의 신화로만 알려져 있는 시대.

❶**신후 愼候** 삼갈 신 / 기후 후 | 병중에 있는 웃어른의 안부.

❷**신후 身後** 몸 신 / 뒤 후 | 죽고 난 이후.

신흥 新興 새 신 / 일 흥 | 새로 일어남.

신흥종교 新興宗敎 새 신 / 일 흥 / 마루 종 / 가르칠 교 | 기성 종교에 대하여 새로 일어난 종교.

신흥계급 新興階級 새 신 / 일 흥 / 섬돌 계 / 등급 급 | 사회 정세나 재계의 변동으로 새로 일어난 계급.

실각 失脚 잃을 실 / 다리 각 | 1. 발을 헛디딤. 2. 세력을 잃고 지위에서 물러남.

실감 實感 실제 실 / 느낄 감 | 실제로 체험하는 느낌.

실격 失格 잃을 실 / 격식 격 | 기준 미달이나 규칙 위반 따위로 자격을 잃음.

실격자 失格者 잃을 실 / 격식 격 / 사람 자 | 자격을 잃은 사람.

실경 實景 실제 실 / 볕 경 | 실제의 경치나 광경.

❶**실과 實果** 실제 실 / 실과 과 | 사람이 먹을 수 있는 초목의 열매. 과, 배, 포도, 귤, 감, 바나나, 밤 따위가 있다.

❷**실과 實科** 실제 실 / 과목 과 | 실제로 소용되는 것을 주로 가르치는 교과.

❶**실권 實權** 실제 실 / 저울추 권 | 실제로 행사할 수 있는 권리나 권세.

실권자 實權者 실제 실 / 저울추 권 / 사람 자 | 실질적인 권세나 권리를 가지고 있는 사람. ≒ 권력자, 실력자.

❷**실권 失權** 잃을 실 / 저울추 권 | 권리나 권세를 잃음. ↔ 복권, 득세.

실금 失禁 잃을 실 / 금할 금 | 대소변을 참지 못하고 지림.

❶**실기 實技** 실제 실 / 재주 기 | 실제의 기능이나 기술.

❷**실기 實記** 실제 실 / 기록할 기 | 실제의 사실을 있는 그대로 적은 기록.

❸**실기 失期** 잃을 실 / 기약할 기 | 때를 놓침.

실내 室內 집 실 / 안 내 | 방이나 건물의 안.

실내장식 室內裝飾 집 실 / 안 내 / 꾸밀 장 / 꾸밀 식 | 건축물의 내부를 그 쓰임에 따라 아름답게 꾸미는 일.

실내극 室內劇 집 실 / 안 내 / 심할 극 | 실내에서 이루어지는 연극. ↔ 야외극.

실내악 室內樂 집 실 / 안 내 / 노래 악 | 음악 한 악기가 한 성부씩 맡아 연주하는 소규모의 기악 합주곡. 이중주, 삼중주, 사중주, 오중주 따위로 나뉘는데, 바이올린 둘, 비올라 하나, 첼로 하나의 현악 사중주가 실내악의 중심이다.

❶실농 實農 실제 실 / 농사 농 | 농사를 착실하게 잘 짓는 일. 또는 그런 농사꾼.

실농군 實農軍 실제 실 / 농사 농 / 군사 군 | 1. 농사를 잘 짓는 착실한 농군. 2. 실제 농사를 지을 힘이 있는 사람.

❷실농 失農 잃을 실 / 농사 농 | 농사지을 때를 놓침.

실답다 實답다 실제 실 | 참되고 미덥다. ≒ 미덥다, 진실하다.

실덕 失德 잃을 실 / 클 덕 | 덕망을 잃음.

실력 實力 실제 실 / 힘 력(역) | 실제로 갖추고 있는 힘이나 능력.

실력자 實力者 실제 실 / 힘 력(역) / 사람 자 | 실질적인 권력이나 역량을 가지고 있는 사람.

실력행사 實力行使 실제 실 / 힘 력(역) / 다닐 행 / 하여금 사 | 어떤 일을 이루려고 실제로 행동을 취함.

❶실례 實例 실제 실 / 법식 례(예) | 구체적인 실제의 보기.

❷실례 失禮 잃을 실 / 예도 례(예) | 예의에 벗어남. ↔ 무례, 실수, 결례.

실록 實錄 실제 실 / 기록할 록(녹) | 1. 사실을 있는 그대로 적은 기록. 2. 역사 한 임금이 재위한 동안의 일들을 적은 기록. ※ 참조: 조선왕조실록.

실록청 實錄廳 실제 실 / 기록할 록(녹) / 관청 청 | 조선 시대에, 실록을 편찬하기 위하여 임시로 설치하던 관아.

실리 實利 실제 실 / 이로울 리(이) | 실제로 얻는 이익. ↔ 명분(名分).

실리적 實利的 실제 실 / 이로울 리(이) / 과녁 적 | 실제로 이익이 되는.

실망 失望 잃을 실 / 바랄 망 | 희망을 잃음.

실망하다 失望하다 잃을 실 / 바랄 망 | 1. 희망을 잃다. 2. 바라던 일이 뜻대로 되지 않아 마음이 상하다. ≒ 상심하다.

❶실명 失明 잃을 실 / 밝을 명 | 시력을 잃음.

❷실명 實名 실제 실 / 이름 명 | 본명. 실제의 이름. ↔ 가명(假名).

실명제 實名制 실제 실 / 이름 명 / 절제할 제 | 실제 이름을 밝히는 제도. ※ 예시: 인터넷 실명제, 금융 실명제.

▶

실무 實務 실제 실 / 힘쓸 무 | 실제의 업무.

실무적 實務的 실제 실 / 힘쓸 무 / 과녁 적 | 실무와 관계되는 것.

▶

❶실물 實物 실제 실 / 물건 물 | 실제로 있는 물건이나 사람.

실물경제 實物經濟 실제 실 / 물건 물 / 지날 경 / 건널 제 | 〔경제〕 화폐를 사용하지 않고, 물건과 물건을 맞바꾸거나 자급자족으로 이루어지는 경제.

실물급여 實物給與 실제 실 / 물건 물 / 줄 급 / 더불어 | 〔경제〕 임금의 전부나 일부를 기업의 생산물로써 지급하는 제도.

❷실물 失物 잃을 실 / 물건 물 | 물건을 잃어버림.

실비 實費 실제 실 / 쓸 비 | 실제로 드는 비용.

❶실사 實査 실제 실 / 조사할 사 | 실제를 조사하거나 검사함.

실사하다 實査하다 실제 실 / 조사할 사 | 실제를 조사하거나 검사하다.

❷실사 實寫 실제 실 / 베낄 사 | 실물, 실경, 실황 따위를 그대로 그리거나 찍음.

실사하다 實寫하다 실제 실 / 베낄 사 | 있는 그대로 그리다.

❸실사 實辭 실제 실 / 말씀 사 | 〔언어〕 구체적인 대상이나 동작, 상태를 표시하는 형태소. '철수가 책을 읽었다.'에서 '철수', '책', '읽' 따위이다.

❹실사 實事 실제 실 / 일 사 | 사실로 있는 일.

실사구시 實事求是 실제 실 / 일 사 / 구할 구 / 옳을 시 | 〔역사〕 실제의 일에서 참됨을 구한다. 형식적인 공리공론을 피하고, 사실에 토대를 두어 진리를 탐구하는 일. ※ 참조: 조선 시대 실학파(實學派).

실상 實相 실제 실 / 서로 상 | 실제 모양이나 상태.

▶

실색 失色 잃을 실 / 빛 색 | 놀라서 얼굴빛이 달라짐.

경악실색 驚愕失色 놀랄 경 / 놀랄 악 / 잃을 실 / 빛 색 | 깜짝 놀라 얼굴빛이 창백해짐.

▶

실성 失性 잃을 실 / 성품 성 | 정신에 이상이 생겨 본정신을 잃음.

실성통곡 失性痛哭 잃을 실 / 성품 성 / 아플 통 / 울 곡 | 정신에 이상이 생길 정도로 슬프게 통곡함.

실세 實勢 실제 실 / 형세 세 | 실제의 세력을 지닌 사람.

실소 失笑 잃을 실 / 웃음 소 | 어처구니가 없어 저도 모르게 웃음이 툭 터져 나옴.

실속 實속 매 실 | 실지의 알맹이가 되는 내용. ≒ 내실.

실솔 蟋蟀 귀뚜라미 실 / 귀뚜라미 솔 | 귀뚜라미. 8~10월에 나타나 풀밭에 살면서 수컷이 가을을 알리듯이 운다.

▶

실수 失手 잃을 실 / 손 수 | 조심하지 않아서 잘못함.

실수요자 實需要者 실제 실 / 쓰일 수 / 요긴할 요 / 사람 자 | 실제로 필요하여 사려고 하는 사람.

실수입 實收入 실제 실 / 거둘 수 / 들 입 | 실제의 수입.

실습 實習 실제 실 / 익힐 습 | 실지로 해 보고 익히는 일.

실습생 實習生 실제 실 / 익힐 습 / 날 생 | 이미 배운 이론을 토대로 하여 실습을 하는 학생.

실신 失神 잃을 실 / 귀신 신 | 정신을 잃음.

실심 失心 잃을 실 / 마음 심 | 근심 걱정으로 맥이 빠지고 마음이 산란하여짐.

실어 失語 잃을 실 / 말씀 어 | 말할 수 있는 기능을 잃어 말을 잊어버리거나 바르게 말하지 못함.

실어증 失語症 잃을 실 / 말씀 어 / 증세 증 | 말을 할 수 있는 기능을 잃어버려 말을 제대로 잘 못하는 증상.

실언 失言 잃을 실 / 말씀 언 | 말실수.

❶실업 失業 잃을 실 / 일 업 | 1. 직업을 잃음. 2. 일할 의사와 노동력이 있는 사람이, 일자리를 잃거나 일할 기회를 얻지 못하는 상태.

실업자 失業者 잃을 실 / 일 업 / 사람 자 | 직업이 없는 사람.

실업률 失業率 잃을 실 / 일 업 / 비율 률(율) | 노동할 의사와 능력을 가진 인구 가운데 실업자가 차지하는 비율.

체감 실업률 體感失業率 몸 체 / 느낄 감 / 잃을 실 / 업 업 / 비율 률(율) | 통계청에서 발표한 실업률과 달리 국민들이 직접 몸으로 느끼는 실업률.

실업 수당 失業手當 잃을 실 / 일 업 / 손수 / 마땅 당 | 실업 보험의 규약에 따라 근로자가 실업하였을 때에 지급하는 수당.

❷실업 實業 실제 실 / 일 업 | 농업, 상업, 공업, 수산업과 같은 생산 경제에 관한 사업.

실업가 實業家 실제 실 / 일 업 / 전문가 가 | 상공업이나 금융 따위의 사업을 경영하는 사람.

실업학교 實業學校 실제 실 / 일 업 / 배울 학 / 학교 교 | 실업 교육을 실시하는 중등 교육 기관.

❶실연 失戀 잃을 실 / 그리워할 연(련) | 연애에 실패함.

❷실연 實演 실제 실 / 펼 연 | 실제로 하여 보임.

실온 室溫 집 실 / 따뜻할 온 | 방 안의 온도.

실외 室外 집 실 / 바깥 외 | 방이나 건물의 밖.

실외경기 室外競技 집 실 / 바깥 외 / 다툴 경 / 재주 기 | 실외에서 하는 경기.

실용 實用 실제 실 / 쓸 용 | 실제로 씀. 실질적인 쓸모.

실용문 實用文 실제 실 / 쓸 용 / 글월 문 | 실제 생활의 필요에 따라 쓰는 글. 공문, 통신문, 서간문 따위가 있다.

실용성 實用性 실제 실 / 쓸 용 / 성품 성 | 실제적인 쓸모가 있는 성질이나 특성.

실용주의 實用主義 실제 실 / 쓸 용 / 주인 주 / 뜻 의 | 19세기 후반 이후 미국을 중심으로, 관념이 아니라 실제 생활에 효과가 있는 지식이 진리라고

주장하는 철학. 행동을 중시하며, 제임스, 듀이 등이 대표적이다.

❶실의 實意 실제 실 / 뜻 의 | 진실한 마음.

❷실의 失意 잃을 실 / 뜻 의 | 뜻이나 의욕을 잃음.
※ 예시 | 실의에 빠지다.

❸실의 失儀 잃을 실 / 거동 의 | 예의를 잃음.

실인심 失人心 잃을 실 / 사람 인 / 마음 심 | 남에게 인심을 잃음.

실재 實在 실제 실 / 있을 재 | 실제로 존재함. ↔ 가상(假像).

실재론 實在論 실제 실 / 있을 재 / 논할 론(논) | 철학 인식론에서, 인식의 대상을 사람의 의식이나 주관으로부터 독립하여 존재하는 것으로 보고 이들을 객관적으로 파악하는 것이 참다운 인식이라고 하는 이론.

실적 實績 실제 실 / 길쌈할 적 | 실제로 이룬 업적이나 공적.

❶실전 實戰 실제 실 / 싸움 전 | 실제의 싸움.

❷실전 實傳 실제 실 / 전할 전 | 실제로 전해 내려옴.

❸실전 失傳 잃을 실 / 전할 전 | 묘지나 고적 따위에 관련되어 전해 오던 사실을 알 수 없게 됨.

실절 失節 잃을 실 / 마디 절 | 절개를 지키지 못함.

실점 失點 잃을 실 / 점 점 | 점수를 잃음.

❶실정 實情 실제 실 / 뜻 정 | 실제의 사정이나 정세.

❷실정 失政 잃을 실 / 정사 정 | 정치를 잘못함.

❸실정 實定 실제 실 / 정할 정 | 실제로 정함.

실정법 實定法 실제 실 / 정할 정 / 법 법 | 법률 현실적으로 시행되고 있는 법. 주로 성문법으로 입법기관이 만든 법, 법원의 판례 따위를 들 수 있다.

실제 實際 실제 실 / 즈음 제 | 사실의 경우나 형편. ↔ 가공(架空).

실제적 實際的 실제 실 / 즈음 제 / 과녁 적 | 현실에 바탕을 두거나 현실을 중요하게 여기는.

실족 失足 잃을 실 / 발 족 | 1. 발을 잘못 디딤. 2. 행동을 잘못함.

실존 實存 실제 실 / 있을 존 | 1. 실제로 존재함. 2. 실존철학에서, 개별자로서 자기의 존재를 자각적으로 물으면서 존재하는 인간의 주체적인 상태. ≒ 현존, 실재.

실존주의 實存主義 실제 실 / 있을 존 / 주인 주 / 뜻 의 | 철학 19세기의 합리주의적 관념론이나 실증주의에 반대하여, 개인으로서의 인간의 주체적 존재성을 강조하는 철학. 키르케고르, 니체, 하이데거. 사르트르 등.

실종 失踪 잃을 실 / 자취 종 | 종적을 잃어 간 곳이나 생사를 알 수 없게 됨.

실종자 失踪者 잃을 실 / 자취 종 / 사람 자 | 1. 종적을 잃어 간 곳이나 생사를 알 수 없게 된 사람. 2. 소재 및 생사를 알 수 없어 법원에서 실종선고를 받은 사람.

실종신고 失踪申告 잃을 실 / 자취 종 / 거듭 신 / 고

할고 | 실종된 사실을 관공서에 알리는 일.

실종선고 失踪宣告 잃을 실 / 자취 종 / 베풀 선 / 고할고 | 법률 부재자의 생사를 알 수 없는 상태가 계속된 경우에, 이해관계인의 청구에 의하여 사망한 것으로 간주하는 법원의 선고. 현행 민법에서 실종은 5년, 특별실종은 1년의 실종 기간을 요한다.

실증 實證 실제 실 / 증거 증 | 확실한 증거. 실제로 증명함.

실증적 實證的 실제 실 / 증거 증 / 과녁 적 | 사고에 의하여 논증하는 것이 아니고, 경험적 사실의 관찰과 실험에 따라 증명하는.

실증론 實證論 실제 실 / 증거 증 / 논할 론(논) | 철학 경험적 사실을 기초 삼아서 현실을 해석하는 철학. 우리는 현상 배후에 있는 본질을 알 수가 없고, 다만 관찰과 실험에 의하여 현상 사이에 있는 관계만을 알 분이라는 주장. 프랑스의 철학자 콩트가 주장하였다.

❶**실지 實地** 실제 실 / 땅 지 | 실제의 처지나 경우.

실지연습 實地演習 실제 실 / 땅 지 / 펼 연 / 익힐 습 | 실제로 하는 연습.

❷**실지 失地** 잃을 실 / 땅 지 | 1. 빼앗겨 잃어버린 땅. 2. 잃어버린 자기의 세력 범위를 비유함.

실지회복 失地回復 잃을 실 / 땅 지 / 돌아올 회 / 회복할 복 | 1. 잃은 땅을 다시 찾는 일. 2. 다른 나라에 빼앗긴 땅을 도로 찾는 일.

실직 失職 잃을 실 / 직분 직 | 직업을 잃음.

실직자 失職者 잃을 실 / 직분 직 / 사람 자 | 직업을 잃은 사람.

실질 實質 실제 실 / 바탕 질 | 실제로 있는 본바탕. ↔ 명목(名目).

실질소득 實質所得 실제 실 / 바탕 질 / 바 소 / 얻을 득 | 생활 수단으로 나타낸 주민의 일체 소득.

실책 失策 잃을 실 / 꾀 책 | 잘못된 계책.

실천 實踐 실제 실 / 밟을 천 | 생각한 바를 실제로 행함

실천이성 實踐理性 실제 실 / 밟을 천 / 다스릴 이 (리) / 성품 성 | 철학 칸트 철학의 기본 개념으로, 도덕적인 실천의 의지를 규정하는 이성.

실천이성의 우위 實踐理性의優位 실제 실 / 밟을 천 / 다스릴 이(리) / 성품 성 / 넉넉할 우 / 자리 위 | 철학 칸트가 인간 이성의 적극적 역할을 인정하기 위하여 사용한 용어. 이론이성이 유한적이고 현상계에 관한 것에 지나지 않는 데 비하여, 실천이성은 물자체(物自體)의 본체계에 관여하고 자유나 신과 같은 형이상학적 이념도 실천이성 안에서 그 존재를 확립할 수 있기 때문에, 이론이성이 미치지 못하는 우위성을 가진다고 하였다.

실천명령 實踐命令 실제 실 / 밟을 천 / 목숨 명 / 하여금 령(영) | 철학 칸트 철학에서, 행위의 결과에 구애됨이 없이 행위 그것 자체가 선(善)이기 때문에 무조건 그 수행이 요구되는 도덕적 정언명령.

실천윤리 實踐倫理 실제 실 / 밟을 천 / 인륜 윤(륜) / 다스릴 리(이) | 도덕 원리를 응용하고 실천하는 일을 연구하는 학문.

실천궁행 實踐躬行 실제 실/밟을 천/몸 궁/행할 행| 실제로 몸소 이행함.

실체 實體 실제 실/몸 체| 실제의 물체.

실체적 實體的 실제 실/몸 체/과녁 적| 실체를 갖추고 있는.

실체론 實體論 실제 실/몸 체/논할 론(논)| 철학 존재론. 존재의 근본적·보편적인 모든 규정을 연구하는 학문.

실총 失寵 잃을 실/사랑할 총| 총애를 잃음.

실총하다 失寵하다 잃을 실/사랑할 총| 총애를 잃다.

실추 失墜 잃을 실/떨어질 추| 떨어뜨리거나 잃음. ※ 예시: 실추된 명예.

실측하다 實測하다 실제 실/헤아릴 측| 실지로 측량하다.

실측가 實測價 실제 실/헤아릴 측/값 가| 실지로 측량한 값.

실탄 實彈 실제 실/탄알 탄| 실제로 쏘아서 효력을 나타내는 탄알.

실태 實態 실제 실/모습 태| 실제의 상태나 형편.

실토 實吐 실제 실/토할 토| 거짓 없이 사실대로 다 말함.

실토하다 實吐하다 실제 실/토할 토| 거짓 없이 사실대로 다 말하다. ≒ 자백하다./↔ 은폐하다.

실토정하다 實吐情하다 실제 실/토할 토/뜻 정|

사정이나 심정을 솔직하게 말하다.

실투 失投 잃을 실/던질 투| 야구에서, 투수나 수비가 공을 잘못 던짐.

실패 失敗 잃을 실/패할 패| 일을 잘못하여 그르침.

실패작 失敗作 잃을 실/패할 패/지을 작| 일을 잘못하여 그르친 작품.

실하다 實하다 실제 실| 실속 있고 넉넉하다.

실학 實學 실제 실/배울 학| 실제로 소용되는 학문.

실학파 實學派 실제 실/배울 학| 역사 조선 시대에, 실생활의 유익을 목표로 한 새로운 학풍. 17세기부터 18세기까지 융성하였으며, 실사구시와 이용후생, 기술의 존중과 국민 경제생활의 향상에 대하여 연구하였다.

실행 實行 실제 실/다닐 행| 실제로 행함.

실행가 實行家 실제 실/다닐 행/집 가| 생각하고 있는 것을 곧 실천하는 사람.

실향 失鄕 잃을 실/시골 향| 고향을 잃거나 빼앗김.

실향민 失鄕民 잃을 실/시골 향/백성 민| 고향을 잃고 타향에서 지내는 사람.

실험 實驗 실제 실/시험 험| 1. 실제로 해 봄. 2. 새로운 방법이나 형식을 사용해 봄. 3. 과학에서, 이론이나 현상을 관찰하고 측정함.

실험적 實驗的 실제 실/시험 험/과녁 적| 1. 과정

이나 결과를 실지로 관찰하고 측정하는. 2. 새로운 방법이나 형식을 시험 삼아 해 보는.

실험과학 實驗科學 실제 실 / 시험 험 / 과목 과 / 배울 학 | 일정한 조건 아래서 변화를 일으키게 하고 그 현상을 관찰·측정하는 방법을 주로 사용하여 법칙을 찾아내는 과학. 수학이나 천문학 따위를 뺀 대부분의 자연과학과 심리학이 이에 속한다.

실험주의 實驗主義 실제 실 / 시험 험 / 주인 주 / 뜻 의 | 진리를 구체적인 경험에 입각하여 추구하려는 태도.

실현 實現 실제 실 / 나타날 현 | 꿈, 기대 따위를 실제로 이룸.

실현화 實現化 실제 실 / 나타날 현 / 될 화 | 실제로 나타나게 됨.

실형 實刑 실제 실 / 형벌 형 | 법률 법원의 선고를 받아 실제로 형벌이 집행됨.

❶실화 實話 실제 실 / 말씀 화 | 실제로 있는 이야기.

❷실화 失火 잃을 실 / 불 화 | 실수하여 불을 냄.

❸실화 實貨 실제 실 / 재물 화 | 경제 금 본위국에서의 금화나 은 본위국에서의 은화와 같이, 표시된 가치와 그 자체의 가치가 일치하는 화폐.

실황 實況 실제 실 / 상황 황 | 실제의 상황. 늑 실정, 실상, 실태.

❶실효 失效 잃을 실 / 효과 효 | 효력을 잃음.

❷실효 實效 실제 실 / 효과 효 | 실제로 나타나는 효과.

실효성 實效性 실제 실 / 효과 효 / 성품 성 | 실제로 효과를 나타내는 성질.

실효적 지배 實效的支配 실제 실 / 효과 효 / 과녁 적 / 지탱할 지 / 나눌 배 | 국가가 토지를 유효하게 점유하고 통치하여 지배권을 실제적으로 확립하는 일. ※ 참조: 독도의 실효적 지배.

심각하다 深刻하다 깊을 심 / 새길 각 | 1. 상태나 정도가 매우 깊고 중대하다. 2. 절박함이 있다.

심겁 心怯 마음 심 / 겁낼 겁 | 마음이 약하여 사소한 일에도 겁이 많음.

❶심경 心境 마음 심 / 지경 경 | 마음의 상태. 늑 심정.

❷심경 心鏡 마음 심 / 거울 경 | 1. 마음의 거울. 2. 맑고 밝은 마음.

❸심경 深更 깊을 심 / 고칠 경 | 깊은 밤.

❹심경 深耕 깊을 심 / 밭갈 경 | 땅을 깊이 가는 일.

❶심곡 深谷 깊을 심 / 골 곡 | 깊은 골짜기.

❷심곡 心曲 마음 심 / 굽을 곡 | 여러 가지로 생각하는 마음의 깊은 속. 흔히 간절하고 애틋한 마음을 이른다.

❶심교 心交 마음 심 / 사귈 교 | 마음을 터놓고 사귀는 벗.

❷심교 深交 깊을 심 / 사귈 교 | 깊게 사귐. 또는 그런 교제

❶심구 尋究 찾을 심 / 연구할 구 | 찾아서 밝힘.

❷심구 審究 살필 심 / 연구할 구 | 자세히 연구함.

❸심구 深究 깊을 심 / 연구할 구 | 깊이 연구함.

심구하다 深究하다 깊을 심 / 연구할 구 | 깊이 연구하다.

심근성 深根性 깊을 심 / 뿌리 근 / 성품 성 | 뿌리가 땅속 깊이 뻗어 가는 성질.

심금 心琴 마음 심 / 거문고 금 | 거문고처럼 외부의 자극에 따라 미묘하게 움직이는 마음. ※ 예시: 심금을 울리다. (마음을 울리다. 감동 받다.)

❶심기 心氣 마음 심 / 기운 기 | 마음으로 느끼는 기분.

❷심기 心機 마음 심 / 틀 기 | 마음의 움직임.

심기일전 心機一轉 마음 심 / 틀 기 / 한 일 / 구를 전 | 어떤 동기가 있어 이제까지 가졌던 마음가짐을 버리고 완전히 달라짐.

심난하다 甚難하다 심할 심 / 어려울 난 | 매우 어렵다.

심대하다 甚大하다 심할 심 / 클 대 | 매우 크다.

심덕 心德 마음 심 / 클 덕 | 마음을 쓰는 데서 나타나는 덕.

❶심도 深到 깊을 심 / 이를 도 | 1. 깊은 곳에 닿음. 2. 심오한 도리를 깨침.

❷심도 深度 깊을 심 / 법도 도 | 깊이. 깊은 정도.

❶심동 深冬 깊을 심 / 겨울 동 | 추위가 한창인 겨울.

❷심동 心動 마음 심 / 움직일 동 | 마음이 움직임.

❶심득 心得 마음 심 / 얻을 득 | 마음 깊이 깨달음.

심득하다 心得하다 마음 심 / 얻을 득 | 마음 깊이 깨닫다.

❷심득 深得 깊을 심 / 얻을 득 | 깊이 체험하여 진리를 알아냄.

심득하다 深得하다 깊을 심 / 얻을 득 | 깊이 체험하여 진리를 알아내다.

심란하다 心亂하다 마음 심 / 어지러울 란(난) | 마음이 산란하다. 마음이 어수선하다.

심량 深諒 깊을 심 / 살펴 알 량(양) | 사정을 깊이 헤아림.

심려 心慮 마음 심 / 생각할 려(여) | 마음속으로 걱정함. ※ 예시 : 심려를 끼쳐드려 죄송합니다.

심려하다 心慮하다 마음 심 / 생각할 려(여) | 마음속으로 걱정하다.

심령 心靈 마음 심 / 신령 령(영) | 정신의 근원이 되는 의식의 본바탕.

심로 心勞 마음 심 / 일할 로(노) | 마음을 수고스럽게 씀.

❶심리 心理 마음 심 / 다스릴 리(이) | 1. 마음의 작용과 의식의 상태. 2. 물체의 의식 현상과 행동을 연구하는 학문. 예전에는 형이상학 안에 포함하였으나 오늘날에는 실험 과학의 경향을 띠

고 있다

심리묘사 心理描寫 마음 심 / 다스릴 리(이) / 그릴 묘 / 베낄 사 | 소설 따위에서, 작중 인물의 심리 상태나 심리의 변화를 그려 내는 일.

심리소설 心理小說 마음 심 / 다스릴 리(이) / 작을 소 / 말씀 설 | 작중 인물의 심리 상태와 심리적 추이를 분석하고 묘사하는 소설. ※ 참조: 이상 의 〈날개〉.

심리적 욕구 心理的欲求 마음 심 / 다스릴 리(이) / 과녁 적 / 하고자 할 욕 / 구할 구 | 생명의 유지와 는 무관하게 인격적으로나 사회적으로 갖는 욕 구. 애정, 안정감, 소속, 인정, 성취욕 따위이 다.

심리학 心理學 마음 심 / 다스릴 리(이) / 배울 학 | 인간과 동물의 행동과 심리 현상을 연구하는 학문.

심리전 心理戰 마음 심 / 다스릴 리(이) / 싸움 전 | 심리전쟁. 군사적 적대 행위 없이 상대방 국민 에게 심리적인 자극과 압박을 주어 자기 나라 의 정치·군사 면에 유리하도록 이끄는 전쟁.

❷심리 審理 살필 심 / 다스릴 리(이) | [법률] 법관 이 판결에 필요한 사실관계 및 법률관계를 조 사하는 일.

심리하다 審理하다 살필 심 / 다스릴 리(이) | 1. 사 실을 자세히 조사하여 처리하다. 2. [법률] 법 관이 판결에 필요한 사실관계 및 법률관계를 조사하다.

심모 深謀 깊을 심 / 꾀할 모 | 깊이 꾀하는 일.

심모원려 深謀遠慮 깊을 심 / 꾀할 모 / 멀 원 / 생각

할 려 | 깊은 꾀와 먼 장래를 내다보는 생각.

심문 審問 살필 심 / 묻다 문 | 자세히 따져서 물음.

심미 審美 살필 심 / 아름다울 미 | 아름다움을 살펴 찾음. ≒ 탐미.

심미적 審美的 살필 심 / 아름다울 미 / 과녁 적 | 아 름다움을 찾으려는.

심미안 審美眼 살필 심 / 아름다울 미 / 눈 안 | 아름 다움을 살펴 찾는 안목.

심미주의 審美主義 살필 심 / 아름다울 미 / 주인 주 / 뜻 의 | 아름다움을 최고의 가치로 여겨 이를 추구하는 문예 사조. 19세기 후반 영국을 비롯 한 유럽에서 나타났으며, 페이터, 보들레르, 오 스카 와일드 등이 대표적 인물이다. = 유미주 의, 탐미주의.

심방 尋訪 찾을 심 / 찾을 방 | 방문하여 찾아봄.

심법 心法 마음 심 / 법 법 | 마음을 쓰는 법.

❶심복 心腹 마음 심 / 배 복 | 1. 배와 가슴을 아울 러 이르는 말. 2. 마음 놓고 일을 맡길 수 있는 사람. ≒ 복심(腹心).

❷심복 心服 마음 심 / 옷 복 | 마음속으로 기뻐하며 성심을 다하여 순종함.

심열성복 心悅誠服 마음 심 / 기쁠 열 / 정성 성 / 옷 복 | 마음속으로 기뻐하며 성심을 다하여 순종 함.

❶심부 深部 깊을 심 / 떼 부 | 깊은 부분.

❷심부 心府 마음 심 / 마을 부 | 마음. 마음이 있는

곳.

❶심사 審査 살필 심 / 조사할 사 | 자세하게 조사하여 결정함.

❷심사 心思 마음 심 / 생각 사 | 마음. 가지 마음의 작용.

❸심사 深思 깊을 심 / 생각 사 | 깊이 생각함.

심사숙고 深思熟考 깊을 심 / 생각 사 / 익을 숙 / 생각 고 | 깊이 잘 생각함.

❶심산 心算 마음 심 / 셈 산 | 마음속으로 하는 궁리나 계획. ≒ 속셈.

❷심산 深山 깊을 심 / 산 산 | 깊은 산.

심산계곡 深山溪谷 깊을 심 / 산 산 / 시내 계 / 골 곡 | 깊은 산속의 골짜기.

심산유곡 深山幽谷 깊을 심 / 산 산 / 그윽할 유 / 골 곡 | 깊은 산속의 으슥한 골짜기.

심산맹호 深山猛虎 깊을 심 / 산 산 / 사나울 맹 / 범 호 | 깊은 산속의 사나운 범이라는 뜻으로, 매우 사나운 위세나 그런 위세를 가진 사람.

❶심상 心象/心像 마음 심 / 모양 상 | 마음에 그리는 표상. ≒ 이미지. ※ 심상에는 시각적, 청각적, 후각적, 미각적, 촉각적 심상이 있으며, 둘 이상의 심상을 함께 느끼는 공감각적(共感覺的) 심상이 있다.

❷심상 心想 마음 심 / 생각 상 | 마음속의 생각.

❸심상 心相 마음 심 / 서로 상 | 마음씨. 마음의 바탕.

❹심상 心狀 마음 심 / 형상 상 | 마음의 상태.

❺심상 心傷 마음 심 / 다칠 상 | 마음이 상함. ≒ 상심.

❻심상 尋常 찾을 심 / 떳떳할 상 | 예사로움.

심상하다 尋常하다 찾을 심 / 떳떳할 상 | 대수롭지 않고 예사롭다. ≒ 평범하다, 범상하다.

심상히 尋常히 찾을 심 / 떳떳할 상 | 대수롭지 않게.

❶심성 心性 마음 심 / 성품 성 | 타고난 마음씨. ≒ 심보.

❷심성 心誠 마음 심 / 정성 성 | 정성스러운 마음.

❸심성 深省 깊을 심 / 살필 성 | 깊이 반성함.

심신 心身 마음 심 / 몸 신 | 마음과 몸.

심신상관 心身相關 마음 심 / 몸 신 / 서로 상 / 관계할 관 | 마음의 움직임이 생명 활동과 서로 밀접한 관계에 있다고 보는 이론. 기쁨이나 노여움을 느끼면 신체에도 그것에 대응하는 상태가 나타남을 이른다.

심신피로 心身疲勞 마음 심 / 몸 신 / 피곤할 피 / 일할 로(노) | 마음과 몸이 피로한 상태.

심심상인 心心相印 마음 심 / - / 서로 상 / 새길 인 | 마음에서 마음으로 통함. 말없이 마음에서 마음으로 뜻을 전함. ※ 참조: 이심전심(以心傳心).

심심 深深 깊을 심 | 깊고 깊음.

심심산천 深深山川 깊을 심 / 산 산 / 내 천 | 깊고 깊은 산천.

심악하다 甚惡하다 심할 심 / 악할 악 | 몹시 나쁘다.

❶**심약하다** 心弱하다 마음 심 / 약할 약 | 마음이 여리고 약하다.

❷**심약하다** 心約하다 마음 심 / 맺을 약 | 마음속으로 약속하다.

심안 心眼 마음 심 / 눈 안 | 사물을 살펴 분별하는 능력.

심야 深夜 깊을 심 / 밤 야 | 깊은 밤.

심양왕 瀋陽王 즙낼 심 / 볕 양 / 임금 왕 | 역사 고려 말엽에 중국 원나라에서 고려의 세력을 견제하려고 심양(瀋陽)에 인질로 둔 고려의 임금. 고려 충선왕이 그 시초이며 뒤에 심왕으로 고쳤다.

심연 深淵 깊을 심 / 못 연 | 1. 깊은 못. 2. 뛰어넘을 수 없는 깊은 간격을 비유.

심오하다 深奧하다 깊을 심 / 깊을 오 | 깊이가 있고 오묘하다.

❶**심우** 心友 마음 심 / 벗 우 | 서로 마음을 잘 아는 벗.

❷**심우도** 尋牛圖 찾을 심 / 소 우 / 그림 도 | 불교 불교의 선종에서, 본성을 찾아 수행하는 단계를 동자나 스님이 소를 찾는 것에 비유해서 그린 불화. 열 단계의 수행 단계를 소를 찾는 과정으로 비유하여 그렸다. ≒ 십우도.

❶**심원** 心願 마음 심 / 원할 원 | 마음으로 바람.

❷**심원** 深遠 깊을 심 / 멀 원 | 헤아리기 어려울 만큼 매우 깊음.

심원하다 深遠하다 깊을 심 / 멀 원 | 헤아리기 어려울 만큼 매우 깊다.

심원법 深遠法 깊을 심 / 멀 원 / 법 법 | 산수화에서, 산의 바로 앞에서 그 산의 뒤를 넘겨다보는 식으로 그리는 기법. 산수화 원근법 가운데 하나로, 중첩된 산세를 표현할 수 있다.

❸**심원하다** 甚遠하다 심할 심 / 멀 원 | 매우 멀다.

심의 審議 살필 심 / 의논할 의 | 심사하고 토의함.

❶**심인** 尋人 찾을 심 / 사람 인 | 사람을 찾음.

심인광고 尋人廣告 찾을 심 / 사람 인 / 넓을 광 / 알릴 고 | 사람을 찾는 광고.

❷**심인** 心因 마음 심 / 인할 인 | 정신적·심리적인 원인.

심인성 반응 心因性反應 마음 심 / 인할 인 / 성품 성 / 돌이킬 반 / 응할 응 | 의학 정신적·심리적 원인으로 일어나는 정신 장애. 증상에 따라 망상증, 히스테리 반응 따위가 있다.

❸**심인** 心印 마음 심 / 도장 인 | 불교 선가에서, 글이나 말로 나타낼 수 없는 내심의 깨달음을 이르는 말.

❶**심장** 心臟 마음 심 / 오장 장 | 1. 생물 주기적인 수축에 의하여 혈액을 몸 전체로 보내는, 순환계통의 중심기관. 사람의 경우에는 가슴 왼쪽에 자리하고 있다. 2. 사물의 중심이 되는 곳을 비유함. ※ 예시 | 엔진은 자동차의 심장이다. 3. 마음을 비유함.

심장이식 心臟移植 마음 심 / 오장 장 / 옮길 이 / 심을 식 | 의학 다른 사람의 건강한 심장이나 인공 심장을 환자에게 이식하는 수술.

❷**심장하다 深藏**하다 깊을 심 / 감출 장 | 물건 따위를 깊이 감추어 두다.

심저 心底 마음 심 / 밑 저 | 마음의 밑바닥.

심적 心的 마음 심 / 과녁 적 | 마음과 관련된 것.

심적 결정론 心的決定論 마음 심 / 과녁 적 / 결단할 결 / 정할 정 / 논할 론(논) | 심리 프로이트 심리학서, 모든 정신 현상은 물리 현상과 마찬가지로 인과 관계에 의하여 결정된다는 이론.

심정 心情 마음 심 / 뜻 정 | 마음속에 품고 있는 생각이나 감정. = 마음씨.

심중 心中 마음 심 / 가운데 중 | 마음의 속.

심즉리 心卽理 마음 심 / 곧 즉 / 다스릴 리(이) | 주자의 성즉리(**性卽理**)에 대하여, 사람의 마음과 도리는 다른 것이 아니고 같은 것이라는 양명학의 근본 주장.

심증 心證 마음 심 / 증거 증 | 1. 마음에 느끼는 인상. 2. 법률 재판의 기초인 사실 관계에 대하여 법관의 주관적 인식이나 확신.

❶**심지 心志** 마음 심 / 뜻 지 | 마음에 품은 의지.

❷**심지 心地** 마음 심 / 땅 지 | 마음의 본바탕.

❸**심지 心**지 마음 심 | 등잔, 남포등, 초 따위에 형겊을 꼬아서 꽂고 불을 붙이게 된 물건.

심지어 甚至於 심할 심 / 이를 지 / 어조사 어 | 더욱

심하다 못하여 나중에는. ≒ 더더욱, 하물며.

심처 深處 깊을 심 / 곳 처 | 깊숙한 곳.

심천회유 深淺回游 깊을 심 / 얕을 천 / 돌아올 회 / 놀 유 | 봄·여름에는 연안의 얕은 곳으로 이동하고, 가을·겨울에는 깊은 곳으로 이동하는 물고기의 행동.

심취 心醉 마음 심 / 취할 취 | 어떤 일에 깊이 빠져 마음을 빼앗김. ≒ 도취, 매료.

심층 深層 깊을 심 / 층 층 | 사물의 속이나 밑에 있는 깊은 층.

심층구조 深層構造 깊을 심 / 층 층 / 얽을 구 / 지을 조 | 문법 변형 생성 문법에서, 한 문장의 생성을 밑받침하고 있는 내부적인 특성.

심층 심리학 深層心理學 깊을 심 / 층 층 / 마음 심 / 다스릴 리(이) / 배울 학 | 심리 정신 분석의 입장에서, 의식에 떠오르지 않는 정신 활동인 무의식을 연구하는 심리학.

❶**심통 心通** 마음 심 / 통할 통 | 마음속으로 느껴 뜻이 통함.

❷**심통 心痛** 마음 심 / 아플 통 | 마음이 아픔.

❸**심통 深痛** 깊을 심 / 아플 통 | 1. 몹시 아파함. 2. 몹시 슬퍼함.

❹**심통 心**통 마음 심 | 마땅치 않게 여기는 나쁜 마음.

심판 審判 살필 심 / 판단할 판 | 어떤 문제에 대하여 잘잘못을 가려 판단을 내리는 일.

심판관 審判官 살필 심 / 판단할 판 / 벼슬 관 | 심판을 하는 사람.

심판관의 기피 審判官의忌避 살필 심 / 판단할 판 / 벼슬 관 / 꺼릴 기 / 피할 피 | (법률) 심판관에게 심판의 공정을 기대하기 어려운 사정이 있을 때에 당사자 또는 참가인의 신청에 의하여 심판관이 직무에서 제외되는 일.

❶심폐 深弊 깊을 심 / 폐단 폐 | 매우 폐가 되는 일. 또는 심한 폐단.

❷심폐 心肺 마음 심 / 허파 폐 | 심장과 폐.

심포 心包 마음 심 / 쌀 포 | 염통주머니. 심장의 바깥막. 심장을 보호하고 심장의 기능을 돕는다.

심하다 甚하다 심할 심 | 정도가 지나치다.

심학 心學 마음 심 / 배울 학 | 1. 마음으로부터 배움. 2. 육상산·왕양명의 양명학 계통. 마음을 우주 만물의 근본으로 보아, 마음을 수양하고 실천에 의하여 성인에 가까워지려는 사상이다.

심해 深海 깊을 심 / 바다 해 | 깊은 바다. 보통 수심이 200미터 이상이 되는 곳을 이른다.

심해어 深海魚 깊을 심 / 바다 해 / 물고기 어 | 수심 200미터 이상의 깊은 바다에 사는 어류. 연약하고 탄성이 있는 뼈와 근육, 발광기, 퇴화한 눈이 특징이다.

심혈 心血 마음 심 / 피 혈 | 심장의 피.

심호흡 深呼吸 깊을 심 / 부를 호 / 마실 흡 | 허파 속에 공기가 많이 드나들도록 깊이 숨 쉬는 일.

심혼 心魂 마음 심 / 넋 혼 | 마음과 혼.

심홍 深紅 깊을 심 / 붉을 홍 | 아주 짙은 다홍색.

❶심화 深化 깊을 심 / 되다 화 | 깊어짐. 점점 깊어짐.

❷심화 心火 마음 심 / 불 화 | 마음속에서 북받쳐 나는 화.

심화병 心火病 마음 심 / 불 화 / 병 병 | 마음속의 울화로 몸과 마음이 답답하고 열이 높아지는 병.

심회 心懷 마음 심 / 품을 회 | 마음속에 품고 있는 생각이나 느낌.

심흉 心胸 마음 심 / 가슴 흉 | 1. 가슴속 2. 가슴 깊이 간직한 마음.

십간 十干 열 십 / 방패 간 | 천간. 갑을병정무기경신임계(甲乙丙丁戊己庚辛壬癸)의 10개의 천간이다.

십이지 十二支 열 십 / 두 이 / 지탱할 지 | 자축인묘진사오미신유술해(子丑寅卯辰巳午未申酉戌亥)의 12의 지지이다.

십이지신 十二支神 열 십 / 두 이 / 지탱할 지 / 귀신 신 | (민속) 땅을 지키는 열두 수호신. 열두 마리의 동물, 즉 쥐, 소, 호랑이, 토끼, 용, 뱀, 말, 양, 원숭이, 닭, 개, 돼지로 상징된다.

십년감수 十年減壽 열 십 / 해 년(연) / 덜 감 / 목숨 수 | 수명이 십 년이나 줄 정도로 위험한 고비를 겪음.

십년지계 十年之計 열 십 / 해 년(연) / 갈 지 / 셀 계 | 앞으로 십 년을 내다보고 세우는 계획. ※ 예시

| 나무를 심는 것은 십년지계이고, 사람을 교육시키는 것은 백년지계이다

십년지기 十年知己 열 십 / 해 년(연) / 알 지 / 몸 기 | 오래전부터 친히 사귀어 잘 아는 사람.

십리 十里 열 십 / 마을 리(이) | 보통 4km 정도의 거리.

십분 十分 열 십 / 나눌 분 | 아주 충분히. ※ 예시 | 십분 발휘해서.

십상 十常 열 십 / 떳떳할 상 | 십상팔구(열에 아홉)의 준말. 거의. 대부분.

십시일반 十匙一飯 열 십 / 숟가락 시 / 하나 일 / 밥 반 | 밥 열 숟가락을 모아서 한 그릇이 된다. 여러 사람이 조금씩 힘을 합하면 한 사람을 돕기 쉬움.

십인십색 十人十色 열 십 / 사람 인 / 빛 색 | 열 사람의 열 가지 색이라는 뜻으로, 사람의 모습이나 생각이 저마다 다름.

십일조 十一條 열 십 / 한 일 / 가지 조 | 〔기독교〕 신자가 수입의 10분의 1을 교회에 바치는 것.

십자로 十字路 열 십 / 글자 자 / 길 로(노) | 길이 네 방향으로 갈라져 나간 곳. ≒ 교차로, 네거리, 사거리.

십자성 十字星 열 십 / 글자 자 / 별 성 | 남쪽 하늘에 '十' 자 모양으로 보이는 별.

십자포화 十字砲火 열 십 / 글자 자 / 대포 포 / 불 화 | 〔군사〕 앞뒤 양옆에서 쏘아서 교차되어 떨어지는 포탄.

십장생 十長生 열 십 / 길 장 / 날 생 | 오래도록 살고 죽지 않는다는 열 가지. 해, 산, 물, 돌, 구름, 소나무, 불로초, 거북, 학, 사슴이다.

십중팔구 十中八九 열 십 / 가운데 중 / 여덟 팔 / 아홉 구 | 거의 대부분. 열 가운데 여덟이나 아홉 정도로 거의 대부분.

십벌지목 十伐之木 열 십 / 베다 벌 / 어조사 지 / 나무 목 | 열 번 찍어 베는 나무라는 뜻으로, 어떤 어려운 일이라도 노력을 많이 하면 이룰 수 있다는 말. ※ 참조: 열 번 찍어 안 넘어가는 나무가 없다.

쌍륜차 雙輪車 두 쌍 / 바퀴 륜(윤) / 수레 차 | 바퀴가 둘이 달린 수레.

▶ **쌍무 雙務** 두 쌍 / 힘쓸 무 | 계약 당사자 양쪽이 서로 지는 의무.

쌍무계약 雙務契約 두 쌍 / 힘쓸 무 / 맺을 계 / 맺을 약 | 계약 당사자가 서로 의무를 부담하는 계약. 매매, 임대차, 고용 따위의 계약이다.

▶ **쌍방 雙方** 두 쌍 / 모 방 | 이쪽과 저쪽 또는 이편과 저편을 아울러 이르는 말. ≒ 양방, 서로.

쌍방행위 雙方行爲 두 쌍 / 모 방 / 다닐 행 / 할 위 | 당사자들의 뜻이 일치하여 성립하는 법률 행위.

쌍방향 雙方向 짝 쌍 / 모날 방 / 향할 향 | 서로를 바라보는 방향. ≒ 양방향 ↔ 일방향.

쌍벽 雙璧 두 쌍 / 구슬 벽 | 1. 두 개의 구슬. 2. 여럿 가운데 특별히 뛰어난, 우열을 가리기 어려운 둘을 비유함.

쌍벌죄 雙罰罪 두 쌍 / 벌할 벌 / 허물 죄 | 어떤 행위에

관련되어 있는 양쪽 당사자를 모두 처벌하는 범죄. 뇌물죄 따위이다.

쌍봉낙타 雙峯駱駝 두 쌍 / 봉우리 봉 / 낙타 낙(락) / 낙타 타| 등에 혹이 둘인 낙타과의 하나.

쌍생아 雙生兒 두 쌍 / 날 생 / 아이 아| 한 어머니에게서 한꺼번에 태어난 두 아이.

쌍성 雙星 두 쌍 / 별 성| 두 개 이상의 별들이 서로의 인력에 의해서 공통 무게중심의 주위를 공전하고 있는 항성. 밝은 별을 주성(**主星**), 어두운 별을 동반성이라 한다.

쌍수 雙手 두 쌍 / 손 수| 오른쪽과 왼쪽의 두 손.

쌍심지 雙心지 두 쌍 / 마음 심| 한 등잔에 있는 두 개의 심지.

쌍쌍이 雙雙이 두 쌍| 둘씩 쌍을 지은 모양.

쌍안경 雙眼鏡 두 쌍 / 눈 안 / 거울 경| 두 개의 망원경 광축을 나란히 붙여, 두 눈으로 동시에 먼 거리의 물체를 확대하여 바라볼 수 있게 한 망원경.

쌍영총 雙楹冢 두 쌍 / 기둥 영 / 무덤 총| 역사 평안남도 남포시 용강군에 있는 고구려 고분. 두 방의 중간 통로 좌우에 팔각형의 돌기둥이 한 쌍 세워져 있어서, 쌍영총이란 이름이 붙었다.

씨족 氏族 각시 씨 / 겨레 족| 공동의 조상을 가진 혈연 공동체. 원시사회에서 흔히 찾아볼 수 있는 부족사회의 기초 단위로서, 대개 족외혼의 관습에 의하여 유지된다.

씨족내혼 氏族內婚 각시 씨 / 겨레 족 / 안 내 / 혼인할 혼| 같은 씨족 안에서 배우자를 구하는 혼인 형식.

씨족제도 氏族制度 각시 씨 / 겨레 족 / 절제할 제 / 법도 도| 원시 시대에, 씨족을 중심으로 하여 성립된 사회 제도.

아교질 阿膠質 언덕 아 / 아교 교 / 바탕 질 | 아교처럼 끈적끈적한 성질.

❶아국 我國 나 아 / 나라 국 | 우리의 나라. ≒ 아방, 우리나라.

❷아국 俄國 아까 아 / 나라 국 | '러시아'의 음역어.

아관파천 俄館播遷 아까 아 / 집 관 / 뿌릴 파 / 옮길 천 | 역사 1896년 2월 11일부터 1897년 2월 20일까지 친러 세력에 의하여 고종이 러시아 공사관으로 옮겨서 거처한 사건.

아군 我軍 나 아 / 군사 군 | 우리 편 군대.

아군기 我軍機 나 아 / 군사 군 | 우군의 비행기.

아담하다 雅淡/雅澹하다 맑을 아 / 맑을 담 | 1. 적당히 자그마하다. 2. 고상하면서 담백하다.

아동 兒童 아이 아 / 아이 동 | 나이가 적은 아이.

아동기 兒童期 아이 아 / 아이 동 / 기약할 기 | 유년기와 청년기의 중간에 해당되는 6~13세의 시기. 후기에는 추상적인 사고가 가능해져서 지적 발달이 두드러지게 나타나며, 집단적인 행동을 함으로써 사회성도 증가된다.

아동문학 兒童文學 아이 아 / 아이 동 / 글월 문 / 배울 학 | 어린이를 대상으로 창작한 문학. 동요, 동시, 동화, 아동극 따위이다.

아동복지 兒童福祉 아이 아 / 아이 동 / 복 복 / 복지 | 모든 어린이가 건전하게 태어나 행복하고 건강하게 자랄 수 있도록 생활환경을 갖추어 주는 일.

❶아랑 餓狼 주릴 아 / 이리 랑(낭) | '굶주린 이리'라는 뜻으로, 무엇에나 탐을 내는 사람.

❷아랑 전설 阿娘傳說 언덕 아 / 여자 랑 / 전할 전 / 말씀 설 | 문학 밀양 부사의 딸이었던 아랑에 얽힌 전설. 경상남도 밀양 영남루에 전해 내려온다.

아량 雅量 우아할 아 / 헤아릴 량 | 너그럽고 속이 깊은 마음씨.

아류 亞流 둘째 아 / 갈래 류 | 1. 둘째가는 것. 2. 독창성이 없이 남을 모방하는 것.

아명 兒名 아이 아 / 이름 명 | 아이 때의 이름.

아미 蛾眉 나방 아 / 눈썹 미 | 누에나방의 눈썹이라는 뜻으로, 가늘고 길게 굽어진 아름다운 미인의 눈썹을 이르는 말.

아방 我方 나 아 / 모 방 | 우리 쪽. 또는 우리 편의 사람.

아방궁 阿房宮 언덕 아 / 방 방 / 집 궁 | 역사 중국 진나라 시황제가 서안에 세운 호화로운 궁전. 지나치게 크고 화려한 집을 비유.

아부 阿附 언덕 아 / 붙을 부 | 남의 비위를 맞추어 알랑거림.

아비규환 阿鼻叫喚 언덕 아 / 코 비 / 부르짖을 규 / 부를 환 | 아비지옥과 규환지옥. 여러 사람이 비참한 지경에 빠져 울부짖는 참상을 비유함.

아사자 餓死者 주릴 아 / 죽을 사 / 사람 자 | 굶어 죽

은 사람.

아상 我相 나 아 / 서로 상 | 자기의 처지를 자랑하여 남을 업신여기는 마음.

❶**아성 牙城** 어금니 아 / 성채 성 | 1. 아기(**牙旗**)를 세운 성. 즉 지휘하는 장군이 거처하는 성. 2. 아주 중요한 근거지를 비유. ※ 참조: 대장이 있는 곳에 '수(**帥**)'자 기를 달았는데, 깃봉에 코끼리 상아 장식이 붙어 있었다는 데서 유래.

❷**아성 亞聖** 버금(둘째) 아 / 성인 성 | 맹자(**孟子**). 유학에서 공자 다음가는 성인이라고 하여, 공자를 '성인', 맹자를 '아성'이라고 불렀다.

아세 亞歲 버금 아 / 해 세 | 동지.

아악 雅樂 맑을 아 / 노래 악 | 음악 예전에 우리나라에서 의식 따위에 정식으로 쓰던 음악으로, 고려 예종 때 중국 송나라에서 들어왔던 것을 조선 세종이 박연에게 명하여 새로 완성시켰다.

❶**아연 俄然** 아까 아 / 그럴 연 | 갑자기.

❷**아연하다 啞然**하다 벙어리 아 / 그럴 연 | 너무 놀라거나 어이가 없어서 입을 딱 벌리고 말을 못하는 상태이다.

아연실색 啞然失色 놀랄 아 / 그러할 연 / 잃을 실 / 빛 색 | 크게 놀람. 뜻밖의 일에 얼굴빛이 변할 정도로 놀람. ※ 참조: '아연질색'은 틀린 표현.

아열대 亞熱帶 버금 아 / 더울 열 / 띠 대 | 열대와 온대의 중간 지대.

아전 衙前 마을 아 / 앞 전 | 역사 조선 시대에, 중앙과 지방의 관아에 속한 중인 계급의 구실아

치.

아전인수 我田引水 나 아 / 밭 전 / 끌 인 / 물 수 | 자기 논에 물 대기, 자기에게만 이롭게 되도록 생각하거나 행동함. ≒ 견강부회(**牽强附會**).

아조 我朝 나 아 / 아침 조 | 우리 왕조. 본조의 뜻.

아집 我執 나 아 / 집착할 집 | 1. 자기 자신에게만 집착함. 2. 자기중심의 좁은 생각에 집착하여 다른 사람의 입장을 고려하지 않고 자기만을 내세우는 것.

아첨 阿諂 아부할 아 / 아첨할 첨 | 남의 환심을 사려고 알랑거림.

아첨꾼 阿諂꾼 아부할 아 / 아첨할 첨 | 아첨을 잘하는 사람을 낮잡아 이르는 말.

아취 雅趣 맑을 아 / 뜻 취 | 고아한 정취.

아헌 亞獻 버금 아 / 드릴 헌 | 제사를 지내는 절차의 하나. 초헌한 다음에 둘째 술잔을 신위 앞에 올린다.

아헌례 亞獻禮 버금 아 / 드릴 헌 / 예도 례 | 역사 조선 시대에, 종묘 제향 때에 두 번째 잔을 올리는 의식. 제향은 유네스코 무형 유산으로 지금도 이어지고 있다.

아한대 亞寒帶 버금 아 / 찰 한 / 띠 대 | 온대와 한대의 중간으로 위도 50~70도 사이에 있는 지역. 겨울은 길고 한랭하며 여름은 짧고 비교적 고온이다.

❶**아호 雅號** 맑을 아 / 이름 호 | 문인이나 예술가의 호나 별호.

❷**아호** **餓虎** 주릴 아 / 범 호 | 굶주린 범이라는 뜻
으로, 매우 위험하거나 무서운 대상.

❶**악** **嶽** 큰 산 악 | 예전에, 나라에서 제사를 지내
던 큰 산.

❷**악** **惡** 악할 악 | 1. 인간의 도덕적 기준에 어긋나
나쁨. 2. 도덕률이나 양심을 어기거나 남에게
피해를 주는 일.

악감정 **惡感情** 악할 악 / 느낄 감 / 뜻 정 | 남에게
품는 나쁜 감정.

악골 **顎骨** 턱 악 / 뼈 골 | 턱뼈.

악공 **樂工** 음악 악 / 장인 공 | 음악을 연주하는 사
람.

악귀 **惡鬼** 악할 악 / 귀신 귀 | 몹쓸 귀신.

악극 **樂劇** 음악 악 / 심할 극 | 오페라. 음악을 극적
인 내용에 넣어서 만든 종합예술적인 가극.

악기 **樂器** 음악 악 / 그릇 기 | 음악을 연주하는 데
쓰는 기구를 통틀어 이르는 말.

악념 **惡念** 악할 악 / 생각 념(염) | 나쁜 마음이나
생각.

악단 **樂團** 음악 악 / 둥글 단 | 음악 연주를 목적으
로 조직된 단체.

악담 **惡談** 악할 악 / 말씀 담 | 남을 비방하거나, 저
주하는 말.

악당 **惡黨** 악할 악 / 무리 당 | 1. 악한 사람의 무
리. 2. 나쁜 짓을 일삼는 사람. ≒ 깡패, 악한.

악독 **惡毒** 악할 악 / 독 독 | 흉악하고 독함.

악독하다 **惡毒**하다 악할 악 / 독 독 | 흉악하고 독하
다.

악동 **惡童** 악할 악 / 아이 동 | 행실이 나쁜 아이.

악랄 **惡辣** 악할 악 / 매울 랄(날) | 악독하고 잔인함.

악랄하다 **惡辣**하다 악할 악 / 매울 랄(날) | 악독하
고 잔인하다.

악률 **樂律** 음악 악 / 법칙 률(율) | 음악의 가락.

악마 **惡魔** 악할 악 / 마귀 마 | 1. 악독한 마귀. 2.
매우 악독한 짓을 하는 사람.

악마주의 **惡魔主義** 악할 악 / 마귀 마 / 주인 주 / 뜻
의 | 19세기 유럽에서 일어난 사상의 한 경향.
추악·퇴폐·괴기·전율·공포 따위가 가득한 분위
기 속에서 미를 찾아내려는 것으로, 보들레르와
오스카 와일드가 대표적인 인물이다.

악명 **惡名** 악할 악 / 이름 명 | 악하다는 소문이나
평판.

악목 **惡木** 악할 악 / 나무 목 | 질이 나빠서 재목으
로 쓰지 못할 나무.

악몽 **惡夢** 악할 악 / 꿈 몽 | 불길하고 무서운 꿈.

악무한 **惡無限** 악할 악 / 춤출 무 / 한할 한 | 철학 헤
겔 철학에서, 한없이 나아가는 운동 과정을 이
르는 말. 궁극에 끝없이 접근하려 하지만 끝내
접근하지 못하는 진행을 이른다.

악법 **惡法** 악할 악 / 법 법 | 사회에 해를 끼치는 나
쁜 법률.

악보 **樂譜** 음악 악 / 족보 보 | 음악의 곡조를 일정

한 기호를 써서 기록한 것.

악부 樂府 음악 악 / 마을 부 | 1. 문학 한시(漢詩) 형식의 하나. 인정이나 풍속을 읊은 것 2. 문학 악장(樂章). 조선 초기에 발생한 시가 형태.

❶악사 樂士 음악 악 / 선비 사 | 악기로 음악을 연주하는 사람.

❷악사 樂師 음악 악 / 스승 사 | 조선 시대에, 장악원에 속한 정육품 벼슬. 악공이나 악생의 우두머리 구실을 하였다.

악산 惡山 악할 악 / 산 산 | 험한 산.

❶악상 樂想 음악 악 / 생각 상 | 음악을 작곡할 때, 주제, 구성, 악풍 따위에 관한 착상이나 구상.

❷악상 惡喪 악할 악 / 잃을 상 | 수명을 다 누리지 못하고 젊어서 죽은 사람의 상사. 젊어서 부모보다 먼저 자식이 죽는 경우를 이른다.

악선전 惡宣傳 악할 악 / 베풀 선 / 전할 전 | 남에게 해를 끼치기 위하여 나쁜 소문을 퍼뜨리는 일.

❶악성 惡性 악할 악 / 성품 성 | 1. 악한 성질. 2. 어떤 병이 고치기 어렵거나 생명을 위협할 정도로 심함.

악성종양 惡性腫瘍 악할 악 / 성품 성 / 종기 종 / 헐양 | 증식력이 강하고 치명적인 해를 주는 종양.

❷악성 樂聖 음악 악 / 성인 성 | 음악의 성인(聖人)이라고 부를 정도로 뛰어난 음악가. 대개 베토벤을 악성이라 이른다.

❸악성 惡聲 악할 악 / 소리 성 | 듣기 싫게 내지르는 소리.

악수 握手 쥘 악 / 손 수 | 인사, 감사, 친애, 화해 따위의 뜻으로, 두 사람이 한 손을 마주 내어 잡는 일.

악순환 惡循環 악할 악 / 돌 순 / 고리 환 | 나쁜 현상이 끊임없이 되풀이됨.

악습 惡習 악할 악 / 익힐 습 | 나쁜 습관.

악식 惡食 악할 악 / 밥 식 | 맛없고 거친 음식.

악심 惡心 악할 악 / 마음 심 | 나쁜 마음.

악업 惡業 악할 악 / 업 업 | 좋지 못한 짓.

악역 惡役 악할 악 / 부릴 역 | 놀이·연극·영화 따위에서, 악인으로 분장하는 배역.

악연 惡緣 악할 악 / 인연 연 | 좋지 못한 인연.

악용 惡用 악할 악 / 쓸 용 | 알맞지 않게 쓰거나 나쁜 일에 씀.

악용하다 惡用하다 악할 악 / 쓸 용 | 알맞지 않게 쓰거나 나쁜 일에 쓰다.

악우 惡友 악할 악 / 벗 우 | 나쁜 벗. 또는 행실이 좋지 못한 벗.

악운 惡運 악할 악 / 옮길 운 | 사나운 운수.

❶악의 惡意 악할 악 / 뜻 의 | 나쁜 마음.

❷악의악식 惡衣惡食 악할 악 / 옷 의 / 밥 식 | 너절한 옷을 입고 맛없는 음식을 먹음.

❶악작 惡作 악할 악 / 지을 작 | 이미 저지른 일을

후회함. 또는 그것을 뉘우치는 마음.

❷**악작 樂作** 음악 악 / 지을 작 | 풍악을 시작함.

❶**악장 樂長** 음악 악 / 글 장 | 음악 연주단체의 장.

❷**악장 樂章** 음악 악 / 문장 장 | 조선 초기에 발생한 시가 형태의 하나. 나라의 제전(祭典)이나 연례(宴禮)와 같은 공식 행사 때 궁중 음악에 맞추어 불렀으며, 주로 조선 왕조의 개국과 번영을 송축하였다. 〈용비어천가〉, 〈문덕곡〉 등이 있다.

❶**악재 樂才** 음악 악 / 재주 재 | 음악에 관한 재능.

❷**악재 惡材** 악할 악 / 재목 재 | 나쁜 재료.

악전 惡戰 악할 악 / 싸움 전 | 매우 어려운 상태에서 힘을 다하여 싸움.

악전고투 惡戰苦鬪 악할 악 / 싸움 전 / 쓸 고 / 싸울 투 | 매우 어려운 조건을 무릅쓰고 힘을 다하여 고생스럽게 싸움.

악정 惡政 악할 악 / 정사 정 | 백성을 괴롭히고 나라를 잘못되게 하는 나쁜 정치.

악제 惡制 악할 악 / 절제할 제 | 나쁜 제도.

악조건 惡條件 악할 악 / 가지 조 / 물건 건 | 나쁜 조건.

❶**악종 惡種** 악할 악 / 씨 종 | 1. 나쁜 종류. 2. 성질이 흉악한 사람이나 동물. ≒ 악질, 악물, 악인.

❷**악종 惡腫** 악할 악 / 종기 종 | 잘 낫지 않는 종기.

악지 樂止 음악 악 / 그칠 지 | 풍악을 그침.

❶**악질 惡疾** 악할 악 / 병 질 | 고치기 힘든 병.

❷**악질 惡質** 악할 악 / 바탕 질 | 못된 성질. 또는 못된 성질을 가진 사람.

악질적 惡質的 악할 악 / 바탕 질 / 과녁 적 | 바탕이나 성질이 좋지 않은.

❶**악처 惡妻** 악할 악 / 아내 처 | 마음이 바르지 못하고 행실이나 성질이 악독한 아내.

❷**악처 惡處** 악할 악 / 곳 처 | 좋지 않은 장소.

악천후 惡天候 악할 악 / 하늘 천 / 기후 후 | 몹시 나쁜 날씨.

악충 惡蟲 악할 악 / 벌레 충 | 해롭고 나쁜 벌레.

악취 惡臭 악할 악 / 냄새 취 | 나쁜 냄새.

악취미 惡趣味 악할 악 / 뜻 취 / 맛 미 | 좋지 못한 취미.

악파 樂派 음악 악 / 갈래 파 | 같은 경향이나 주의를 가진 작곡가들의 갈래.

악평 惡評 악할 악 / 평할 평 | 나쁘게 평함. 또는 나쁜 평판.

악풍 惡風 악할 악 / 바람 풍 | 나쁜 풍속.

악필 惡筆 악할 악 / 붓 필 | 잘 쓰지 못한 글씨.

악하다 惡하다 악할 악 | 인간의 도덕적 기준에 어긋나 나쁘다.

악한 惡漢 악할 악 / 한수 한 | 악독한 짓을 하는 사람.

악행 惡行 악할 악 / 다닐 행 | 악독한 행위.

악형 惡刑 악할 악 / 형벌 형 | 모질고 잔인한 형벌.

❶악화 惡化 악할 악 / 될 화 | 일의 형세가 나쁜 쪽으로 바뀜.

❷악화 惡貨 악할 악 / 재물 화 | 값이나 조건이 나쁜 재화. ↔ 양화(良貨).

안거 安居 편안 안 / 살 거 | 1. 아무런 탈 없이 평안히 지냄. 2. 불교 출가한 승려가 일정한 기간 동안 외출하지 않고 한곳에 머무르면서 수행하는 제도.

안건 案件 책상 안 / 물건 건 | 토의하거나 조사하여야 할 사실.

안검 眼瞼 눈 안 / 눈꺼풀 검 | 눈꺼풀.

안고수비 眼高手卑 눈 안 / 높을 고 / 손 수 / 낮을 비 | 눈은 높으나 솜씨는 서투르다는 뜻으로, 이상만 높고 실천이 따르지 못함.

안과 眼科 눈 안 / 과목 과 | 눈에 관계된 질환을 치료하는 병원.

안광 眼光 눈 안 / 빛 광 | 눈빛.

안구 眼球 눈 안 / 공 구 | 눈동자. 눈알.

안남 安南 편안 안 / 남녘 남 | '베트남'의 다른 이름.

안남미 安南米 편안 안 / 남녘 남 / 쌀 미 | 인도차이나반도의 안남 지방에서 생산하는 쌀.

안내 案內 책상 안 / 안 내 | 어떤 내용을 소개하여 알려 줌.

안내원 案內員 책상 안 / 안 내 / 인원 원 | 안내하는 임무를 맡아보는 사람.

안녕 安寧 편안 안 / 편안할 녕(영) | 아무 탈 없이 편안함.

안녕하다 安寧하다 편안 안 / 편안할 녕(영) | 1. 아무 탈 없이 편안하다. 2. 몸이 건강하고 마음이 편안하다. 안부를 전하거나 물을 때에 쓴다. 늑 편안하다, 평안하다.

안녕질서 安寧秩序 편안 안 / 편안할 녕(영) / 차례 질 / 차례 서 | 사회의 모든 질서가 바로잡히고 국민의 생명과 재산이 안전한 상태.

안대 眼帶 눈 안 / 띠 대 | 아픈 눈을 가리는 눈가리개.

안도 安堵 편안 안 / 담 도 | 1. 사는 곳에서 평안히 지냄. 2. 어떤 일이 잘 진행되어 마음을 놓음. 늑 안심.

안도감 安堵感 편안 안 / 담 도 / 느낄 감 | 안심이 되는 마음.

안돈하다 安頓하다 편안 안 / 조아릴 돈 | 1. 잘 정돈되다. 2. 마음이나 생각 따위가 정리되어 안정되다.

안둔하다 安屯하다 편안 안 / 진칠 둔 | 1. 편안히 머무르다. 2. 잘 정리되어 안정되다.

안동포 安東布 편안 안 / 동녘 동 / 베 포 | 경상북도 안동 지방에서 생산하는 베. 올이 가늘고 고우며 빛깔이 붉고 누렇다.

안락 安樂 편안 안 / 즐길 락(낙) | 평안하고 즐거움.

안락의자 安樂椅子 편안 안 / 즐길 락(낙) / 의자 의 / 아들 자 | 팔걸이가 있고 앉는 자리를 푹신하여 편안하게 기대어 앉도록 만든 의자.

안락사 安樂死 편안 안 / 즐길 락(낙) / 죽을 사 | 극심한 고통을 받고 있는 불치의 환자에 대하여, 본인 또는 가족의 요구에 따라 생명을 단축하는 행위. 위법성에 관한 법적 문제가 생기는 경우가 있다.

안료 顏料 낯 안 / 헤아릴 료(요) | 1. 얼굴에 단장으로 바르는 연지, 분 따위. 2. 색채가 있는 미세한 분말로 첨가제와 함께 물이나 기름에 섞어서 도료나 착색제로 쓴다.

안마 按摩 누를 안 / 문지를 마 | 손으로 몸을 두드리거나 주물러서 피의 순환을 도와주는 일.

안맹 眼盲 눈 안 / 눈 멀 맹 | 눈이 멂.

❶**안면 安眠** 편안 안 / 잘 면 | 편히 자는 것. ≒ 낮, 면목.

❷**안면 顏面** 낯 안 / 낯 면 | 눈, 코, 입이 있는 머리의 앞면.

안면박대 顏面薄待 낯 안 / 낯 면 / 엷을 박 / 기다릴 대 | 잘 아는 사람을 푸대접함.

안면부지 顏面不知 낯 안 / 낯 면 / 아닐 부 / 알 지 | 얼굴을 모름. 또는 얼굴도 모르는 사람.

안면치레 顏面치레 낯 안 / 낯 면 | 얼굴만 알고 지내는 사람에게 차리는 체면.

안목 眼目 눈 안 / 눈 목 | 사물을 분별하는 견식. ※ 예시: 물건을 고르는 안목이 있다.

안무 按舞 누를 안 / 춤출 무 | 음악에 맞는 춤을 만드는 일.

안민 安民 편안 안 / 백성 민 | 백성이 안심하고 편히 살게 함.

안민지도 安民之道 편안 안 / 백성 민 / 갈 지 / 길 도 | 백성을 안심하고 편히 살게 하는 도리.

안배 按排/按配 누를 안 / 밀칠 배 | 알맞게 배치함.

안보 安保 편안 안 / 지킬 보 | 편안히 보전함.

안전보장 安全保障 편안 안 / 온전할 전 / 지킬 보 / 막을 장 | 외부의 위협이나 침략으로부터 국가와 국민의 안전을 지키는 일. 군사동맹, 경제협력, 중립 따위의 방법이 있다.

안전보장이사회 安全保障理事會 편안 안 / 온전할 전 / 지킬 보 / 막을 장 / 다스릴 이(리) / 일 사 / 모일 회 | 국제연합 안전보장이사회. 세계평화와 안전을 지키고 분쟁을 해결하기 위하여 둔 국제연합의 주요 기관. 미국, 영국, 러시아, 프랑스, 중국의 5개 상임이사국과 임기 2년의 10개 비상임이사국으로 구성한다.

안부 安否 편안 안 / 아닐 부 | 어떤 사람이 편안하게 잘 지내고 있는지 아닌지에 대한 소식.

안분 安分 편안 안 / 분수 분 | 편안한 마음으로 제 분수를 지킴.

안분지족 安分知足 편안 안 / 분수 분 / 알다 지 / 만족할 족 | 편안한 마음으로 분수를 지키며 만족할 줄을 앎.

안빈낙도 安貧樂道 편안할 안 / 가난할 빈 / 즐길 낙 / 도 도 | 가난한 생활을 하면서도 편안한 마음으

로 도를 즐겨 지킴

안색 顏色 낯 안 / 빛 색 | 낯빛. 얼굴에 나타나는 표정이나 빛깔.

안서 雁書 기러기 안 / 글 서 | 편지. 먼 곳에서 소식을 전하는 편지. ※ 한무제 때, 한나라의 사신 소무가 흉노에게 붙잡혀 있으면서 기러기의 다리에 편지를 매어 날려 보냈다는 고사. ≒ 안신(雁信), 안찰(雁札).

안석 案席 책상 안 / 자리 석 | 벽에 세워 놓고 앉을 때 몸을 기대는 방석.

안성맞춤 安城맞춤 편안 안 / 재 성 | 요구하거나 생각한 대로 잘된 물건을 비유함. 경기도 안성에 유기를 주문하여 만든 것처럼 잘 들어맞는다는 데서 유래한다. ※ '안성마춤'은 잘못된 표현.

안식 安息 편안 안 / 쉴 식 | 편히 쉼.

안식처 安息處 편안 안 / 쉴 식 / 곳 처 | 편히 쉬는 곳.

안식년 安息年 편안 안 / 쉴 식 / 해 년(연) | 1. 재충전의 기회를 갖도록 하기 위하여 1년 정도씩 주는 휴가. 2. 성경 레위기에 나오는 희년법(禧年法)에 근거하여 유대 사람이 7년마다 1년씩 쉬는 해. 이해에는 종에게 자유를 주고 빚을 탕감해 주었다.

안심 安心 편안 안 / 마음 심 | 모든 걱정을 떨쳐 버리고 마음을 편히 가짐.

안심하다 安心하다 편안 안 / 마음 심 | 모든 걱정을 떨쳐 버리고 마음을 편히 가지다.

안양 安養 편안 안 / 기를 양 | 1. 마음을 편안히 하고 몸을 쉬게 함. 극락정토. 2. ▇불교▇ 아미타불이 살고 있는 극락정토. 괴로움이 없으며 지극히 안락하고 자유로운 세상.

안연하다 晏然하다 늦을 안 / 그럴 연 | 1. 차분하고 침착하다. 2. 민심이 평화롭고 태평하다.

안온 安穩 편안 안 / 편안할 온 | 1. 조용하고 편안함. 2. 날씨가 바람이 없고 따뜻함.

안온감 安穩感 편안 안 / 편안할 온 / 느낄 감 | 조용하고 편안한 느낌.

안와 安臥 편안 안 / 누울 와 | 편안히 누움.

안위 安危 편안 안 / 위태할 위 | 편안함과 위태함.

안이비 眼耳鼻 눈 안 / 귀 이 / 코 비 | 눈과 귀와 코.

안이하다 安易하다 편안 안 / 쉽다 이 | 쉽게 여기다.

안일 安逸 편안 안 / 편안할 일 | 편안하고 한가로움.

❶**안장 鞍裝** 안장 안 / 꾸밀 장 | 말, 나귀 따위의 등에 얹어서 사람이 타기에 편리하도록 만든 도구.

❷**안장 安葬** 편안 안 / 장사지낼 장 | 편안하게 장사지내는 것.

안장하다 安葬하다 편안 안 / 장사지낼 장 | 편안하게 장사 지내다.

❶**안전 安全** 편안 안 / 온전할 전 | 위험한 사고가 날 염려가 없음.

안전모 安全帽 편안 안 / 온전할 전 / 모자 모 | 공장·작업장 또는 운동 경기 따위에서, 머리가 다치는 것을 막기 위하여 쓰는 모자.

안전관리 安全管理 편안 안 / 온전할 전 / 대롱 관 / 다스릴 리(이) | 근로기준법에 의하여 재해나 사고를 방지하여 종업원의 안전을 꾀하는 기업의 조치나 대책.

안전거리 安全距離 편안 안 / 온전할 전 / 상거할 거 / 떠날 리(이) | 안전하게 운전하기 위하여 유지해야 하는 앞차와의 거리.

❷안전 眼前 눈 안 / 앞 전 | 눈앞. 눈으로 볼 수 있는 가까운 곳.

❶안정 安定 편안 안 / 정할 정 | 바뀌어 달라지지 아니하고 일정한 상태를 유지함.

안정통화 安定通貨 편안 안 / 정할 정 / 통할 통 / 재물 화 | 가치가 변동하지 아니하고 일정하게 유지되는 화폐.

통화안정증권 通貨安定證券 통할 통 / 재물 화 / 편안 안 / 정할 정 / 증거 증 / 문서 권 | 경제 중앙은행이 통화의 공급을 조절하고 그 가치를 안정시키기 위하여 발행하는 증권.

안정제 安定劑 편안 안 / 정할 정 / 약제 제 | 특정 물질을 보존할 때, 물리화학적 변화를 방지하기 위하여 사용하는 물질.

❷안정 安靜 편안 안 / 고요할 정 | 육체적 또는 정신적으로 편안하고 고요함. ※ 예시: 이 환자는 안정을 요합니다.

안정제 安靜劑 편안 안 / 고요할 정 / 약제 제 | 정신적 흥분을 가라앉히는 약. ≒ 신경안정제.

안족 雁足 기러기 안 / 발 족 | 음악 기러기발. 거문고, 가야금, 아쟁 따위의 줄을 고르는 기구.

안존하다 安存하다 편안 안 / 있을 존 | 아무 탈 없이 평안히 지내다.

❶안주 安住 편안 안 / 살 주 | 1. 한곳에 자리를 잡고 편안히 삶. 2. 현재의 상황이나 처지에 만족함.

안주하다 安住하다 편안 안 / 살 주 | 1. 한곳에 자리를 잡고 편안히 살다. 2. 현재의 상황이나 처지에 만족하다.

❷안주 按酒 누를 안 / 술 주 | 술을 마시면서 곁들여 먹는 음식.

안줏감 按酒감 누를 안 / 술 주 | 안주가 될 만한 음식물.

❸안주인 안主人 주인 주 / 사람 인 | 집안의 여자 주인.

❶안중 眼中 눈 안 / 가운데 중 | 1. 눈의 안. 2. 마음속. 관심의 범위. ≒ 심중, 마음속.

안중지정 眼中之釘 눈 안 / 가운데 중 / 어조사 지 / 못 정 | 눈 안의 못. 몹시 싫거나 미워서 눈에 거슬리는 사람. ※ 참조: 눈엣가시.

안진 雁陣 기러기 안 / 진 칠 진 | 줄지어 날아가는 기러기의 행렬.

안질 眼疾 눈 안 / 병 질 | 눈병.

안착 安着 편안 안 / 붙을 착 | 무사하게 잘 도착함.

안치 安置 편안 안 / 둘 치 | 1. 안전하게 잘 둠. 2.

위패, 시신 따위를 잘 모셔 둠. 3. 역사 조선 시대에, 먼 곳에 유배를 보내 주거를 제한하던 일.

안하 眼下 눈 안 / 아래 하 | 눈 아래.

안하무인 眼下無人 눈 안 / 아래 하 / 없을 무 / 사람 인 | 눈 아래에 사람이 없다. 방자하고 교만하여 다른 사람을 업신여김. ≒ 방약무인(**傍若無人**).

안항 雁行 기러기 안 / 항렬 항 | 기러기의 행렬이란 뜻으로, 남의 형제를 높여 이르는 말.

안향부귀 安享富貴 편안 안 / 누릴 향 / 부유할 부 / 귀할 귀 | 부귀를 평안하게 누림.

알력 軋轢 수레 삐걱거릴 알 / 치일 력 | 수레바퀴가 삐걱거린다. 서로 의견이 맞지 않아서 충돌하는 것. ※ 예시: 서로 알력이 심하다.

❶알묘 謁廟 뵐 알 / 사당 묘 | 역사 종묘나 사당에 배알함.

❷알묘 揠苗 뽑을 알 / 모 묘 | 곡식의 싹을 뽑아 올린다는 뜻으로, 성공을 서두르다가 도리어 해를 봄.

알선 斡旋 돌다 알 / 돌다 선 | 일이 잘되도록 주선하는 일.

알성 謁聖 뵐 알 / 성인 성 | 역사 임금이 성균관 문묘의 공자 신위에 참배하던 일.

알성과 謁聖科 뵐 알 / 성인 성 / 과목 과 | 역사 조선 시대에, 임금이 문묘에 참배한 뒤 실시하던 비정규적인 과거 시험.

알약 알藥 약 약 | 둥근 모양으로 만든 약제.

알현 謁見 뵐 알 / 뵈올 현 | 지체가 높고 귀한 사람을 찾아가 뵘.

암각화 巖刻畵 바위 암 / 새길 각 / 그림 화 | 역사 바위, 절벽, 동굴의 벽면 따위에 그린 그림.

암거 巖居 바위 암 / 살 거 | 속세를 떠나 산야에 숨어 삶.

암거래 暗去來 어두울 암 / 갈 거 / 올 래(내) | 법을 어기면서 몰래 물품을 사고파는 행위.

암구호 暗口號 어두울 암 / 입 구 / 이름 호 | 군사 군대에서 아군인지 확인하기 위하여 정하여 놓은 말. 매일매일 달라진다.

암군 暗君 어두울 암 / 임금 군 | 사리에 어둡고 어리석은 임금.

❶암굴 巖窟 바위 암 / 굴 굴 | 바위굴.

❷암굴 暗窟 어두울 암 / 굴 굴 | 어두운 굴.

❶암기 暗記 어두울 암 / 기록할 기 | 외워 잊지 아니함.

암기하다 暗記하다 어두울 암 / 기록할 기 | 외워 잊지 아니하다.

❷암기 暗氣 기운 기 | 남을 미워하고 시기하는 마음.

❸암기 暗器 어두울 암 / 그릇 기 | 상대를 기습 살해하기 위하여 몰래 가지고 다니는 무기. 독침이나 비수 따위가 있다.

암담 暗澹 어두울 암 / 맑을 담 | 어두컴컴하고 절망

적임.

암담하다 暗澹하다 어두울 암 / 맑을 담 | 1. 어두컴컴하고 쓸쓸하다. 2. 희망이 없고 절망적이다.

암녹색 暗綠色 어두울 암 / 푸를 녹(록) / 빛 색 | 어두운 초록색. ※ '암록색'은 틀린 표기.

암루 暗淚 어두울 암 / 눈물 루(누) | 소리 없이 흘리는 눈물

암류 暗流 어두울 암 / 흐를 류(유) | 1. 물 바닥의 흐름. 2. 겉으로 드러나지 않는 불온한 움직임.

❶**암매 暗昧/闇昧** 어두울 암 / 어두울 매 | 어리석어 생각이 어두움.

❷**암매 暗賣** 어두울 암 / 팔 매 | 물건을 몰래 팖.

❸**암매 暗買** 어두울 암 / 살 매 | 물건을 몰래 삼.

암매매 暗賣買 어두울 암 / 팔 매 / 살 매 | 법을 어기면서 물건을 몰래 팔고 사는 행위.

암맥 巖脈 바위 암 / 줄기 맥 | 지구 화성암의 마그마가 다른 암석 사이로 뻗어 나가 굳은 줄기.

암면 暗面 어두울 암 / 낯 면 | 어두운 쪽.

암묵 暗黙 어두울 암 / 침묵할 묵 | 자기 뜻을 밖으로 나타내지 않음. ≒ 침묵.

암묵적 暗黙的 어두울 암 / 침묵할 묵 / 과녁 적 | 자기의 의사를 밖으로 나타내지 아니한. ※ 예시: 암묵적 동의.

❶**암문 巖門** 바위 암 / 문 문 | 돌로 만든 문.

❷**암문 暗門** 어두울 암 / 문 문 | 성벽에 적의 눈에 띄지 않게 만들어 놓은 문. 평소에는 돌로 막아 두었다가 필요할 때에 비상구로 사용하였다.

암반 巖盤 바위 암 / 소반 반 | 큰 바위로 이루어진 땅바닥.

암벽 巖壁 바위 암 / 벽 벽 | 깎아지른 듯 높이 솟은 바위벽.

암산 暗算 어두울 암 / 셈 산 | 속셈. 머릿속으로 계산함.

암살 暗殺 어두울 암 / 죽일 살 | 몰래 사람을 죽임.

❶**암상 暗像** 어두울 암 / 모양 상 | 1. 어두운 형상. 2. 어둠 속에서 윤곽만 나타난 형상.

❷**암상 暗商** 어두울 암 / 장사 상 | 법을 어기면서 몰래 물건을 사고파는 일.

암석 巖石 바위 암 / 돌 석 | 바위. 지구 지각을 구성하고 있는 단단한 물질. 화성암, 퇴적암, 변성암으로 크게 나눈다.

암송 暗誦 어두울 암 / 외울 송 | 글을 보지 아니하고 입으로 욈.

암수 暗數 어두울 암 / 셈 수 | 남을 속이는 짓. 또는 그런 술수.

암시 暗示 어두울 암 / 보일 시 | 넌지시 알림. 뜻하는 바를 간접적으로 나타내는 표현법.

암시법 暗示法 어두울 암 / 보일 시 / 법 법 | 뜻하는 바를 간접적으로 나타내는 표현법.

암시장 暗市場 어두울 암 / 저자 시 / 마당 장 | 법을

어기면서 몰래 물건을 사고파는 시장.

암실 暗室 어두울 암 / 집 실 | 밖으로부터 빛이 들어오지 못하도록 꾸며 놓은 방. 주로 물리, 화학, 생물학의 실험과 사진현상 따위에 사용한다.

❶암암하다 黯黯하다 캄캄할 암 | 1. 매우 어둡고 캄캄하다. 2. 속이 상하여 시무룩하다.

❷암암하다 暗暗하다 어두울 암 | 1. 깊숙하고 고요하다. 2. 아주 잊히지 않고 가물가물 보이는 듯하다.

암약 暗躍 어두울 암 / 뛰다 약 | 1. 어둠 속에서 활약함. 2. 남들이 모르게 맹렬히 활동함.

암연하다 黯然하다 검을 암 / 그럴 연 | 슬프고 침울하다.

암영 暗影 어두울 암 / 그림자 영 | 어두운 그림자.

암운 暗雲 어두울 암 / 구름 운 | 곧 비가 쏟아질 것 같이 검은 구름.

암울하다 暗鬱하다 어두울 암 / 답답할 울 | 어두컴컴하고 답답하다.

암자 庵子/菴子 암자 암 / 아들 자 | 큰 절에 딸린 작은 절.

❶암장 巖牆/巖墻 바위 암 / 담 장 | 돌로 쌓은 담.

❷암장 暗葬 어두울 암 / 장사지낼 장 | 남몰래 장사를 지냄.

❶암적 癌的 암 암 / 과녁 적 | 큰 장애나 고치기 어려운 폐단이 되고 있는.

암적 요소 癌的要素 암 암 / 과녁 적 / 요긴할 요 / 본디 소 | 큰 장애나 고치기 어려운 폐단이 되는 요소.

암전 暗轉 어두울 암 / 구를 전 | [연극] 무대를 어둡게 한 상태에서, 무대 장치나 장면을 바꾸는 일.

암중 暗中 어두울 암 / 가운데 중 | 1. 어두운 속. 2. 은밀한 가운데.

암중모색 暗中摸索 어두울 암 / 가운데 중 / 더듬을 모 / 찾을 색 | 1. 어둠 속에서 더듬어 찾음. 2. 은밀한 가운데 일의 실마리나 해결책을 찾아내려 함.

암투 暗鬪 어두울 암 / 싸울 투 | 1. 서로 적의를 품고 드러나지 않게 다툼. 2. 숨은 싸움.

암표 暗票 어두울 암 / 표 표 | 법을 위반하여 몰래 사고파는 표.

❶암해 暗害 어두울 암 / 해할 해 | 1. 남몰래 해치거나 죽임. 2. 남몰래 복수함.

❷암해 暗海 어두울 암 / 바다 해 | 빛이 미치지 못하는 어두운 바닷속.

암행 暗行 어두울 암 / 다닐 행 | 자기의 정체를 숨기고 돌아다님.

암행어사 暗行御史 어두울 암 / 다닐 행 / 거느릴 어 / 사기 사 | [역사] 조선 시대에, 임금의 특명을 받아 지방관의 정치를 탐문하고 백성의 사정을 몰래 살피던 임시 벼슬. 마패를 지니고 허름한 차림으로 신분을 숨기고 다닌다.

암향 暗香 어두울 암 / 향기 향 | 그윽이 풍기는 향기. 흔히 '매화의 향기'를 이른다.

암향부동 暗香浮動 어두울 암 / 향기 향 / 뜰 부 / 움직일 동 | 그윽한 향기가 은은히 떠돎.

암혈 巖穴 바위 암 / 구멍 혈 | 바위굴.

암호 暗號 어두울 암 / 이름 호 | 비밀을 유지하기 위하여 당사자끼리만 알 수 있도록 꾸민 신호나 기호.

암흑 暗黑 어두울 암 / 검을 흑 | 1. 어둡고 캄캄함. 2. 암담하고 비참한 상태를 비유.

암흑기 暗黑期 어두울 암 / 검을 흑 / 기약할 기 | 도덕이나 이성, 문명이 쇠퇴하고 세상이 어지러운 시기.

암흑성운 暗黑星雲 어두울 암 / 검을 흑 / 별 성 / 구름 운 | 은하의 군데군데에 어둡게 보이는 천체의 무리. 성간진(성간먼지)과 성간 가스의 집합체로 스스로 빛을 내지 않으며, 뒤에서 오는 별빛을 가로막아 어둡게 보인다.

압권 壓卷 누를 압 / 책 권 | 1. 여럿 가운데 가장 뛰어난 것. 제일 잘된 책이나 작품. 2. 고대 중국의 관리 등용 시험에서 가장 뛰어난 답안지를 다른 답안지 위에 얹어 놓았다는 데서 유래. ※ 예시: 이 장면이 영화에서의 압권이다.

압도 壓倒 누를 압 / 넘어질 도 | 1. 눌러서 넘어뜨림. 2. 보다 뛰어난 힘이나 재주로 남을 눌러 꼼짝 못 하게 함. ≒ 능가, 제압.

압도적 壓倒的 누를 압 / 넘어질 도 / 과녁 적 | 보다 뛰어난 힘이나 재주로 남을 눌러 꼼짝 못 하게 하는.

압력 壓力 누를 압 / 힘 력(역) | 두 물체가 접촉면을 경계로 하여, 서로 수직으로 누르는 힘.

압력단체 壓力團體 누를 압 / 힘 력(역) / 둥글 단 / 몸 체 | 특정한 이익이나 주장을 관철하기 위하여 의회나 행정 기관 따위에 압력을 가하는 단체나 조직. 노동조합, 여성단체, 경제단체 따위가 대표적인 유형이다.

압류 押留 누를 압 / 머무를 류(유) | 【법률】 국가기관이 공권력으로 어떤 재산이나 증거 따위를 잡아 두고 자유 처분을 못하게 하는 강제 행위.

압맥 壓麥 누를 압 / 보리 맥 | 기계로 납작하게 누른 보리쌀.

압박 壓迫 누를 압 / 핍박할 박 | 강한 힘으로 내리 누름.

압송 押送 누를 압 / 보낼 송 | 【법률】 피고인 또는 죄인을 다른 곳으로 호송하는 일. ≒ 호송.

압수 押守 누를 압 / 지킬 수 | 【법률】 법원이 소유자로부터 강제로 물품을 거두어 보관함.

압슬 壓膝 누를 압 / 무릎 슬 | 조선 시대에, 죄인을 자백시키기 위하여 행하던 고문. 널빤지 따위로 무릎 위를 누르던 신체형벌.

압인 押印 누를 압 / 도장 인 | 찍힌 부분이 도드라지게 나오도록 도장 따위를 찍음.

압전 壓電 누를 압 / 번개 전 | 수정 따위의 결정체가 압력을 받으면 전압이 발생하는 현상. 1880년에 퀴리 부부가 발견하였다.

압정 押釘 누를 압 / 못 정 | 손가락으로 눌러 박는 납작한 못. ≒ 압침.

압제 壓制 누를 압 / 절제할 제 | 권력이나 폭력으로 남을 꼼짝 못 하게 강제로 누름. ≒ 강박, 속박.

압착 壓搾 누를 압 / 짤 착 | 눌러 짜냄.

압축 壓縮 누를 압 / 줄일 축 | 압력을 가하여 부피를 줄임.

압출 壓出 누를 압 / 날 출 | 눌러서 밀어 냄.

▶ **압통** 壓痛 누를 압 / 통할 통 | 피부를 세게 눌렀을 때에 느끼는 아픔.

압통점 壓痛點 누를 압 / 통할 통 / 점 점 | 피부를 눌렀을 때에 아픔을 특히 강하게 느끼는 부위.

압흔 壓痕 누를 압 / 흔적 흔 | 눌린 자국.

앙관 仰觀 우러를 앙 / 볼 관 | 존경하는 마음으로 우러러봄.

앙급 殃及 재앙 앙 / 미칠 급 | 재앙이 미침.

❶**앙련** 仰蓮 우러를 앙 / 연꽃 련(연) | 단청에서, 연꽃이 위로 향한 것처럼 그린 모양.

❷**앙련** 仰戀 우러를 앙 / 그리워할 련(연) | 우러러 연모함

앙망 仰望 우러를 앙 / 바랄 망 | 1. 존경하는 마음으로 우러러봄. 2. 자기의 요구나 희망이 실현되기를 우러러 바람. 주로 편지글에 쓴다.

앙모 仰慕 우러를 앙 / 그릴 모 | 우러러 그리워함.

❶**앙분** 昂奮 밝을 앙 / 떨칠 분 | 매우 흥분함.

❷**앙분** 怏憤 원망할 앙 / 분할 분 | 분하게 여겨 앙갚음할 마음을 품음.

앙숙 怏宿 원망할 앙 / 잘 숙 | 앙심을 품고 서로 미워하는 사이.

앙심 怏心 원망할 앙 / 마음 심 | 원한을 품고 앙갚음하려고 벼르는 마음.

▶ **앙앙하다** 怏怏하다 원망할 앙 | 매우 마음에 차지 않거나 야속하다.

앙앙불락 怏怏不樂 원망할 앙 / 아닐 불 / 즐길 락 | 매우 마음에 차지 않아서 즐거워하지 않음.

▶ **앙양** 昂揚 밝을 앙 / 날릴 양 | 드높이고 북돋움.

앙양하다 昂揚하다 밝을 앙 / 날릴 양 | 드높이고 북돋우다.

▶ **앙천** 仰天 우러를 앙 / 하늘 천 | 하늘을 우러러봄.

앙천부지 仰天俯地 우러를 앙 / 하늘 천 / 구부릴 부 / 땅 지 | 하늘을 우러러보고 땅을 굽어봄.

앙천대소 仰天大笑 우러를 앙 / 하늘 천 / 클 대 / 웃음 소 | 하늘을 쳐다보고 크게 웃음.

앙축하다 仰祝하다 우러를 앙 / 빌 축 | 우러러 축하하다.

앙화 殃禍 재앙 앙 / 재앙 화 | 지은 죄의 앙갚음으로 받는 재앙.

애가 哀歌 슬플 애 / 노래 가 | 슬픈 심정을 읊은 노래.

애간장 애肝腸 간 간 / 창자 장 | '애'를 강조하여 이르는 말.

애걸 哀乞 슬플 애 / 빌다 걸 | 애처롭게 빎.

애걸복걸 哀乞伏乞 슬플 애 / 빌다 걸 / 엎드릴 복 /- | 애처롭게 사정하며 간절히 빎.

애견 愛犬 사랑 애 / 개 견 | 개를 귀여워함.

애경 哀慶 슬플 애 / 경사 경 | 슬픈 일과 경사스러운 일.

애교 愛嬌 사랑 애 / 아리따울 교 | 남에게 귀엽게 보이는 태도.

애국 愛國 사랑 애 / 나라 국 | 자기 나라를 사랑함.

애국가 愛國歌 사랑 애 / 나라 국 / 노래 가 | 우리나라의 국가

애국지사 愛國志士 사랑 애 / 나라 국 / 뜻 지 / 선비 사 | 나라를 위하여 자기의 몸과 마음을 다 바쳐 헌신하는 사람.

애국심 愛國心 사랑 애 / 나라 국 / 마음 심 | 자기 나라를 사랑하는 마음.

애긍 哀矜 슬플 애 / 자랑할 긍 | 불쌍히 여김.

애긍하다 哀矜하다 슬플 애 / 자랑할 긍 | 불쌍히 여기다.

애도 哀悼 슬플 애 / 슬퍼할 도 | 사람의 죽음을 슬퍼함.

애독 愛讀 사랑 애 / 읽을 독 | 즐겨 재미있게 읽음.

애독자 愛讀者 사랑 애 / 읽을 독 / 사람 자 | 책이나 잡지, 신문 따위의 글을 꾸준히 즐겨 읽는 사람.

❶애련 愛戀 사랑 애 / 그리워할 련(연) | 사랑하고 그리워함.

❷애련 哀戀 슬플 애 / 그리워할 련(연) | 슬픈 사랑.

❸애련 愛憐 사랑 애 / 불쌍히 여길 련(연) | 어리거나 약한 사람을 가엾게 여기어 사랑함.

❹애련 哀憐 슬플 애 / 불쌍히 여길 련(연) | 애처롭고 가엾게 여김.

애련히 哀憐히 슬플 애 / 불쌍히 여길 련(연) | 애처롭게. 가엾게.

애로 隘路 좁을 애 / 길 로 | 1. 좁고 험한 길. 2. 일의 진행을 방해하는 장애물.

애마 愛馬 사랑 애 / 말 마 | 사랑하는 말.

애매하다 曖昧하다 희미할 애 / 어두울 매 | 희미하여 분명하지 아니하다. ※ 참조: 우리말 '애매하다'는 '아무 잘못 없이 꾸중을 듣거나 벌을 받아 억울하다,' 는 뜻.

애매모호하다 曖昧模糊하다 희미할 애 / 어두울 매 / 본뜰 모 / 풀칠할 호 | 말이나 태도가 희미하고 흐려 분명하지 아니하다.

애매성 曖昧性 희미할 애 / 어두울 매 / 성품 성 | 1. 희미하여 분명하지 않은 성질. 2. 시에서 단어나 문장이 복합적이고 다의적인 뜻을 가짐.

애모 愛慕 사랑 애 / 그릴 모 | 사랑하며 그리워함.

애무 愛撫 사랑 애 / 어루만질 무 | 사랑스럽게 어루만짐.

❶애민 愛民 사랑 애 / 백성 민 | 백성을 사랑함.

❷애민 愛憫 사랑 애 / 민망할 민 | 불쌍히 여겨 사랑함.

❸애민 哀愍 슬플 애 / 근심할 민 | 불쌍하고 가엾게 여김.

애상 哀傷 슬플 애 / 다칠 상 | 슬퍼서 마음이 상함.

애상적 哀傷的 슬플 애 / 다칠 상 / 과녁 적 | 슬퍼하거나 가슴이 아픈.

애상미 哀傷美 슬플 애 / 다칠 상 / 아름다울 미 | 슬프고 감상적인 정서를 불러일으키는 아름다움.

애석 哀惜 슬플 애 / 아낄 석 | 슬프고 아까움.

애석하다 哀惜하다 슬플 애 / 아낄 석 | 슬프고 아깝다.

애소 哀訴 슬플 애 / 호소할 소 | 슬프게 하소연함.

애송 愛誦 사랑 애 / 외울 송 | 시가나 문장 따위를 즐겨 욈.

애수 哀愁 슬플 애 / 근심 수 | 마음을 서글프게 하는 슬픈 시름.

❶애심 哀心 슬플 애 / 마음 심 | 슬프고 애달픈 마음.

❷애심 愛心 사랑 애 / 마음 심 | 사랑하는 마음

❶애연 愛煙 사랑 애 / 연기 연 | 담배를 즐겨 피움.

애연가 愛煙家 사랑 애 / 연기 연 / 집 가 | 담배를 즐겨 피우는 사람.

❷애연하다 哀然하다 슬플 애 / 그럴 연 | 슬픈 듯하다. 구슬프다.

❸애연하다 靄然하다 아지랑이 애 / 그럴 연 | 구름이나 안개 따위가 짙게 끼다.

애완 愛玩 사랑 애 / 희롱할 완 | 동물이나 물품 따위를 좋아하여 가까이 두고 즐김.

애완동물 愛玩動物 사랑 애 / 희롱할 완 / 움직일 동 / 물건 물 | 좋아하여 가까이 두고 귀여워하며 기르는 동물. 개, 고양이, 새, 금붕어 따위가 있다.

애욕 愛慾 사랑 애 / 욕심 욕 | 사랑하고 싶어 하는 욕망.

애원 哀願 슬플 애 / 원할 원 | 애처롭게 사정하여 간절히 바람.

애이불비 哀而不悲 슬플 애 / 말 이을 이 / 아닐 불 / 슬플 비 | 1. 슬프지만 지나치게 비통해하지 않음. 2. 슬프지만 겉으로는 슬픔을 나타내지 아니함.

애인휼민 愛人恤民 사랑 애 / 사람 인 / 불쌍할 휼 / 백성 민 | 사람을 사랑하고 백성을 불쌍히 여김.

애장품 愛藏品 사랑 애 / 감출 장 / 물건 품 | 소중히 간직하는 물품.

애절하다 哀切하다 슬플 애 / 끊을 절 | 애처롭고 몹시 슬프다. 늑 애처롭다, 슬프다.

애정 愛情 사랑 애 / 뜻 정 | 사랑하는 마음.

애주가 愛酒家 사랑 애 / 술 주 / 집 가 | 술을 매우 즐기고 좋아하는 사람.

애중하다 愛重하다 사랑 애 / 중히 여길 중 | 사랑하

고 소중하게 여기다.

애지중지 愛之重之 사랑 애 / 어조사 지 / 중히 여길 중 / - | 매우 사랑하고 소중히 여김.

애증 愛憎 사랑 애 / 미워할 증 | 사랑과 미움.

애착 愛着 사랑 애 / 붙을 착 | 1. 몹시 사랑하거나 끌리어서 떨어지지 아니함. 2. 좋아해서 집착함.

애창 愛唱 사랑 애 / 부를 창 | 즐겨 부름.

애처가 愛妻家 사랑 애 / 아내 처 / 집 가 | 아내를 아끼고 사랑하는 사람.

애청 愛聽 사랑 애 / 들을 청 | 즐겨 들음.

애칭 愛稱 사랑 애 / 일컬을 칭 | 본래의 이름 외에, 친근하고 다정하게 부를 때 쓰는 이름.

애타주의 愛他主義 사랑 애 / 다를 타 / 주인 주 / 뜻 의 | 사랑을 주의로 하고 자기를 희생함으로써 타인의 행복과 복리의 증가를 위하는 생각. ≒ 이타주의.

애탕 艾湯 쑥 애 / 끓일 탕 | 어린 쑥으로 끓인 국.

애통 哀痛 슬플 애 / 아플 통 | 슬퍼하고 가슴 아파함. ≒ 비통.

애향 愛鄉 사랑 애 / 시골 향 | 고향을 아끼고 사랑함.

애향심 愛鄉心 사랑 애 / 시골 향 / 마음 심 | 고향을 아끼고 사랑하는 마음.

애호 愛好 사랑 애 / 좋을 호 | 사랑하고 좋아함.

애호가 愛好家 사랑 애 / 좋을 호 / 집 가 | 어떤 사물을 사랑하고 좋아하는 사람. ≒ 애호자, 아마추어.

애환 哀歡 슬플 애 / 기쁠 환 | 슬픔과 기쁨. ※ 예시: 삶의 애환이 교차하다.

애희 愛姬 사랑 애 / 여자 희 | 사랑하는 여자.

액 厄 액 액 | 모질고 사나운 운수.

액고 厄苦 액 액 / 쓸 고 | 사나운 운수에 시달리는 고난.

액난 厄難 액 액 / 어려울 난 | 뜻밖에 일어난 재앙과 고난.

액땜 厄땜 액 액 | 앞으로 닥쳐올 액을 다른 가벼운 곤란으로 미리 겪음으로써 무사히 넘김.

액면 額面 이마 액 / 낯 면 | 말이나 글로 표현된 걸면.

액상 液狀 진액 액 / 형상 상 | 액체로 되어 있는 상태.

액색하다 阨塞하다 막힐 액 / 막힐 색 | 운수가 막히어 군색하다.

액수 額數 이마 액 / 셈 수 | 돈의 머릿수.

액운 厄運 액 액 / 옮길 운 | 액을 당할 운수.

액자 額子 이마 액 / 작은 물건 자 | 그림, 글씨, 사진 따위를 끼우는 틀.

액자소설 額子小說 이마 액 / 작은 물건 자 / 작을 소 / 말씀 설 | 문학 소설에서, 이야기 속에 또 하나의 이야기가 들어 있는 소설. 구조가 액자 모양과 같다고 하여 붙은 이름이다. ≒ 격자소설(格

子小說).

액정 液晶 진 액 / 맑을 정 | 액체 상태로 있는 결정체. 전자기력, 압력, 온도 따위에 민감하게 반응하므로 시계, 탁상 계산기의 문자 표시나 텔레비전의 화면 따위에 응용한다.

액체 液體 진 액 / 몸 체 | 일정한 부피는 가졌으나 일정한 형태를 가지지 못한 물질. 고체에 비하여 분자응집력이 약하다. 물, 기름 따위가 있다.

액화 液化 진 액 / 될 화 | 액체가 되게 함. 고체가 녹거나, 기체가 냉각·압축되어 액체로 변하는 현상.

앵가 鶯歌 꾀꼬리 앵 / 노래 가 | 꾀꼬리의 노래.

앵성 鶯聲 꾀꼬리 앵 / 소리 성 | 1. 꾀꼬리의 울음소리. 2. 꾀꼬리의 울음소리같이 아름다운 목소리를 비유.

앵속 罌粟 양병 앵 / 조 속 | 양귀비과의 한해살이풀.

앵순 櫻脣 앵두 앵 / 입술 순 | 앵두처럼 고운 입술.

앵천 鶯遷 꾀꼬리 앵 / 옮길 천 | 꾀꼬리가 깊은 골짜기에서 나와 높은 나무에 앉는다는 뜻으로, 과거에 급제함을 이르는 말. 승진이나 이사 따위를 축하할 때 쓰는 말이기도 하다.

▶**야간 夜間** 밤 야 / 사이 간 | 밤사이. 해가 진 뒤부터 먼동이 트기 전까지의 동안.

야간근로 夜間勤勞 밤 야 / 사이 간 / 부지런할 근 / 일할 로(노) | 오후 10시부터 다음 날 오전 6시까지 하는 근로. 근로기준법에는 여자나 18세 미만의 아동에게 원칙적으로 시킬 수 없게 정해져 있다.

야간열차 夜間列車 밤 야 / 사이 간 / 벌일 열(렬) / 수레 차 | 밤에 운행하는 열차.

야간학교 夜間學校 밤 야 / 사이 간 / 배울 학 / 학교 교 | 야간에 수업하는 학교.

▶❶**야경 夜景** 밤 야 / 볕 경 | 밤의 경치.

❷**야경 夜警** 밤 야 / 깨우칠 경 | 밤사이에 화재나 범죄가 없도록 살피고 지킴.

야경꾼 夜警꾼 밤 야 / 깨우칠 경 | 밤사이에 화재나 범죄가 없도록 살피고 지키는 사람.

야경국가 夜警國家 밤 야 / 깨우칠 경 / 나라 국 / 집 가 | 대외적 방위, 국내 치안유지, 사유재산에 대한 침해의 제거 따위 최소한의 임무만을 수행하는 국가. 독일의 사회주의자 라살(Lassalle, F.)이 사용한 개념으로, 적극적으로 국민의 복리를 높이려고 하지 않는 자유주의 국가를 비판한 것이다.

❶**야공 冶工** 풀무 야 / 장인 공 | 대장장이.

❷**야공 夜攻** 밤 야 / 칠 공 | 야간 공격.

▶**야광 夜光** 밤 야 / 빛 광 | 어둠 속에서 빛을 냄.

야광명월 夜光明月 밤 야 / 빛 광 / 밝을 명 / 달 월 | 밤에 밝게 빛나는 달.

야광주 夜光珠 밤 야 / 빛 광 / 구슬 주 | 어두운 데서 빛을 내는 구슬.

야광충 夜光蟲 밤 야 / 빛 광 / 벌레 충 | 어두운 곳에

서 빛을 내는 벌레.

야근 夜勤 밤 야 / 부지런할 근 | 퇴근 시간이 지나 밤늦게까지 하는 근무.

야근하다 夜勤하다 밤 야 / 부지런할 근 | 퇴근 시간이 지나 밤늦게까지 근무하다.

❶**야금 冶金** 풀무 야 / 금 금 | 광석에서 금속을 골라내거나 골라낸 금속을 정제·합금하여 여러 가지 금속 재료를 만드는 일.

❷**야금 野禽** 들 야 / 새 금 | 들새. 야생의 새를 통틀어 이르는 말.

❸**야금 夜禽** 밤 야 / 새 금 | 밤새. 낮에는 숨어 자고, 밤에 활동하며 먹이를 찾는 새. 부엉이, 올빼미 따위가 있다.

❹**야금 夜禁** 밤 야 / 금할 금 | 인경을 친 뒤에 밤에 거리에 통행을 금지하던 일.

❶**야기 惹起** 이끌 야 / 일어날 기 | 일으킴. 불러일으킴.

야기하다 惹起하다 이끌 야 / 일어날 기 | 불러일으키다.

❷**야기 夜氣** 밤 야 / 기운 기 | 밤공기.

야단법석 野壇法席 들 야 / 단 단 / 법 법 / 자리 석 | 1. 크게 시끌벅적한 것. 2. 불교 야외에서 단을 쌓고 크게 베푸는 설법의 자리가 시끌벅적함.

야담 野談 들 야 / 말씀 담 | 흥미 있게 꾸민 야사 이야기.

야담가 野談家 들 야 / 말씀 담 / 집 가 | 야담을 잘하거나 야담을 전문으로 하는 사람.

야당 野黨 들 야 / 무리 당 | 정당 정치에서, 현재 정권을 잡고 있지 않은 정당.

❶**야로 野老** 들 야 / 늙을 로(노) | 한적한 시골에 사는 늙은이.

❷**야로 夜露** 밤 야 / 이슬 로(노) | 밤사이에 내리는 이슬.

❸**야로 夜路** 밤 야 / 길 로(노) | 밤길. 밤에 걷는 길

야료 惹鬧 끌어당길 야 / 시끄러울 료(요) | 까닭 없는 트집과 행패. ≒ 생트집, 시비.

야료부리다 惹鬧부리다 끌어당길 야 / 시끄러울 료(요) | 까닭 없이 트집을 잡고 시비를 걸다.

야만 野蠻 들 야 / 오랑캐 만 | 1. 미개하여 문화 수준이 낮은 상태. 2. 교양이 없고 무례함.

야만정책 野蠻政策 들 야 / 오랑캐 만 / 정사 정 / 꾀 책 | 정치적 목적을 이루기 위하여 도리에 벗어난 방법으로 국민이나 식민지를 다스리는 정책.

야망 野望 들 야 / 바랄 망 | 크게 무엇을 이루어 보겠다는 희망. ≒ 대망, 야심.

야맹 夜盲 밤 야 / 눈 멀 맹 | 밤눈이 어두워 사물을 잘 못 보는 일.

야맹증 夜盲症 밤 야 / 눈 멀 맹 / 증세 증 | 밤에 사물을 잘 못 보는 증상.

야반 夜半 밤 야 / 반 반 | 밤이 깊은 때. ≒ 밤중, 야음.

야반삼경 夜半三更 밤 야 / 절반 반 / 셋 삼 / 고칠 경 | 깊은 밤. 한밤중.

야반도주 夜半逃走 밤 야 / 절반 반 / 도망할 도 / 달릴 주 | 남의 눈을 피하여 한밤중에 몰래 도망함. ※ 참조: '야밤도주'는 틀린 표현.

야비하다 野卑하다/野鄙하다 들 야 / 낮을 비 | 성질이나 행동이 야하고 천하다.

야사 野史 들 야 / 사기 사 | 민간에서 사사로이 기록한 역사.

야산 野山 들 야 / 산 산 | 들 가까이의 나지막한 산.

야삼경 夜三更 밤 야 / 셋 삼 / 고칠 경 | 하룻밤을 오경(五更)으로 나눈 셋째 부분. 밤 11시에서 1시 사이.

야상곡 夜想曲 밤 야 / 생각 상 / 굽을 곡 | 조용한 밤의 분위기를 나타낸 서정적인 피아노곡.

야색 夜色 밤 야 / 빛 색 | 밤의 경치.

야생 野生 들 야 / 날 생 | 산이나 들에서 저절로 나서 자람.

야생마 野生馬 들 야 / 날 생 / 말 마 | 산이나 들에서 저절로 나서 자란 말.

야생아 野生兒 들 야 / 날 생 / 아이 아 | 아주 어렸을 때부터 인간 사회를 떠나 자라서 보통 사람과는 매우 다른 습성을 가지게 된 아이. 혼자 살기도 하고, 늑대, 곰, 표범, 돼지, 양 등과 함께 살았던 예도 있다.

야생초 野生草 들 야 / 날 생 / 풀 초 | 산이나 들에서 저절로 나서 자라는 풀.

❶야설 野說 들 야 / 말씀 설 | 민간에서 사사로이 떠도는 주장.

❷야설 夜雪 밤 야 / 눈 설 | 밤에 내리는 눈.

야성 野性 들 야 / 성품 성 | 자연 또는 본능 그대로의 거친 성질.

야성미 野性美 들 야 / 성품 성 / 아름다울 미 | 자연 또는 본능 그대로의 모습에서 풍기는 멋.

야성자본주의 野性資本主義 들 야 / 성품 성 / 재물 자 / 근본 본 / 주인 주 / 뜻 의 | 자본주의는 인간의 욕망에 기인하기 때문에 이성에 기초하여 합리적으로 작동할 수도 있지만, 약육강식과 같은 동물적 본능에 따라 작동할 수도 있다는 것을 강조하는 입장이나 주장.

야소교 耶蘇敎 어조사 야 / 되살아날 소 / 가르칠 교 | '예수교'의 음역어.

야수 野獸 들 야 / 짐승 수 | 1. 사람에게 길들지 않은 야생의 사나운 짐승. 2. 몹시 거칠고 사나운 사람을 비유. ↔ 가축(家畜). ※ 예시: 영화 '미녀와 야수'.

야수성 野獸性 들 야 / 짐승 수 / 성품 성 | 야수처럼 잔인하고 난폭한 행동이나 성질.

야수파 野獸派 들 야 / 짐승 수 / 갈래 파 | 미술 20세기 초 프랑스에서 일어난 회화의 한 유파. 강렬한 순수 색채를 사용한 것이 특징이며 마티스, 루오, 브라크 등이 대표적 작가이다.

야스럽다 野스럽다 들 야 | 보기에 야한 데가 있다.

야습 夜襲 밤 야 / 엄습할 습 | 밤에 적을 갑자기 덮치어 공격함.

야식 夜食 밤 야 / 밥 식 | 밤중에 먹는 음식.

❶야심 野心 들 야 / 마음 심 | 무엇을 이루어 보겠다고 마음속에 품고 있는 욕망이나 소망.

 야심가 野心家 들 야 / 마음 심 / 집 가 | 야심이 많은 사람.

야심작 野心作 들 야 / 마음 심 / 지을 작 | 획기적인 작품을 만들려는 노력으로 새로운 시도를 대담하게 표현한 작품.

❷야심 夜深 밤 야 / 깊을 심 | 밤이 깊음.

야심하다 夜深하다 밤 야 / 깊을 심 | 밤이 깊다.

야연 夜宴/夜筵 밤 야 / 잔치 연 | 밤에 베푸는 잔치.

야영 野營 들 야 / 경영할 영 | 야외에 천막 따위를 치고 훈련이나 휴양을 하는 일.

야영장 野營場 들 야 / 경영할 영 / 마당 장 | 야영을 하는 장소.

야외 野外 들 야 / 바깥 외 | 마을에서 조금 멀리 떨어져 있는 들판.

야욕 野慾 들 야 / 욕심 욕 | 1. 자기 잇속만 채우려는 더러운 욕심. 2. 야수와 같은 야비한 성적 욕망. ≒ 야심.

❶야유 揶揄 야유할 야 / 야유할 유 | 남을 빈정거려 놀림.

야유하다 揶揄하다 야유할 야 / 야유할 유 | 남을 빈정거려 놀리다.

❷야유 野遊 들 야 / 놀 유 | 들에 나가 노는 놀이.

야유회 野遊會 들 야 / 놀 유 / 모일 회 | 들이나 교외로 나가서 노는 모임.

❸야유 夜遊 밤 야 / 놀 유 | 밤에 벌이는 놀이.

야음 夜陰 밤 야 / 그늘 음 | 밤의 어둠.

야인 野人 들 야 / 사람 인 | 1. 벼슬 없이 시골에 묻혀 사는 사람. 2. 아무 곳에도 소속되지 않은 채 지내는 사람. 3. 교양이 없고 예절을 모르는 사람. ※ 예시: 관직을 버리고 야인으로 돌아가다.

야자수 椰子樹 야자나무 야 / 아들 자 / 나무 수 | 야자나무.

❶야장 冶匠 풀무 야 / 장인 장 | 대장장이.

❷야장 冶場 풀무 야 / 마당 장 | 쇠를 달구어 온갖 연장을 만드는 곳.

야적 野積 들 야 / 쌓을 적 | 곡식 단이나 물건을 한데에 쌓음.

❶야전 夜戰 밤 야 / 싸움 전 | 밤에 싸우는 것.

❷야전 野戰 들 야 / 싸움 전 | 들에서 싸우는 것.

야전병원 野戰病院 들 야 / 싸움 전 / 병 병 / 집 원 | 군사 싸움터에서 생기는 부상병을 치료하기 위하여 전선에 가까운 후방지역에 설치하는 병원.

야참 夜참 밤 야 | 궁중에서, '밤참'을 이르던 말.

야채 野菜 들 야 / 나물 채 | 들에서 자라나는 나물.

야청 야靑 푸를 청 | 검은빛을 띤 푸른빛.

야취 野趣 들 야 / 뜻 취 | 1. 자연의 아름다움에서 느끼는 홍취. 2. 소박한 취미.

야하다 野하다 들 야 | 고상하지 않고 천박하고 요염하다.

▶
야학 夜學 밤 야 / 배울 학 | 1. 밤에 공부함. 2. 낮에는 일하고 밤에 공부함.

야학생 夜學生 밤 야 / 배울 학 / 날 생 | 야간 학교에서 배우는 학생.

야합 野合 들 야 / 합할 합 | 좋지 못한 목적으로 서로 어울림.

▶
야행 夜行 밤 야 / 다닐 행 | 1. 밤에 길을 감. 2. 밤에 활동함.

야행성 夜行性 밤 야 / 다닐 행 / 성품 성 | 낮에는 쉬고 밤에 활동하는 습성.

❶야화 野話 들 야 / 말씀 화 | 항간에 떠도는 이야기.

❷야화 夜話 밤 야 / 말씀 화 | 밤에 모여서 하는 가벼운 이야기. 또는 그것을 기록한 책.

❸야화 野花 들 야 / 꽃 화 | 1. 들에 피는 꽃. 2. 하층 사회나 화류계 미녀를 비유.

❹야화 野火 들 야 / 불 화 | 들에서 타는 불.

❺야화 夜火 밤 야 / 불 화 | 밤에 태우는 불.

❻야회 夜會 밤 야 / 모일 회 | 밤에 여는 모임.

야회복 夜會服 밤 야 / 모일 회 / 옷 복 | 야회에 참석할 때 입는 서양식의 예복. 남자는 연미복, 여자는 이브닝드레스를 주로 입는다.

▶
약 藥 약 약 | 병이나 상처 따위를 치료하기 위해 먹거나 바르는 물질.

약값 藥값 약 약 | 약을 사는 데 드는 비용.

약간 若干 같을 약 / 방패 간 | 얼마 되지 않음.

약골 弱骨 약할 약 / 뼈 골 | 몸이 약한 사람.

약과 藥果 약 약 / 실과 과 | 1. 꿀과 기름을 섞은 밀가루 반죽을 판에 박아서 모양을 낸 후 기름에 지진 과자. 2. 그만한 것이 다행임. 또는 그 정도는 아무것도 아님을 이르는 말.

▶
❶약관 弱冠 약할 약 / 갓 관 | 스무 살. 젊은 나이. 예전에 스무 살에 관례를 한다고 한 데서 나온 말. ※ 예시: 약관의 나이.

❷약관 約款 맺을 약 / 항목 관 | 계약자가 상대편과 계약을 체결하기 위하여 마련한 조항.

▶
❶약년 弱年 약할 약 / 해 년(연) | 젊은 나이.

❷약년 若年 같을 약 / 해 년(연) | 젊은 나이.

약령 弱齡 약할 약 / 나이 령(영) | 젊은 나이.

약동 躍動 뛸 약 / 움직일 동 | 생기 있고 활발하게 움직임.

약력 略歷 간략할 약(략) / 지날 력(역) | 간략하게 적은 이력.

약론 略論/約論 간략할 약(략) / 논할 론(논) | 간추려 논함.

약리 藥理 약 약 / 다스릴 리(이) | <u>약학</u> 생체에 들어간 약품이 일으키는 생리적인 변화.

약명 藥名 약 약 / 이름 명 | 약의 이름.

약물 藥物 약 약 / 물건 물 | 약의 재료가 되는 물질.

약물검사 藥物檢査 약 약 / 물건 물 / 검사할 검 / 조사할 사 | 운동선수가 성적을 올리기 위하여 약물을 사용했는지를 검사하는 일.

약발 藥발 약 약 | 겉으로 나타나는 약의 효험.

약국 藥局 약 약 / 판 국 | 약사가 약을 조제하거나 파는 곳.

❶약방 藥房 약 약 / 방 방 | 1. 약사가 약을 조제하거나 파는 곳.   2. 대갓집에 마련된, 약을 짓는 방.

약방에 감초 藥房에**甘草** 약 약 / 방 방 / 달다 감 / 풀 초 | 어떤 일에나 빠짐없이 끼어드는 사람. 한약을 조제할 때 감초를 넣는 경우가 많은 데서, 꼭 있어야 할 물건을 비유.

❷약방 藥方 약 약 / 방법 방 | 약을 처방하는 방법. 또는 약을 조제하는 방법.

약방문 藥方文 약 약 / 방 방 / 글월 문 | 약을 짓기 위하여 약 이름과 분량을 적은 종이. ※ 참조: 사후약방문(**死後藥方文** 죽은 다음에 약방문).

❶약병 藥瓶 약 약 / 병 병 | 약을 담는 병.

❷약병 弱兵 약할 약 / 병사 병 | 약한 군졸.

약법 略法 간략할 약(략) / 법 법 | 1. 간략한 방법. 2. 간략하게 줄인 법률.

❶약보 藥補 약 약 / 기울 보 | 약을 써서 몸을 보함.

❷약보 略報 간략할 약(략) / 갚을 보 | 개략적인 보고나 보도.

❶약사 藥師 약 약 / 스승 사 | 국가의 면허를 받아 약품 조제, 감정, 판매에 대한 일을 하는 사람.

❷약사 略史 간략할 약(략) / 사기 사 | 내용을 간략하게 줄여 적은 역사.

약세 弱勢 약할 약 / 형세 세 | 약한 세력이나 기세.

❶약소 弱小 약할 약 / 작을 소 | 약하고 작음.

약소하다 弱小하다 약할 약 / 작을 소 | 약하고 작다.

약소국 弱小國 약할 약 / 작을 소 / 나라 국 | 정치·경제·군사적으로 힘이 약한 작은 나라.

약소민족 弱小民族 약할 약 / 작을 소 / 백성 민 / 거레 족 | 정치적·군사적·경제적으로 힘이 약하여 다른 나라의 보호나 지배를 받는 민족.

❷약소하다 略少하다 간략할 약(략) / 적을 소 | 적고 변변하지 못하다.

약속 約束 맺을 약 / 묶을 속 | 앞으로의 일을 미리 정하여 둠.

약손 藥손 약 약 | 1. 다섯 손가락 가운데 넷째 손가락. 늑 약손가락, 무명지.   2. 아픈 곳을 만지면 낫는다고 하여 어루만져 주는 손.

❶약수 藥水 약 약 / 물 수 | 먹거나 몸을 담그거나

하면 약효가 있는 샘물.

❷약수 弱水 약할 약 / 물 수 | 신선이 살았다는 중국 서쪽의 전설 속의 강. 길이가 3,000리나 되며 부력이 매우 약하여 기러기의 털도 가라앉는다고 한다.

❶약술 藥술 약 약 | 1. 약으로 마시는 술. 2. 약을 넣어서 빚은 술. ≒약주, 약용주.

❷약술 略述 간략할 약(략) / 펼 술 | 간략하게 논술함.

약술하다 略述하다 간략할 약(략) / 펼 술 | 간략하게 논술하다.

약시 弱視 약할 약 / 볼 시 | 약한 시력.

약식 略式 간략할 약(략) / 법 식 | 정식 절차를 다 갖추지 않고 간추린 의식이나 양식.

약식명령 略式命令 간략할 약(략) / 법 식 / 목숨 명 / 하여금 령(영) | 〔법률〕 약식 절차에 의하여 형을 선고하는 재판.

약쑥 藥쑥 약 약 | 약재로 쓰는 쑥.

약여 躍如 뛸 약 / 같을 여 | 1. 생기 있게 뛰어노는 모양. 2. 눈앞에 생생하게 나타나는 모양.

약용 藥用 약 약 / 쓸 용 | 약으로 씀.

약용식물 藥用植物 약 약 / 쓸 용 / 심을 식 / 물건 물 | 약으로 쓰거나 약의 재료가 되는 식물. 우리나라에는 대황, 용담, 생강, 마, 옻나무, 오미자 따위의 700여 종이 있다.

약육강식 弱肉强食 약할 약 / 고기 육 / 힘셀 강 / 먹을 식 | 약한 자가 강한 자에게 먹힌다. 강한 자가 약한 자를 희생시켜서 번영함. 생존경쟁의 치열함을 비유.

❶약자 弱者 약할 약 / 사람 자 | 힘이나 세력이 약한 사람이나 생물.

❷약자 略字 간략할 약(략) / 글자 자 | 복잡한 글자의 점이나 획의 일부를 생략하여 간략하게 한 글자.

❶약장 弱將 약할 약 / 장수 장 | 힘이나 세력이 약한 장수.

❷약장 約章 맺을 약 / 글 장 | 약속한 법.

❸약장 藥欌 약 약 / 장롱 장 | 약재를 갈라서 따로따로 넣어 두는 장. 서랍이 달린 여러 개의 칸이 있다.

약장수 藥장수 약 약 | 1. 약 파는 일을 직업으로 하는 사람. 주로 거리나 장터에서 악기 연주와 곡예로 사람을 끌어 모아 약을 파는 사람을 이른다. 2. 이것저것 끌어대어 이야기를 잘하는 사람을 놀림조로 이르는 말.

약재 藥材 약 약 / 재료 재 | 약을 짓는 데 쓰는 재료.

약재상 藥材商 약 약 / 재료 재 / 장사 상 | 약재, 주로 한약재를 파는 장사.

약제 藥劑 약 약 / 조제할 제 | 약재를 섞어 조제한 약.

약점 弱點 약할 약 / 점 점 | 모자라서 남에게 뒤떨어지거나 떳떳하지 못한 점. ≒결점, 결함./↔강점, 장점.

약정 約定 맺을 약 / 바를 정 | 어떤 일을 약속하여 정함.

약정하다 約定하다 맺을 약 / 바를 정 | 어떤 일을 약속하여 정하다.

약정서 約定書 맺을 약 / 정할 정 / 글 서 | 약정한 내용을 적은 문서.

약조 約條 맺을 약 / 가지 조 | 1. 조건을 붙여서 약속함. 2. 약속하여 정한 조항.

약졸 弱卒 약할 약 / 마칠 졸 | 약한 군졸.

약주 藥酒 약 약 / 술 주 | 1. 약으로 마시는 술. 2. '맑은술'을 달리 이르는 말. 3. '술'을 점잖게 이르는 말. ≒ 약술. 청주. / ↔ 탁주.

❶**약진 躍進** 뛸 약 / 나아갈 진 | 1. 힘차게 앞으로 뛰어 나아감. 2. 빠르게 발전하거나 진보함. ≒ 돌진. 발전.

❷**약진 弱震** 약할 약 / 우레 진 | 진도 3의 약한 지진. 집이 흔들리고 창문이 울리며 그릇에 담긴 물이 움직일 정도의 약한 지진이다.

약질 弱質 약할 약 / 바탕 질 | 허약한 체질.

❶**약차 藥차** 약 약 | 약재를 달여서 차처럼 마시는 물.

❷**약차 藥借** 약 약 / 빌릴 차 | 약을 복용하여 몸을 튼튼히 하고 힘을 세게 함.

약차하다 藥借하다 약 약 / 빌릴 차 | 약을 복용하여 몸을 튼튼히 하고 힘을 세게 하다.

약차하다 若此하다 같을 약 / 이 차 | 이러하다. ※ 예시 | 일의 진행이 약차하니 앞으로 좋은 결과를 기대해 볼 수도 있겠다.

약차약차하다 若此若此하다 같을 약 / 이 차 | 이러이러하다.

약찬 略饌 간략할 약(략) / 반찬 찬 | 간소하게 차린 음식.

약천 藥泉 약 약 / 샘 천 | 약물이 나는 샘.

약체 弱體 약할 약 / 몸 체 | 허약한 몸.

약체화 弱體化 약할 약 / 몸 체 / 될 화 | 본래보다 약하여짐. 또는 약하게 함.

약초 藥草 약 약 / 풀 초 | 약으로 쓰는 풀.

❶**약취 掠取** 노략질할 약(략) / 가질 취 | 훔쳐서 빼앗거나 약탈함.

❷**약취 略取** 간략할 약(략) / 가질 취 | 폭행이나 협박 따위의 수단으로 타인을 자기의 지배 아래 두는 행위.

약취 유인 略取誘引 간략할 약(략) / 가질 취 / 꾈 유 / 끌 인 | 사람을 자기 또는 제삼자의 실력적 지배 아래 둠으로써 개인의 자유를 침해하는 행위.

약취 유인죄 略取誘引罪 간략할 약(략) / 가질 취 / 꾈 유 / 끌 인 / 허물 죄 | 〔법률〕 사람을 자기 또는 제삼자의 실력적 지배 아래 두어 개인의 자유를 침해함으로써 성립하는 죄. 미성년자의 약취 유인죄, 영리를 위한 약취 유인·매매죄 따위가 있다.

약침 藥鍼 약 약 / 침 침 | 의약과 침술.

약칭 略稱 간략할 약(략) / 일컬을 칭 | 간략하게 줄인 명칭.

약탈 掠奪 노략질할 약(략) / 빼앗을 탈 | 폭력을 써서 억지로 빼앗음.

약탈농업 掠奪農業 노략질할 약(략) / 빼앗을 탈 / 농사 농 / 업 업 | 땅에 거름을 주지 않고 지력(**地力**)에만 의존하여 농작물을 경작하는 원시적인 농업 방법. 화전 따위가 있으며, 지력이 다하면 다른 땅으로 옮긴다.

약탈혼 掠奪婚 노략질할 약(략) / 빼앗을 탈 / 혼인할 혼 | 원시 시대에, 신부 될 사람을 다른 부족으로부터 빼앗아 오는 결혼 형태.

약탕관 藥湯罐 약 약 / 끓일 탕 / 두레박 관 | 탕약을 달이는 데 쓰는 질그릇.

약통 藥桶 약 약 / 통 통 | 약을 담는 통.

약팔다 藥팔다 약 약 | 이것저것 끌어대어 입담 좋게 이야기를 늘어놓다.

❶약포 藥包 약 약 / 쌀 포 | 약을 싸는 데 쓰는 종이.

❷약포 藥舖 약 약 / 펼 포 | 약사가 없이 약종상 면허만으로 양약을 소매하는 가게.

약품 藥品 약 약 / 물건 품 | 약. 병이나 상처 따위를 고치거나 예방하기 위하여 먹거나 바르거나 주사하는 물질.

약하다 弱하다 약할 약 | 힘의 정도가 작다.

❶약해 藥害 약 약 / 해할 해 | 약을 잘못 써서 받는 해.

❷약해 略解 간략할 약(략) / 풀 해 | 골자만 추려서 간단하게 뜻을 풀이함.

약호 略號 간략할 약(략) / 이름 호 | 간단하고 알기 쉽게 만든 부호.

약혼 約婚 맺을 약 / 혼인할 혼 | 혼인하기로 약속함.

약혼자 約婚者 맺을 약 / 혼인할 혼 / 사람 자 | 약혼한 사람.

약혼반지 約婚半指 맺을 약 / 혼인할 혼 / 반 반 / 가리킬 지 | 약혼을 기념하기 위하여 주는 반지.

약효 藥效 약 약 / 효과 효 | 약의 효험.

❶양 量 헤아릴 량 | 분량이나 수량.

❷양 兩 두 량(양) | '둘' 또는 '두 쪽 모두'의 뜻.

❸양 羊 양 양 | 1. 솟과의 동물. 가축인 양과 야생의 양을 통틀어 이르는 말. 2. 성질이 매우 온순한 사람을 비유함.

❹양 胖 양 양 | '소의 위' 부분 고기.

❶양가 兩家 두 양(량) / 집 가 | 양편의 집.

❷양가 良家 어질 양(량) / 집 가 | 1. 양민의 집. 2. 지체가 있는 좋은 집안. ≒ 양갓집.

양각 陽刻 볕 양 / 새길 각 | 미술 조각에서, 평평한 면에 글자나 그림을 도드라지게 새기는 일. ≒ 부각, 돋을새김. / ↔ 음각.

양감 量感 헤아릴 양(량) / 느낄 감 | 1. 양이 있는 느낌. 2. ⬛미술 화면에 나타난 대상의 실재감과 입체감을 나타내는 말로, 무거움과 두꺼움의 느

낌.

► **양계 養鷄** 기를 양 / 닭 계 | 닭치기. 닭을 먹여 기름.

양계장 養鷄場 기를 양 / 닭 계 / 마당 장 | 두고 닭을 먹여 기르는 곳.

양곡 糧穀 양식 양(량) / 곡식 곡 | 양식으로 쓰는 곡식.

양괄식 兩括式 두 양(량) / 묶을 괄 / 법 식 | 글의 중심 내용이 앞부분과 끝부분에 있는 문장 구성 방식.

► ❶**양광 陽光** 볕 양 / 빛 광 | 태양의 빛. 또는 봄날의 따뜻한 햇빛.

❷**양광 佯狂** 거짓 양 / 미칠 광 | 거짓으로 미친 체함.

양국 兩國 두 양(량) / 나라 국 | 두 나라.

► ❶**양군 兩軍** 두 양(량) / 군사 군 | 양편의 군사.

❷**양군 養軍** 기를 양 / 군사 군 | 군병을 양성함.

► ❶**양궁 洋弓** 큰 바다 양 / 활 궁 | 서양식으로 만든 활.

❷**양궁 良弓** 어질 양(량) / 활 궁 | 좋은 활.

► ❶**양극 陽極** 볕 양 / 극진할 극 | 두 개의 전극 사이에 전류가 흐를 때, 전위가 높은 쪽의 극. 능 플러스극

❷**양극 兩極** 두 양(량) / 극진할 극 | 1. 양극과 음극. 2. 서로 상반되는 것. 능 양극단, 양단.

양극단 兩極端 두 양(량) / 극진할 극 / 끝 단 | 서로 매우 심하게 거리가 있거나 상반되는 것.

양극화 兩極化 두 양(량) / 극진할 극 / 될 화 | 1. 양극단으로 서로 멀어짐. 2. 서로 반대 방향으로 치달음.

양극체제 兩極體制 두 양(량) / 극진할 극 / 몸 체 / 절제할 제 | 세계가 미국과 소련을 중심으로 하는 두 진영으로 갈리어 대립하고 있던 상태.

► ❶**양기 陽氣** 볕 양 / 기운 기 | 1. 햇볕의 따뜻한 기운. 2. 만물이 살아 움직이는 활발한 기운. 3. 몸 안에 있는 양의 기운. 또는 남자 몸 안의 정기.

❷**양기 養氣** 기를 양 / 기운 기 | 1. 심신의 기력이나 원기를 기름. 2. 유가에서, 맹자가 주장한 정신 수양법. 호연(浩然)의 기를 기르는 일을 이른다. 3. 도가에서, 몸과 마음을 닦는 일.

양난 兩難 두 양(량) / 어려울 난 | 이러기도 어렵고 저러기도 어려움.

양날 兩날 두 양(량) | 양쪽에 날카로운 날이 있음.

양남 兩南 두 양(량) / 남녘 남 | 호남과 영남.

양녀 養女 기를 양 / 여자 녀(여) | 수양녀. 남의 자식을 데려다가 제 자식처럼 기른 딸.

► ❶**양단 兩端** 두 양(량) / 끝 단 | 두 끝.

양단간 兩端間 두 양(량) / 끝 단 / 사이 간 | 이렇게 되든지 저렇게 되든지 두 가지 가운데.

❷**양단 兩斷** 두 양(량) / 끊을 단 | 하나를 둘로 나누거나 끊음.

일도양단 一刀兩斷 한 일/칼 도/두 양(량)/끊을 단|1. 칼로 무엇을 대번에 쳐서 두 도막을 냄. 2. 어떤 일을 머뭇거리지 않고 선뜻 결정함을 비유.

양달 陽달 볕 양|볕이 바로 드는 곳. ≒ 양지, 양지쪽.

양대 兩大 두 양(량)/클 대|두 쪽이 다 큼.

양도 讓渡 사양할 양/건널 도|재산이나 물건을 남에게 넘겨줌. ≒ 양여, 이전.

양돈 養豚 기를 양/돼지 돈|돼지를 먹여 기름.

양동작전 陽動作戰 볕 양/움직일 동/지을 작/싸움 전|적의 경계를 분산시키기 위하여, 소규모의 병력이나 장비로 시위 공격함으로써 적을 속이는 작전.

❶양두 羊頭 양 양/머리 두|양의 머리.

양두구육 羊頭狗肉 양 양/머리 두/개 구/고기 육|1. 겉과 속이 다름. 2. 양의 머리를 걸어 놓고 개고기를 판다. 겉보기만 훌륭해 보이고 속은 그렇지 아니함. ≒ 표리부동(表裏不同).

❷양두 兩頭 두 양(량)/머리 두|1. 두 머리. 2. 두 사람의 지배자

양두정치 兩頭政治 두 양(량)/머리 두/정사 정/다스릴 치|두 사람의 우두머리가 같이 다스리는 정치. ≒ 쌍두정치.

양딸 養딸 기를 양|남의 자식을 데려다가 제 자식처럼 기른 딸. ≒ 수양딸, 양녀.

양떼 羊떼 양 양|양의 무리.

양떼구름 羊떼구름 양 양|높은 하늘에 양떼처럼 둥글둥글하게 덩어리진 구름.

양력 陽曆 볕 양/책력 력(역)|지구가 태양의 둘레를 한 바퀴 도는 데 걸리는 시간을 1년으로 정한 역법. 1년을 365일, 4년마다 윤년을 두어 366일로 한다. ≒ 태양력.

양력설 陽曆설 볕 양/책력 력(역)|양력으로 쇠는 설. 양력 1월 1일을 새해 명절로 이르는 말이다.

양로 養老 기를 양/늙을 로(노)|노인을 위로하여 안락하게 지내도록 받드는 일.

양로원 養老院 기를 양/늙을 로(노)/집 원|노인을 돌보는 사회 보호 시설.

양론 兩論 두 양(량)/논할 론(논)|두 가지의 서로 대립되는 논설.

양륙 揚陸 날릴 양/뭍 륙(육)|배에 실려 있는 짐을 뭍으로 운반함.

양립 兩立 두 양(량)/설 립(입)|두 가지가 동시에 성립함.

양립하다 兩立하다 두 양(량)/설 립(입)|두 가지가 동시에 성립하다.

양면 兩面 두 양(량)/낯 면|사물의 두 면.

양면성 兩面性 두 양(량)/낯 면/성품 성|하나의 사물 속에 있는 서로 맞서는 두 가지의 성질.

양면작전 兩面作戰 두 양(량)/낯 면/지을 작/싸움 전|전쟁에서, 두 방면에서 동시에 하는 작전.

❶양명 揚名 날릴 양/이름 명|이름을 드날림.

❷양명 陽明 볕 양 / 밝을 명 | 볕이 환하게 밝음.

양명하다 陽明하다 볕 양 / 밝을 명 | 볕이 환하게 밝다.

❶양모 羊毛 양 양 / 터럭 모 | 양털. 곱슬하고 보온성과 흡습성이 강하며, 모직물의 원료가 된다.

❷양모 養母 기를 양 / 어머니 모 | 양어머니.

양물 洋物 큰 바다 양 / 물건 물 | 서양식으로 만든 물품.

양미간 兩眉間 두 양(량) / 눈썹 미 / 사이 간 | 두 눈썹의 사이.

양민 良民 어질 양(량) / 백성 민 | 선량한 백성.

양반 兩班 두 양(량) / 나눌 반 | 역사 고려 · 조선 시대에, 지배층을 이루던 신분.

양반층 兩班層 두 양(량) / 나눌 반 / 층층 | 역사 고려와 조선 시대에, 무반(武班)과 문반(文班)에 속한 사람들의 계층.

양병 養兵 기를 양 / 병사 병 | 군사를 기름. ※ 참조: 율곡(栗谷) 이이(李珥)의 십만양병설.

양보 讓步 사양할 양 / 걸음 보 | 길이나 자리, 물건 따위를 사양하여 남에게 미루어 줌.

양복 洋服 큰 바다 양 / 옷 복 | 서양식의 의복.

양복짜리 洋服짜리 큰 바다 양 / 옷 복 | 양복을 입은 사람의 모양새를 낮잡아 이르는 말. ≒ 양복데기.

양봉 養蜂 기를 양 / 벌 봉 | 꿀을 얻기 위하여 벌을 기름.

양봉가 養蜂家 기를 양 / 벌 봉 / 집 가 | 꿀을 얻기 위하여 벌을 기르는 사람.

❶양분 養分 기를 양 / 나눌 분 | 영양이 되는 성분.

❷양분 兩分 두 양(량) / 나눌 분 | 둘로 가르거나 나눔.

양분하다 兩分하다 두 양(량) / 나눌 분 | 둘로 가르거나 나누다.

❶양산 量産 부피 양 / 낳을 산 | 많이 만들어 냄.

❷양산 陽傘 볕 양 / 우산 산 | 볕을 가릴 때 사용하는 우산.

양상 樣相 모양 양 / 상태 상 | 모양이나 상태.

양상군자 梁上君子 들보 양(량) / 위 상 / 군자 군 / 임자 | 도둑. 들보 위의 군자로 도둑을 미화한 말.

양생 養生 기를 양 / 날 생 | 오래 살기 위하여 몸과 마음을 편안히 하고 병에 걸리지 않도록 노력함.

❶양서 良書 어질 양(량) / 글 서 | 내용이 건전하고 이로움을 주는 좋은 책.

❷양서 洋書 큰 바다 양 / 글 서 | 서양에서 출판된 책.

❸양서 諒恕 살펴 알 양(량) / 용서할 서 | 사정을 헤아려 용서함.

❹양서 兩棲 두 양(량) / 깃들일 서 | 물이나 땅의 양쪽에서 다 삶.

양서류 兩棲類 두 양(량) / 깃들일 서 / 무리 류(유) | 생물 땅 위와 물속에서 사는 동물. 개구리, 도롱뇽 따위의 동물.

❶양성 兩性 두 양(량) / 성품 성 | 1. 남성과 여성을 아울러 이르는 말. 2. 사물의 서로 다른 두 가지 성질.

❷양성 陽性 볕 양 / 성품 성 | 1. 양(陽)의 성질. 적극적이고 활동적인 성질을 이른다. 2. 병을 진단하기 위하여 화학적·생물학적 검사를 한 결과 특정한 반응이 나타나는 일.

양성반응 陽性反應 볕 양 / 성품 성 / 돌이킬 반 / 응할 응 | 병을 진단하기 위하여 화학적·생물학적 검사를 한 결과 특정한 반응이 나타나는 일.

양성화 陽性化 볕 양 / 성품 성 / 될 화 | 어떤 사물 현상이 겉으로 드러남.

❸양성 養成 기를 양 / 이룰 성 | 1. 가르쳐서 유능한 사람을 길러 냄. 2. 실력이나 역량 따위를 길러서 발전시킴. ≒ 양육, 육성.

양성소 養成所 기를 양 / 이룰 성 / 바 소 | 짧은 기간에 전문 지식을 교육하여 기술자를 기르는 곳.

❹양성 釀成 술 빚을 양 / 이룰 성 | 1. 술이나 간장 따위를 빚어 만듦. 2. 어떤 분위기나 감정 따위를 자아냄.

양속 良俗 어질 양(량) / 풍속 속 | 좋은 풍속.

양손자 養孫子 기를 양 / 손자 손 / 아들 자 | 아들의 양자.

❶양수 兩手 두 양(량) / 손 수 | 양쪽 손.

❷양수 兩首 두 양(량) / 머리 수 | 1. 두 머리. 2. 두 사람의 지배자.

❸양수 陽數 볕 양 / 셈 수 | 수학 0보다 큰 수.

❹양수 讓受 사양할 양 / 받을 수 | 1. 사물을 다른 사람에게서 넘겨받음. 2. 타인의 권리, 재산 및 법률상의 지위 따위를 넘겨받는 일.

양수인 讓受人 사양할 양 / 받을 수 / 사람 인 | 1. 남의 물건을 넘겨받는 사람. 2. 타인의 권리, 재산, 법률에서의 지위 따위를 넘겨받는 사람.

❺양수 揚水 날릴 양 / 물 수 | 물을 위로 퍼 올림.

양수기 揚水機 날릴 양 / 물 수 / 틀 기 | 물을 퍼 올리는 기계. ≒ 수차, 펌프.

❻양수 羊水 양 양 / 물 수 | 태아를 보호하는 양막 안의 액체.

양순하다 良順하다 어질 양(량) / 순할 순 | 어질고 순하다.

양시론 兩是論 두 양(량) / 이 시 / 논할 론(논) | 맞서서 내세우는 두 편의 말이 모두 옳다는 주장.

❶양식 良識 어질 양(량) / 알 식 | 뛰어난 식견이나 건전한 판단.

❷양식 樣式 모양 양 / 법 식 | 일정한 모양이나 형식.

❸양식 洋食 큰 바다 양 / 밥 식 | 서양식 음식이나 식사.

❹양식 糧食 양식 양(량) / 밥 식 | 사람의 먹을거리.

❺양식 養殖 기를 양 / 불릴 식 | 물고기나 해조, 버섯 따위를 인공적으로 길러서 번식하게 함.

양식하다 養殖하다 기를 양 / 불릴 식 | 인공적으로

길러서 번식하게 하다.

양식업 養殖業 기를 양 / 불릴 식 / 업 업 | 물고기나 해조, 버섯 따위의 양식을 전문으로 하는 생산업.

양심 良心 어질다 양(량) / 마음 심 | 1. 사람으로서 마땅히 가져야 할 바르고 착한 마음. 2. 자기의 행위에 대하여 옳고 그름, 선악을 판단하는 도덕의식.

양심적 良心的 어질 양(량) / 마음 심 / 과녁 적 | 양심을 올바로 지닌.

양심범 良心犯 어질 양(량) / 마음 심 / 범할 범 | 사상이나 신념을 내세워 행동한 이유로 구금되어 있는 사람.

❶양악 洋樂 큰 바다 양 / 음악 악 | 서양에서 발생하여 발달한 음악. 오페라, 오페레타, 오케스트라, 실내악 따위가 있다.

❷양악 兩顎 두 양(량) / 턱 악 | 위턱과 아래턱.

❶양안 兩岸 두 양(량) / 언덕 안 | 강이나 하천 따위의 양쪽 기슭.

❷양안 量案 헤아릴 양(량) / 책상 안 | 역사 조선시대에, 조세 부과를 목적으로 논밭을 측량하여 만든 토지대장. 농민층의 토지소유 상황, 농가소득 정도, 계층 분화의 정도 따위를 파악할 수 있는 자료.

양약 良藥 어질 양(량) / 약 약 | 효험이 있는 좋은 약.

양약고구 良藥苦口 어질다 양(량) / 약 약 / 쓰다 고 / 입 구 | 좋은 약은 입에 쓰다. 충성스런 말

은 귀에는 거슬리나 이로움을 준다는 말. 늑 충언역이(忠言逆耳).

양양하다 洋洋하다 큰 바다 양 | 바다가 한없이 넓다.

양양대해 洋洋大海 큰 바다 양 / 클 대 / 바다 해 | 한없이 넓고 큰 바다.

양어 養魚 기를 양 / 물고기 어 | 물고기를 인공적으로 길러 번식하게 함.

양어장 養魚場 기를 양 / 물고기 어 / 마당 장 | 물고기를 인공적으로 기르는 곳.

양여 讓與 사양할 양 / 더불 여 | 자기의 소유를 남에게 보상 없이 건네줌.

양옥 洋屋 큰 바다 양 / 집 옥 | 서양식으로 지은 집.

양요 洋擾 서양 양 / 어지러울 요 | 역사 구한말에, 서양 세력이 천주교 탄압이나 통상 문제를 빌미로 쳐들어와 일으킨 난리. 고종 3년(1866)에 대원군이 천주교를 탄압하자 프랑스 함대가 강화도를 침범한 병인양요와 고종 8년(1871)에 미국 군함이 통상을 강요하기 위하여 강화도를 침범한 신미양요가 있다.

양원 兩院 두 양(량) / 집 원 | 이원제 국회.

양원제 兩院制 두 양(량) / 집 원 / 절제할 제 | 국회의 구성을 상원·하원처럼 양원으로 하는 제도.

양위 讓位 사양할 양 / 자리 위 | 임금의 자리를 물려줌.

양위하다 讓位하다 사양할 양 / 자리 위 | 임금의 자리를 물려주다.

양육 養育 기를 양 / 기를 육 | 아이를 보살펴서 자라게 함.

양육하다 養育하다 기를 양 / 기를 육 | 아이를 보살펴서 자라게 하다.

양이 洋夷 큰 바다 양 / 오랑캐 이 | 서양 오랑캐라는 뜻으로, 서양 사람을 낮잡아 이르는 말.

양익 兩翼 두 양(량) / 날개 익 | 좌우 양쪽 날개.

❶양인 良人 어질 양(량) / 사람 인 | 1. 어질고 착한 사람. 2. 역사 조선 시대에, 양반과 천민의 중간 신분인 백성.

❷양인 兩人 두 양(량) / 사람 인 | 두 사람.

❸양인 洋人 큰 바다 양 / 사람 인 | 서양사람.

양일간 兩日間 두 양(량) / 날 일 / 사이 간 | 이틀 동안. 두 날 가운데 하루.

양의 良醫 어질 양(량) / 의원 의 | 의술이 뛰어난 의사.

❶양자 養子 기를 양 / 아들 자 | 양아들.

❷양자 兩者 두 양(량) / 사람 자 | 양쪽의 사람이나 사물.

양자택일 兩者擇一 두 양(량) / 사람 인 / 고를 택 / 하나 일 | 둘 중에서 하나를 고름.

❸양자 陽子 볕 양 / 아들 자 | 물리 중성자와 함께 원자핵의 구성 요소가 되는 소립자의 하나. 질량은 전자의 약 1,800배이고 양전하를 가지며 전기량은 전자와 같다. 원자핵 내의 양성자의 수는 그 원자의 원자 번호를 나타낸다.

❹양자 量子 헤아릴 양(량) / 아들 자 | 물리 더 이상 나눌 수 없는 에너지의 최소량의 단위. 복사 에너지에서 처음 발견하여 '에너지 양자'라고 불렀으며, 그것이 빛으로서 공간을 진행할 경우 '광양자'라고 한다.

양자역학 量子力學 헤아릴 양(량) / 아들 자 / 힘 역(력) / 배울 학 | 물리 전자, 원자, 분자, 광양자, 중성자 따위의 미시적인 물질세계를 설명하는 현대물리학. 입자가 가지는 파동과 입자의 이중성, 측정에서의 불확정성 따위를 설명한다. 1925년 하이젠베르크의 행렬 역학과 슈뢰딩거의 파동 역학이 통합된 이론이다.

양잠 養蠶 기를 양 / 누에 잠 | 누에를 기름.

❶양장 洋裝 큰 바다 양 / 꾸밀 장 | 옷차림이나 머리 모양을 서양식으로 꾸밈.

❷양장 羊腸 양 양 / 창자 장 | 1. 양의 창자. 2. 꼬불꼬불하고 험한 길을 비유. ※ 예시 | 구절양장 **(九折羊腸)**.

❸양장시조 兩章時調 두 양(량) / 글 장 / 때 시 / 고를 조 | 문학 중장이 없이 초장과 종장만으로 이루어진 시조의 형식.

❶양재 良才 어질 양(량) / 재주 재 | 훌륭한 재주. 또는 그런 재주를 가진 사람

❷양재 洋裁 큰 바다 양 / 마를 재 | 양복을 재단하고 재봉하는 일.

양재사 洋裁師 큰 바다 양 / 마를 재 / 스승 사 | 전문적으로 양복을 재단하고 재봉하는 사람

양전옥답 良田沃畓 어질 양(량) / 밭 전 / 기름질 옥 / 논답 | 기름진 밭과 논.

양조 釀造 술 빚을 양 / 지을 조 | 술이나 간장, 식초 따위를 담가 만드는 일.

양조장 釀造場 술 빚을 양 / 지을 조 / 마당 장 | 술이나 간장, 식초 따위를 만들어 내는 공장.

❶양주 洋酒 큰 바다 양 / 술 주 | 서양에서 들어온 술. 서양식 양조법으로 만든 위스키, 브랜디, 진 따위를 이른다.

❷양주 兩主 두 양(량) / 주인 주 | 바깥주인과 안주인이라는 뜻으로, '부부'를 이르는 말.

❶양지 陽地 볕 양 / 땅 지 | 1. 볕이 잘 드는 곳. 양달. 2. 혜택을 받는 입장을 비유.

양지바르다 陽地바르다 볕 양 / 땅 지 | 땅이 볕을 잘 받게 되어 있다.

양지받이 陽地받이 볕 양 / 땅 지 | 양지바른 곳에 나와 햇볕을 쬐는 일.

양지식물 陽地植物 볕 양 / 땅 지 / 심을 식 / 물건 물 | 햇빛이 쬐는 곳에서 잘 자라는 식물.

❷양지 良知 어질 양(량) / 알 지 | 1. 사람이 나면서부터 가지고 있는 지능. 2. 양명학에서, 마음의 본성을 이르는 말.

양질 良質 어질 양(량) / 바탕 질 | 좋은 바탕이나 품질.

양처 良妻 어질 량(양) / 아내 처 | 어질고 착한 아내.

양철 洋鐵 큰 바다 양 / 쇠 철 | 안팎에 주석을 입힌 얇은 철판. 통조림통 따위를 만드는 데에 쓰인다.

양측 兩側 두 양(량) / 곁 측 | 두 편.

❶양치 養齒 기를 양 / 이 치 | 이를 닦고 물로 입 안을 가심. 한자를 빌려 '養齒'로 적기도 한다.

양치식물 羊齒植物 기를 양 / 이 치 / 심을 식 / 물건 물 | 꽃이 피지 않고 홀씨로 번식하는 식물. 고사리 따위가 있다.

❷양치기 羊치기 양 양 | 양을 치는 일.

양친 兩親 두 양(량) / 친할 친 | 부친과 모친.

양탄자 洋탄자 큰 바다 양 | 양털 따위의 털을 표면에 보풀이 일게 짠 두꺼운 모직물.

양택 陽宅 볕 양 / 집 택 | 살아 있는 사람의 집터.

양털 羊털 양 양 | 양의 털. 털실과 모직의 재료이다.

양파 洋파 큰 바다 양 | 백합과의 두해살이풀.

양편 兩便 두 양(량) / 편할 편 | 상대가 되는 두 편. ≒ 쌍방, 양측.

❶양품 良品 어질 양(량) / 물건 품 | 질이 좋은 물품.

❷양품 洋品 큰 바다 양 / 물건 품 | 서양식으로 만든 물품. 특히 의류나 장신구 따위의 잡화를 이른다.

양품점 洋品店 큰 바다 양 / 물건 품 / 가게 점 | 양품을 전문적으로 파는 가게.

❶양풍 陽風 볕 양 / 바람 풍 | 1. 따뜻한 바람. 2. 봄바람 또는 동풍.

❷양풍 涼風 서늘할 량(양) / 바람 풍 | 서늘한 바람.

❸양풍 良風 어질 양(량) / 바람 풍 | 좋은 풍속.

④양풍 洋風 큰 바다 양 / 바람 풍 | 서양식을 본뜬 모양. 또는 서양의 영향을 받은 풍조.

양피지 羊皮紙 양 양 / 가죽 피 / 종이 지 | 양의 생가죽을 얇게 펴서 말려 글을 쓰는 데 사용함. 서양의 고대에서 중세까지 많이 사용하였다.

▶**양해 諒解** 헤아릴 양(량) / 풀다 해 | 남의 사정을 헤아려 너그러이 받아들임.

양해하다 諒解하다 헤아릴 양(량) / 풀다 해 | 남의 사정을 헤아려 너그러이 받아들이다.

양협 量狹 헤아릴 양(량) / 좁을 협 | 도량이 좁음.

양형 量刑 헤아릴 양(량) / 형벌 형 | 법률 형벌의 정도를 정하는 일.

▶**①양호 良好** 어질 양(량) / 좋을 호 | 매우 좋음.

양호하다 良好하다 어질 양(량) / 좋을 호 | 매우 좋다.

②양호 養護 기를 양 / 도울 호 | 기르고 보호함.

양호교사 養護教師 기를 양 / 도울 호 / 가르칠 교 / 스승 사 | 학교에서 학생의 건강이나 위생을 돌보아 주는 교사.

▶**①양화 良貨** 어질 양(량) / 재물 화 | 품질이 좋은 화폐. 실제가격과 법정가격의 차이가 적은 화폐를 이른다.

②양화 洋靴 큰 바다 양 / 신 화 | 가죽을 재료로 만든 서양식 신.

양화점 洋靴店 큰 바다 양 / 신 화 / 가게 점 | 구두를 만들어 파는 가게.

양회 洋灰 큰 바다 양 / 재 회 | 시멘트.

어감 語感 말씀 어 / 느낄 감 | 말소리나 말투의 느낌.

▶**①어구 語句** 말씀 어 / 글귀 구 | 문법 말의 마디나 구절. '句'의 한자음은 본음인 '구'로 읽는다.

②어구 漁具 고기 잡을 어 / 갖출 구 | 고기잡이에 쓰는 도구.

③어구 御溝 거느릴 어 / 도랑 구 | 대궐 안에서 흘러나오는 개천.

▶**①어군 語群** 말씀 어 / 무리 군 | 문법 서로 친족 관계를 이루는 언어를 통틀어 이르는 말.

②어군 魚群 물고기 어 / 무리 군 | 물고기의 떼.

어눌하다 語訥하다 말씀 어 / 말 더듬을 눌 | 말을 유창하게 하지 못하고 떠듬거리다.

어람 御覽 거느릴 어 / 볼 람(남) | 임금이 보는 것.

어렵선 漁獵船 고기 잡을 어 / 사냥 렵(엽) / 배 선 | 고기잡이에 종사하는 배.

어로 漁撈 고기 잡을 어 / 건질 로(노) | 고기를 잡는 일.

어록 語錄 말씀 어 / 기록할 록(녹) | 위인들이 한 말을 간추려 모은 기록.

어막 魚幕 물고기 어 / 장막 막 | 고기잡이를 하기 위하여 물가에 지어 놓은 집.

어망 漁網/魚網 고기 잡을 어 / 그물 망 | 물고기를 잡는 데 쓰는 그물.

어묵 魚묵 물고기 어 | 생선의 살을 으깨어 익혀서 굳힌 음식.

▶

어문 語文 말씀 어 / 글월 문 | 말과 글.

어문일치 語文一致 말씀 어 / 글월 문 / 한 일 / 이를 치 | 실제로 쓰는 말과 글이 일치함.

▶

어물 魚物 물고기 어 / 물건 물 | 생선 또는 말린 생선 따위.

어물전 魚物廛 물고기 어 / 물건 물 / 가게 전 | 생선, 김, 미역 따위의 어물을 전문적으로 파는 가게.

어미 語尾 말씀 어 / 꼬리 미 | 문법 용언 및 서술격 조사가 활용하여 변하는 부분. '점잖다', '점잖으며', '점잖고'에서 '다', '으며', '고' 따위이다.

어순 語順 말씀 어 / 순서 순 | 문법 문장성분의 배열에 나타나는 순서.

어민 漁民 고기 잡을 어 / 백성 민 | 물고기 잡는 일을 직업으로 하는 사람. ≒ 고기잡이, 선인, 어부.

어보 御寶 거느릴 어 / 보배 보 | 국권의 상징으로 임금이 사용하던 도장.

▶

❶**어복** 魚腹 물고기 어 / 배 복 | 물고기의 배.

❷**어복** 於腹 어조사 어 / 배 복 | 바둑판에서, 한가운데 점을 중심으로 한 중앙 지역.

▶

어부 漁夫/漁父 고기 잡을 어 / 지아비 부 | 물고기 잡는 일을 직업으로 하는 사람.

어부지리 漁父之利 고기 잡을 어 / 사내 부 / 어조사 지 / 이롭다 리 | 1. 어부의 이익. 도요새와 무명조개가 서로를 먹으려고 꽉 물고 붙들고 있자, 마침 곁에 지나가던 어부가 둘 다 잡아 이익을 얻었다는 고사에서 유래. 2. 두 사람이 이해관계로 서로 싸우는 사이에 제3자가 이익을 가로챔을 비유.

어불성설 語不成說 말씀 어 / 아닐 불 / 이룰 성 / 말씀 설 | 말이 사리에 맞지 아니함.

▶

❶**어사** 御史 거느릴 어 / 사기 사 | 왕명으로 특별한 사명을 띠고 지방에 파견되던 임시 벼슬. 감진어사, 순무어사, 안핵사, 암행어사 따위가 있다.

어사또 御史또 거느릴 어 / 사기 사 | '어사'의 높임말. 암행어사를 지칭하는 말. 특정 지역에 상주하며 다스리는 사또와는 구분됨.

❷**어사** 御賜 거느릴 어 / 줄 사 | 임금이 아랫사람에게 돈이나 물건을 내리는 일.

어사화 御賜花 거느릴 어 / 줄 사 / 꽃 화 | 역사 조선 시대에, 문무과에 급제한 사람에게 임금이 하사하던 종이꽃.

❸**어사** 御射 거느릴 어 / 쏠 사 | 임금이 활을 쏘는 일.

❹**어사무사하다** 於思無思하다 어조사 어 / 생각 사 / 없을 무 | 생각이 날 듯 말 듯 하다.

어살 魚살 물고기 어 | 물고기를 잡는 장치.

어색 語塞 말씀 어 / 막힐 색 | 서먹서먹하여 멋쩍고 쑥스러움.

어색하다 語塞하다 말씀 어 / 막힐 색 | 자연스럽지 못하다. ≒ 겸연쩍다, 멋쩍다.

어수계 魚水契 물고기 어 / 물 수 / 맺을 계 | 물고기와 물의 관계라는 뜻으로, 임금과 신하 사이의 서로 믿고 의지하는 깊은 교분.

어안 魚眼 물고기 어 / 눈 안 | 물고기의 눈.

어언간 於焉間 어조사 어 / 어찌 언 / 사이 간 | 알지 못하는 동안에 어느덧.

어업 漁業 고기 잡을 어 / 업 업 | 영리를 목적으로 물고기, 조개, 김, 미역 따위를 잡거나 기르는 산업.

어염 魚鹽 물고기 어 / 소금 염 | 물고기와 소금.

어염시수 魚鹽柴水 물고기 어 / 소금 염 / 섶 시 / 물 수 | 생선 · 소금 · 땔나무 · 물이라는 뜻으로, 생활에 필요한 물품을 통틀어 이르는 말.

어용 御用 임금 어 / 쓰다 용 | 1. 임금이 씀. 2. 정부에서 씀. 3. 자신의 이익을 위하여 권력에 영합하는 것을 비꼬는 뜻.

어용문학 御用文學 거느릴 어 / 쓸 용 / 글월 문 / 배울 학 | 자신의 이익을 위하여 권력자나 권력기관에 영합하여 협력하는 것을 내용으로 하는 문학.

어용 교수 御用教授 거느릴 어 / 쓸 용 / 가르칠 교 / 줄 수 | 학문의 진리탐구보다는 권력에 영합하는 교수.

어유 魚油 물고기 어 / 기름 유 | 물고기에서 짜낸 기름.

어유등잔 魚油燈盞 물고기 어 / 기름 유 / 등 등 / 잔 잔 | 정어리기름이나 명태의 창자 기름 따위로 불을 켜도록 만든 등잔.

어유부중 魚遊釜中 물고기 어 / 놀 유 / 가마 부 / 가운데 중 | 물고기가 솥 안에서 논다는 뜻으로, 지금은 살아 있기는 하여도 생명이 얼마 남지 아니하였음을 이르는 말.

어육 魚肉 물고기 어 / 고기 육 | 생선의 고기.

어이아이 於異阿異 어조사 어 / 다를 이 / 언덕 아 / | '어' 다르고 '아' 다르다. 같은 말을 하더라도 어떻게 표현하느냐에 따라 상대방에게 받아들여지는 정도가 차이가 남. ※ 참조: '아 다르고 어 다르다'.

어장 漁場 고기 잡을 어 / 마당 장 | 고기잡이를 하는 곳.

어전 御前 거느릴 어 / 앞 전 | 임금의 앞.

어전회의 御前會議 거느릴 어 / 앞 전 / 모일 회 / 의논할 의 | 임금의 앞에서 중신들이 모여 국가 대사를 의논하던 회의.

어제 御製 거느릴 어 / 지을 제 | 임금이 몸소 짓거나 만듦.

어좌 御座 거느릴 어 / 자리 좌 | 임금이 앉는 자리.

어지 御旨 거느릴 어 / 뜻 지 | 임금의 뜻.

어필 御筆 거느릴 어 / 붓 필 | 임금이 손수 쓴 글씨.

어절 語節 말씀 어 / 마디 절 | 문법 문장을 구성하고 있는 마디. 문장성분의 최소 단위로서 띄어쓰기의 단위가 된다.

어조 語調 말씀 어 / 고를 조 | 문법 말의 가락. 억양. ※ 예시: 비판적 어조. 친근한 어조.

❶**어족 語族** 말씀 어 / 겨레 족 | 문법 계통상 하나로 묶이는 언어의 종족. 인도 · 유럽 어족, 알타이 어족, 셈 어족 따위가 있다.

❷**어족 魚族** 물고기 어 / 겨레 족 | 물고기를 계통적으로 나눈 종족.

❶**어중 語中** 말씀 어 / 가운데 중 | 말하는 가운데.

❷**어중 於中** 어조사 어 / 가운데 중 | 가운데가 되는 정도.

어중간 於中間 어조사 어 / 가운데 중 / 사이 간 | 거의 중간쯤 되는 곳.

어중간하다 於中間하다 어조사 어 / 가운데 중 / 사이 간 | 1. 거의 중간쯤 되는 곳에 있다. 2. 이것도 저것도 아니게 어정쩡하다.

❶**어초 魚礁** 물고기 어 / 암초 초 | 물고기들이 모여들고 번식하는 바다 밑의 볼록한 곳.

❷**어초 漁樵** 고기 잡을 어 / 나무할 초 | 물고기를 잡는 일과 땔나무를 하는 일.

어촌 漁村 고기 잡을 어 / 마을 촌 | 어민들이 모여 사는 바닷가 마을. ≒ 갯마을.

어탕 魚湯 물고기 어 / 끓일 탕 | 생선을 넣어 끓인 국.

어투 語套 말씀 어 / 씌울 투 | 말을 하는 버릇. ≒ 말버릇, 말씨.

어패 魚貝 물고기 어 / 조개 패 | 물고기와 조개.

어폐 語弊 말씀 어 / 폐단 폐 | 적절하지 않게 사용하여 생기는 말의 폐단.

어포 魚脯 물고기 어 / 포 포 | 생선의 살을 얇게 저며 말린 고기.

어학 語學 말씀 어 / 배울 학 | 어떤 나라의 언어를 연구하는 학문.

어한 禦寒 막을 어 / 찰 한 | 추위에 언 몸을 녹임.

❶**어항 魚缸** 물고기 어 / 항아리 항 | 물고기를 기르는 데 사용하는, 유리로 만든 항아리.

❷**어항 漁港** 고기 잡을 어 / 항구 항 | 고기 잡는 어선이 드나드는 항구.

어혈 瘀血 어혈질 어 / 피 혈 | 멍. 타박상 따위로 살 속에 피가 맺힘.

❶**어형 語形** 말씀 어 / 모양 형 | 문법 말이나 단어의 형태.

❷**어형 魚形** 물고기 어 / 모양 형 | 물고기 모양.

어화 漁火 고기 잡을 어 / 불 화 | 고기잡이하는 배에 켜는 등불이나 횃불.

어황 漁況 고기 잡을 어 / 상황 황 | 고기잡이의 상황.

어획 漁獲 고기 잡을 어 / 얻을 획 | 수산물을 잡거나 채취함.

어획고 漁獲高 고기 잡을 어 / 얻을 획 / 높을 고 | 수산물을 잡거나 채취한 수량.

어휘 語彙 말씀 어 / 무리 휘 | 문법 단어의 수효. 또는 단어의 전체.

억강부약 抑強扶弱 누를 억 / 강할 강 / 도울 부 / 약할 약 | 강한 자를 억누르고 약한 자를 도와줌.

억겁 億劫 억 억 / 위협할 겁 | 무한하게 오랜 시간.

억견 臆見 가슴 억 / 볼 견 | 억측으로 하는 소견.

억념 憶念 생각할 억 / 생각 념(염) | 단단히 기억함.

억류 抑留 누를 억 / 머무를 류(유) | 억지로 머무르게 함.

억류자 抑留者 누를 억 / 머무를 류(유) / 사람 자 | 억류되어 있는 사람.

억만창생 億萬蒼生 억 억 / 일 만 만 / 푸를 창 / 날 생 | 수많은 백성.

❶억매 抑賣 누를 억 / 팔 매 | 남에게 물건을 강제로 떠맡겨 팖.

❷억매 抑買 누를 억 / 살 매 | 강권에 못 이겨 남의 물건을 억지로 삼.

억매흥정 抑買흥정 누를 억 / 살 매 | 부당한 값으로 억지로 물건을 사려는 흥정.

억분 抑憤 누를 억 / 분할 분 | 억울하고 분함.

억색하다 臆塞하다 가슴 억 / 막힐 색 | 억울하거나 원통하여 가슴이 답답하다.

억압 抑壓 누를 억 / 누를 압 | 억지로 억누름.

억압하다 抑壓하다 누를 억 / 누를 압 | 억지로 억누르다.

억압정책 抑壓政策 누를 억 / 누를 압 / 정사 정 / 꾀 책 | 여론 또는 반발이나 비판 따위를 억누르는 정책.

억양 抑揚 누를 억 / 날릴 양 | 1. 혹은 억누르고 혹은 찬양함. 2. 음조의 높낮이와 강약.

억울 抑鬱 누를 억 / 답답할 울 | 아무 잘못 없이 꾸중을 듣거나 벌을 받아서 분하고 답답함. ≒ 분통.

억울하다 抑鬱하다 누를 억 / 답답할 울 | 아무 잘못 없이 꾸중을 듣거나 벌을 받아서 분하고 답답하다.

억제 抑制 누를 억 / 절제할 제 | 내리눌러서 그치게 함.

억제력 抑制力 누를 억 / 절제할 제 / 힘 력 | 억제하는 힘.

억조 億兆 억 억 / 조 조 | 수사 억과 조.

억조창생 億兆蒼生 억 억 / 조 조 / 푸를 창 / 날 생 | 수많은 백성.

억측 臆測 가슴 억 / 헤아릴 측 | 이유와 근거가 없이 짐작함.

억측하다 臆測하다 가슴 억 / 헤아릴 측 | 이유와 근거가 없이 짐작하다.

억하심정 抑何心情 누를 억 / 어찌 하 / 마음 심 / 뜻 정 | 1. 도대체 무슨 심정이냐라는 뜻으로, 무슨 생각으로 그러는지 알 수 없다는 뜻. 2. 마음속 깊이 맺힌 마음.

언감생심 焉敢生心 어찌 언 / 감히 감 / 날 생 / 마음 심 | 어찌 감히 그런 마음을 품을 수 있겠냐는 뜻으로, 전혀 그런 마음이 없었음을 이르는 말.

언관 言官 말씀 언 / 벼슬 관 | 역사 조선 시대에,

사간원과 사헌부에 속하여 임금의 잘못을 간하고 관리의 비행을 규탄하던 벼슬아치.

언급 言及 말씀 언 / 미칠 급 | 어떤 문제에 대하여 말함.

언급하다 言及하다 말씀 언 / 미칠 급 | 어떤 문제에 대하여 말하다.

언로 言路 말씀 언 / 길 로(노) | 신하들이 임금에게 말을 올릴 수 있는 길.

언론 言論 말씀 언 / 논할 론(논) | 1. 개인이 말이나 글로 자기의 생각을 발표하는 일. 2. 매체를 통하여 어떤 사실을 알리거나 여론을 형성하는 일.

언론계 言論界 말씀 언 / 논할 론(논) / 지경 계 | 신문, 잡지, 방송, 통신 따위의 언론에 종사하는 사람들의 활동 분야.

언론의 자유 言論의自由 말씀 언 / 논할 론(논) / 스스로 자 / 말미암을 유 | 근대적인 헌법이 기본적 인권으로서 보장하는 자유의 하나. 개인의 사상 또는 의견을 언론에 발표할 수 있는 자유로, 출판 외에 연설·연극·영화·음악 따위에 의한 사상 발표의 자유도 포함된다.

언론 출판의 자유 言論出版의自由 말씀 언 / 논할 론(논) / 날 출 / 판목 판 / 스스로 자 / 말미암을 유 | 출판물이나 방송, 인터넷 등 언론을 통하여 의견을 자유롭게 표현하고 배포할 수 있는 권리.

언명 言明 말씀 언 / 밝을 명 | 말이나 글로써 뜻을 똑똑히 나타냄. ≒ 천명.

❶언문 言文 말씀 언 / 글월 문 | 말과 글.

언문일치 言文一致 말씀 언 / 글월 문 / 한 일 / 이를 치 | 실제로 쓰는 말과 그 말을 적은 글이 일치함.

❷언문 諺文 언문 언 / 글월 문 | 예전에, '한글'을 이르던 말.

언변 言辯 말씀 언 / 말씀 변 | 말을 잘하는 재주나 솜씨.

언사 言辭 말씀 언 / 말씀 사 | 말이나 말씨.

언색 言色 말씀 언 / 빛 색 | 말과 얼굴빛.

❶언설 言舌 말씀 언 / 혀 설 | 말을 잘하는 재주.

❷언설 言說 말씀 언 / 말씀 설 | 말로써 설명함.

언설하다 言說하다 말씀 언 / 말씀 설 | 말로써 설명하다.

언약 言約 말씀 언 / 맺을 약 | 말로 하는 약속.

언약하다 言約하다 말씀 언 / 맺을 약 | 말로 약속하다.

언어 言語 말씀 언 / 말씀 어 | 생각, 느낌을 음성이나 문자로 나타내거나 전달하는 수단.

언어도단 言語道斷 말씀 언 / 말씀 어 / 길 도 / 끊을 단 | 말할 길이 끊어졌다는 뜻으로, 너무 엄청나거나 어이가 없어서 말하려 해도 말할 수 없음.

언어유희 言語遊戲 말씀 언 / 말씀 어 / 놀 유 / 놀이 희 | 1. 말이나 글자를 소재로 하는 놀이. 말 잇기 놀이, 어려운 말 외우기, 새말 만들기 따위가 있다. 2. 내용 없는 미사여구나 현학적인 말을 늘어놓는 일. ≒ 말놀이, 말장난.

언외 言外 말씀 언/바깥 외 | 말 밖에.

언외지의 言外之意 말씀 언 / 바깥 외 / 갈 지 / 뜻 의 | 말 밖에 숨어있는 다른 뜻.

언월 偃月 나부낄 언/달 월 | 1. 음력 보름 전후의 반달. 2. 반달처럼 생긴 물체의 모양.

언월도 偃月刀 나부낄 언/달 월/칼 도 | 옛날 무기의 하나로 초승달 모양으로 생긴 큰 칼.

❶언의 言議 말씀 언/의논할 의 | 이러니저러니 하는 소문.

❷언의 言意 말씀 언/뜻 의 | 말뜻이나 속내.

언쟁 言爭 말씀 언 / 다툴 쟁 | 말로 옳고 그름을 가리는 다툼. ≒ 말싸움, 말다툼, 설전.

언쟁하다 言爭하다 말씀 언 / 다툴 쟁 | 말로 옳고 그름을 다투다.

언중유골 言中有骨 말씀 언/가운데 중/있을 유/뼈 골 | 말속에 뼈가 있다.

언중지의 言中之意 말씀 언/가운데 중/갈 지/뜻 의 | 말 속에 나타난 뜻.

언즉시야 言則是也 말씀 언/곧 즉/이 시/어조사 야 | 말인즉 옳음.

언지 言志 말씀 언/뜻 지 | 자기의 뜻을 말한다는 뜻으로, '시'를 이르는 말.

언질 言質 말씀 언 / 바탕 질 | 1. 나중에 꼬투리나 증거가 될 말. 2. 앞으로 어찌할 것이라는 말.

언질을 잡다 言質을잡다 말씀 언 / 바탕 질 | 남이 한 말을 자기가 할 말의 증거로 삼다.

언책 言責 말씀 언/꾸짖을 책 | 말로써 잘못을 꾸짖음.

언필칭 言必稱 말씀 언 / 반드시 필 / 일컬을 칭 | 말할 때마다 반드시

언하에 言下에 말씀 언 / 아래 하 | 말이 떨어지자 바로. ※ 예시 | 언하에 거절하다.

언해 諺解 언문 언 / 풀 해 | 한문을 한글로 풀어서 씀.

언행 言行 말씀 언/다닐 행 | 말과 행동.

언행일치 言行一致 말씀 언 / 다닐 행 / 한 일 / 이를 치 | 말과 행동이 하나로 들어맞음.

엄격하다 嚴格하다 엄할 엄 / 격식 격 | 매우 엄하고 철저하다.

엄금 嚴禁 엄할 엄/금할 금 | 엄하게 금지함.

엄단 嚴斷 엄할 엄/끊을 단 | 엄중히 처단함.

엄단하다 嚴斷하다 엄할 엄/끊을 단 | 엄중히 처단하다.

엄동 嚴冬 엄할 엄/겨울 동 | 몹시 추운 겨울.

엄동설한 嚴冬雪寒 엄할 엄 / 겨울 동 / 눈 설 / 찰 한 | 눈 내리는 깊은 겨울의 심한 추위. ≒ 삼동, 엄동, 한겨울.

엄명 嚴命 엄할 엄/목숨 명 | 엄하게 명령함.

엄밀 嚴密 엄할 엄 / 빽빽할 밀 | 매우 세밀함.

엄밀하다 嚴密하다 엄할 엄 / 빽빽할 밀 | 조그만 빈틈을 용납하지 않을 만큼 엄격하고 세밀하다.

○△□

늘 치밀하다, 세밀하다.

엄밀성 嚴密性 엄할 엄 / 빽빽할 밀 / 성품 성 | 엄격하고 세밀한 성질.

엄벌 嚴罰 엄할 엄 / 벌할 벌 | 엄하게 벌을 줌.

엄부 嚴父 엄할 엄 / 아버지 부 | 엄격한 아버지.

엄선 嚴選 엄할 엄 / 가릴 선 | 엄격하고 공정하게 가려 뽑음.

엄선하다 嚴選하다 엄할 엄 / 가릴 선 | 엄정하게 가려 뽑다.

엄수 嚴守 엄할 엄 / 지킬 수 | 엄하게 지킴.

엄수하다 嚴守하다 엄할 엄 / 지킬 수 | 엄하게 지키다.

엄숙 嚴肅 엄할 엄 / 엄숙할 숙 | 장엄하고 정숙함.

엄숙하다 嚴肅하다 엄할 엄 / 엄숙할 숙 | 장엄하고 정숙하다.

엄숙주의 嚴肅主義 엄할 엄 / 엄숙할 숙 / 주인 주 / 뜻 의 | 윤리 도덕률을 엄격히 지키는 태도. 의무를 강조하며 욕망을 억누르고 쾌락이나 행복을 거부하는 태도로 스토아학파의 윤리설, 기독교의 경건주의, 칸트의 윤리설이 대표적이다.

엄습 掩襲 가릴 엄 / 들이닥칠 습 | 뜻하지 않는 사이에 덮침.

엄시하 嚴侍下 엄할 엄 / 모실 시 / 아래 하 | 양친 중에 아버지만이 생존해 있는 사람.

엄연하다 儼然하다 의젓할 엄 / 그러할 연 | 1. 어떤

사실이 뚜렷하다. 2. 사람의 겉모양이나 언행이 의젓하고 점잖다.

엄용 嚴容 엄할 엄 / 얼굴 용 | 엄숙한 용모.

엄정 嚴正 엄할 엄 / 바를 정 | 엄격하고 바름.

엄정하다 嚴正하다 엄할 엄 / 바를 정 | 엄격하고 바르다.

엄정중립 嚴正中立 엄할 엄 / 바를 정 / 가운데 중 / 설 립(입) | 중립의 지위를 엄격히 지켜 전쟁 중인 어느 나라도 도와주지 아니하는 일.

엄존 儼存 엄연할 엄 / 있을 존 | 엄연하게 존재함.

엄중하다 嚴重하다 엄할 엄 / 무거울 중 | 몹시 엄하다.

엄책 嚴責 엄할 엄 / 꾸짖을 책 | 엄하게 꾸짖음.

엄처시하 嚴妻侍下 엄할 엄 / 아내 처 / 모실 시 / 아래 하 | 엄한 아내를 모시는 아래라는 뜻으로, 아내에게 쥐여사는 남편의 처지를 놀림조로 이르는 말.

엄칙 嚴飭 엄할 엄 / 신칙할 칙 | 엄하게 타일러 경계함

엄폐 掩蔽 가릴 엄 / 덮을 폐 | 가리어 숨김.

엄폐물 掩蔽物 가릴 엄 / 덮을 폐 / 물건 물 | 적의 사격이나 관측으로부터 아군을 숨기고 보호하는 자연물 또는 인공적 장애물.

엄하다 嚴하다 엄할 엄 | 1. 매우 철저하고 바르다. 2. 매우 철저하고 까다롭다.

엄한 嚴寒 엄할 엄 / 찰 한 | 매우 심한 추위.

엄호 掩護 가릴 엄 / 도울 호 | 덮어서 숨기고 지켜줌.

엄호하다 掩護하다 가릴 엄 / 도울 호 | 덮어서 숨기고 지켜주다.

엄혹하다 嚴酷하다 엄할 엄 / 심할 혹 | 매우 엄하고 혹독하다.

업계 業界 업 업 / 지경 계 | 같은 산업이나 상업에 종사하는 사람들의 사회.

업무 業務 업 업 / 힘쓸 무 | 직장 같은 곳에서 맡아서 하는 일.

업소 業所 업 업 / 바 소 | 사업을 벌이고 있는 장소.

업적 業績 업 업 / 길쌈할 적 | 사업이나 연구에서 세운 공적.

업종 業種 업 업 / 씨 종 | 직업이나 영업의 종류.

업체 業體 업 업 / 몸 체 | 사업이나 기업의 주체.

업화 業火 업 업 / 불 화 | 불같이 일어나는 노여움.

여가 餘暇 남을 여 / 틈 가 | 일이 없어 남는 시간.

❶여각 閭閣 마을 려(여) / 집 각 | 여염집. 일반 백성의 살림집.

❷여각 旅閣 나그네 여(려) / 집 각 | 객줏집. 조선 후기에, 연안 포구에서 상인들의 숙박, 화물의 보관, 위탁 판매, 운송 따위를 맡아보던 집.

여객 旅客 나그네 여(려) / 손 객 | 여행하는 사람.

여객선 旅客船 나그네 여(려) / 손 객 / 배 선 | 여객을 태워 나르기 위한 배.

여객기 旅客機 나그네 여(려) / 손 객 / 틀 기 | 여객을 태워 나르기 위한 비행기.

여경 女警 여자 녀(여) / 깨우칠 경 | 여자 경찰관.

여공 女工 여자 녀(여) / 장인 공 | 공장에서 일하는 여자.

여과 濾過 거를 여(려) / 지날 과 | 걸러 내는 일.

여과지 濾過紙 거를 여(려) / 지날 과 / 종이 지 | 액체 속에 들어 있는 침전물이나 불순물을 걸러 내는 종이.

❶여관 旅館 나그네 여(려) / 집 관 | 일정한 돈을 받고 손님을 묵게 하는 집.

여관업 旅館業 나그네 여(려) / 집 관 / 업 업 | 여관을 경영하는 영업.

❷여관 女官 여자 녀(여) / 벼슬 관 | 역사 궁궐 안에서 왕과 왕비를 가까이 모시는 궁녀.

여구 麗句 고울 여(려) / 글귀 구 | 아름답게 꾸민 글귀.

❶여군 女軍 여자 녀(여) / 군사 군 | 여자 군인.

❷여군 女君 여자 녀(여) / 임금 군 | '왕비'를 달리 이르는 말.

여귀 厲鬼 갈 려(여) / 귀신 귀 | 1. 제사를 받지 못하는 귀신. 2. 돌림병으로 죽은 귀신.

여기 餘技 남을 여 / 재주 기 | 전문적으로 하는 것이 아니라 틈틈이 취미로 하는 재주나 일.

여년 餘年 남을 여 / 해 년(연) | 앞으로 남은 인생.

여념 餘念 남을 여 / 생각 념(염) | 어떤 일에 대하여 생각하고 있는 것 이외의 다른 생각.

여단 旅團 나그네 여(려) / 둥글 단 | 군대 편성 단위. 보통 2개 연대로 이루어지며 사단보다 규모가 작다.

여담 餘談 남을 여 / 말씀 담 | 이야기하는 본 줄거리와 관계없이 하는 딴 이야기.

여당 與黨 더불어 여 / 무리 당 | 정당 정치에서, 현재 정권을 잡고 있는 정당.

여독 旅毒 나그네 여(려) / 독 독 | 여행으로 말미암아 생긴 피로나 병.

여력 餘力 남을 여 / 힘 력(역) | 어떤 일에 주력하고 아직 남아 있는 힘.

여로 旅路 나그네 여(려) / 길 로(노) | 여행하는 길.

▶ **여론 輿論, 與論** 더불어 여 / 의논할 론(논) | 여러 사람의 공통된 의견. ≒ 공론(公論), 세론(世論).

여론조사 輿論調查 더불어 여 / 의논할 론(논) / 고를 조 / 조사할 사 | 개별적인 면접이나 질문서 따위를 통하여 어떤 문제에 대한 사회 대중의 공통된 의견을 조사하는 일.

여론조작 輿論造作 수레 여 / 논할 론(논) / 잡을 조 / 지을 작 | 권력자가 대중 매체 따위를 이용하여 자신이 원하는 방향으로 대중의 의견을 유도함으로써 사회를 통제하는 일. 현대 대중 사회의 부정적 측면 가운데 하나로, 나치의 반유대 선전 따위가 있다.

여론화하다 輿論化하다 수레 여 / 논할 론(논) / 될 화 | 사회 대중의 공통된 의견이 되게 하다.

▶ **❶여류 女流** 여자 녀(여) / 흐를 류(유) | 어떤 전문적인 일에 능숙한 여자를 이르는 말.

❷여류 如流 같을 여 / 흐를 류(유) | 물의 흐름과 같다는 뜻으로, 세월이 매우 빠름을 비유.

여류하다 如流하다 같을 여 / 흐를 류(유) | 물의 흐름과 같다는 뜻으로, 세월이 매우 빠름을 비유.

여리박빙 如履薄氷 같을 여 / 밟을 리 / 얇을 박 / 얼음 빙 | 얇은 얼음을 밟듯 위태로워 아주 조심해야함을 이름.

▶ **❶여막 旅幕** 나그네 여(려) / 장막 막 | 주막과 비슷한 조그만 집. 나그네를 치기도 하고 술이나 음식을 팔기도 한다.

❷여막 廬幕 농막집 여(려) / 장막 막 | 궤연(几筵) 옆이나 무덤 가까이에 지어 놓고 상제가 거처하는 초막.

▶ **❶여망 輿望** 수레 여 / 바랄 망 | 많은 사람들이 간절히 기대하고 바람. ≒ 기대.

❷여망 餘望 남을 여 / 바랄 망 | 1. 아직 남은 희망. 2. 앞으로의 희망.

▶ **여명 黎明** 검을 여(려) / 밝을 명 | 희미하게 날이 밝아 오는 빛. 어둑새벽.

여명기 黎明期 검을 여(려) / 밝을 명 / 기약할 기 | 1. 새로운 시대나 새로운 문화 운동이 시작되는 시기. 2. 동이 틀 무렵.

여몽환포영 如夢幻泡影 같을 여 / 꿈 몽 / 헛보일 환

/ 거품 포 / 그림자 영 | 꿈, 허깨비, 물거품, 그림자와 같다는 뜻으로, 세상의 모든 존재가 실체가 없음을 비유함.

여민 黎民 검을 여(려) / 백성 민 | 검은 맨머리. 일반 백성을 비유. ※ 참조 | 예전에 중국에서 서민들은 머리에 관을 쓰지 않고 검은 맨머리로 지낸 데서 비롯함.

여민동락 與民同樂 더불어 여 / 백성 민 / 한가지 동 / 즐거울 락 | 통치자가 백성과 더불어 즐거움을 함께한다.

여반장 如反掌 같을 여 / 뒤집을 반 / 손바닥 장 | 손바닥을 뒤집는 것 같다는 뜻으로, 일이 매우 쉬움. ※ 참조: 땅 짚고 헤엄치기.

여백 餘白 남을 여 / 흰 백 | 종이 따위에, 글씨나 그림을 그리고 남은 빈 자리.

여부 與否 주다 여 / 아닐 부 | 그러함과 그러하지 아니함. ※ 예시 | 생사 여부를 아직 모른다.

여분 餘分 남을 여 / 나눌 분 | 어떤 한도에 차고 남은 부분. ≒ 잉여, 나머지.

여불비례 餘不備禮 남을 여 / 아닐 불 / 갖출 비 / 예도 례(예) | 예를 다 갖추지 못하였다는 뜻으로, 편지의 끝에 쓰는 말.

여비 旅費 나그네 여(려) / 쓸 비 | 여행하는 데에 드는 비용.

❶여사 女史 여자 녀(여) / 사기 사 | 1. 결혼한 여자를 높여 이르는 말. 2. 사회적으로 이름 있는 여자를 높여 이르는 말. 주로 성명 아래 붙여 쓴다.

❷여사 旅舍 나그네 여(려) / 집 사 | 일정한 돈을 받고 손님을 묵게 하는 집. ≒ 여관, 객사.

❸여사 旅思 나그네 여(려) / 생각 사 | 여행할 때의 심정. 나그네의 심정.

여사여사하다 如斯如斯하다 같을 여 / 이 사 | 이러하고 이러하다.

여시여시하다 如是如是하다 같을 여 / 이 시 | 이러하고 이러하다.

여산약해 如山若海 같을 여 / 산 산 / 같을 약 / 바다 해 | 산과 바다와 같이 매우 크고 넓음.

❶여상 旅商 나그네 여(려) / 장사 상 | 이리저리 돌아다니며 물건을 파는 일. 도붓장수.

❷여상 女相 여자 녀(여) / 서로 상 | 여자같이 생긴 남자의 얼굴.

❸여상하다 如常하다 같을 여 / 떳떳할 상 | 평소와 다름이 없다.

❹여상하다 如上하다 같을 여 / 윗 상 | 위와 같다.

여생 餘生 남을 여 / 날 생 | 앞으로 남은 인생.

여세 餘勢 남을 여 / 형세 세 | 어떤 일을 겪은 다음의 나머지 세력이나 기세.

여세추이 與世推移 더불어 여 / 인간 세 / 밀 추 / 옮길 이 | 세상이 변하는 대로 따라 변함.

여수 旅愁 나그네 여(려) / 근심 수 | 객지에서 느끼는 쓸쓸함이나 시름. ≒ 객수.

여정 旅程 나그네 여(려) / 한도 정 | 여행의 과정이나 일정.

여식 女息 여자 녀(여) / 쉴 식 | 딸.

여신 與信 더불 여 / 믿을 신 | 금융 기관에서 고객에게 돈을 빌려주는 일.

여실하다 如實하다 같을 여 / 실제 실 | 사실과 꼭 같다.

여야 與野 더불 여 / 들 야 | 여당과 야당. 집권하고 있는 여당과 정권을 잡고 있지 않은 야당.

여여하다 如如하다 같을 여 | 사물의 있는 모습 그대로 한결같다, 늘 변함이 없다.

▶ **여염 閭閻** 마을 여(려) / 마을 염 | 백성의 살림집이 많이 모여 있는 곳. ≒ 여항(閭巷).

여염집 閭閻집 마을 여(려) / 마을 염 | 일반 백성의 살림집.

여왕봉 女王蜂 여자 녀(여) / 임금 왕 / 벌 봉 | 알을 낳는 능력이 있는 암벌.

▶ ❶**여요 餘饒** 남을 여 / 넉넉할 요 | 흠뻑 많아서 넉넉함.

❷**여요 麗謠** 고울 여(려) / 노래 요 | '고려 가요'를 줄여 이르는 말.

▶ **여유 餘裕** 남을 여 / 넉넉할 유 | 물질적 · 공간적 · 시간적으로 넉넉하여 남음이 있는 상태.

여유작작하다 餘裕綽綽하다 남을 여 / 넉넉할 유 / 너그러울 작 | 말이나 행동이 너그럽고 침착하다.

여운 餘韻 남을 여 / 운 운 | 아직 가시지 않고 남아 있는 운치.

여음 餘音 남을 여 / 소리 음 | 소리가 그치거나 사라진 뒤에도 아직 남아 있는 음향.

▶ **여의하다 如意**하다 같을 여 / 뜻 의 | 일이 마음먹은 대로 되다.

여의주 如意珠 같을 여 / 뜻 의 / 구슬 주 | 용의 턱 아래에 있는 영묘한 구슬. 이것을 얻으면 무엇이든 뜻하는 대로 만들어 낼 수 있다고 한다. ≒ 보주(寶珠).

여의봉 如意棒 같을 여 / 뜻 의 / 막대 봉 | 자기 뜻대로 크게 늘어나게도 오므라들게도 하여 마음대로 쓸 수 있다는 몽둥이.

여인 女人 여자 녀(여) / 사람 인 | 어른이 된 여자.

여인숙 旅人宿 나그네 여(려) / 사람 인 / 잘 숙 | 규모가 작고 값이 싼 여관.

▶ ❶**여일 餘日** 남을 여 / 날 일 | 남아 있는 날.

❷**여일 麗日** 고울 여(려) / 날 일 | 화창한 봄날. 또는 맑게 개어 날씨가 좋은 날.

❸**여일 如一** 같을 여 / 한 일 | 처음부터 끝까지 한결같음.

여일하다 如一하다 같을 여 / 한 일 | 처음부터 끝까지 한결같다.

항구여일 恒久如一 항상 항 / 오랠 구 / 같을 여 / 한 일 | 오래도록 변함없음.

▶ ❶**여장 旅裝** 나그네 여(려) / 꾸밀 장 | 여행할 때의 차림.

❷**여장 女裝** 여자 녀(여) / 꾸밀 장 | 남자가 여자처

럼 차림.

❸여장부 女丈夫 여자 녀(여) / 어른 장 / 지아비 부| 남자처럼 굳세고 기개가 있는 여자.

❶여재 餘在 남을 여 / 있을 재 | 쓰고 남은 돈이나 물건.

❷여재 餘財 남을 여 / 재물 재 | 남은 재물이나 재산.

여전 如前 같을 여 / 앞 전 | 전과 같음.

여전하다 如前하다 같을 여 / 앞 전 | 전과 같다. 늑 동일하다, 한결같다.

❶여제 女弟 여자 녀(여) / 아우 제 | 여동생.

❷여제 女帝 여자 녀(여) / 임금 제 | 여자 황제.

여조 麗朝 고울 여(려) / 아침 조 | 고려 왕조.

여죄 餘罪 남을 여 / 허물 죄 | 주가 되는 죄 밖에 다른 죄.

여지 餘地 남을 여 / 땅 지 | 1. 남은 땅. 2. 어떤 일 이 일어날 가능성이나 희망. ※ 예시 | 그 일은 성공할 여지가 있다.

여지없다 餘地없다 남을 여 / 땅 지 | 1. 더할 나위 가 없다. 2. 가차 없다.

❶여진 餘震 남을 여 / 우레 진 | 1. 큰 지진이 일어 난 다음에 얼마 동안 가끔 일어나는 작은 지진. 2. 어떤 사건이나 사실이 끝난 뒤에 미치는 영 향을 비유.

❷여진 旅塵 나그네 여(려) / 티끌 진 | 여행을 하면 서 뒤집어쓴 먼지.

❹여진 餘塵 남을 여 / 티끌 진 | 옛사람이 남긴 일의 자취.

여차하다 如此하다 같을 여 / 이 차 | 이러하다.

❶여축 餘蓄 남을 여 / 모을 축 | 쓰고 남은 물건을 모아 둠.

❷여축없다 餘縮없다 줄일 축 | 조금도 축나거나 버 릴 것이 없다. '깔축없다'의 방언(경남).

여타 餘他 남을 여 / 다를 타 | 그 밖의 다른 것.

여파 餘波 남을 여 / 물결 파 | 큰 물결이 지나간 뒤 에 일어나는 잔물결.

여하 如何 같을 여 / 어찌 하 | 어떠함.

여한 餘恨 남을 여 / 한 한 | 풀지 못하고 남은 원한.

여항 閭巷 마을 여(려) / 거리 항 | 백성의 살림집이 많이 모여 있는 곳.

여항문학 閭巷文學 마을 여(려) / 거리 항 / 글월 문 / 배울 학 | 문학 조선 선조 이후에, 중인·서 얼·서리·평민과 같은 여항인 출신들의 문학. ≪소대풍요≫, ≪풍요속선≫, ≪풍요삼선≫의 시문집이 여기에 속한다.

여행 旅行 나그네 여(려) / 다닐 행 | 일이나 유람을 목적으로 다른 곳에 가는 일.

여행기 旅行記 나그네 여(려) / 다닐 행 / 기록할 기 | 여행하면서 보고, 듣고, 느끼고, 겪은 것을 적은 글. 늑 기행문.

여흥 餘興 남을 여 / 일 흥 | 어떤 모임이 끝난 뒤에 흥을 돋우려고 연예나 오락을 함.

❶역 役 부릴 역 | 연극이나 영화에서 배우가 맡는 역할.

❷역 驛 역 역 | 기차 정거장.

역강하다 力強하다 힘 역(력) / 강할 강 | 힘이 세고 기력이 왕성하다.

❶역경 逆境 거스를 역 / 지경 경 | 일이 순조롭지 않아 매우 어렵게 된 처지나 환경. ↔순경.

❷역경 域境 지경 역 / 지경 경 | 나라나 지역의 구간을 가르는 경계.

❸역경 譯經 번역할 역 / 지날 경 | 경전을 번역하는 일.

❹역경 易經 바꿀 역 / 지날 경 | 주역. 유학 삼경 (三經)의 하나. 만상(萬象)을 음양 이원으로써 설명하여 그 으뜸을 태극이라 하였고 거기서 64괘를 만들었는데, 이에 맞추어 철학·윤리·정치상의 해석을 덧붙였다.

❶역공 逆攻 거스를 역 / 칠 공 | 공격을 받던 편에서 거꾸로 맞받아 공격함.

❷역공 力攻 힘 역(력) / 칠 공 | 온힘을 다하여 공격함.

역관 譯官 번역할 역 / 벼슬 관 | 통역관.

❶역내 驛內 역 역 / 안 내 | 역이 차지하고 있는 일정한 구역의 안.

❷역내 域內 지경 역 / 안 내 | 일정한 구역의 안.

역내무역 域內貿易 지경 역 / 안 내 | 유럽연합 같은 일정한 구역 안에서 이루어지는 무역.

역농 力農 힘 역(력) / 농사 농 | 힘써 농사를 지음.

역능 力能 힘 역(력) / 능할 능 | 능력.

역대 歷代 지날 역(력) / 대신할 대 | 대대로 이어져 내려온.

역도 逆徒 거스를 역 / 무리 도 | 역적의 무리.

역동적 力動的 힘 역(력) / 움직일 동 / 과녁 적 | 힘차고 활발하게 움직이는.

역량 力量 힘 역(력) / 헤아릴 량(양) | 어떤 일을 해낼 수 있는 힘. ≒능력.

핵심역량 核心力量 씨 핵 / 마음 심 / 힘 역(력) / 헤아릴 량(양) | 기업내부의 조직구성원들이 보유하고 있는 총체적인 기술·지식·문화 등 기업의 핵심을 이루는 능력.

역력하다 歷歷하다 지날 역(력) / 지날 력(역) | 환히 알 수 있게 또렷하다.

역류 逆流 거스를 역 / 흐를 류(유) | 1. 물이 거슬러 흐름. 2. 흐름을 거슬러 올라감.

❶역률 逆律 거스를 역 / 법칙 률(율) | 〔법률〕 역적을 처벌하는 법률.

❷역률 力率 힘 역(력) / 비율 률(율) | 〔전기〕 유효 전력을 외관상의 전력으로 나눈 값. 교류 회로에서 전류와 전압의 위상차의 코사인값으로 나타낸다.

❶역리 逆理 거스를 역 / 다스릴 리(이) | 1. 거꾸로 된 나뭇결. 2. 역설. 어떤 주의나 주장에 반대되는 이론.

❷역리 易理 바꿀 역 / 다스릴 리(이) | 주역의 이치.

❸역리 驛吏 역 역 / 벼슬아치 리(이) | 역참에 속한 구실아치.

역린 逆鱗 거스를 역 / 비늘 린 | 1. 임금의 노여움을 이르는 말. 2. 용의 턱 아래에 거꾸로 난 비늘을 건드리면 용이 크게 노하여 건드린 사람을 죽인다고 한다. ※ 예시: 역린을 건드리다.

역마 驛馬 역 역 / 말 마 | 예전에 역에서 쓰던 관용 말.

역마제도 驛馬制度 역 역 / 말 마 / 절제할 제 / 법도 도 | 삼국 시대부터 교통과 통신을 담당하던 제도. 고려 시대에 조직적으로 정비되고 조선 시대에는 파발 제도로 이어졌다. 하향식 통신의 수단으로써 뿐만 아니라 지방으로부터의 공문서 전달, 관물의 운송, 관리의 왕래에도 이용되었다.

역마살 驛馬煞 역 역 / 말 마 / 죽일 살 | 늘 분주하게 이리저리 떠돌아다니게 된 액운.

역마차 驛馬車 역 역 / 말 마 / 수레 차 | 서양에서, 철도가 통하기 전에 정기적으로 여객이나 짐, 우편물 따위를 수송하던 마차.

역모 逆謀 거스를 역 / 꾀 모 | 반역을 꾀함.

역방향 逆方向 거스를 역 / 모 방 / 향할 향 | 반대되는 방향.

역법 曆法 책력 역(력) / 법 법 | 천체의 주기적 현상을 기준으로 하여 책력을 만드는 방법.

역변 逆變 거스를 역 / 변할 변 | 명사 반역으로 인하여 일어나는 변.

역병 疫病 전염병 역 / 병 병 | 의학 집단적으로 생기는 악성 전염병.

❶역부 驛夫 역 역 / 지아비 부 | 철도역에서, 안내 · 매표 · 개찰 · 집찰 따위의 일을 맡아보는 사람.

❷역부 役夫 부릴 역 / 지아비 부 | 공사장에서 일을 하는 사람. ≒ 역군, 일꾼.

❸역부 役賦 부릴 역 / 부세 부 | 부역과 조세.

역부득하다 易不得하다 바꿀 역 / 아닐 부 / 얻을 득 | 달리 변통할 도리가 없다.

역부족 力不足 힘 역(력) / 아닐 부 / 발 족 | 힘이나 기량 따위가 모자람.

❶역사 歷史 지날 역(력) / 사기 사 | 인류 사회의 변천과 흥망의 과정이나 그 기록.

역사가 歷史家 지날 역(력) / 사기 사 / 집 가 | 역사를 전문으로 연구하는 사람.

역사관 歷史觀 지날 역(력) / 사기 사 / 볼 관 | 역사의 발전 법칙에 대한 체계적인 견해. ≒ 사관.

역사소설 歷史小說 지날 역(력) / 사기 사 / 작을 소 / 말씀 설 | 문학 역사적인 사건이나 인물을 소재로 한 소설. 김동인의 〈운현궁의 봄〉, 박종화의 〈금삼의 피〉 따위가 있다.

❷역사 役事 부릴 역 / 일 사 | 1. 건설 토목이나 건축 따위의 공사. 2. 하나님이 일함. ≒ 공역, 공사.

❸역사 驛舍 역 역 / 집 사 | 역으로 쓰는 건물.

❹역사 力士 힘 역(력) / 선비 사 | 뛰어나게 힘이 센 사람.

역산 逆算 거스를 역 / 셈 산 | 순서를 거꾸로 하여 하는 계산.

❶역색 易色 바꿀 역 / 빛 색 | 얼굴빛을 바꾸어 어진 이를 공손히 맞이함.

❷역색 力索 힘 역(력) / 찾을 색 | 힘써 구함.

❶역서 曆書 책력 역(력) / 글 서 | 일 년 동안의 월일, 해와 달의 운행, 월식과 일식, 절기, 특별한 기상 변동 따위를 적은 책력.

❷역서 譯書 번역할 역 / 글 서 | 번역한 책이나 글.

❸역서 易書 바꿀 역 / 글 서 | 점에 관한 것을 기록한 책.

역선전 逆宣傳 거스를 역 / 베풀 선 / 전할 전 | 남에게 유리한 내용을 사실과 반대로 불리하게 선전함.

❶역설 力說 힘 역(력) / 말씀 설 | 힘주어 말함.

역설하다 力說하다 힘 역(력) / 말씀 설 | 힘주어 말하다.

❷역설 逆說 거스를 역 / 말씀 설 | 어떤 주장에 반대되는 이론이나 말. 논리적 모순을 일으키기도 하지만, 그 속에 중요한 진리가 함축되어 있을 수 있다. ≒ 패러독스.

역설법 逆說法 거스를 역 / 말씀 설 / 법 법 | 역설을 표현 수단으로 하는 수사법. ※ 예시: 찬란한 슬픔의 봄. 소리 없는 아우성.

반어법 反語法 돌이킬 반 / 말씀 어 / 법 법 | 실제 상황이나 심리와 반대로 표현하는 수사법. ※ 예시: 얄밉다. (실제로는 '예쁘다.' '귀엽다'의 의미)

역성 易姓 바꿀 역 / 성씨 성 | 나라의 왕조가 바뀜.

역성혁명 易姓革命 바꿀 역 / 성씨 성 / 가죽 혁 / 목숨 명 | 1. 왕조가 바뀌는 일. 2. 제왕이 부덕하여 민심을 잃으면, 덕이 있는 다른 사람이 천명을 받아 새로운 왕조를 세워도 좋다고 하는 유가의 천명사상.

❶역수 逆水 거스를 역 / 물 수 | 물이 거슬러 흐름.

❷역수 逆數 거스를 역 / 셈 수 | 수학 서로 곱하여서 1이 되는 수를 이르는 말. 예를 들어 5의 역수는 1/5이다.

❸역수 曆數 책력 역(력) / 셈 수 | 천체의 운행과 기후의 변화가 철을 따라서 돌아가는 순서.

❹역수 易數 바꿀 역 / 셈 수 | 음양으로써 길흉화복을 미리 알아내는 술법.

역수입 逆輸入 거스를 역 / 보낼 수 / 들 입 | 일단 수출한 상품을 그대로 다시 수입함.

역순 逆順 거스를 역 / 순할 순 | 거꾸로 된 순서.

역습 逆襲 거스를 역 / 엄습할 습 | 공격해 오는 상대를 이쪽에서 거꾸로 공격함.

역습하다 逆襲하다 거스를 역 / 엄습할 습 | 공격해 오는 상대를 이쪽에서 거꾸로 공격하다.

역시 亦是 또 역 / 이 시 | 또한.

역심 逆心 거스를 역 / 마음 심 | 1. 반역하는 마음.

2.상대편에 반발하여 비위에 거슬리는 마음.

역어 譯語 번역할 역/말씀 어| 번역한 말.

역연하다 歷然하다 지날 역(력)/그럴 연| 1. 분명히 알 수 있도록 또렷하다. 2. 기억이 분명하다.

연연하다 戀戀하다 그리워할 연(련)| 집착하여 미련을 가지다.

역외 域外 지경 역/바깥 외| 지역 밖.

역원 驛員 역 역/인원 원| 역의 직원.

역이 逆耳 거스를 역/귀 이| 귀에 거슬림.

역임 歷任 지날 역(력)/맡길 임| 여러 직위를 두루 거쳐 지냄.

역자 譯者 번역할 역/사람 자| 번역자.

역작 力作 힘 역(력)/지을 작| 온 힘을 기울여 만든 작품.

역장 驛長 역 역/길 장| 역의 사무를 총지휘하는 책임자.

역적 逆賊 거스를 역/도둑 적| 자기 나라나 민족, 통치자를 반역한 사람.

❶역전 逆轉 거스를 역/구를 전| 형세가 뒤집힘.

❷역전 驛前 역 역/앞 전| 역의 앞쪽.

역점 力點 힘 역(력)/점 점| 심혈을 기울이거나 쏟는 점.

❶역정 逆情 거스를 역/뜻 정| 몹시 못마땅해서

내는 성. ↔골, 짜증, 화딱지.

역정 내다 逆情내다 거스를 역/뜻 정| 몹시 못마땅하여 짜증을 내다.

❷역정 歷程 지날 역/길 정| 지금까지 지나온 경로. ≒경로, 발자취.

❶역조 逆潮 거스를 역/밀물 조| 1. 바람의 방향과 반대로 흐르는 조류. 2. 배의 진행 방향과 반대로 흐르는 조류.

❷역조 逆調 거스를 역/고를 조| 일의 진행이 나쁜 방향으로 되어 가는 상태.

❸역조 歷朝 지날 역(력)/아침 조| 1. 역대의 조정. 2. 역대의 임금.

❶역졸 驛卒 역 역/마칠 졸| (역사) 역에 속하여 심부름하던 사람.

❷역졸 役卒 부릴 역/마칠 졸| (역사) 예전에, 관원이 부리던 하인.

❶역주 譯註 역할 역/글 뜻 풀 주| 번역하고 주석함.

❷역주 力走 힘 역(력)/달릴 주| 힘을 다하여 달림.

역주하다 力走하다 힘 역(력)/달릴 주| 힘을 다하여 달리다.

역지사지 易地思之 바꿀 역/땅 지/생각할 사/어조사 지| 처지를 바꾸어서 생각하여 봄.

역진 逆進 거스를 역/나아갈 진| 반대 방향으로 감.

역참 驛站 역 역/역마을 참| (역사) 전통시대에 말

159

을 갈아타고 쉬었다 갈 수 있는 곳으로, 중앙과 지방 사이의 명령 전달, 관리의 사행 및 운수를 뒷받침하기 위해 설치된 공공기관. 역참에서 일하는 사람을 역원이라고 하였고, 역참에서 쓰는 말은 역마라고 하였다.

역천 逆天 거스를 역 / 하늘 천 | 천명을 어김.

역투 力鬪 힘 역(력) / 싸울 투 | 온 힘을 다하여 싸움.

역풍 逆風 거스를 역 / 바람 풍 | 반대쪽으로 거슬러 부는 바람. 늑 순풍.

❶역하다 逆하다 거스를 역 | 1. 구역날 듯 속이 메슥메슥하다. 2. 마음에 거슬러 못마땅하다.

❷역하다 逆하다 거스를 역 | 거역하다. 배반하다.

역학 力學 힘 역(력) / 배울 학 | [물리] 물체의 운동에 관한 법칙을 연구하는 학문. 물리학의 한 분야이다.

역학적 에너지 力學的energy 힘 역(력) / 배울 학 / 과녁 적 | [물리] 물체의 운동이나 위치에 따라 정해지는 에너지. 운동 에너지와 위치 에너지로 나누는데, 이 두 에너지의 합으로 나타낸다.

역행 逆行 거스를 역 / 다닐 행 | 반대 방향으로 거슬러 나아감.

역행하다 逆行하다 거스를 역 / 다닐 행 | 반대 방향으로 거슬러 나아가다.

역효과 逆效果 거스를 역 / 효과 효 / 실과 과 | 기대와 정반대되는 효과.

❶연 鳶 솔개 연 | 종이와 댓가지로 만들어서 바람에 날려 올리는 것.

❷연 輦 가마 연 | 임금이 타는 가마.

❶연가 戀歌 그리워할 연(련) / 노래 가 | 사랑하는 사람을 그리워하면서 부르는 노래.

❷연가 年暇 해 연(년) / 틈 가 | 직장에서 직원들에게 1년에 일정한 기간을 쉬도록 해 주는 유급휴가.

❸연가 宴歌 잔치 연 / 노래 가 | 잔치를 베풀고 부르는 노래.

❶연간 年間 해 연(년) / 사이 간 | 한 해 동안.

❷연간 年刊 해 연(년) / 새길 간 | 1년에 한 번씩 간행함.

연감 年鑑 해 연(년) / 거울 감 | 어떤 분야에 관하여 한 해 동안 일어난 경과, 사건, 통계 따위를 모아서 일 년에 한 번씩 내는 책.

연갑자 年甲者 해 연(년) / 갑옷 갑 / 사람 자 | 어떤 범위에 속하는 나이. 또는 그런 나이의 사람. 주로 성인에 대하여 이른다.

연결 連結 이을 연 / 맺을 결 | 서로 이어지거나 관계를 맺음.

❶연경 煙景 연기 연 / 볕 경 | 1. 구름이나 연기 따위가 한가로이 어리어 있는 아름다운 경치. 2. 아지랑이나 이내 따위가 아물거리는 아름다운 봄의 경치.

❷연경 燕京 제비 연 / 서울 경 | 중국 베이징(北京)의 옛 이름. 옛날 연나라의 도읍이었으므로 이렇게 부른다.

연계 連繫/聯繫 잇닿을 연(련) / 맬 계 | 잇따라 이어짐. 서로 관계를 맺음.

연계성 連繫性 잇닿을 연(련) / 맬 계 / 성품 성 | 어떤 것이 다른 것과 관계를 맺고 있는 성질.

연고 緣故 인연 연 / 연고 고 | 1. 사람 사이에 맺어진 관계. 인연(**因緣**). 2. 일의 까닭.

연고권 緣故權 인연 연 / 연고 고 / 저울추 권 | 법률 재산의 임대권 및 관리권을 가진 사람이 국가가 재산을 팔 때 우선적으로 불하받을 수 있는 권리. 또는 국유, 공유 재산을 대부받거나 차지한 사람이 수의 계약에 따라 우선적으로 사들일 수 있는 권리.

연고자 緣故者 인연 연 / 연고 고 / 사람 자 | 혈통, 정분, 또는 법률로 맺어진 관계나 인연이 있는 사람.

연골 軟骨 연할 연 / 뼈 골 | 나이가 어려 아직 뼈가 굳지 않은 체질.

연골세포 軟骨細胞 연할 연 / 뼈 골 / 가늘 세 / 세포 포 | 생물 연골 안에 있는 세포.

연공 年功 해 연(년) / 공 공 | 여러 해 동안 근무한 공로.

연관 聯關 연이을 연(련) / 관계할 관 | 서로 의존하여 관계를 맺는 일.

연관성 聯關性 연이을 연(련) / 관계할 관 / 성품 성 | 서로 의존하여 관계를 맺는 성질. ≒ 관련성.

연교차 年較差 해 연(년) / 견줄 교 / 다를 차 | 1년 동안 측정한 최고 기온과 최저 기온과의 차이.

연구 研究 갈 연 / 연구할 구 | 어떤 일이나 사물에 대하여 과학적으로 분석하고 관찰하는 일.

연구소 研究所 갈 연 / 연구할 구 / 바 소 | 연구를 전문으로 하는 기관.

연군 戀君 그리워할 연(련) / 임금 군 | 임금을 그리워함.

연극 演劇 펼 연 / 심할 극 | 1. 배우가 각본에 따라 어떤 사건이나 인물을 말과 동작으로 관객에게 보여 주는 무대 예술. 2. 남을 속이기 위하여 꾸며 낸 말이나 행동.

연근 蓮根 연꽃 연(련) / 뿌리 근 | 연꽃의 뿌리줄기.

연금 年金 해 연(년) / 금 금 | 1. 근로자 또는 국민이 기여금이나 보험료를 일정기간 동안 납부하고, 노령·퇴직·폐질·사망 등의 보험사고가 발생하였을 때 지급받는 급여. 2. 국가나 사회에 특별한 공로가 있거나 일정 기간 동안 국가 기관에 복무한 사람에게 해마다 주는 돈.

연금술 鍊金術 불릴 연(련) / 금 금 / 재주 술 | 중세 유럽에서 구리·납·주석 따위의 비금속으로 금·은 따위의 귀금속을 제조하고, 늙지 않고 오래 사는 약을 만들려고 했던 화학 기술. 고대 이집트의 야금술과 그리스 철학의 원소 사상이 결합되어 생겼으며, 근대 화학이 성립하기 이전까지 천 년 이상 계속되었다.

연금술사 鍊金術師 불릴 연(련) / 금 금 / 재주 술 / 스승 사 | 연금술에 관한 기술을 가진 사람.

❶연기 煙氣 연기 연 / 기운 기 | 무엇이 불에 탈 때에 생겨나는 흐릿한 기체나 기운.

❷연기 年期 해 연(년) / 기약할 기 | 일 년을 단위로

하는 기간.

❸연기 延期 늘일 연 / 기약할 기 | 정해진 기한을 뒤로 물림.

연기하다 延期하다 늘일 연 / 기약할 기 | 기한을 뒤로 물리다.

❹연기 演技 펼 연 / 재주 기 | 배우가 배역의 인물, 성격, 행동 따위를 표현해 내는 일.

연기하다 演技하다 펼 연 / 재주 기 | 배우가 배역의 행동 따위를 표현해 내다.

연기자 演技者 펼 연 / 재주 기 / 사람 자 | 영화나 연극 따위에서, 전문적으로 연기를 하는 사람. ≒ 배우, 탤런트.

❺연기 緣起 인연 연 / 일어날 기 | 1. 사물의 유래나 원인. 2. 불교 우주 만유가 모두 서로 인연이 되어서 생김.

연기론 緣起論 인연 연 / 일어날 기 / 논할 론(논) | 불교 현상적 사물은 모두 인(因: 직접원인)과 연(緣: 간접원인)에 따라 생긴다고 보는 불교의 교설을 말한다. 연기는 불교의 가장 중요한 중심사상이다

연납 延納 늘일 연 / 들일 납 | 납입 기한을 연기함.

연내 年內 해 연(년) / 안 내 | 올해 안.

연년 年年 해 연(년) | 해마다.

연년생 年年生 해 연(년) / 날 생 | 한 살 터울로 아이를 낳음.

연년세세 年年歲歲 해 연(년) / 해 년(연) / 해 세 |

해마다의 강조.

연년익수 延年益壽 늘일 연 / 해 년(연) / 더할 익 / 목숨 수 | 수명을 더욱더 늘려 나감.

❶연단 演壇 펼 연 / 단 단 | 연설이나 강연을 하는 사람이 올라서는 단.

❷연단 鍊鍛 불릴 연(련) / 불릴 단 | 1. 쇠붙이를 불에 달군 후 두드려서 단단하게 함. 2. 몸과 마음을 굳세게 함. 3. 어떤 일을 반복하여 익숙하게 됨.

❸연단 煉丹/鍊丹 달굴 연(련) / 붉을 단 | 1. 도사가 진사로 불로불사의 약을 만듦. 2. 몸의 기운을 단전에 모아 몸과 마음을 수련하는 일

연당 蓮塘 연꽃 연(련) / 못 당 | 연못.

❶연대 年代 해 연(년) / 대신할 대 | 지나간 시간을 일정한 햇수로 나눈 것.

연대순 年代順 해 연(년) / 대신할 대 / 순할 순 | 연대를 따라 벌여 놓은 순서.

연대표 年代表 해 연(년) / 시대 대 / 겉 표 | 역사상 발생한 사건을 연대순으로 배열하여 적은 표.

연대기 年代記 해 연(년) / 시대 대 / 기록 기 | 역사적으로 중요한 사건을 연대순으로 적은 기록. ≒ 기년체 사기, 편년사(編年史).

❷연대 連帶 잇닿을 연(련) / 띠 대 | 1. 여럿이 함께 무슨 일을 하거나 함께 책임을 짐. 2. 한 덩어리로 서로 연결되어 있음.

연대하다 連帶하다 잇닿을 연(련) / 띠 대 | 여럿이 함께 하다.

연대책임 連帶責任 잇닿을 연(련) / 띠 대 / 꾸짖을 책 / 맡길 임 | 두 사람 이상이 함께 지는 책임.

❸연대 聯隊 연이을 연(련) / 무리 대 | 군대 편성 단위의 하나. 사단 또는 여단의 아래, 대대의 위이다.

연대장 聯隊長 연이을 연(련) / 무리 대 / 길 장 | 연대의 최고 지휘관. 보통 대령이 맡는다.

❶연도 年度 해 연(년) / 법도 도 | 사무나 회계 결산 따위의 처리를 위하여 편의상 구분한 일 년 동안.

❷연도 沿道 물 따라갈 연 / 길 도 | 큰길 근처. 늑 큰길가, 연로.

❸연도 煙道 연기 연 / 길 도 | 증기기관 따위에서 연기가 빠져나가는 통로.

❹연도 憐悼 불쌍히 여길 연(련) / 슬퍼할 도 | 죽은 사람을 가련하게 여겨 슬퍼함.

연동 連動/聯動 잇닿을 연(련) / 움직일 동 | 1. 잇따라 움직임. 2. 기계나 장치 따위에서, 한 부분을 움직이면 연결되어 있는 다른 부분도 잇따라 함께 움직이는 일.

연동장치 聯動裝置 잇닿을 연(련) / 움직일 동 / 꾸밀 장 / 둘 치 | 몇 개의 기계를 전기적으로나 기계적으로 연결하여, 한 부분을 움직이면 다른 부분도 함께 움직이도록 한 장치.

❶연두 軟豆 연할 연 / 콩 두 | 완두콩의 빛깔과 같이 연한 초록색.

❷연두 年頭 해 연(년) / 머리 두 | 새해의 첫머리.

연두사 年頭辭 해 연(년) / 머리 두 / 말씀 사 | 새해 첫머리에 포부나 희망, 계획 따위를 담아 공식적으로 발표하는 인사말이나 글.

연두교서 年頭敎書 해 연(년) / 머리 두 / 가르칠 교 / 글 서 | 미국 대통령이 해마다 정기적으로 의회에 보내는 교서

연등 燃燈 탈 연 / 등 등 | 연등놀이를 할 때에 밝히는 등불.

연등절 燃燈節 탈 연 / 등 등 / 마디 절 | 등을 달고 불을 켜는 명절이라는 뜻으로, '사월초파일'을 이르는 말.

연때 緣때 인연 연 | 인연이 맺어지는 시기나 기회.

❶연락 宴樂 잔치 연 / 즐길 락(낙) | 잔치를 벌여 즐김.

❷연락 連絡/聯絡 잇닿을 연(련) / 이을 락(낙) | 1. 어떤 사실을 상대편에게 알림. 2. 서로 관련을 가짐. 늑 연결, 연관, 의사소통.

연락부절 連絡不絕 잇닿을 연(련) / 이을 락(낙) / 아닐 부 / 끊을 절 | 소식이 끊이지 아니함.

연락망 連絡網 잇닿을 연(련) / 이을 락(낙) / 그물 망 | 연락을 하기 위한 조직 체계. 무선이나 유선, 또는 인적인 통신 체계.

비상 연락망 非常連絡網 아닐 비 / 떳떳할 상 / 잇닿을 연(련) / 이을 락(낙) / 그물 망 | 긴급하거나 위급한 상황이 발생하였을 때에 연락하기 위하여 벌여 놓은 체계.

연락선 連絡船 잇닿을 연(련) / 이을 락(낙) / 배 선 | 가까운 거리의 해협이나 해안, 호수 따위의 수

로를 다니며 교통을 이어 주는 배.

▶ **연령 年齡** 해 연(년) / 나이 령(영) | 나이.

연령층 年齡層 해 연(년) / 나이 령(영) / 층 층 | 나이층.

연례 年例 해 연(년) / 법식 례(예) | 해마다 하는 정례.

연례행사 年例行事 해 연(년) / 법식 례(예) / 다닐 행 / 일 사 | 해마다 정기적으로 치르는 행사.

연례회 年例會 해 연(년) / 법식 례(예) / 모일 회 | 해마다 정기적으로 한 번씩 모이는 모임.

연로 年老 해 연(년) / 늙을 로(노) | 나이가 많음.

연료 燃料 탈 연 / 헤아릴 료(요) | 태워서 열, 빛, 동력의 에너지를 얻을 수 있는 물질.

연료비 燃料費 탈 연 / 헤아릴 료(요) / 쓸 비 | 연료를 사는 데에 드는 비용.

연료전지 燃料電池 탈 연 / 헤아릴 료(요) / 번개 전 / 못 지 | 연료의 연소 에너지를 열로 바꾸지 않고 직접 전기 에너지로 바꾸는 전지. 우주 로켓 등의 특수한 용도에 쓴다.

▶ **연루 連累/緣累** 잇닿을 연(련) / 연루될 루 (누) | 관련을 맺음.

연루자 連累者 잇닿을 연(련) / 잇닿을 연(련) / 여러 루(누) / 사람 자 | 1. 관련을 맺은 사람. 2. 법률 남이 저지른 범죄에 관련된 사람.

▶ **연륙 連陸** 잇닿을 연(련) / 뭍 륙(육) | 강이나 바다, 호수, 섬 따위가 육지와 잇닿음.

연륙교 連陸橋 잇닿을 연(련) / 뭍 륙(육) / 다리 교 | 육지와 섬을 이어 주는 다리.

연륜 年輪 해 연(년) / 바퀴 륜(윤) | 1. 여러 해 동안 쌓은 숙련된 경험. 2. 나이테.

❶**연리 年利** 해 연(년) / 이로울 리(이) | 해마다 내는 이자.

❷**연리지 連理枝** 잇닿을 연(련) / 다스릴 리(이) / 가지 지 | 1. 두 나무의 가지가 서로 맞닿아서 결이 서로 통한 것. 2. 화목한 부부나 남녀 사이를 비유적으로 이르는 말.

▶ **연립 聯立** 연이을 연(련) / 설 립(입) | 여럿이 어울려서 섬.

연립내각 聯立內閣 연이을 연(련) / 설 립(입) / 안 내 / 집 각 | 둘 이상의 정당 대표로 구성되는 내각.

▶ **연마 研磨/練磨/鍊磨** 갈 연 / 갈 마 | 돌이나 쇠붙이, 보석, 유리 따위의 고체를 갈고 닦아서 표면을 반질반질하게 함.

연마재 研磨材 갈 연 / 갈 마 / 재목 재 | 돌이나 쇠붙이 따위를 갈고 닦는 작업을 하는 데에 쓰는 매우 단단한 물질.

▶ **연막 煙幕** 연기 연 / 장막 막 | 1. 적의 관측이나 사격으로부터 아군의 군사 행동을 감추기 위하여 피워 놓는 짙은 연기. 2. 어떤 사실을 숨기기 위해서 교묘하고 능청스러운 말이나 수단 따위를 쓰는 것을 비유.

연막탄 煙幕彈 연기 연 / 장막 막 / 탄알 탄 | 폭발하면 짙은 연기를 내뿜도록 되어 있는 폭탄. 사람의 시야를 일시적으로 가릴 목적으로 쓴다.

연막전술 煙幕戰術 연기 연 / 장막 막 / 싸움 전 / 재주 술 | 적의 관측이나 사격으로부터 아군의 군사 행동 따위를 감추기 위하여 연막을 치는 전술.

연만하다 年晩/年滿하다 해 연(년) / 늦을 만 | 나이가 지긋하다.

연말 年末 해 연(년) / 끝 말 | 세밑.

연맥 緣脈 인연 연 / 줄기 맥 | 연줄.

연맹 聯盟 연이을 연(련) / 맹세 맹 | 공동의 목적을 가진 단체나 국가가 서로 돕고 행동을 함께 하는 조직체.

연면 連綿 잇닿을 연(련) / 솜 면 | 끊어지지 않고 계속 잇닿아 있음.

❶연명 延命 늘일 연 / 목숨 명 | 목숨을 겨우 이어 살아감.

연명하다 延命하다 늘일 연 / 목숨 명 | 목숨을 겨우 이어 살아가다.

❷연명 連名/聯名 잇닿을 연(련) / 이름 명 | 두 사람 이상의 이름을 죽 잇따라 씀.

❶연모 戀慕 그리워할 연(련) / 그릴 모 | 사랑하여 간절히 그리워함.

연모하다 戀慕하다 그리워할 연(련) / 그릴 모 | 사랑하여 간절히 그리워하다.

❷연모 軟毛 연할 연 / 터럭 모 | 부드러운 털.

❸연모 年暮 해 연(년) / 저물 모 | 한 해의 마지막 무렵.

연목구어 緣木求魚 말미암을 연 / 나무 목 / 구할 구 / 물고기 어 | 나무에 올라가서 물고기를 구한다. 불가능한 일을 굳이 하려 함을 비유.

연못 蓮못 연꽃 연 | 연을 심은 못.

❶연무 煙霧 연기 연 / 안개 무 | 연기와 안개.

❷연무 演舞 펼 연 / 춤출 무 | 1. 춤을 연습함. 2. 춤을 추어 관중에게 보임.

❸연무 鍊武 불릴 연(련) / 호반 무 | 무예를 단련함.

❹연무 演武 펼 연 / 호반 무 | 무예를 연습함.

연무장 演武場 펼 연 / 호반 무 / 마당 장 | 무예를 연습하는 장소.

연무관 演武館 펼 연 / 호반 무 / 집 관 | 무예를 연습할 수 있도록 설비를 갖추어 놓은 건물.

연문 戀文 그리워할 연(련) / 글월 문 | 연애하는 이들이 주고받는 애정의 편지.

연미 燕尾 제비 연 / 꼬리 미 | 제비 꼬리.

연미복 燕尾服 제비 연 / 꼬리 미 / 옷 복 | 검은 나사 천으로 지은 남자용 서양 예복. 저고리의 앞은 허리 아래가 없고 뒤는 두 갈래로 길게 내려와 마치 제비의 꼬리처럼 보인다.

연민 憐憫/憐愍 불쌍히 여길 연(련) / 민망할 민 | 불쌍하고 가련하게 여김.

연발 連發 잇닿을 연(련) / 필 발 | 연이어 일어남.

연발탄 連發彈 잇닿을 연(련) / 필 발 / 탄알 탄 | 잇따라 발사되는 탄알.

연밥 蓮밥 연꽃 연 | 연꽃의 열매. 식용하거나 약용한다.

연방 聯邦 연이을 연(련) / 나라 방 | 국가 결합의 형태. 각각 독립된 주권을 가지고 정부와 의회를 구성하며, 법률, 제도를 정할 수 있는 두 개 이상의 주 또는 자치국이 공통의 정치 이념 아래 연합하여 형성하는 국가. 미국, 영국.

연방주의 聯邦主義 연이을 연(련) / 나라 방 / 주인 주 / 뜻 의 | 미국에서, 각 주의 개별적인 이익을 초월하여 합중국 전체의 국가적 이익을 강조하는 정치 이념.

❶**연변** 沿邊 물 따라갈 연 / 가 변 | 국경, 강, 철도, 도로 따위를 끼고 있는 언저리 일대.

❷**연병장** 練兵場 익힐 연(련) / 병사 병 / 마당 장 | 군인을 훈련하기 위하여 병영 내에 마련한 운동장.

❶**연보** 年譜 해 연(년) / 족보 보 | 사람이 한평생 동안 지낸 일을 연월일순으로 간략하게 적은 기록.

❷**연보** 年報 해 연(년) / 갚을 보 | 한 해 동안 일어난 사실이나 사업에 대하여 해마다 한 번씩 내는 보고.

❸**연보** 捐補 버릴 연 / 기울 보 | 1. 자기의 재물을 내어 다른 사람을 도와줌. 2. 주일이나 축일에 하나님에게 돈을 바침.

❶**연봉** 連峯 잇닿을 연(련) / 봉우리 봉 | 죽 이어져 있는 산봉우리.

❷**연봉** 年俸 해 연(년) / 녹 봉 | 일 년 동안에 받는 봉급의 총액.

연부역강 年富力強 해 연(년) / 부유할 부 / 힘 역(력) / 강할 강 | 나이가 젊고 기력이 왕성함.

연분 緣分 인연 연 / 나눌 분 | 1. 서로 관계를 맺게 되는 인연. 2. 하늘이 베푼 인연. 3. 부부가 되는 인연. ≒ 연고, 인연.

연비 燃費 탈 연 / 쓸 비 | 자동차가 주행 거리 또는 시간당 소비하는 연료의 양.

연사 演士 펼 연 / 선비 사 | 연설하는 사람.

❶**연산** 演算 펼 연 / 셈 산 | 수학 일정한 규칙에 따라 수식을 계산함.

연산하다 演算하다 펼 연 / 셈 산 | 수학 수식을 계산하다.

❷**연산** 連山 잇닿을 연(련) / 산 산 | 죽 잇대어 있는 산.

❸**연산** 年産 해 연(년) / 낳을 산 | 일 년 동안 생산하는 총량.

❶**연상** 聯想 잇달을 연 / 생각 상 | 하나의 생각이 다른 생각을 불러일으킴.

연상하다 聯想하다 잇달을 연 / 생각 상 | 생각을 불러일으키다.

❷**연상** 年上 해 연(년) / 윗 상 | 자기보다 나이가 많음.

❸**연상** 硯床 벼루 연 / 평상 상 | 벼루, 먹, 붓, 연적 따위 문방제구를 놓아두는 작은 책상.

❶**연서** 戀書 그리워할 연(련) / 글 서 | 연애하는 사이에 주고받는 애정의 편지.

❷연서 連書 잇닿을 연(련) / 글 서 | 문법 훈민정음에서, 순경음을 표기하기 위하여 순음자 밑에 'ㅇ'을 이어 쓰는 일. 'ㅁ', 'ㅂ', 'ㅍ', 'ㅃ' 따위가 있다.

❶연석 宴席 잔치 연 / 자리 석 | 잔치를 베푸는 자리.

❷연석 連席 잇닿을 연(련) / 자리 석 | 여러 사람이나 단체가 동등한 자격으로 죽 늘어앉음.

연석회의 連席會議 잇닿을 연(련) / 자리 석 / 모일 회 / 의논할 의 | 둘 이상의 단체가 합동으로 여는 회의.

연설 演說 펼 연 / 말씀 설 | 여러 사람 앞에서 자기의 의견이나 주장을 말함.

연설가 演說家 펼 연 / 말씀 설 / 집 가 | 1. 연설하는 사람. 2. 연설을 잘하는 사람.

연설문 演說文 펼 연 / 말씀 설 / 글월 문 | 연설할 내용을 적은 글.

기조연설 基調演說 터 기 / 고를 조 / 펼 연 / 말씀 설 | 국회, 전당 대회, 학회 따위에서 중요 인물이 기본 취지나 정책, 방향 따위에 대하여 설명하는 연설.

시정연설 施政演說 베풀 시 / 정사 정 / 펼 연 / 말씀 설 | 국가 원수나 정부 수반이 나라의 정치를 시행하는 것과 관련하여 하는 연설. 정부 정책의 기본 방침, 정부의 기본 과업 따위를 알리고 설명한다.

❶연성 鍊成 불릴 연(련) / 이룰 성 | 1. 몸과 마음을 닦아서 일을 이룸. 2. 쇠붙이를 불에 녹여 불려서 물건을 만듦.

❷연성 軟性 연할 연 / 성품 성 | 1. 부드럽고 무르며 연한 성질. 2. 보통의 방법으로도 개정할 수 있는 법의 성질.

연성헌법 軟性憲法 연할 연 / 성품 성 / 법 헌 / 법 법 | 법률 특별하게 엄격한 절차를 필요로 하지 않고, 일반 법률과 같은 개정 절차로 개헌이 가능한 헌법.

❸연성 延性 늘일 연 / 성품 성 | 물리 물질이 탄성 한계 이상의 힘을 받아도 끊어지지 않고 가늘고 길게 늘어나는 성질. 연성은 백금이 가장 크고, 금·은·알루미늄 따위가 있다.

❹연성 連星/聯星 잇닿을 연(련) / 별 성 | 천문학 서로 끌어당기는 힘의 작용으로 공동의 중심 주위를 공전하는 두 개의 항성. 밝은 별을 주성, 어두운 별을 동반성이라 한다.

❺연성 連聲 잇닿을 연(련) / 소리 성 | 문법 앞 음절의 끝 자음이 뒤 음절의 모음에 초성으로 이어져 나는 소리. '봄이'가 '보미'로, '겨울이'가 '겨우리'로 소리 나는 것 따위이다.

연세 年歲 해 연(년) / 해 세 | '나이'의 높임말.

❶연소 燃燒 탈 연 / 불사를 소 | 불에 타는 현상. 물질이 산소와 화합할 때에, 많은 빛과 열을 내는 현상.

연소조건 燃燒條件 탈 연 / 불사를 소 / 가지 조 / 물건 건 | 물질이 불에 타는 데에 필요한 세 가지 조건. 타는 물질, 타게 하는 열, 산소를 이른다.

연소체 燃燒體 탈 연 / 불사를 소 / 몸 체 | 타는 물체. 또는 탈 수 있는 물체.

❷연소 燕巢 제비 연 / 새집 소 | 해안의 바위틈에 사

는 제비둥지. 중국요리의 재료이기도 하다.

❸**연소하다 年少**하다 해 연(년) / 적을 소 | 나이가 어리다.

연속 連續 잇닿을 연(련) / 이을 속 | 끊이지 않고 죽 이어지거나 지속함. ≒ 지속, 연쇄, 계속./↔ 불연속.

연쇄 連鎖 잇닿을 연(련) / 사슬 쇄 | 1. 이어진 사슬. 2. 사물이나 현상이 사슬처럼 이어져 통일체를 이룸. ≒ 연관, 연속, 체인.

연쇄반응 連鎖反應 잇닿을 연(련) / 사슬 쇄 / 돌이킬 반 / 응할 응 | 1. 하나의 사건이 다른 사건을 잇달아 일으키는 반응. 2. 〔물리〕 하나의 화학 반응이 다른 반응을 일으키고 그것이 다른 것에 번지면서 계속 이어지는 반응. 예를 들어 중성자 하나가 우라늄235하나를 분열 시키면 거기에서 나온 중성자가 다른 것을 분열시켜 계속 핵분열을 일으키는 반응 따위가 있다.

연쇄효과 連鎖效果 잇닿을 연(련) / 사슬 쇄 / 본받을 효 / 결과 과 | 어떤 산업이 발전함에 따라 그와 연관된 다른 산업이 자극을 받아 발전하는 일.

연쇄법 連鎖法 잇닿을 연(련) / 쇠사슬 쇄 / 법 법 | 앞 구절의 끝말을 다음 구절의 첫말에 이어받아 심상(이미지)을 강조하는 수사법.

❶**연수 研修** 갈 연 / 닦을 수 | 학문 따위를 연구하고 닦음.

연수하다 研修하다 갈 연 / 닦을 수 | 연구하여 닦다.

❷**연수 年數** 해 연(년) / 셈 수 | 해의 수.

❸**연수 年收** 해 연(년) / 거둘 수 | 한 해 동안의 수입.

❹**연수 延壽** 늘일 연 / 수명 수 | '연년익수(延年益壽 수명을 더욱더 오래 늘려 나감)'의 준말.

연습 練習/鍊習 익힐 연(련) / 익힐 습 | 학문이나 기예 따위를 익숙하도록 되풀이하여 익힘.

연습하다 練習/鍊習하다 익힐 연(련) / 익힐 습 | 익숙하도록 되풀이하여 익히다.

연승 連勝 잇닿을 연(련) / 이길 승 | 싸움이나 경기에서 계속하여 이김.

❶**연시 年始** 해 연(년) / 비로소 시 | 설.

❷**연시 軟枾** 연할 연 / 감나무 시 | 물렁하게 잘 익은 감. ≒ 연감, 홍시.

❶**연식 年式** 해 연(년) / 법 식 | 기계류, 특히 자동차를 만든 해에 따라 구분하는 방식.

❷**연식 軟食** 연할 연 / 밥 식 | 먹거나 소화시키기에 부드러운 음식물.

❸**연식 軟式** 연할 연 / 법 식 | 부드러운 재료나 도구를 사용하는 방식.

❹**연식 燕息** 제비 연 / 쉴 식 | 한가로이 집에서 쉼.

연실 蓮實 연꽃 연(련) / 열매 실 | 연꽃의 열매. 식용하거나 약용한다.

연안 沿岸 물 따라갈 연 / 언덕 안 | 강이나 호수, 바다를 따라 잇닿아 있는 육지. ≒ 바닷가, 해변.

연안어업 沿岸漁業 물 따라갈 연 / 언덕 안 / 고기 잡을 어 / 업 업 | 해안에서 멀지 않은 바다에서 하

는 어업.

연약하다 軟弱하다 연할 연 / 약할 약 | 무르고 약하다.

연역법 演繹法 펼 연 / 풀 역 / 법 법 | 연역에 따른 추리의 방법. 일반적 사실이나 원리로부터 개별적인 특수한 사실이나 원리를 결론으로 이끌어 내는 추리 방법. ↔ 귀납법(歸納法).

❶**연연하다** 戀戀하다 그리워할 연(련) | 애틋하게 그립다.

❷**연연하다** 娟娟하다 예쁠 연 | 1. 빛이 산뜻하며 곱다. 2. 아름답고 어여쁘다.

연엽 蓮葉 연꽃 연(련) / 잎 엽 | 연잎.

연예 演藝 펼 연 / 재주 예 | 대중 앞에서 음악, 무용, 만담, 마술, 쇼 따위의 재주를 보임.

연옥 煉獄 달굴 연(련) / 옥 옥 | 천주 죽은 사람의 영혼이 천국에 들어가기 전에 남은 죄를 씻기 위하여 불로써 단련 받는 곳.

연원 淵源 못 연 / 근원 원 | 사물의 근원.

연월일시 年月日時 해 연(년) / 달 월 / 날 일 / 때 시 | 해와 달과 날과 시.

연유 緣由 인연 연 / 말미암을 유 | 일의 까닭.

연의 演義 펼 연 / 뜻 의 | 사실을 부연하여 재미있고 알기 쉽게 설명함.

연의소설 演義小說 펼 연 / 뜻 의 / 작을 소 / 말씀 설 | 문학 역사적 사실을 바탕으로 허구적인 내용을 덧붙여 흥미 본위로 쓴 소설. 〈삼국지

연의〉 따위가 있다.

연인 戀人 그리워할 연(련) / 사람 인 | 서로 그리며 사랑하는 사람.

연인원 延人員 늘일 연 / 사람 인 / 인원 원 | 어떠한 일에 날마다 동원된 인원을 모두 합한 총인원수.

연일 連日 잇닿을 연(련) / 날 일 | 여러 날을 계속함.

연일연시 連日連時 잇닿을 연(련) / 날 일 / 때 시 | 날마다 때마다 계속함.

연임 連任 잇닿을 연(련) / 맡길 임 | 임기를 다 마친 다음에 계속하여 그 직위에 머무름.

❶**연자** 妍姿 고울 연 / 모양 자 | 고운 자태.

❷**연자** 蓮子 연꽃 연(련) / 아들 자 | 연밥.

❸**연자** 燕子 제비 연 / 아들 자 | 제비.

❶**연작** 燕雀 제비 연 / 참새 작 | 1. 제비와 참새. 2. 도량이 좁은 사람을 비유.

❷**연작** 連作 이을 련(연) / 지을 작 | 같은 땅에 같은 작물을 해마다 심어 가꾸는 일. ≒ 이어짓기. / ↔ 돌려짓기, 윤작.

❸**연작** 聯作/連作 이을 련(연) / 지을 작 | 한 작품을 여러 작가가 나누어 맡아서 지은 작품.

연작시 連作詩 이을 련(연) / 지을 작 / 시 시 | 여러 시인이나 한 시인이, 하나의 주제 아래 여러 편의 시를 쓴 것.

❶**연장** 延長 늘일 연 / 길 장 | 길게 늘임.

연장선 延長線 늘일 연 / 길 장 / 줄 선 | 어떤 일이나 현상, 행위 따위가 계속하여 이어지는 것.

연장전 延長戰 늘일 연 / 길 장 / 싸움 전 | 운동 경기에서, 승부가 나지 않을 때, 횟수나 시간을 연장하여 계속하는 경기.

❷**연장 年長** 해 연(년) / 길 장 | 나이가 더 많음.

연장자 年長者 해 연(년) / 길 장 / 사람 자 | 나이가 더 많은 사람.

연재 連載 잇닿을 연(련) / 실을 재 | 신문이나 잡지에, 긴 글이나 만화 따위를 여러 번에 나누어 실음.

❶**연적 戀敵** 그리워할 연(련) / 대적할 적 | 연애의 경쟁자. 또는 연애를 방해하는 사람.

❷**연적 硯滴** 벼루 연 / 물방울 적 | 벼루에 먹을 갈 때 쓰는, 물을 담아 두는 그릇.

연전 連戰 잇닿을 연(련) / 싸움 전 | 계속해서 싸움.

연전연승 連戰連勝 잇닿을 연(련) / 싸움 전 / 잇닿을 연(련) / 이길 승 | 싸울 때마다 계속하여 이김.

연접 連接 잇닿을 연(련) / 이을 접 | 서로 잇닿음.

연정 戀情 그리워할 연(련) / 뜻 정 | 그리워하고 사모하는 마음.

❶**연좌 連坐** 잇닿을 연(련) / 앉을 좌 | 1. 여러 사람이 자리에 잇대어 앉음. 2. 남이 저지른 범죄에 연관됨.

연좌시위 連坐示威 잇닿을 연(련) / 앉을 좌 / 보일 시 / 위엄 위 | 잇대어 앉아서 하는 시위.

연좌 농성 連坐籠城 잇닿을 연(련) / 앉을 좌 / 대바구니 농(롱) / 재 성 | 여러 사람이 자리에 잇대어 앉아 벌이는 농성.

연좌제 緣坐制 인연 연 / 앉을 좌 / 절제할 제 | 범죄자와 친족 관계가 있는 자에게 연대적으로 형사 책임을 지우는 제도. 1980년대 이후 우리나라에서는 사실상 없어졌다.

❷**연좌 蓮座** 연꽃 연(련) / 자리 좌 | 불교 부처나 승려의 앉음새의 하나. 연꽃은 진흙 속에서 피어났어도 물들지 않는 덕이 있어서 불보살의 앉는 자리를 만든다.

❶**연주 演奏** 펼 연 / 아뢸 주 | 악기로 음악을 들려주는 일.

연주하다 演奏하다 펼 연 / 아뢸 주 | 악기로 음악을 들려주다.

❷**연주 聯珠** 연이을 연(련) / 구슬 주 | 1. 구슬을 꿰. 2. 아름다운 시문을 이르는 말.

❸**연주 煙酒** 담굴 연(련) / 술 주 | 담배와 술.

❶**연줄 緣줄** 인연 연 | 인연이 닿는 길.

❷**연줄 鳶줄** 솔개 연 | 연을 매어서 날리는 실.

연중행사 年中行事 해 연(년) / 가운데 중 / 다닐 행 / 일 사 | 해마다 하는 행사.

연즉 然則 그럴 연 / 법칙 칙 | 그런즉.

❶**연지 臙脂** 연지 연 / 기름 지 | 입술이나 뺨에 찍는

붉은색 화장품.

❷연지 蓮池 연꽃 연(련) / 못 지 | 연꽃을 심은 못.

❸연지 淵旨 못 연 / 뜻 지 | 깊은 뜻.

❹연지 硯池 벼루 연 / 못 지 | 벼루에서 먹물을 담는 오목하게 팬 곳.

❺연지 連枝 잇닿을 연(련) / 가지 지 | 한 뿌리에서 난 이어진 가지라는 뜻으로, 형제자매를 비유.

연질 軟質 연할 연 / 바탕 질 | 부드러운 성질.

연차 年次 해 연(년) / 버금 차 | 나이의 차례.

❶연착 延着 늘일 연 / 붙을 착 | 정해진 시간보다 늦게 도착함.

❷연착 軟着 연할 연 / 붙을 착 | 비행하던 물체가 착륙할 때, 가볍게 사뿐히 내려앉음.

연착륙 軟着陸 연할 연 / 붙을 착 / 뭍 륙(육) | 비행하던 물체가 착륙할 때, 탑승객이 다치지 않도록 충격 없이 가볍게 내려앉음.

연찬 研鑽 갈 연 / 뚫을 찬 | 학문 따위를 깊이 연구함.

연창 連唱/聯唱 잇닿을 연(련) / 부를 창 | 두 사람이 함께 노래함.

연철 鍊鐵/練鐵 불릴 연(련) / 쇠 철 | 무른 쇠.

연청 軟靑 연할 연 / 푸를 청 | 연푸른 색.

❶연체 軟體 연할 연 / 몸 체 | 연하고 무른 몸. 또는 그런 체질.

연체동물 軟體動物 연할 연 / 몸 체 / 움직일 동 / 물건 물 | 몸에 뼈가 없고 부드러운 동물. 문어, 낙지, 조개, 달팽이 따위가 있다.

❷연체 延滯 늘일 연 / 막힐 체 | 내야 할 채무나 납세의 기한을 넘기는 일.

연체금 延滯金 늘일 연 / 막힐 체 / 금 금 | 연체하여 더 내는 돈.

❶연초 年初 해 연(년) / 처음 초 | 설.

❷연초 煙草 연기 연 / 풀 초 | 담배.

연출 演出 펼 연 / 날 출 | 1. 연극이나 방송극 따위에서, 각본을 바탕으로 배우의 연기, 무대장치, 의상, 조명, 분장 등을 종합적으로 지도하는 일. 2. 규모가 큰 의식이나 집회 따위를 총지휘하여 진행함. 3. 어떤 상황이나 상태를 만들어 냄.

연출가 演出家 펼 연 / 날 출 / 집 가 | 연출하는 일을 전문적으로 하는 사람. ≒ 감독.

연타 連打 잇닿을 연(련) / 칠 타 | 계속하여 때리거나 침.

❶연탄 煉炭 달굴 연(련) / 숯 탄 | 주원료인 무연탄에 코크스, 목탄 따위의 여러 재료를 섞어서 만든 연료. ≒ 구공탄.

연탄불 煉炭불 달굴 연(련) / 숯 탄 | 연탄에 붙어 타는 불.

연탄구멍 煉炭구멍 달굴 연(련) / 숯 탄 | 연탄이 잘 탈 수 있도록 아래위로 통하게 뚫어 놓은 여러 개의 구멍.

연탄장수 煉炭장수 달굴 연(련) / 숯 탄 | 1. 연탄을

파는 장수. 2. 얼굴이 검은 사람을 놀림조로 이르는 말.

연탄가스 煉炭gas 달굴 연(련) / 숯 탄 | 연탄이 탈 때 발생하는 유독성 가스. 일산화탄소가 주성분이다.

❷**연탄** 連彈/聯彈 잇닿을 연(련) / 탄알 탄 | 한 대의 피아노를 두 사람이 함께 치며 연주함.

❶**연통** 連通/聯通 잇닿을 런(연) / 통할 통 | 연락하거나 기별함. 또는 그런 통지.

연통하다 連通/聯通하다 잇닿을 런(연) / 통할 통 | 연락하거나 기별하다.

❷**연통** 煙筒/煙箭 연기 연 / 대통 통 | 양철이나 슬레이트 따위로 둥글게 만든 굴뚝.

❶**연파** 煙波 연기 연 / 물결 파 | 연기나 안개가 자욱하게 낀 수면.

❷**연파** 漣波 잔물결 연(련) / 물결 파 | 자잘하게 이는 잔물결.

❸**연파** 連破 잇닿을 연(련) / 깨뜨릴 파 | 상대편을 잇달아 쳐서 패배시킴.

❶**연판** 連判 잇닿을 연(련) / 판단할 판 | 하나의 문서에 여러 사람이 연명으로 도장을 찍음.

연판장 連判狀 잇닿을 연(련) / 판단할 판 / 문서 장 | 연판한 문서.

❷**연판** 蓮瓣 연꽃 연(련) / 외씨 판 | 연꽃잎. 연꽃의 꽃잎.

❶**연패** 連霸 잇닿을 연(련) / 으뜸 패 | 잇달아 우승

함.

연패하다 連霸하다 잇닿을 연(련) / 으뜸 패 | 잇달아 우승하다.

❷**연패** 連敗 잇닿을 연(련) / 패할 패 | 잇달아 짐.

연패하다 連敗하다 잇닿을 연(련) / 패할 패 | 잇달아 지다.

연표 年表 해 연(년) / 겉 표 | 연대표.

연풍 軟風 연할 연 / 바람 풍 | 솔솔바람.

❶**연하** 煙霞 연기 연 / 노을 하 | 안개 놀.

연하고질 煙霞痼疾 연기 연 / 노을 하 / 깊은 병 고 / 병 질 | 자연의 아름다운 경치(안개와 노을)를 사랑하고 즐기는 성질. ≒ 천석고황(泉石膏肓).

❷**연하** 年下 해 연(년) / 아래 하 | 자기보다 나이가 어림.

❸**연하** 年賀 해 연(년) / 하례할 하 | 새해를 축하함.

연하장 年賀狀 해 연(년) / 하례할 하 / 문서 장 | 새해를 축하하기 위하여 글이나 그림을 담아 보내는 편지.

연하우편 年賀郵便 해 연(년) / 하례할 하 / 우편 우 / 편할 편 | 특별 취급 우편물의 하나. 연하장 따위의 새해를 축하하는 우편을 이른다.

연하다 軟하다 연할 연 | 재질이 무르고 부드럽다.

연한 年限 해 연(년) / 한할 한 | 정해진 햇수.

연합 聯合 연이을 연(련) / 합할 합 | 공동의 목적을 위하여 둘 이상의 단체나 조직이 하나의 조직체

를 만듦.

연합군 聯合軍 연이을 연(련) / 합할 합 / 군사 군 | 둘 이상의 국가가 연합하여 구성한 군대.

▶**❶연해 沿海** 물 따라갈 연 / 바다 해 | 육지 가까이에 있는 바다. 즉 대륙붕을 덮고 있는 바다를 이른다.

연해안 沿海岸 물 따라갈 연 / 바다 해 / 언덕 안 | 바다와 육지가 맞닿은 부분.

연해어업 沿海漁業 물 따라갈 연 / 바다 해 / 고기 잡을 어 / 업 업 | 해안에서 멀지 아니한 바다에서 하는 어업. 어획물의 종류가 많고 적은 자본과 노력으로 할 수 있는 소규모의 어업이다

❷연해 緣海 인연 연 / 바다 해 | 대륙의 가장자리에 있어, 섬이나 반도에 의하여 대양에서 격리되어 있는 바다. 우리나라의 동해와 황해, 오호츠크해, 카리브해, 베링해 따위가 있다.

▶**❶연행 連行** 잇닿을 연(련) / 다닐 행 | 데리고 감.

연행하다 連行하다 잇닿을 연(련) / 다닐 행 | 데리고 가다.

❷연행 燕行 제비 연 / 다닐 행 | 사신이 중국의 베이징에 가던 일.

연혁 沿革 따를 연 / 가죽 혁 | 내력. 발자취.

❶연호 年號 해 연(년) / 이름 호 | 임금이 즉위한 해에 붙이던 칭호.

❷연호 煙戶 연기 연 / 집 호 | 1. 굴뚝에서 연기가 나는 집이라는 뜻으로, 사람이 사는 집을 가리킴. 2. 일반 백성들의 집.

❸연호 連呼 잇닿을 연(련) / 부를 호 | 계속하여 부름.

연호하다 連呼하다 잇닿을 연(련) / 부를 호 | 계속하여 부르다.

❹연호 宴犒 잔치 연 / 호궤할 호 | 잔치를 베풀어 군사를 위로함.

▶**❶연화 軟化** 연할 연 / 될 화 | 1. 단단한 것이 부드럽고 무르게 됨. 2. 강경하게 주장하던 것을 버리고 타협하는 태도를 보임.

❷연화 年華 해 연(년) / 빛날 화 | 흘러가는 세월.

화양연화 花樣年華 꽃 화 / 모양 양 / 해 연(년) / 빛날 화 | 인생에서 꽃과 같이 아름답고 찬란했던 시절.

❸연화 蓮花 연꽃 연(련) / 꽃 화 | 연꽃.

연화잠 蓮花簪 연꽃 연(련) / 꽃 화 / 비녀 잠 | 연꽃 모양을 새긴 비녀.

연화국 蓮花國 연꽃 연(련) / 꽃 화 / 나라 국 | 【불교】 연꽃이 피어 있는 나라라는 뜻으로, '극락'을 이르는 말.

▶**연환 連環** 잇닿을 연(련) / 고리 환 | 쇠로 된 고리를 잇따라 꿰어 만든 사슬.

연환계 連環計 잇닿을 연(련) / 고리 환 / 셀 계 | 간첩을 적에게 보내어 계교를 꾸미게 하여 승리를 얻는 계책. 중국 삼국 시대에 오나라의 주유가 위나라 조조에게 방통(龐統)을 보내어 조조의 군함들을 쇠고리로 연결시키게 하고 불로 공격하였다는 데서 유래한다.

연회 宴會 잔치 연 / 모일 회 | 여러 사람이 모여 베푸는 잔치.

연회석 宴會席 잔치 연 / 모일 회 / 자리 석 | 잔치를 베푸는 자리.

연횡설 連橫說 잇닿을 연(련) / 가로 횡 / 말씀 설 | 중국 전국 시대에, 진(秦)나라의 장의(張儀)가 주장한 외교 정책. 한(韓)·위(魏)·조(趙)·초(楚)·연(燕)·제(齊)의 여섯 나라가 종(從)으로 동맹을 맺어 진나라에 대항하자는 합종설에 맞서서, 진나라가 이들 여섯 나라와 횡(橫)으로 각각 동맹을 맺어 화친할 것을 주장하였다.

합종설 合從說 합할 합 / 좇을 종 / 말씀 설 | 중국 전국 시대에, 소진(蘇秦)이 주장한 외교 정책. 서쪽의 강국 진(秦)나라에 대항하기 위하여 남북으로 위치한 한·위·조·연·제·초의 여섯 나라가 동맹할 것을 주장하였다.

합종연횡 合從連橫 합할 합 / 좇을 종 / 잇닿을 연(련) / 가로 횡 | 소진의 합종설과 장의의 연횡설.

연후 然後 그럴 연 / 뒤 후 | 그런 뒤.

연훈 煙燻 연기 연 / 연기 낄 훈 | 연기를 쐼.

연희 演戲 펼 연 / 놀이 희 | 말과 동작으로 재주를 부림.

❶열 熱 더울 열 | 덥거나 뜨거운 기운.

❷열 列 벌일 렬(열) | 죽 벌여 늘어선 줄.

열강 列強 벌일 렬(열) / 강할 강 | 여러 강한 나라.

열개 裂開 찢을 열(렬) / 열 개 | 찢겨서 벌어짐.

열거 列擧 줄 열 / 들다 거 | 늘어놓음.

열거법 列擧法 벌일 열(렬) / 들 거 / 법 법 | 내용이 비슷한 어구를 늘어놓는 수사법. ※ 예시: 꽃밭에는 장미, 백합, 튤립, 칸나가 활짝 피어 있다.

열광 熱狂 더울 열 / 미칠 광 | 미친 듯이 날뜀.

열광하다 熱狂하다 더울 열 / 미칠 광 | 미친 듯이 날뛰다.

열구 悅口 기쁠 열 / 입 구 | 음식이 입에 맞음.

열구자탕 悅口子湯 기쁠 열 / 입 구 / 아들 자 / 끓일 탕 | 입을 즐겁게 하는 탕이라는 뜻으로, '신선로'를 이르는 말.

열국 列國 벌일 열(렬) / 나라 국 | 여러 나라. ≒ 만국, 만방, 각국.

열기 熱氣 더울 열 / 기운 기 | 뜨거운 기운.

열김 熱김 더울 열 | 가슴속에서 타오르는 열의 운김.

열나다 熱나다 더울 열 | 열이 생기다.

열녀 烈女 매울 열(렬) / 여자 녀(여) | 절개가 굳은 여자.

열녀문 烈女門 매울 열(렬) / 여자 녀(여) / 문 문 | 열녀의 행적을 기리기 위하여 세운 정문.

열대 熱帶 더울 열 / 띠 대 | 적도를 중심으로 남북 회귀선 사이에 있는 지대.

열대성 熱帶性 더울 열 / 띠 대 / 성품 성 | 열대 지방

의 특유한 성질.

열대식물 熱帶植物 더울 열 / 띠 대 / 심을 식 / 물건 물 | 열대 지방에서 자라는 식물을 통틀어 이르는 말. 거대한 상록 활엽수가 많으며 야자나무, 바나나, 파파야 따위가 있다.

열대우림기후 熱帶雨林氣候 더울 열 / 띠 대 / 비 우 / 수풀 림(임) / 기운 기 / 기후 후 | 적도를 중심으로 남북의 위도 10도 사이에 분포하는 열대 기후.

열대야 熱帶夜 더울 열 / 띠 대 / 밤 야 | 방 밖의 온도가 25℃ 이상인 무더운 밤.

열도 列島 벌일 열(렬) / 섬 도 | 길게 줄을 지은 모양으로 늘어서 있는 여러 개의 섬.

열독 熱讀 더울 열 / 읽을 독 | 열심히 읽음.

열등 劣等 못할 열(렬) / 무리 등 | 보통의 수준보다 낮음.

열등의식 劣等意識 못할 열(렬) / 무리 등 / 뜻 의 / 알 식 | 자신이 다른 사람들에 비하여 열등하다고 믿는 의식.

열띠다 熱띠다 더울 열 | 열기를 품다.

열락 悅樂 기쁠 열 / 즐길 락(낙) | 기뻐하고 즐거워함.

열람 閱覽 볼 열 / 볼 람(남) | 책이나 문서 따위를 죽 내리 훑어봄.

열람실 閱覽室 볼 열 / 볼 람(남) / 집 실 | 도서관 등에서 책을 열람하는 방.

열량 熱量 더울 열 / 헤아릴 량(양) | 열에너지의 양. 단위는 칼로리(cal)로 표시한다.

열렬하다 熱烈/烈烈하다 더울 열 / 매울 렬(열) | 매우 맹렬하다.

열망 熱望 더울 열 / 바랄 망 | 열렬하게 바람.

열방 列邦 벌일 열(렬) / 나라 방 | 여러 나라.

열반 涅槃 개흙 열(녈) / 쟁반 반 | 1. 모든 번뇌의 얽매임에서 벗어나고, 진리를 깨달아 불생불멸의 법을 체득한 경지. 2. 승려가 죽음. ≒ 입적, 해탈.

열변 熱辯 더울 열 / 말씀 변 | 열렬하게 사리를 밝혀 옳고 그름을 따지는 말.

❶열병 熱病 더울 열 / 병 병 | 1. 열이 몹시 오르고 심하게 앓는 병. 2. 어떤 일에 몹시 흥분한 상태를 비유.

❷열병 閱兵 볼 열 / 병사 병 | 군대를 정렬한 다음 병사들의 사기와 훈련 상태를 검열함.

열병식 閱兵式 볼 열 / 병사 병 / 법 식 | 정렬한 군대의 앞을 지나면서 검열하는 의식.

열복사 熱輻射 더울 열 / 바퀴살 복 / 쏠 사 | 물리 물체에서 열에너지가 전자파로서 방출되는 현상.

열사 烈士 매울 열(렬) / 선비 사 | 나라를 위하여 절의를 지키며 충성을 다하여 싸운 사람.

열상 裂傷 찢을 열(렬) / 다칠 상 | 피부가 찢어져서 생긴 상처.

열섬 熱섬 더울 열 | 어느 한 곳이 주변보다 기온이 높은 지역

❶**열성 熱誠** 더울 열 / 정성 성 | 열렬한 정성. ≒ 열정, 열의.

열성분자 熱誠分子 더울 열 / 정성 성 / 나눌 분 / 아들 자 | 어떠한 일에 열렬하게 정성을 다하는 사람.

❷**열성 劣性** 못할 열(렬) / 성품 성 | 열등한 성질.

열성인자 劣性因子 못할 열(렬) / 성품 성 / 인할 인 / 아들 자 | [생물] 우성인자에게 패배하여 잠복하는 유전인자.

❹**열성 熱性** 더울 열 / 성품 성 | 걸핏하면 흥분하기 쉬운 성질.

❺**열성 列星** 벌일 열(렬) / 별 성 | 하늘에 떠 있는 무수한 별.

❻**열성 列聖** 벌일 열(렬) / 성인 성 | 1. 대대의 여러 임금. 2. 여러 성인.

열성조 列聖朝 벌일 열(렬) / 성인 성 / 아침 조 | 여러 대의 임금의 시대.

열세 劣勢 못할 열(렬) / 형세 세 | 상대편보다 힘이나 세력이 약함.

❶**열수 熱水** 더울 열 / 물 수 | 뜨거운 물.

❷**열수 列宿** 벌일 열(렬) / 별자리 수 | 하늘에 떠 있는 무수한 별.

❸**열수 洌水** 맑을 렬(열) / 물 수 | 1. [역사] 고조선 때에, '대동강'을 이르던 말. 2. [역사] 조선 시대에, '한강'을 이르던 말.

열심 熱心 더울 열 / 마음 심 | 온 정성을 다하여 애씀.

열악하다 劣惡하다 못할 열(렬) / 악할 악 | 뒤떨어지고 나쁘다.

열애 熱愛 더울 열 / 사랑 애 | 열렬히 사랑함. 열렬한 사랑.

열역학 熱力學 더울 열 / 힘 역(력) / 배울 학 | 열을 에너지의 한 형태로 보고 열과 일과의 관계에서 출발하여 열평형, 열 현상 따위를 연구하는 학문.

열연 熱演 더울 열 / 펼 연 | 열렬하게 연기함.

열용량 熱容量 더울 열 / 얼굴 용 / 헤아릴 량(양) | [물리] 어떤 물체의 온도를 1℃ 높이는 데에 필요한 열량. 물체의 온도가 얼마나 쉽게 변하는가를 나타낸다.

열외 列外 벌일 열(렬) / 바깥 외 | 줄 밖. 어떤 몫이나 축에 들지 못함.

열원 熱源 더울 열 / 근원 원 | 열이 생기는 근원.

열위 列位 벌일 열(렬) / 자리 위 | 여러분.

열읍 列邑 벌일 열(렬) / 고을 읍 | 여러 고을.

열의 熱意 더울 열 / 뜻 의 | 온갖 정성을 다하는 마음.

❶**열전 列傳** 벌릴 열 / 전할 전 | 1. 여러 사람의 전기(傳記)를 차례로 벌여서 기록한 책. 2. 역사에서, 임금을 제외한 사람들의 전기를 차례로 적

어서 벌여 놓은 기전체 기록. ※ 예시: 사기(**史記**) 열전.

❷**열전 熱戰** 더울 열 / 싸움 전 | 무력을 사용하는 전쟁. ↔ 냉전.

❸**열전도 熱傳導** 더울 열 / 전할 전 / 인도할 도 | 물리 열이 물질 속의 온도가 높은 부분으로 부터 낮은 부분으로 흐르는 현상.

열전자 熱電子 더울 열 / 번개 전 / 아들 자 | 물리 금속이나 반도체에서 가열되어 온도가 높아질 때에 방출되는 전자. 진공관 따위에 쓴다.

열전자 방출 熱電子放出 더울 열 / 번개 전 / 아들 자 / 놓을 방 / 날 출 | 물리 금속이나 반도체를 높은 온도로 가열하면 내부에 있는 전자의 열 운동이 활발하게 되어 큰 에너지를 얻고 표면 으로부터 공간으로 튀어나오는 현상. 진공관 에 응용한다.

열전자발전 熱電子發電 더울 열 / 번개 전 / 아들 자 / 필 발 / 번개 전 | 물리 진공 또는 플라스마 속에 음극과 양극을 마주 놓은 상태에서, 음극 을 가열하고 양극을 냉각하면 음극에서 열전자 가 방출되어 양극에 빨려 들어가는데, 거기에 변압기를 접속하여 전력을 만들어 낸다.

열정 熱情 더울 열 / 뜻 정 | 어떤 일에 열렬한 애정 을 가지고 열중하는 마음.

열주 列柱 벌일 열(렬) / 기둥 주 | 줄지어 늘어선 기둥.

열중 熱中 더울 열 / 가운데 중 | 한 가지 일에 정신 을 쏟음.

열중하다 熱中하다 더울 열 / 가운데 중 | 한 가지

일에 정신을 쏟다.

열차 列車 벌일 열(렬) / 수레 차 | 여러 개의 찻간을 길게 이어 놓은 차량.

열창 熱唱 더울 열 / 부를 창 | 노래를 열심히 부름.

❶**열천 熱天** 더울 열 / 하늘 천 | 몹시 더운 날씨.

❷**열천 冽泉** 맑을 렬(열) / 샘 천 | 차고 맑은 샘.

❸**열천 熱泉** 더울 열 / 샘 천 | 지열에 의하여 지하수 가 데워져 솟아 나오는 온천.

열탕 熱湯 더울 열 / 끓일 탕 | 끓는 물이나 국.

열통 熱통 더울 열 | 열화가 치밀어 마음속에서 부 글부글 끓어오르는 기운.

열패 劣敗 못할 열(렬) / 패할 패 | 남보다 못하여 경 쟁에서 짐.

열패감 劣敗感 못할 열(렬) / 패할 패 / 느낄 감 | 남보 다 못하여 경쟁에서 졌다는 느낌.

열팽창 熱膨脹 더울 열 / 부를 팽 / 부을 창 | 물체의 온도가 올라감에 따라, 그 부피가 늘어나는 현 상.

열평형 熱平衡 더울 열 / 평평할 평 / 저울대 형 | 서 로 온도가 다른 물체를 접촉시켰을 때, 열이 낮 은 쪽으로 흐르다가 서로 같은 온도가 되었을 때 열의 흐름이 정지되는 상태.

❶**열풍 熱風** 더울 열 / 바람 풍 | 뜨거운 바람.

❷**열풍 烈風** 매울 열(렬) / 바람 풍 | 1. 몹시 사납고 거세게 부는 바람. 2. 매우 세차게 일어나는 기 운이나 기세를 비유.

열핵 熱核 더울 열 / 씨 핵 | 물리 격렬하게 열운동을 하는 원자핵.

열핵 분열 熱核分裂 더울 열 / 씨 핵 / 나눌 분 / 찢을 열(렬) | 물리 속도가 느린 중성자를 통해 일어나는 핵분열 반응. 원자핵에서 나온 중성자가 매질과 열적 평형이 이루어진 상태에서 핵분열 반응을 일으키는 것이다.

열핵 융합 熱核融合 더울 열 / 씨 핵 / 녹을 융 / 합할 합 | 물리 가벼운 원자핵이 고온 · 고압에서 결합하여 무거운 원자핵으로 되는 핵반응. 질량 결손에 해당하는 에너지가 방출된다.

열혈 熱血 더울 열 / 피 혈 | 1. 더운 피. 2. 열렬한 정신이나 정열을 비유.

열혈남아 熱血男兒 더울 열 / 피 혈 / 사내 남 / 아이 아 | 열정에 불타는 의기를 가진 사나이.

❶열화 烈火 매울 열(렬) / 불 화 | 맹렬하게 타는 불.

❷열화 熱火 더울 열 / 불 화 | 1. 뜨거운 불길이라는 뜻으로, 매우 격렬한 열정을 비유. 2. 매우 급하게 치밀어 오르는 화증.

염 念 생각 염(념) | 무엇을 하려고 하는 생각이나 마음.

염을 내다 念을 내다 생각 염(념) | 무엇을 하려고 하는 생각이나 마음을 내다.

염가 廉價 청렴할 염(렴) / 값 가 | 매우 싼 값. ≒ 싼값, 저가.

염가 판매 廉價販賣 청렴할 염(렴) / 값 가 / 팔 판 / 팔 매 | 어떤 상품을 특별히 정가보다 싸게 파는 일. ≒ 바겐세일.

염결하다 恬潔하다 편안할 념(염) / 깨끗할 결 | 욕심이 없고 마음이 깨끗하다.

❶염기 鹽氣 소금 염 / 기운 기 | 소금기.

❷염기 鹽基 소금 염 / 터 기 | 화학 산과 반응하여 염을 만드는 알칼리성 물질. 물에 녹으면 하이드록시 이온을 낸다. 암모니아수, 잿물 따위가 있다.

염기성 鹽基性 소금 염 / 터 기 / 성품 성 | 알칼리성 ↔ 산성.

❸염기 艶氣 고울 염 / 기운 기 | 요염한 기운.

❹염기 厭棄 싫어할 염 / 버릴 기 | 싫어서 버림.

염기하다 厭棄하다 싫어할 염 / 버릴 기 | 싫어서 버리다.

염념 念念 생각 염(념) | 1. 매우 짧은 시간. 한 찰나 한 찰나. 2. '염(念)'은 본래 '찰나'의 뜻이며, '염념(念念)'은 짧은 시간에도 늘 잊지 아니하고 생각한다는 뜻이다.

염념불망 念念不忘 생각 염(념) / 생각 념(염) / 아닐 불 / 잊을 망 | 자꾸 생각이 나서 잊지 못함.

염념생멸 念念生滅 생각 염(념) / 생각 념(염) / 날 생 / 꺼질 멸 | 불교 우주의 모든 사물이 시시각각으로 나고 죽고 하여 잠깐도 끊이지 아니하고 변화하는 일.

염담하다 恬淡/恬澹하다 편안할 념(염) / 맑을 담 | 욕심이 없고 마음이 깨끗하다.

❶염독 念讀 생각 염(념) / 읽을 독 | 주의 깊게 생각하며 읽음.

❷염독 炎毒 불꽃 염 / 독 독 | 심한 더위로 인한 독기.

염두 念頭 생각 염(념) / 머리 두 | 마음속. 가슴속. ※ 예시: 염두에 두다.

염량 炎涼 불꽃 염 / 서늘할 량(양) | 더위와 서늘함.

염량세태 炎涼世態 뜨거울 염 / 서늘할 량 / 세상 세 / 모습 태 | 1. 뜨거웠다가 차가와졌다 하며 변덕이 심한 세상인심. 2. 세력이 있을 때는 아첨하여 따르고 세력이 없어지면 푸대접하는 세상인심을 비유.

염려 念慮 생각 염(념) / 생각할 려(여) | 앞일에 대하여 이리저리 마음을 써서 걱정함.

염력 念力 생각 염(념) / 힘 력 | 1. 초능력의 하나. 정신을 집중함으로써 물체를 옮기는 힘 따위이다. 2. 한 가지에 전념하여 그로써 장애를 극복하는 힘. 또는 산란한 마음을 그치고 진실한 마음을 갖게 하는 힘을 이른다.

염료 染料 물들 염 / 헤아릴 료(요) | 옷감 따위에 빛깔을 들이는 물감.

❶염모 艶慕 고울 염 / 그릴 모 | 기쁜 마음으로 공경하며 사모함.

❷염모 染毛 물들 염 / 터럭 모 | 머리털을 염색함.

염문 艶聞 고울 염 / 들을 문 | 연애에 관한 소문.

염병 染病 물들 염 / 병 병 | 장티푸스, 전염병을 가

리킴.

염병하다 染病하다 물들 염 / 병 병 | 염병을 앓다.

염복 艶福 고울 염 / 복 복 | 여자가 잘 따르는 복.

염분 鹽分 소금 염 / 나눌 분 | 소금기.

염불 念佛 생각 염(념) / 부처 불 | 불경을 외는 일.

❶염사 廉士 청렴할 염(렴) / 선비 사 | 청렴한 선비.

❷염사 艶事 고울 염 / 일 사 | 남녀 간의 연애에 관한 일.

❸염사 念寫 생각 염(념) / 베낄 사 | 마음속으로 생각한 것만으로 사진 건판이나 필름을 감광시켜, 풍경이나 인물의 상을 찍어 낸다는 심령 현상.

염색 染色 물들 염 / 빛 색 | 1. 염료를 사용하여 물을 들임. 2. 세포, 조직, 균을 색소로 물들이는 일. ↔ 탈색.

염색약 染色藥 물들 염 / 빛 색 / 약 약 | 염색하는 약품.

염색체 染色體 물들 염 / 빛 색 / 몸 체 | 생물 분열하는 세포에 나타나는 실, 막대, 알갱이 모양의 물질. 생물의 종류나 성에 따라 그 수가 일정한 유전자의 집합체이다.

염색체 지도 染色體地圖 물들 염 / 빛 색 / 몸 체 / 땅 지 / 그림 도 | 생물 염색체에 유전자의 위치를 표시한 도표.

염색체교차 染色體交叉 물들 염 / 빛 색 / 몸 체 / 사귈 교 / 갈래 차 | 생물 생식세포의 감수분열에서, 상동염색체가 서로 접착할 때 염색체의 교

환이 일어난 부분. ≒ 키아스마.

염색체이상 染色體異常 물들 염 / 빛 색 / 몸 체 / 다를 이(리) / 떳떳할 상 | **생물** 생물진화의 기초가 되는 변이의 원인이 되며, 자연적으로 일어나거나 인공적으로도 방사선, 약품, 온도 처리 등에 의하여 일으킬 수도 있다. ≒ 염색체 돌연변이.

염서 炎暑 불꽃 염 / 더울 서 | 불볕더위.

염세 厭世 싫어할 염 / 인간 세 | 세상을 고통스럽게 여기며 비관함. ↔ 낙천(樂天).

염세적 厭世的 싫어할 염 / 인간 세 / 과녁 적 | 세상을 싫어하고, 모든 일을 어둡고 부정적인 것으로 보는.

염수 鹽水 소금 염 / 물 수 | 소금물.

염수어 鹽水魚 소금 염 / 물 수 / 물고기 어 | 짠물고기.

염열 炎熱 불꽃 염 / 더울 열 | 몹시 심한 더위.

염원 念願 생각 염(념) / 원할 원 | 마음에 간절히 생각하고 기원함. ≒ 희원, 소망.

❶염장 鹽藏 소금 염 / 감출 장 | 소금에 절여 저장함.

❷염장 鹽醬 소금 염 / 장 장 | 1. 소금과 간장. 2. 음식의 간을 맞추는 양념을 통틀어 이르는 말.

염전 鹽田 소금 염 / 밭 전 | 소금밭.

염정 艶情 고울 염 / 뜻 정 | 연정.

염정소설 艶情小說 고울 염 / 뜻 정 / 작을 소 / 말씀

설 | **문학** 남녀 간의 사랑을 주제로 하는 소설.

염제 炎帝 불꽃 염 / 임금 제 | 1. 여름을 맡은 신. 2. 중국 고대의 불의 신. 3. '태양'을 달리 이르는 말.

❶염증 厭症 싫어할 염 / 증세 증 | 싫증.

❷염증 炎症 불꽃 염 / 증세 증 | 열이 오르고, 아프며, 발갛게 붓는 증상. 생체 조직이 손상을 입었을 때에 체내에서 일어나는 방어적 반응.

❶염지 染紙 물들 염 / 종이 지 | 여러 가지 색깔을 물들인 종이.

❷염지 染指 물들 염 / 가리킬 지 | 손가락을 솥 속에 넣어 국물의 맛을 본다는 뜻으로, 남의 물건을 옳지 못한 방법으로 가짐을 이르는 말.

염직 染織 물들 염 / 짤 직 | 피륙에 물을 들임.

염천 炎天 불꽃 염 / 하늘 천 | 몹시 더운 날씨.

염출 捻出 비틀 염(념) / 날 출 | 1. 어떤 방법 따위를 어렵게 생각해 냄. 2. 필요한 비용 따위를 어렵게 걷거나 모음.

염치 廉恥 청렴할 염(렴) / 부끄러울 치 | 체면을 차려 부끄러움을 아는 마음.

염치없다 廉恥없다 청렴할 염(렴) / 부끄러울 치 | 체면을 차려 부끄러움을 아는 마음이 없다.

염탐 廉探 청렴할 염(렴) / 찾을 탐 | 몰래 남의 사정을 살피고 조사함.

염탐질 廉探질 청렴할 염(렴) / 찾을 탐 | 몰래 남의 사정을 살피고 조사하는 짓.

염하 炎夏 불꽃 염 / 여름 하 | 한여름.

❶**염해 鹽害** 소금 염 / 해할 해 | 바다에서 소금기가 있는 바람이 불어와 생기는 피해.

❷**염해 鹽海** 소금 염 / 바다 해 | 아라비아반도의 서북쪽에 있는 소금물 호수. 호수의 수면이 해수의 수면보다 392미터 낮아 세계의 호수 가운데 가장 낮다. ≒ 사해.

염호 鹽湖 소금 염 / 호수 호 | 염분이 많아 물맛이 짠 호수. 강우량이 적은 건조한 지방에 있으며, 물이 흘러 나가는 데가 없다. 카스피해, 사해 따위가 있다.

염화미소 拈華微笑 들다 염 / 꽃 화 / 적을 미 / 웃을 소 | 1. 마음에서 마음으로 전하는 것. 2. **불교** 석가모니가 영산회에서 연꽃 한 송이를 들어 대중에게 보이자, 제자 마하가섭만이 그 뜻을 깨닫고 미소 지으므로 그에게 불교의 진리를 주었다고 하는 고사. ≒ 염화시중(拈華示衆), 이심전심(以心傳心).

엽견 獵犬 사냥 엽(렵) / 개 견 | 사냥개.

엽관 獵官 사냥 엽(렵) / 벼슬 관 | 관직을 얻으려고 갖은 방법으로 노력함.

엽기 獵奇 사냥 엽(렵) / 기이할 기 | 비정상적이고 괴이한 일에 흥미를 느끼고 찾아다님.

엽기적 獵奇的 사사냥 엽(렵) / 기이할 기 / 과녁 적 | 괴기하고 비정상적.

엽렵하다 獵獵하다 사냥 엽(렵) / 사냥 렵(엽) | 1. 영리하고 날렵하다. 2. 바람이 가볍고 부드럽다.

엽사 獵師 사냥 엽(렵) / 스승 사 | 사냥꾼.

엽서 葉書 잎 엽 / 글 서 | 1. 우편엽서. 2. 잎사귀에 쓴 글이란 뜻으로, '편지'를 이르는 말.

엽연초 葉煙草 잎 엽 / 연기 연 / 풀 초 | 잎담배.

엽전 葉錢 잎 엽 / 돈 전 | 1. 예전에 사용하던, 놋쇠로 만든 돈. 둥글고 납작하며 가운데에 네모진 구멍이 있다. 고려 시대의 삼한중보·삼한통보·동국중보·해동중보 따위와, 조선 시대의 조선통보·상평통보·당백전·당오전 따위를 들 수 있다. 2. 일제시대를 지나면서 우리나라 사람이 스스로를 낮잡아 이르던 좋지 않은 말.

엽총 獵銃 사냥 엽(렵) / 총 총 | 사냥총.

엽편 소설 葉篇小說 잎 엽 / 책 편 / 작을 소 / 말씀 설 | 단편 소설보다도 짧은 소설. 인생의 한 단면을 예리하게 포착하여 그리는데 유머, 풍자, 기지를 담고 있다.

❶**영가 詠歌** 읊을 영 / 노래 가 | 시가를 읊음.

영가무도 詠歌舞蹈 읊을 영 / 노래 가 / 춤출 무 / 밟을 도 | 노래를 부르고 춤을 춤.

❷**영가 靈歌** 신령 영(령) / 노래 가 | 미국의 흑인들이 부르는 종교적인 성가.

❸**영가 靈駕** 신령 영(령) / 멍에 가 | **불교** 영혼. 육체 밖에 따로 있다고 생각되는 정신적 실체.

영감 靈感 신령 영(령) / 느낄 감 | 신령스러운 예감이나 느낌.

영걸 英傑 꽃부리 영 / 뛰어날 걸 | 영웅과 호걸.

영검 靈검 신령 영(령) | 사람의 기원대로 되는 신기한 징험.

영겁 永劫 길다 영 / 위협할 겁 | 영원한 세월.

영겁회귀 永劫回歸 길다 영 / 위협할 겁 / 돌아올 회 / 돌아갈 귀 | 철학 니체가 그의 저서 ≪자라투스트라는 이렇게 말했다≫에서 내세운 근본 사상. 영원한 시간은 원형을 이루고, 그 원형 안에서 우주와 인생은 영원히 되풀이된다는 사상이다.

영격 永隔 길다 영 / 사이 뜰 격 | 영원히 이별하거나 소식 따위가 끊김.

영결 永訣 길다 영 / 이별할 결 | 죽은 사람과 산 사람이 서로 영원히 헤어짐.

영결사 永訣辭 길다 영 / 이별할 결 / 말씀 사 | 영결식에서 고인을 추도하는 말.

❶영계 靈界 신령 영(령) / 지경 계 | 1. 사람이 죽은 뒤에 영혼이 가서 산다는 세계. 2. 정신이나 정신의 작용이 미치는 범위.

❷영계 영鷄 닭 계 | 병아리보다 조금 큰 어린 닭.

영계백숙 영鷄白熟 닭 계 / 흰 백 / 익을 숙 | 어린 닭을 통째로 삶아 만든 음식.

❶영고 榮枯 영화로울 영 / 마를 고 | 번성함과 쇠퇴함.

영고성쇠 榮枯盛衰 영화로울 영 / 마를 고 / 번성할 성 / 쇠할 쇠 | 번성함과 쇠락함이 서로 뒤바뀜.

❷영고 迎鼓 맞을 영 / 북 고 | 부여국에서 추수가 끝난 12월에 행하던 제천 의식. 모든 백성이 모여 하늘에 제사를 지내고 추수를 감사하며 날마다 춤과 노래와 술을 즐기었으며, 이 행사 중에는 처벌과 투옥을 금하고 죄수들을 놓아주기도 하였다.

영공 領空 거느릴 영(령) / 빌 공 | 영토와 영해 위의 하늘로서, 그 나라의 주권이 미치는 범위.

영관 領官 거느릴 영(령) / 벼슬 관 | 군사 군사 소령, 중령, 대령을 통틀어 이르는 말.

영광 榮光 영화 영 / 빛 광 | 빛나고 아름다운 영예.

영광되다 榮光되다 영화 영 / 빛 광 | 빛나고 영예롭다.

영구 永久 길다 영 / 오랠 구 | 끝없이 오래도록 이어짐. ≒ 영세, 영원.

영구성 永久性 길다 영 / 오랠 구 / 성품 성 | 오래도록 변하지 않는 성질.

영구화 길다 영 / 오랠 구 / 될 화 | 어떤 상태가 시간상으로 무한히 계속됨.

영구불멸 永久不滅 길다 영 / 오랠 구 / 아닐 불 / 꺼질 멸 | 시간상으로 무한히 이어져 사라지지 않음.

영구기관 永久機關 길다 영 / 오랠 구 / 틀 기 / 관계할 관 | 밖으로부터 에너지의 공급을 받지 않고 영원히 일을 계속하는 가상의 기관.

영구동토 永久凍土 길다 영 / 오랠 구 / 얼 동 / 흙 토 | 지층의 온도가 연중 0℃ 이하여서 항상 얼어 있는 땅.

영구진리 永久眞理 길다 영 / 오랠 구 / 참 진 / 다스

릴 리(이) | 시간을 초월하여 보편적으로 타당한 진리.

영기 靈氣 신령 영(령) / 기운 기 | 신령스러운 기운.

영남 嶺南 고개 영(령) / 남녘 남 | 조령(鳥嶺) 남쪽이라는 뜻에서, 경상남도와 경상북도.

영내 領內 거느릴 영(령) / 안내 | 국가의 통치권이 미치는 구역의 안.

영내 營內 경영할 영 / 안내 | `군사` 병영의 안.

영내거주 營內居住 경영할 영 / 안내 / 살 거 / 살 주 | `군사` 군인이 부대 안에서 일상생활을 하는 것.

영농 營農 경영할 영 / 농사 농 | 농사짓기. 농업을 경영함.

영농자금 營農資金 경영할 영 / 농사 농 / 재물 자 / 금 금 | 농업에 쓰이는 자금.

영능 靈能 신령 령(영) / 능할 능 | 신령스러운 능력.

영달 榮達 영화 영 / 통달할 달 | 지위가 높고 귀하게 됨.

❶영대 靈臺 신령 영(령) / 대 대 | 1. 신령스러운 곳이라는 뜻으로, 마음을 이르는 말. 2. 임금이 올라가서 사방을 바라보던 대.

❷영대 永代 길다 영 / 대신할 대 | 세월이 오램. 또는 그런 세월이나 세대.

영도 領導 거느릴 영(령) / 인도할 도 | 앞장서서 이끌고 지도함.

영도하다 領導하다 거느릴 영(령) / 인도할 도 | 앞장서서 이끌고 지도하다.

영도자 領導者 거느릴 영(령) / 인도할 도 / 사람 자 | 앞장서서 이끌고 지도는 사람.

영동 嶺東 고개 영(령) / 동녘 동 | 강원도에서 대관령 동쪽에 있는 지역.

❶영락 零落 떨어질 영(령) / 떨어질 락(나) | 1. 초목의 잎이 시들어 떨어짐. 2. 세력이나 살림이 줄어들어 보잘것없이 됨.

영락하다 零落하다 떨어질 영(령) / 떨어질 락(나) | 시들어 떨어지다.

❷영락 永樂 길다 영 / 즐거울 락 | 1. 길이 즐거움. 2. 고구려 광개토왕의 연호(391~412).

❸영락 瓔珞 옥돌 영 / 구슬 목걸이 락(나) | 1. 구슬을 꿰어 만든 장신구. 목이나 팔 따위에 두른다. 2. 금관에 매달아 반짝거리도록 한 얇은 쇠붙이 장식.

영령 英靈 꽃부리 영 / 신령 령(영) | 죽은 사람의 영혼을 높여 이르는 말.

영롱하다 玲瓏하다 옥 소리 영(령) / 옥 소리 롱 | 1. 광채가 찬란하다. 2. 소리가 옥처럼 맑고 아름답다.

영륙 領陸 거느릴 영(령) / 뭍 륙(육) | 한 나라의 주권이 미치는 육지.

❶영리 營利 경영할 영 / 이로울 리(이) | 재산상의 이익을 꾀함. 늑 이익, 이문, 이윤.

영리성 營利性 경영할 영 / 이로울 리(이) / 성품 성 | 수익을 거둘 수 있는 정도.

❷영리 榮利 경영할 영 / 이로울 리(이) | 명예와 이익. 또는 영화와 복리.

❸영리 怜悧/伶俐하다 영리할 영(령) / 영리할 리(이) | 눈치가 빠르고 똑똑함.

영리하다 怜悧/伶俐하다 영리할 영(령) / 영리할 리(이) | 눈치가 빠르고 똑똑하다.

영매 靈媒 신령 영(령) / 중매 매 | 신령이나 죽은 사람의 영혼과 통하여, 혼령과 인간을 매개하는 사람.

영명하다 靈明하다 신령 영(령) / 밝을 명 | 신령스럽고 명백하다.

❶영묘 靈妙 신령 영(령) / 묘할 묘 | 신령스럽고 기묘함.

영묘하다 靈妙하다 신령 영(령) / 묘할 묘 | 신령스럽고 기묘하다.

❷영묘 靈廟 신령 영(령) / 사당 묘 | 선조의 영혼을 모신 사당.

영문 英文 꽃부리 영 / 글월 문 | 영어로 쓴 글.

영문학 英文學 꽃부리 영 / 글월 문 / 배울 학 | 영국의 문학.

영물 靈物 신령 영(령) / 물건 물 | 신령스러운 물건이나 짐승.

영미법 英美法 꽃부리 영 / 아름다울 미 / 법 법 | (법률) 영국 법률 및 그것을 계승한 미국 법률

을 이르는 말. 판례법과 관습법을 주로 하며 불문법(不文法)이 중심이 된다.

영민하다 英敏/穎敏하다 꽃부리 영 / 민첩할 민 | 영특하고 민첩하다.

영별하다 永別하다 길다 영 / 나눌 별 | 다시는 만나지 못하고 영원히 헤어지다.

영복 永福 길다 영 / 복 복 | (천주) 천국에서 누리는 영원한 복락.

영봉 靈峯 신령 영(령) / 봉우리 봉 | 신령스러운 산봉우리.

영부인 令夫人 하여금 영(령) / 지아비 부 / 사람 인 | 남의 아내를 높여 이르는 말.

영빈 迎賓 맞을 영 / 손 빈 | 귀한 손님을 맞이함.

❶영사 映寫 비칠 영 / 베낄 사 | 영화 필름에 있는 상을 영사막에 비추어 나타냄.

영사막 映寫幕 비칠 영 / 베낄 사 / 장막 막 | 영화의 상을 비추어 볼 수 있는, 빛의 반사율이 높은 흰색의 막.

❷영사 領事 거느릴 영(령) / 일 사 | 외국에 있으면서 본국의 무역 통상의 이익과 자국민의 보호를 담당하는 공무원.

❶영상 映像 비칠 영 / 모양 상 | 빛의 굴절이나 반사 등에 의하여 이루어진 물체의 상.

❷영상 零上 떨어질 영(령) / 윗 상 | 섭씨온도계에서, 눈금이 0℃ 이상의 온도.

영색 令色 하여금 영(령) / 빛 색 | 남의 비위를 맞추

거나 아첨하기 위하여 낯빛을 꾸밈.

▶**영생 永生** 길다 영 / 날 생 | 영원한 생명. 또는 영원히 삶.

영생불멸 永生不滅 길다 영 / 날 생 / 아닐 불 / 꺼질 멸 | 영원히 살고 죽지 아니함.

영서 嶺西 고개 영(령) / 서녘 서 | 강원도의 대관령 서쪽에 있는 지역.

영성 靈性 신령 영(령) / 성품 성 | 신령한 품성이나 성질.

▶❶**영세 零細** 떨어질 영(령) / 가늘 세 | 작고 가늘어 변변하지 못함.

영세하다 零細하다 떨어질 영(령) / 가늘 세 | 작고 변변하지 못하다.

영세민 零細民 떨어질 영(령) / 가늘 세 / 백성 민 | 수입이 적어 몹시 가난한 사람.

❷**영세 領洗** 거느릴 영(령) / 씻을 세 | 세례를 받는 일.

영세 迎歲 맞을 영 / 해 세 | 새해를 맞음.

❸**영세 永世** 길다 영 / 인간 세 | 세월이 오램. 또는 그런 세월이나 세대.

영세불망 永世不忘 길다 영 / 인간 세 / 아닐 불 / 잊을 망 | 영원히 잊지 아니함.

영세중립 永世中立 길다 영 / 인간 세 / 가운데 중 / 설 립 | 나라가 전쟁이나 군사 동맹에 관여하지 아니함으로써, 국제법상 독립 유지와 영토 보전을 보장받는 일.

▶**영속 永續** 길다 영 / 이을 속 | 영원히 계속함.

영속적 永續的 길다 영 / 이을 속 / 과녁 적 | 영원히 계속되는.

▶**영솔 領率** 거느릴 영(령) / 거느릴 솔 | 부하, 식구, 제자 등을 거느림.

영솔하다 領率하다 거느릴 영(령) / 거느릴 솔 | 부하, 식구, 제자 등을 거느림.

▶❶**영수 領袖** 거느릴 영(령) / 소매 수 | 여러 사람 가운데 우두머리.

영수회담 領袖會談 거느릴 영(령) / 소매 수 / 모일 회 / 말씀 담 | 한 나라에서 여당과 야당의 총재들의 회담.

❷**영수 靈獸** 신령 영(령) / 짐승 수 | 신령한 짐승. 기린 따위.

❸**영수 領收/領受** 거느릴 영(령) / 거둘 수 | 돈이나 물품 따위를 받아들임.

영수증 領收證 거느릴 영(령) / 거둘 수 / 증거 증 | 돈이나 물품 따위를 받은 사실을 표시하는 증서.

▶❶**영식 寧息** 편안할 영(녕) / 쉴 식 | 편안히 쉼.

❷**영식 令息** 하여금 영(령) / 쉴 식 | 윗사람의 아들을 높여 이르는 말.

영윤 令胤 하여금 영(령) / 자손 윤 | 윗사람의 아들을 높여 이르는 말.

영애 令愛 하여금 영(령) / 사랑 애 | 윗사람의 딸을 높여 이르는 말.

영양 令孃 하여금 영(령) / 아가씨 양(냥) | 윗사람의

딸을 높여 이르는 말.

❶영신 迎新 맞을 영 / 새 신 | 새해를 맞음.

송구영신 送舊迎新 보낼 송 / 예 구 / 맞을 영 / 새 신 | 묵은해를 보내고 새해를 맞음.

❷영신 迎神 맞을 영 / 귀신 신 | 제사 때 신을 맞아들임.

영신군가 迎神君歌 맞을 영 / 귀신 신 / 임금 군 / 노래 가 | 문학 임금을 맞이하는 노래라는 뜻으로, '구지가'를 달리 이르는 말.

❸영신 靈神 신령 영(령) / 귀신 신 | 1. 신령하여 불사불멸하는 정신. 2. 영검이 있는 신. 늑 영혼.

영실 寧失 편안할 영(녕) / 잃을 실 | 죄가 확실하지 않을 경우에는 그 죄에 합당한 형벌을 부과하지 못하는 한이 있더라도 지나치게 처벌하지 아니함.

영양 營養 경경영할 영 / 기를 양 | 생물이 살아가는 데 필요한 에너지 성분.

영양가 營養價 경영할 영 / 기를 양 / 값 가 | 식품의 영양 가치.

영양부족 營養不足 경영할 영 / 기를 양 / 아닐 부 / 발 족 | 영양분의 섭취가 모자라 허약한 상태.

영양불량 營養不良 경영할 영 / 기를 양 / 아닐 불 / 어질 량(양) | 영양 장애나 영양 부족으로 몸이 불건전한 상태.

부영양화 富營養化 부유할 부 / 경영할 영 / 기를 양 / 될 화 | 1. 수질이 호수나 하천수의 식물 영양 염류 농도가 높아짐에 따라 변하게 되는 일.

2. 인이나 질소를 함유하는 더러운 물이 호수나 강, 연안에 흘러들어, 플랑크톤이 비정상적으로 번식하여 수질이 오염되는 일.

영어 囹圄 감옥 영(령) / 감옥 어 | 감옥. ※ 예시: 영어의 몸이 되다.

영어생활 囹圄生活 감옥 영(령) / 감옥 어 / 날 생 / 살 활 | 감옥이나 교도소에 갇혀 지내는 생활. 늑 감옥살이.

영업 營業 경영할 영 / 업 업 | 영리를 목적으로 하는 사업.

영업장 營業場 경영할 영 / 업 업 / 마당 장 | 영업 활동을 하는 장소.

영역 領域 거느릴 영 / 지경 역 | 세력이 미치는 범위.

영연방 英聯邦 꽃부리 영 / 연이을 연(련) / 나라 방 | 영국을 중심으로 지난날 영국의 식민지였던 여러 자치 공화국, 직할 식민지, 자치령, 신탁통치령, 보호령 등이 결합한 연합체.

영영 永永 길다 영 | 영원히 언제까지나.

영영무궁하다 永永無窮하다 길다 영 / / 없을 무 / 다할 궁 | 영원하도록 길고 한없이 오래다.

영예 榮譽 영화 영 / 기릴 예 | 영광스러운 명예. 늑 광영, 명예, 영광. ↔ 굴욕, 불명예.

영예롭다 榮譽롭다 영화 영 / 기릴 예 | 영예로 여길 만하다.

영외 營外 경영할 영 / 바깥 외 | 병영의 밖.

영욕 榮辱 영화 영 / 욕될 욕 | 영예와 치욕.

▶

영용 英勇 꽃부리 영 / 날랠 용 | 영특하고 용감함.

영용무쌍 英勇無雙 꽃부리 영 / 날랠 용 / 없을 무 / 두 쌍 | 영특하고 용감하기가 비길 데 없음.

영웅 英雄 꽃부리 영 / 수컷 웅 | 지혜와 재능이 뛰어나고 용맹하여, 보통 사람이 하기 어려운 일을 해내는 사람.

영웅담 英雄譚 꽃부리 영 / 수컷 웅 / 클 담 | 영웅의 전설적인 행적을 쓴 이야기.

영웅 비극 英雄悲劇 꽃부리 영 / 수컷 웅 / 슬플 비 / 심할 극 | 영웅시형으로 영웅의 사적을 표현한 비극.

▶

영원 永遠 길다 영 / 멀 원 | 1. 어떤 상태가 끝없이 이어짐. 또는 시간을 초월하여 변하지 아니함. 2. 보편적인 진리처럼 그 의미나 타당성이 시간을 초월하는 것. 3. 신이나 진실성처럼 시간을 초월하여 존재하는 것. 늑 영속, 영겁, 영세. / ↔ 순간, 찰나.

영원무궁 永遠無窮 길다 영 / 멀 원 / 없을 무 / 다할 궁 | 영원하여 끝이 없음.

▶

영위 營爲 경영할 영 / 할 위 | 일을 꾸려 나감.

영위하다 營爲하다 경영할 영 / 할 위 | 일을 꾸려 나가다.

▶

영유 領有 거느릴 영(령) / 있을 유 | 자기의 것으로 차지하여 가짐.

영유하다 領有하다 거느릴 영(령) / 있을 유 | 차지하여 가지다.

영유권 領有權 거느릴 영(령) / 있을 유 / 저울추 권 | 영토에 대한 해당 국가의 관할권.

▶

영육 靈肉 신령 영(령) / 고기 육 | 영혼과 육체.

영육일치 靈肉一致 신령 영(령) / 고기 육 / 한 일 / 이를 치 | 정신과 육체는 높고 낮은 차별이 있는 두 개로 나누어진 것이 아니고 오직 하나를 이룬다고 보는 사상.

영의정 領議政 거느릴 영(령) / 의논할 의 / 정사 정 | 역사 조선 시대 의정부의 으뜸 벼슬. 정일품의 품계로 지금의 국무총리에 해당한다. 늑 영상.

영이별 永離別 길다 영 / 떠날 이(리) / 나눌 별 | 다시는 만나지 못하고 영원히 헤어짐.

영인 影印 그림자 영 / 도장 인 | 인쇄물의 원본을 사진으로 복사하여 인쇄하는 일.

▶

❶영일 寧日 편안할 영(녕) / 날 일 | 일이 없이 평화스러운 날.

❷영일 令日 하여금 영(령) / 날 일 | 좋은 날. 또는 경사스러운 날.

❸영일 永日 길다 영 / 날 일 | 1. 아침부터 저녁 늦게까지 하루 종일. 2. 봄이나 여름처럼 하루해가 긴 날.

❹영일 盈溢 찰 영 / 넘칠 일 | 가득 차서 넘침.

▶

영입 迎入 맞을 영 / 들 입 | 환영하여 받아들임.

영입하다 迎入하다 맞을 영 / 들 입 | 환영하여 받아들이다.

영자 影子 그림자 영 / 아들 자 | 그림자.

영작 英作 꽃부리 영 / 지을 작 | 영어로 글을 지음.

❶**영장 令狀** 하여금 영(령) / 문서 장 | 1. 명령의 뜻을 기록한 서장. ※ 예시: 영장이 나오다. 2. 법률 형사소송법에서, 법원 또는 법관이 발부하는 서류. 소환장, 구인장, 구속영장, 압수수색영장 따위가 있다.

❷**영장 靈長** 신령 영(령) / 길 장 | 영묘한 힘을 가진 우두머리라는 뜻으로, '사람'을 이르는 말.

영장류 靈長類 신령 영(령) / 길 장 / 무리 류(유) | 영장목의 동물을 이르는 말. 일반적으로 뇌가 크고 손발이 발달해 있다.

만물의 영장 萬物의 靈長 일만 만 / 물건 물 / 신령 영(령) / 길 장 | 만물 중에 가장 뛰어나 영묘한 능력을 지녔다하여, '사람'을 가리키는 말.

영재 英才 꽃부리 영 / 재주 재 | 뛰어난 재주. 또는 재주가 뛰어난 사람.

❶**영전 榮轉** 영화 영 / 구를 전 | 전보다 더 좋은 자리나 직위로 옮김.

영전하다 榮轉하다 영화 영 / 구를 전 | 좋은 자리로 옮기다. ↔ 좌천하다.

❷**영전 靈前** 신령 영(령) / 앞 전 | 죽은 사람의 영혼을 모셔 놓은 자리의 앞.

영접 迎接 맞을 영 / 이을 접 | 손님을 맞아서 대접하는 일.

영정 影幀 그림자 영 / 그림 족자 정 | 사람의 얼굴을 그린 족자.

❶**영주 永住** 길다 영 / 살 주 | 한곳에 오래 삶.

영주권 永住權 길다 영 / 살 주 / 저울추 권 | 그 나라에서 영주할 수 있게 일정한 자격을 갖춘 외국인에게 주는 권리.

❷**영주 英主** 꽃부리 영 / 주인 주 | 뛰어나게 훌륭한 임금.

❸**영주 瀛洲** 바다 영 / 물가 주 | 삼신산의 하나. 중국의 진시황과 한 무제가 불사약을 구하러 사신을 보냈다는 신선이 산다는 산.

❹**영주 領主** 거느릴 영(령) / 주인 주 | 1. 토지의 소유자. 2. 역사 중세 유럽에서, 영지에 사는 사람들에게 영주권을 행사하던 사람. 농민과 수공업 장인들에게 부역과 공납을 과하고 재판권과 경찰권을 행사하였다.

❶**영지 領地** 거느릴 영(령) / 땅 지 | 제후를 봉하여 내주는 땅.

❷**영지 英智** 꽃부리 영 / 슬기 지 | 뛰어난 지혜.

❸**영지 靈地** 신령 영(령) / 땅 지 | 신령스러운 땅.

❹**영지 靈芝** 신령 영(령) / 지초 지 | 불로초과의 버섯. 말려서 약용한다.

❺**영지 英志** 꽃부리 영 / 뜻 지 | 훌륭한 뜻.

❻**영지 靈池** 신령 영(령) / 못 지 | 신령스러운 못.

❶**영창 影窓** 그림자 영 / 창 창 | 유리를 끼운 창.

❷**영창 詠唱/咏唱** 읊을 영 / 부를 창 | 음악 오페라, 오라토리오 따위에서 기악 반주가 있는 서정적인 가락의 독창곡. 늑 가곡, 아리아.

❸**영창 營倉** 경영할 영 / 곳집 창 | 법을 어긴 군인을 가두기 위하여 부대 안에 설치한 감옥.

❶**영채 營寨** 경영할 영 / 목책 채 | 군대가 집단적으로 거처하는 집.

❷**영채 映彩** 비칠 영 / 채색 채 | 환하게 빛나는 고운 빛깔.

영체 靈體 신령 영(령) / 몸 체 | 신령스러운 몸이라는 뜻으로, '신'을 이르는 말.

영축 盈縮/贏縮 찰 영 / 줄일 축 | 남음과 모자람.

영축없다 盈縮/贏縮없다 찰 영 / 줄일 축 | 남지도 모자라지도 않고 꼭 들어맞다.

영락없다 零落없다 떨어질 영(령) / 떨어질 락(낙) | 조금도 틀리지 아니하고 꼭 들어맞다. ≒ 적확하다, 틀림없다.

영춘 迎春 맞을 영 / 봄 춘 | 봄을 맞이함.

영춘화 迎春花 맞을 영 / 봄 춘 / 꽃 화 | '개나리꽃'을 달리 이르는 말.

영치 領置 거느릴 영(령) / 둘 치 | 〔법률〕 형사소송법에서, 국가기관이 피의자·피고인 또는 수감자의 물건을 보관하거나 처분하는 행위.

영칙 令飭 하여금 영(령) / 신칙할 칙 | 명령을 내려서 단단히 경계함.

영탁 鈴鐸 방울 영(령) / 방울 탁 | 얇은 쇠붙이로 만든 방울.

영탄 詠歎/詠嘆 읊을 영 / 탄식할 탄 | 목소리를 길게 뽑아 읊음. ≒ 감탄.

영탄법 詠歎法 읊을 영 / 탄식할 탄 / 법 법 | 감탄사나 감탄형 어미를 이용하여 기쁨·슬픔·놀라움과 같은 감정을 강하게 나타내는 수사법. ※ 예시 | '아아!', '오!', '조국이여!' 등.

영토 領土 거느릴 영(령) / 흙 토 | 국제법에서, 국가의 통치권이 미치는 구역.

영토주권 領土主權 거느릴 영(령) / 흙 토 / 주인 주 / 저울추 권 | 국가가 다른 나라의 지배를 받지 않고, 영토 내의 모든 사람과 사물을 통치하는 권능.

영통 靈通 신령 영(령) / 통할 통 | 신령스럽게 통함.

영특 英特 꽃부리 영 / 특별할 특 | 남달리 뛰어나고 훌륭함.

영특하다 英特하다 꽃부리 영 / 특별할 특 | 남달리 뛰어나고 훌륭하다. ≒ 영민하다, 똑똑하다.

영합 迎合 맞을 영 / 합할 합 | 남의 마음에 들도록 힘씀.

영해 領海 거느릴 영(령) / 바다 해 | 영토에 딸려 있어 나라의 주권이 미치는 바다. 해수면이 가장 낮은 썰물 때의 해안선을 기준으로 폭 3해리까지가 보통이지만 나라에 따라 6해리, 12해리를 주장하기도 한다.

영향 影響 그림자 영 / 울릴 향 | 어떤 사물의 효과나 작용이 다른 것에 미치는 힘.

영향력 影響力 그림자 영 / 울릴 향 / 힘 력(역) | 어떤 사물의 효과나 작용이 다른 것에 미치는 힘. ≒ 여파, 영향.

영험 靈驗 신령 영(령) / 시험 험 | 매우 신령한 힘이

나 능력. '영검'의 원말. ≒ 신통력, 신통.

영험하다 靈驗하다 신령 영(령) / 시험 험 | 매우 신령한 힘이나 능력이 있다.

▶**영혼** 靈魂 신령 영(령) / 넋 혼 | 1. 육체에 깃들어 있는 영적이고 비물질적 실체. 2. 신령하여 불사불멸하는 정신. 3. 죽은 사람의 넋.

영혼불멸설 靈魂不滅說 신령 영(령) / 넋 혼 / 아닐 불 / 꺼질 멸 / 말씀 설 | 죽은 뒤에도 인간의 영혼은 영원히 존재하며 이후의 생활을 계속한다고 하는 설. 조상 숭배, 윤회전생 따위는 이러한 사상에서 성립되었다.

❶**영화** 映畵 비칠 영 / 그림 화 | 일정한 의미를 갖고 움직이는 대상을 촬영하여 영사기로 영사막에 재현하는 종합 예술.

영화계 映畵界 비칠 영 / 그림 화 / 지경 계 | 영화와 관련된 일에 종사하는 사람들의 활동 분야.

영화배우 映畵俳優 비칠 영 / 그림 화 / 배우 배 / 넉넉할 우 | 영화에 출연하는 배우. 흔히 엑스트라를 제외한 주역과 조역 연기자들을 이른다.

영화감독 映畵監督 비칠 영 / 그림 화 / 볼 감 / 감독할 독 | 영화 제작에서 연기, 촬영, 녹음, 편집 따위를 지휘하여 작품에 통일성을 주는 사람.

❷**영화** 榮華 영화 영 / 빛날 화 | 몸이 귀하게 되어 이름이 세상에 빛남. ※ 예시: 부귀영화.

영화롭다 榮華롭다 영화 영 / 빛날 화 | 몸이 귀하게 되어 이름이 세상에 빛나다.

❸**영화** 英華 꽃부리 영 / 빛날 화 | 1. 밖으로 드러나는 아름다운 색채. 2. 뛰어난 시나 문장을

비유.

예각 銳角 날카로울 예 / 뿔 각 | 직각보다 작은 각. ↔ 둔각.

예감 豫感 미리 예 / 느낄 감 | 어떤 일이 일어나기 전에 본능적으로 미리 느낌.

예견 豫見 미리 예 / 볼 견 | 앞으로 일어날 일을 미리 짐작함.

▶**예고** 豫告 미리 예 / 고할 고 | 미리 알림.

예고편 豫告篇 미리 예 / 고할 고 / 책 편 | 영화나 텔레비전 프로그램의 내용을 미리 알리기 위하여 일부를 뽑은 것.

예교 禮敎 예도 예(례) / 가르칠 교 | 예의에 관한 가르침.

예규 例規 법식 예(례) / 법 규 | 관청이나 회사에서 내부의 사무에 관한 기준을 정한 규칙.

예금 預金 맡길 예 / 금 금 | 일정한 계약에 의하여 은행이나 우체국 따위에 돈을 맡김.

❶**예기** 豫期 미리 예 / 기약할 기 | 앞으로 닥쳐올 일에 대하여 미리 생각하고 기다림. ≒ 선견, 예견, 기대.

❷**예기** 銳氣 날카로울 예 / 기운 기 | 날카롭고 굳세며 적극적인 기세.

❸**예기** 禮記 예도 예(례) / 기록할 기 | 유학 오경(五經)의 하나. 의례의 해설 및 음악·정치·학문에 걸쳐 예의 근본정신에 대하여 서술하였다. 49권.

예납 豫納 미리 예 / 들일 납 | 정해진 날이 되기 전에 미리 냄. ≒ 선납.

예년 例年 법식 예(례) / 해 년(연) | 보통의 해.

예능 藝能 재주 예 / 능할 능 | 재주와 기능.

❶예단 豫斷 미리 예 / 끊을 단 | 미리 판단함.

예단하다 豫斷하다 미리 예 / 끊을 단 | 미리 판단하다.

❷예단 禮緞 예도 예(례) / 비단 단 | 예물로 보내는 비단.

예대하다 禮待하다 예도 예(례) / 기다릴 대 | 예를 갖추어 대접하다.

예리하다 銳利하다 날카로울 예 / 이로울 리(이) | 1. 끝이 뾰족하거나 날이 서 있다. 2. 관찰이나 판단이 정확하고 날카롭다. 3. 눈매나 시선 따위가 쏘아보는 듯 매섭다. ≒ 날카롭다, 신랄하다. / ↔ 둔탁하다, 둔하다, 무디다.

예매 豫買 미리 예 / 살 매 | 물건을 받기 전에 미리 값을 치르고 사 둠.

예매권 豫賣券 미리 예 / 살 매 / 문서 권 | 정해진 때가 되기 전에 미리 파는 표.

예명 藝名 재주 예 / 이름 명 | 예능인이 본명 이외에 따로 지어 부르는 이름.

예문 例文 법식 예(례) / 글월 문 | 설명을 위한 본보기.

❶예덕 睿德 슬기 예 / 클 덕 | 뛰어난 덕망.

❷예덕 穢德 더러울 예 / 클 덕 | 좋지 아니한 행실.

예덕선생전 穢德先生傳 더러울 예 / 클 덕 / 먼저 선 / 날 생 / 전할 전 | 문학 조선 후기의 실학자 연암 박지원이 지은 한문 단편 소설. 똥을 져 나르는 것을 업으로 삼는 엄행수(嚴行首)라는 인물을 통하여 무위도식하면서 허욕에 찬 양반과 관리들의 위선적 생활을 비판하였다.

❶예물 穢物 더러울 예 / 물건 물 | 더러운 물건. ※ 참조: 박지원의 한문소설 〈예덕선생전(穢德先生傳)〉에서 똥의 덕을 미화.

❷예물 禮物 예도 예(례) / 물건 물 | 고마움을 나타내거나 예의를 갖추기 위하여 보내는 물건.

예민하다 銳敏하다 예리할 예 / 민감할 민 | 민감하고 섬세하다. ↔ 둔감하다(鈍感하다).

예바르다 禮바르다 예도 예(례) | 예절이 바르다.

예방 豫防 미리 예 / 막을 방 | 미리 막는 일.

예방접종 豫防接種 미리 예 / 막을 방 / 이을 접 / 씨 종 | 전염병을 예방하기 위하여, 백신을 투여하여 인공적으로 면역성을 생기도록 하는 일.

예배 禮拜 예도 예(례) / 절 배 | 신이나 부처와 같은 초월적 존재 앞에 경배하는 의식.

예배드리다 禮拜드리다 예도 예(례) / 절 배 | 종교 거룩하고 성스러운 대상에 대하여 경의를 가지고 숭배하다.

예보 豫報 미리 예 / 갚을 보 | 앞으로 일어날 일을 미리 알림. ≒ 예고.

예보하다 豫報하다 미리 예 / 갚을 보 | 앞으로 일어날 일을 미리 알리다.

예법 禮法 예도 예(례) / 법 법 | 예의로써 지켜야 할 규범.

예복 禮服 예도 예(례) / 옷 복 | 식을 치르거나 예절을 특별히 차릴 때에 입는 옷.

예빙 禮聘 예도 예(례) / 부를 빙 | 예를 갖추어 초빙함.

예봉 銳鋒 날카로울 예 / 칼날 봉 | 날카로운 끝.

예불 禮佛 예도 예(례) / 부처 불 | 부처 앞에 경배하는 의식.

예비 豫備 미리 예 / 갖출 비 | 미리 갖추어 놓음.

예비군 豫備軍 미리 예 / 갖출 비 / 군사 군 | 1. 예비병으로 편성한 군대. 2. 향토방위를 위하여 1968년부터 예비역으로 편성한 비정규군.

예비선거 豫備選擧 미리 예 / 갖출 비 / 가릴 선 / 들 거 | 1. 본회의 전에 하는 선거. 2. 정치 미국의 대통령 선거가 있을 때에, 각 정당에서 전국 대회에 보낼 대의원을 뽑는 선거.

예비회담 豫備會談 미리 예 / 갖출 비 / 모일 회 / 말씀 담 | 본회담을 준비하기 위한 회담. 본회담에 필요한 사항들을 사전에 논의하고 준비하기 위하여 한다.

예사 例事 법식 예(례) / 일 사 | 보통 있는 일. ≒ 다반사, 예삿일, 일상사.

예사롭다 例事롭다 법식 예(례) / 일 사 | 1. 흔히 있을 만하다. 2. 평소와 다른 것이 없다. ≒ 심상하다, 범상하다. / ↔ 유별나다, 유다르다, 엉뚱하다.

예산 豫算 미리 예 / 셈 산 | 필요한 비용을 헤아려 계산함.

예상 豫想 미리 예 / 생각 상 | 미리 생각해 둠. ≒ 예감, 예견.

예상하다 豫想하다 미리 예 / 생각 상 | 미리 생각해 두다.

예상 밖 豫想밖 미리 예 / 생각 상 | 미리 생각해 두지 않은 일.

❶예선 曳船 끌 예 / 배 선 | 배를 끎.

❷예선 豫選 미리 예 / 가릴 선 | 미리 뽑음.

예속 隸屬 종 예(례) / 무리 속 | 남의 지배 아래 얽매임. ≒ 종속.

예속물 隸屬物 종 예(례) / 무리 속 / 물건 물 | 다른 것에 딸려 있는 물건.

예송 禮訟 예도 예(례) / 송사할 송 | 예절에 관한 논란.

예송논쟁 禮訟論爭 예도 예(례) / 송사할 송 / 논할 논(론) / 다툴 쟁 | 역사 조선 시대, 현종 때, 인조의 계비인 조대비(趙大妃)의 복상 문제를 둘러싸고 서인과 남인 사이에 벌어진 두 차례의 예법에 관한 논쟁.

예술 藝術 예술 예 / 학술 술 | 1. 기예와 학술을 아울러 이르는 말. 2. 어떤 재료와 기교를 사용하여 아름다움을 표현하려는 인간의 활동. 공간 예술, 시간 예술, 종합 예술로 나눌 수 있다. 3. 아름답고 높은 경지에 이른 숙련된 기술을 비유.

예술가 藝術家 예술 예 / 재주 술 / 집 가 | 예술 작품을 창작하거나 표현하는 것을 직업으로 하는 사람. 늑 아티스트.

예술성 藝術性 예술 예 / 재주 술 / 성품 성 | 예술적인 특성.

예술지상주의 藝術至上主義 예술 예 / 재주 술 / 이를 지 / 윗 상 / 주인 주 / 뜻 의 | 예술 자체를 최고의 목적으로 여기는 사상이나 태도. 19세기 유럽 문학에서 나타난 사상으로, 정치·종교·과학에서 예술을 분리하고 오직 예술의 미적 창조만을 최고의 목적으로 한다. 늑 예술을 위한 예술.

예습 豫習 미리 예 / 익힐 습 | 앞으로 배울 것을 미리 익힘.

예시 例示 예 예 / 보일 시 | 예를 들어 보임.

예식 禮式 예도 예(례) / 법 식 | 예법에 따라 치르는 의식.

예심 豫審 미리 예 / 살필 심 | 본 심사에 앞서서 미리 하는 심사.

예약 豫約 미리 예 / 맺을 약 | 미리 약속함. 또는 미리 정한 약속.

예약하다 豫約하다 미리 예 / 맺을 약 | 미리 약속하다.

예언 豫言 미리 예 / 말씀 언 | 앞으로 다가올 일을 미리 알거나 짐작하여 말함.

예언자 豫言者 미리 예 / 말씀 언 / 사람 자 | 앞으로 다가올 일을 미리 짐작하여 말하는 사람. 늑 선지자.

예열 豫熱 미리 예 / 더울 열 | 미리 가열하거나 덥히는 일.

예외 例外 예 예 / 바깥 외 | 일반적 규칙에서 벗어남.

예우 禮遇 예도 예(례) / 만날 우 | 예의를 지키어 정중하게 대우함.

예의 禮儀 예도 예(례) / 거동 의 | 예로써 나타내는 말투나 몸가짐.

예의범절 禮儀凡節 예도 예(례) / 거동 의 / 무릇 범 / 마디 절 | 일상생활에서 갖추어야 할 예의와 절차.

예의염치 禮義廉恥 예도 예(례) / 거동 의 / 청렴할 염(렴) / 부끄러울 치 | 예절, 의리, 청렴, 부끄러움을 아는 태도.

예의지국 禮儀之國 예도 예(례) / 거동 의 / 갈 지 / 나라 국 | 예의를 잘 지키는 나라. ※ 예시 | 동방예의지국.

❶예인 藝人 재주 예 / 사람 인 | 연예인.

❷예인 曳引 끌 예 / 끌 인 | 끌어당김.

예인선 曳引船 끌 예 / 끌 인 / 배 선 | 강력한 기관을 가지고 다른 배를 끌고 가는 배. 늑 끌배.

예전 禮典 예도 예 / 법 전 | 예의에 관한 법칙. ※ 참조 | '예전(아주 오래 전)'은 순우리말.

예정 豫定 미리 예 / 정할 정 | 앞으로 일어날 일이나 해야 할 일을 미리 정함.

예제 例題 예 예 / 문제 제 | 예로 든 문제.

❶예지 叡智 밝을 예 / 슬기 지 | 사물의 이치를 꿰뚫어 보는 지혜롭고 밝은 마음. ≒ 지혜.

❷예지 豫知 미리 예 / 알 지 | 1. 어떤 일이 일어나기 전에 미리 앎. 2. 미래의 일을 지각하는 초감각적 능력.

예진 豫診 미리 예 / 진찰할 진 | 환자의 병을 진찰하기 전에 미리 간단하게 하는 진찰.

예찬 禮讚 예절 예 / 찬양할 찬 | 존경하고 찬양함. ※ 참조: 청춘예찬. 신록예찬.

예측 豫測 미리 예 / 헤아릴 측 | 미리 헤아려 짐작함.

예치 預置 맡길 예 / 둘 치 | 부탁하여 맡겨둠.

❶예탁 預託 맡길 예 / 부탁할 탁 | 부탁하여 맡겨둠. ↔ 인출.

❷예탁 豫託 미리 예 / 부탁할 탁 | 미리 부탁함.

예포 禮砲 예도 예(례) / 대포 포 | 예식 행사에서 경의, 환영, 조의 따위를 나타내기 위하여 쏘는 공포탄.

❶예필 禮畢 예도 예(례) / 마칠 필 | 인사를 끝마침.

❷예필 睿筆 슬기 예 / 붓 필 | 왕세자가 쓴 글씨.

❶예행 禮行 예도 예(례) / 다닐 행 | 의식 절차를 갖춘 행차.

❷예행 豫行 미리 예 / 다닐 행 | 연습으로 미리 함.

예행연습 豫行演習 미리 예 / 다닐 행 / 펼 연 / 익힐 습 | 어떤 행사를 갖기 전에 그와 똑같은 순서로 해 보는 종합적인 연습.

예후 豫後 미리 예 / 뒤 후 | 1. 의사가 환자를 진찰하고 전망함. 2. 병이 나은 뒤의 경과.

오감 五感 다섯 오 / 느낄 감 | 시각, 청각, 후각, 미각, 촉각의 다섯 가지 감각.

오관 五官 다섯 오 / 벼슬 관 | 다섯 가지 감각 기관. 눈, 귀, 코, 혀, 피부를 이른다.

오경 五更 다섯 오 / 고칠 경 | 1. 하룻밤을 다섯으로 나눈 시각을 통틀어 이르는 말. 2. 하룻밤을 다섯 부분으로 나누었을 때 맨 마지막 부분. 새벽 세 시에서 다섯 시 사이이다.

오곡백과 五穀百果 다섯 오 / 곡식 곡 / 일백 백 / 실과 과 | 온갖 곡식과 과실.

❶오기 傲氣 거만할 오 / 기운 기 | 1. 능력은 부족하면서도 남에게 지기 싫어하는 마음. 2. 잘난 체하며 방자한 기운.

오기지다 傲氣지다 거만할 오 / 기운 기 | 남에게 지기 싫어하는 마음이 가득하다.

❷오기 誤記 그르칠 오 / 기록할 기 | 잘못 기록함.

❸오기 五氣 다섯 오 / 기운 기 | 동, 서, 남, 북, 중앙의 다섯 방향의 기(氣). 또는 목(木), 화(火), 토(土), 금(金), 수(水) 오행(五行)의 기.

오뇌 懊惱 뉘우칠 오 / 괴로워할 뇌 | 뉘우치고 괴로워 함. ※ 예시: 오뇌의 무도(舞蹈).

오뉴월 五六月 다섯 오 / 여섯 육(류) / 달 월 | 오월과 유월.

오답 誤答 그르칠 오 / 대답 답 | 잘못된 대답.

오대주 五大洲 다섯 오/클 대/물가 주| 지구상의 다섯 대륙. 아시아주, 아메리카주, 유럽주, 아프리카주, 오세아니아주를 이른다.

오대양 五大洋 다섯 오/클 대/큰 바다 양| 지구를 둘러싸고 있는 다섯 개의 큰 바다. 태평양, 대서양, 인도양, 남빙양, 북빙양을 이른다.

❶**오도** 悟道 깨달을 오/길 도| 도를 깨우침. 진리를 깨달음.

❷**오도** 吾道 나 오/길 도| 유생들이 유학의 도를 이르는 말.

❸**오도** 誤導 그르칠 오/인도할 도| 그릇된 길로 이끎.

오도하다 誤導하다 그르칠 오/인도할 도| 그릇된 길로 이끌다.

오독 誤讀 그르칠 오/읽을 독| 잘못 읽거나 틀리게 읽음.

오등 吾等 나 오/무리 등| '우리'를 문어적(**文語的**)으로 이르는 말.

오락 娛樂 즐길 오/즐길 락(낙)| 흥미 있는 일이나 물건을 가지고 즐겁게 노는 일. ≒유흥.

오락물 娛樂物 즐길 오/즐길 락(낙)/물건 물| 1. 오락에 사용하는 사물. 2. 오락을 위주로 하여 만든 연예물.

오례 五禮 다섯 오/예도 례| 나라에서 지내는 다섯 가지 의례. ※ 참조| 오례에는 길례(**吉禮**), 흉례(**凶禮**), 군례(**軍禮**), 빈례(**賓禮**), 가례(**嘉禮**)가 있다.

오류 誤謬 틀릴 오/그릇될 류| 그릇되어 이치에 맞지 않음.

오륙 五六 다섯 오/여섯 류(육)| 다섯이나 여섯.

❶**오륜** 五倫 다섯 오/인륜 륜| 유학에서, 사람이 지켜야 할 다섯 가지 도리. 부자유친(**父子有親**), 군신유의(**君臣有義**), 부부유별(**夫婦有別**), 장유유서(**長幼有序**), 붕우유신(**朋友有信**).

❷**오륜** 五輪 다섯 오/바퀴 륜| 다섯 개의 둥근 바퀴 모양. 세계 올림픽 경기에서 쓰는 오륜기는 청색, 황색, 흑색, 녹색, 적색의 고리모양이며, 색상과 상관없이 아시아. 아메리카. 아프리카. 유럽. 호주로 오대주를 상징한다.

오리무중 五里霧中 다섯 오/거리 리/안개 무/가운데 중| 오 리나 되는 짙은 안개 속에 있다. 무슨 일에 대하여 방향이나 갈피를 잡을 수 없음.

오만 傲慢 건방질 오/거만할 오| 건방지거나 거만함. ↔겸양.

오만불손 傲慢不遜 건방질 오/거만할 만/아닐 불/겸손할 손| 태도나 행동이 거만하고 공손하지 못함.

오매 寤寐 잠 깰 오/잠잘 매| 자나 깨나 언제나.

오매불망 寤寐不忘 잠 깰 오/잠잘 매/아닐 불/잊을 망| 자나 깨나 잊지 못함.

오명 汚名 더러울 오/이름 명| 더러워진 이름이나 명예.

오묘 奧妙 깊을 오/묘할 묘| 심오하고 묘함.

오묘하다 奧妙하다 깊을 오/묘할 묘| 심오하고 묘

하다.

▶ **오물** *汚物* 더러울 오 / 물건 물 | 지저분하고 더러운 물건. 쓰레기나 배설물 따위를 이른다. 늑 쓰레기.

오물세 *汚物稅* 더러울 오 / 물건 물 / 세금 세 | 쓰레기나 분뇨 따위를 치워 가는 데 대한 수수료.

오미 *五味* 다섯 오 / 맛 미 | 다섯 가지 맛. 신맛·쓴맛·매운맛·단맛·짠맛을 이른다.

▶ **오발** *誤發* 그르칠 오 / 필 발 | 총포 따위를 잘못 쏨.

오발탄 *誤發彈* 그르칠 오 / 필 발 / 탄알 탄 | 잘못 쏜 탄환

오방빛 *五方*빛 다섯 오 / 모 방 | 다섯 방위를 상징하는 색. 동쪽은 청색, 서쪽은 흰색, 남쪽은 적색, 북쪽은 흑색, 가운데는 황색이다.

오보 *誤報* 그르칠 오 / 갚을 보 | 그릇되게 알려 줌. 잘못 알려주는 소식.

❶ **오복** *五福* 다섯 오 / 복락 복 | 유교에서 이르는 다섯 가지의 복. 수(壽), 부(富), 강녕(康寧), 유호덕(攸好德), 고종명(考終命)을 이름. 때로 유호덕 과 고종명 대신 귀(貴)함과 자손이 중다(衆多)함을 꼽기도 함.

❷ **오복** *五服* 다섯 오 / 옷 복 | 전통적인 장례절차에서 다섯 가지의 상례 복제.

오봉일월도 *五峯日月圖* 다섯 오 / 봉우리 봉 / 날 일 / 달 월 / 그림 도 | 다섯 개의 산봉우리와 해, 달, 소나무를 그린 그림. 예전에 임금이 앉은 용상(龍牀) 뒤에 장식으로 그렸다.

오불관언 *吾不關焉* 나 오 / 닐 불 / 관계 관 / 어조사 언 | 나는 그 일에 상관하지 아니함.

오비삼척 *吾鼻三尺* 나 오 / 코 비 / 셋 삼 / 자 척 | 내 코가 석자. 자기 사정이 급하여 남을 돌볼 겨를이 없음.

오비이락 *烏飛梨落* 까마귀 오 / 날다 비 / 배 이 / 떨어질 락 | 까마귀 날자 배 떨어진다. 아무 관계도 없이 한 일이 공교롭게도 때가 같아 억울하게 의심을 받음.

오상고절 *傲霜孤節* 거만할 오 / 서리 상 / 외로울 고 / 절개 절 | 서릿발이 심한 속에서도 굴하지 않고 외로이 지키는 절개. '국화(菊花)'를 이르는 말.

오산 *誤算* 그르칠 오 / 셈 산 | 잘못 계산함.

오색 *五色* 다섯 오 / 빛 색 | 다섯 가지의 빛깔. 파랑, 노랑, 빨강, 하양, 검정을 이른다.

오색단청 *五色丹靑* 다섯 오 / 빛 색 / 붉을 단 / 푸를 청 | 파랑, 노랑, 빨강, 하양, 검정의 다섯 가지 색으로 칠한 단청.

오석 *烏石* 까마귀 오 / 돌 석 | 검은 색 바위로 광택이 있으며, 비석·도장·기물·장식품 따위의 재료로 쓴다.

오선지 *五線紙* 다섯 오 / 줄 선 / 종이 지 | 악보를 그릴 수 있도록 다섯줄을 그어 놓은 종이.

▶ ❶ **오성** *悟性* 깨달을 오 / 성품 성 | 1. 지성이나 사고의 능력. 2. 감성 및 이성과 구별되는 지력. 특히 칸트 철학에서는 대상을 구성하는 개념 작용의 능력을 말한다.

❷ **오성** *五性* 다섯 오 / 성품 성 | 사람의 다섯 가지

성정. 기쁨, 노여움, 욕심, 두려움, 근심을 이른다.

❶오수 午睡 낮 오 / 졸음 수 | 낮에 자는 잠.

❷오수 汚水 더러울 오 / 물 수 | 무엇을 씻거나 빨거나 하여 더러워진 물. 늑 구정물./↔ 정수.

❶오심 誤審 그르칠 오 / 살필 심 | 그릇된 심판.

❷오심 惡心 미워할 오 / 마음 심 | 속이 울렁거리며 토할 듯한 현상

오십보백보 五十步百步 다섯 오 / 열 십 / 걸음 보 / 일백 백 / 걸음 보 | 거의 비슷함. 조금 낫고 못한 정도의 차이는 있으나 본질적으로는 차이가 없음. ※ 중국 양나라 혜왕이 맹자에게 물었을 때, 전쟁에 패하여 어떤 자는 오십 보를, 또 어떤 자는 백 보를 도망한 데 대하여 묻자, 맹자가 오십 보나 백 보나 도망친 것에는 차이가 없다고 대답한 고사.

오악 五岳/五嶽 다섯 오 / 큰산 악 | 우리나라의 이름난 다섯 산. 동의 금강산, 서의 묘향산, 남의 지리산, 북의 백두산, 중앙의 삼각산을 이른다.

오역 誤譯 그르칠 오 / 번역할 역 | 잘못 번역함.

오열 嗚咽 탄식할 오 / 목메다 열 | 목메어 울음.

오염 汚染 더러울 오 / 물들 염 | 1. 더럽게 물듦. 2. 환경을 훼손함.

오염물 汚染物 더러울 오 / 물들 염 / 물건 물 | 오염된 물질이나 물건.

오욕 汚辱 더러울 오 / 욕될 욕 | 명예를 더럽힘.

오용 誤用 틀릴 오 / 쓸 용 | 잘못 사용함. ※ 예시: 약물오용.

오월동주 吳越同舟 오나라 오 / 월나라 월 / 같을 동 / 배 주 | 서로 적의를 품은 사람들이 한자리에 모임. ※ 중국 춘추 전국 시대에, 서로 적대 관계인 오나라의 왕 부차(夫差)와 월나라의 왕 구천(句踐)이 같은 배를 탔으나 풍랑을 만나자 서로 단합해야 했다는 고사.

오인 誤認 그르칠 오 / 알 인 | 잘못 인정함.

오자 誤字 그르칠 오 / 글자 자 | 잘못 쓴 글자.

오작교 烏鵲橋 까마귀 오 / 까치 작 / 다리 교 | 까마귀와 까치가 은하수에 놓는다는 다리. 칠월칠석 날 저녁에, 견우와 직녀를 만나게 하기 위하여 이 다리를 놓는다고 한다.

오장육부 五臟六腑 다섯 오 / 장기 장 / 여섯 육 / 기관 부 | 오장과 육부. 내장을 통틀어 이르는 말.

오장 五臟 다섯 오 / 오장 장 | 간장(肝臟, 간), 심장(心臟, 염통), 비장(脾臟, 지라), 폐장(肺臟, 허파), 신장(腎臟, 콩팥)의 다섯 가지 내장.

육부 六腑 여섯 육(륙) / 육부 부 | 위, 큰창자, 작은창자, 쓸개, 방광, 삼초의 여섯 가지 기관.

오전 午前 낮 오 / 앞 전 | 1. 자정부터 낮 열두 시까지의 시간. 2. 해가 뜰 때부터 정오까지의 시간.

오정 午正 낮 오 / 바를 정 | 낮 12시.

오후 午後 낮 오 / 뒤 후 | 1. 정오부터 밤 열두 시까지의 시간. 2. 정오부터 해가 질 때까지의 동안. 늑 하오.

오포 午砲 낮 오 / 대포 포 | 낮 열두 시를 알리는 대포.

오죽 烏竹 까마귀 오 / 대 죽 | 검은 대나무.

오죽헌 烏竹軒 까마귀 오 / 대 죽 / 집 헌 | 강원도 강릉에 있는, 이율곡이 태어난 집. 뜰 안에 오죽이 있어 오죽헌이란 이름을 붙였다.

오지 奧地 깊을 오 / 땅 지 | 도시에서 멀리 떨어진 내륙에 있는 땅. ≒ 벽지.

오진 誤診 그르칠 오 / 진찰할 진 | 병을 잘못 진찰함.

오차 誤差 그르칠 오 / 다를 차 | 1. 셈하거나 측정한 값과 이론적으로 정확한 값과의 차이. 2. 수학 참값과 근삿값과의 차이.

오찬 午餐 낮 오 / 밥 찬 | 손님을 초대하여 함께 먹는 점심 식사.

오체투지 五體投地 다섯 오 / 몸 체 / 던질 투 / 땅 지 | 불교에서, 절하는 법의 하나.

오탁 汚濁 더러울 오 / 흐릴 탁 | 더럽고 흐림.

오포 午砲 낮 오 / 대포 포 | 12시에 울리는 사이렌.

오한 惡寒 미워할 오 / 찰 한 | 몸이 오슬오슬 춥고 떨리는 증상.

오합 烏合 까마귀 오 / 합할 합 | 까마귀들이 모인 것처럼 질서가 없음.

오합지졸 烏合之卒 까마귀 오 / 더할 합 / 어조사 지 / 군사 졸 | 까마귀가 모인 것처럼 질서가 없이 모인 병졸. 임시로 모여들어서 규율이 없고 무질서한 병졸.

오해 誤解 그르칠 오 / 풀 해 | 그릇되게 해석하거나 잘 못 이해함. ≒ 곡해. / ↔ 이해.

오해하다 誤解하다 그르칠 오 / 풀 해 | 그릇되게 해석하거나 뜻을 잘못 알다. ≒ 곡해하다.

오활 迂闊 에돌 오 / 넓을 활 | 1. 곧바르지 않고 에돌아서 실제와는 거리가 멂. 2. 사리에 어둡고 세상 물정을 잘 모름. 3. 주의가 부족함.

오활하다 迂闊하다 에돌 오 / 넓을 활 | 1. 곧바르지 않고 에돌아서 실제와는 거리가 멀다. 2. 사리에 어둡고 세상 물정을 잘 모르다. 3. 주의가 부족하다.

옥 玉 구슬 옥 | 광물 담회색이나 담녹색으로 빛이 곱고 모양이 아름다워 귀하게 여기는 돌.

옥갑 玉匣 구슬 옥 / 갑 갑 | 옥으로 만든 갑.

옥경 玉鏡 구슬 옥 / 거울 경 | 옥으로 만든 거울.

옥개 屋蓋 집 옥 / 덮을 개 | 1. 지붕. 2. 석탑이나 석등 위에 지붕처럼 덮는 돌.

옥개석 屋蓋石 집 옥 / 덮을 개 / 돌 석 | 석탑이나 석등 위에 지붕처럼 덮는 돌.

옥결 玉결 구슬 옥 | 1. 옥돌의 결. 2. 옥돌의 결이 깨끗하다는 데서 깨끗한 마음씨를 비유

옥결빙심 玉潔氷心 구슬 옥 / 깨끗할 결 / 얼음 빙 / 마음 심 | 옥처럼 깨끗하고 얼음처럼 맑다는 뜻으로, 인품이 고결함을 비유함.

❶옥계 玉溪 구슬 옥 / 시내 계 | 옥같이 맑은 물이 흐르는 시내.

옥계수 玉溪水 구슬 옥 / 시내 계 / 물 수 | 옥같이 맑은 시냇물.

옥계청류 玉溪淸流 구슬 옥 / 시내 계 / 맑을 청 / 흐를 류(유) | 옥같이 맑은 시내에서 흐르는 깨끗한 물.

❷옥계 玉階 구슬 옥 / 섬돌 계 | 1. 옥같이 고운 섬돌. 2. 대궐 안의 섬돌.

옥골 玉骨 구슬 옥 / 뼈 골 | 옥같이 희고 깨끗한 골격이라는 뜻으로, 고결한 풍채를 이르는 말.

옥골선풍 玉骨仙風 구슬 옥 / 뼈 골 / 신선 선 / 바람 풍 | 살빛이 희고 고결하여 신선과 같은 풍채.

❶옥대 玉臺 구슬 옥 / 대 대 | 옥으로 만든 집이라는 뜻으로, 임금이 있는 대궐.

❷옥대 玉帶 구슬 옥 / 띠 대 | 임금이나 관리의 공복에 두르던 옥으로 장식한 띠.

옥답 沃畓 기름질 옥 / 논 답 | 기름진 논.

옥동자 玉童子 구슬 옥 / 아이 동 / 아들 자 | 어린 사내아이를 귀엽게 이르는 말.

옥로 玉露 구슬 옥 / 이슬 로(노) | 맑고 깨끗한 이슬.

옥루 玉淚 구슬 옥 / 눈물 루(누) | 눈물의 높임말.

❶옥문 玉文 구슬 옥 / 글월 문 | 아름다운 글.

❷옥문 獄門 옥 옥 / 문 문 | 감옥 문.

옥반 玉盤 구슬 옥 / 소반 반 | 옥으로 만든 쟁반.

옥배 玉杯 구슬 옥 / 잔 배 | 옥으로 만든 잔.

옥백 玉帛 구슬 옥 / 비단 백 | 옥과 비단.

옥사 獄死 옥 옥 / 죽을 사 | 옥에 갇혀 죽음.

옥상 屋上 집 옥 / 윗 상 | 지붕의 위. 특히 건물에서 마당처럼 편평하게 만든 지붕 위를 이른다.

옥상정원 屋上庭園 집 옥 / 윗 상 / 뜰 정 / 동산 원 | 건물의 옥상에 만들어 놓은 정원.

옥석 玉石 구슬 옥 / 돌 석 | 옥과 돌. 좋은 것과 나쁜 것을 구분함. ※ 예시: 옥석을 구분하다.

옥석구분 玉石俱焚 구슬 옥 / 돌 석 / 모두 구 / 태울 분 | 옥이나 돌이 모두 다 불에 탄다. 옳은 사람이나 그른 사람이 구별 없이 모두 재앙을 받음을 비유.

옥성 玉聲 구슬 옥 / 소리 성 | 아름답고 고운 목소리.

옥쇄 玉碎 구슬 옥 / 부술 쇄 | 옥처럼 아름답게 부서진다는 뜻으로, 명예나 충절을 지키기 위하여 깨끗이 죽음.

옥수 玉手 구슬 옥 / 손 수 | 1. 아름답고 고운 손. 2. 임금의 손.

옥안 玉顔 구슬 옥 / 낯 안 | 1. 아름다운 얼굴. 2. 임금의 얼굴.

옥양목 玉洋木 구슬 옥 / 큰 바다 양 / 나무 목 | 바탕이 희고 얇은 무명천.

옥외 屋外 집 옥 / 바깥 외 | 집 밖.

옥외광고 屋外廣告 집 옥 / 바깥 외 / 넓을 광 / 고할 고 | 옥외에 설치하는 광고.

옥외집회 屋外集會 집 옥 / 바깥 외 / 모을 집 / 모일 회 | 집밖에서 하는 모임.

옥음 玉音 구슬 옥 / 소리 음 | 1. 아름답고 고운 음성. 2. 임금의 음성.

옥잠 玉簪 구슬 옥 / 비녀 잠 | 옥비녀.

옥저 玉箸 구슬 옥 / 젓가락 저 | 옥젓가락.

옥적 玉笛 구슬 옥 / 피리 적 | 옥피리.

옥절 玉節 구슬 옥 / 마디 절 | 1. 옥으로 만든 부신(符信). 예전에 관직을 받을 때에 증서로서 받았다. 2. 옥처럼 변하지 아니하는 굳은 절개.

옥책 玉冊 구슬 옥 / 책 책 | 1. 옥으로 만든 책. 2. 제왕이나 후비의 존호를 올릴 때에, 그 덕을 기리는 글을 새긴 옥 조각을 엮어서 만든 책.

옥척 玉尺 구슬 옥 / 자 척 | 옥으로 만든 자.

옥체 玉體 구슬 옥 / 몸 체 | 임금의 몸.

옥침 玉枕 구슬 옥 / 베개 침 | 옥으로 장식한 베개.

❶옥토 沃土 기름질 옥 / 땅 토 | 기름진 땅.

❷옥토 玉兔 구슬 옥 / 토끼 토 | 1. 옥토끼. 예전에 달 속에 산다는 상상의 토끼. 2. '달'을 이르는 말.

❶옥호 屋號 집 옥 / 이름 호 | 술집이나 음식점 따위의 이름.

❷옥호 玉壺 구슬 옥 / 병 호 | 옥으로 만든 작은 병.

옥호빙심 玉壺氷心 구슬 옥 / 병 호 / 얼음 빙 / 마음 심 | 옥병 속의 얼음처럼 맑고 깨끗한 마음.

온건 穩健 평온할 온 / 굳셀 건 | 사리에 맞고 건실함.

온건하다 穩健하다 평온할 온 / 굳셀 건 | 사리에 맞고 건실하다.

온건파 穩健派 편안할 온 / 굳셀 건 / 갈래 파 | 사상이나 행동 따위가 과격하지 아니하고 온건한 당파. ↔ 과격파.

온고지신 溫故知新 익힐 온 / 옛 고 / 알다 지 / 새로울 신 | 옛것을 익혀서 미루어서 새것을 앎. ※ 출전 | 〈논어〉의 위정편(爲政篇).

온기 溫氣 따뜻할 온 / 기운 기 | 따뜻한 기운.

온난전선 溫暖前線 따뜻할 온 / 따뜻할 난 / 앞 전 / 줄 선 | 따뜻하고 가벼운 기단이 차고 무거운 기단 쪽으로 이동하여 형성되는 전선.

온냉방 溫冷房 따뜻할 온 / 찰 랭(냉) / 방 방 | 온방과 냉방.

온당하다 穩當하다 편안할 온 / 마땅 당 | 사리에 맞고 알맞다.

온대 溫帶 따뜻할 온 / 띠 대 | 열대와 한대 사이의 지역.

온대몬순기후 溫帶monsoon氣候 따뜻할 온 / 띠 대 / 기운 기 / 기후 후 | 계절풍의 영향을 받는 온대 기후.

온도 溫度 따뜻할 온 / 법도 도 | 따뜻함과 차가움의 정도.

온랭 溫冷 따뜻할 온 / 찰 랭(냉) | 따뜻한 기운과 찬 기운을 아울러 이르는 말.

온면 溫麵 따뜻할 온 / 밀가루 면 | 따뜻하게 해서 먹는 국수.

온상 溫床 따뜻할 온 / 평상 상 | 1. 인공적으로 따뜻하게 하여 식물을 기르는 설비. 2. 사물이나 사상, 세력 따위가 자라나는 바탕을 비유.

온수 溫水 따뜻할 온 / 물 수 | 따뜻한 물.

온순하다 溫順하다 따뜻할 온 / 순할 순 | 고분고분하고 양순하다.

▶ **온실** 溫室 따뜻할 온 / 집 실 | 난방 장치를 한 방.

온실효과 溫室效果 따뜻할 온 / 집 실 / 효과 효 / 실과 과 | 대기 중의 수증기, 이산화탄소, 오존 따위가 적외선 복사를 대부분 흡수하여 지표의 온도를 높이는 작용. 빛은 받아들이고 열은 내보내지 않는 온실과 같은 작용을 한다는 데서 유래한 말이다.

온욕 溫浴 따뜻할 온 / 목욕할 욕 | 더운물로 목욕을 함.

▶ **온유** 溫柔 따뜻할 온 / 부드러울 유 | 온화하고 부드러움.

온유돈후 溫柔敦厚 따뜻할 온 / 부드러울 유 / 도탑다 돈 / 두텁다 후 | 1. 온화하고 부드러우며 독실함. 2. 기교를 부리거나 노골적인 표현이 없이 독실한 것을 이르며, 중국에서는 이를 시의 본분으로 여겼다.

온전하다 穩全하다 편안할 온 / 온전할 전 | 본바탕 그대로 고스란하다.

▶ **온정** 溫情 따뜻할 온 / 뜻 정 | 따뜻한 사랑이나 인정.

온정주의 溫情主義 따뜻할 온 / 뜻 정 / 주인 주 / 뜻 의 | 이해타산이 아니라 동정심이 있는 태도로 대하려는 생각.

▶ **온존** 溫存 따뜻할 온 / 있을 존 | 소중하게 보존함.

온존하다 溫存하다 따뜻할 온 / 있을 존 | 소중하게 보존하다.

온축 蘊蓄 쌓을 온 / 모을 축 | 1. 마음속에 깊이 쌓아 둠. 2. 오랫동안 학식 따위를 많이 쌓음.

온축하다 蘊蓄하다 쌓을 온 / 모을 축 | 1. 속에 깊이 쌓아 두다. 2. 오랫동안 학식 따위를 많이 쌓다.

온천 溫泉 따뜻할 온 / 샘 천 | 지열에 의하여 지하수가 데워져 솟아 나오는 샘.

온탕 溫湯 따뜻할 온 / 끓일 탕 | 따뜻한 물이 들어 있는 탕.

온풍 溫風 따뜻할 온 / 바람 풍 | 따뜻한 바람.

▶ **온혈** 溫血 따뜻할 온 / 피 혈 | 더운 피.

온혈동물 溫血動物 따뜻할 온 / 피 혈 / 움직일 동 / 물건 물 | 조류나 포유류처럼 바깥 온도에 관계없이 체온을 항상 따뜻하게 유지하는 동물.

온화하다 溫和하다 따뜻할 온 / 화할 화 | 따뜻하고 부드럽다.

온후하다 溫厚하다 따뜻할 온 / 두터울 후 | 온화하고 덕이 많다.

옹기 甕器 독 옹 / 그릇 기 | 질그릇. 옹기그릇.

옹기장수 甕器장수 독 옹 / 그릇 기 | 옹기를 파는 사람.

옹관 甕棺 독 옹 / 널 관 | 고대에, 옹기(항아리)로 만든 관.

옹립 擁立 낄 옹 / 설 립(입) | 임금으로 받들어 모심.

옹벽 擁壁 낄 옹 / 벽 벽 | 벼랑이나 비탈이 무너져 내리지 않도록 둘러막는 벽.

옹색하다 壅塞하다 좁을 옹 / 막힐 색 | 1. 비좁고 막히다. 2. 부족하며 답답하다.

와각 蝸角 달팽이 와 / 뿔 각 | 달팽이의 더듬이.

와각지쟁 蝸角之爭 달팽이 와 / 뿔 각 / 어조사 지 / 다툴 쟁 | 달팽이의 더듬이 위에서 서로 싸운다. 작은 나라끼리 하찮은 일로 싸움을 비유.

와룡 臥龍 누울 와 / 용 룡 | 누워 있는 용. 초야에 묻혀 있는 큰 인물을 비유.

잠룡 潛龍 잠길 잠 / 용 룡 | 물속에 숨어 있는 용. 아직 높은 지위에 오르지 못하고 때를 기다리고 있는 인물이나 영웅을 비유.

와류 渦流 소용돌이 와 / 흐를 류(유) | 1. 물이 소용돌이치면서 흐름. 2. 물리 변화하고 있는 자기장 안의 도체에 전자기 유도로 생기는 소용돌이 모양의 전류.

와문 渦紋 소용돌이 와 / 무늬 문 | 소용돌이무늬.

와병 臥病 누울 와 / 병 병 | 병으로 자리에 누움. 또는 병을 앓고 있음.

와신상담 臥薪嘗膽 누울 와 / 땔나무 신 / 맛볼 상 / 쓸개 담 | 섶에 몸을 눕히고 쓸개를 맛본다. 원수를 갚기 위하여 온갖 어려움을 참고 견딤을 비유. ※ 중국 춘추 시대 오나라의 왕 부차(夫差)가 아버지의 원수를 갚기 위하여 장작더미 위에서 잠을 자며 구천(句踐)에게 복수할 것을 맹세하였고, 그에게 패배한 월나라의 왕 구천이 쓸개를 핥으면서 복수를 다짐한 고사.

와유 臥遊 누울 와 / 놀 유 | 누워서 유람한다는 뜻으로, 집에서 명승이나 고적을 그린 그림을 보며 즐김을 비유.

와유강산 臥遊江山 누울 와 / 놀 유 / 강 강 / 산 산 | 누워서 강산을 노닌다는 뜻으로, 집에서 산수화를 보며 즐김.

와전 訛傳 다를 와 / 전할 전 | 사실과 다르게 전함.

와전되다 訛傳되다 다를 와 / 전할 전 | 사실과 다르게 전하다.

와중 渦中 소용돌이 와 / 가운데 중 | 1. 소용돌이치는 가운데. 2. 이나 사건이 시끄럽고 복잡하게 벌어지는 가운데.

완강 頑強 완고할 완 / 강할 강 | 태도가 모질고 의지가 굳셈.

완강하다 頑強하다 완고할 완 / 강할 강 | 태도가 모질고 의지가 굳세다.

완결 完結 완전할 완 / 맺을 결 | 완전하게 끝을 맺

음.

완고하다 頑固하다 완고할 완 / 굳을 고 | 융통성이 없이 올곧고 고집이 세다.

❶완곡하다 婉曲하다 순할 완 / 굽을 곡 | 모나지 않고 부드럽게 굽히다.

완곡어 婉曲語 순할 완 / 굽을 곡 / 말씀 어 | 완곡한 말. 부드럽게 표현한 말.

❷완곡하다 緩曲하다 느릴 완 / 노래 곡 | 느릿느릿하면서도 정성스럽다. ※ 예시: 완곡한 흐름.

완공 完工 완전할 완 / 장인 공 | 공사를 마침.

완구 玩具 희롱할 완 / 갖출 구 | 장난감.

완급 緩急 느릴 완 / 급할 급 | 느림과 급함.

완납 完納 완전할 완 / 들일 납 | 전부 납부함.

완력 腕力 팔뚝 완 / 힘 력(역) | 주먹심. 육체적인 힘.

완료 完了 완전할 완 / 마칠 료(요) | 완전히 끝마침.

완만 緩慢 느릴 완 / 거만할 만 | 느릿느릿함.

완만하다 緩慢하다 느릴 완 / 거만할 만 | 느릿느릿하다.

완물 玩物 희롱할 완 / 물건 물 | 장난감.

완물상지 玩物喪志 희롱할 완 / 물건 물 / 잃을 상 / 뜻 지 | 아끼고 좋아하는 사물에 정신이 팔려 소중한 본마음을 잃음.

완미 玩味 희롱할 완 / 맛 미 | 음식을 잘 씹어서 맛봄.

완벽 完璧 완전할 완 / 구슬 벽 | 1. 흠이 없는 구슬. 2. 결함이 없이 완전함.

완보 緩步 느릴 완 / 걸음 보 | 천천히 걸음. 또는 느린 걸음. 늑 서행, 완행./↔ 속보.

완비 完備 완전할 완 / 갖출 비 | 빠짐없이 완전히 갖춤.

완상 玩賞 희롱할 완 / 상줄 상 | 즐겨 구경함.

완상하다 玩賞하다 희롱할 완 / 상줄 상 | 즐겨 구경하다.

완성 完成 완전할 완 / 이룰 성 | 완전히 다 이룸.

완성도 完成度 완전할 완 / 이룰 성 / 법도 도 | 완성된 정도. ※ 예시: 완성도가 높다.

완숙 完熟 완전할 완 / 익을 숙 | 1. 열매 따위가 완전히 무르익음. 2. 사람이나 동물이 완전히 성숙함. 3. 재주나 기술 따위가 아주 능숙함.

완숙하다 完熟하다 완전할 완 / 익을 숙 | 1. 완전히 성숙하다. 2. 재주나 기술 따위가 아주 능숙하다.

완승 完勝 완전할 완 / 이길 승 | 완전하게 이김.

완승하다 完勝하다 완전할 완 / 이길 승 | 완전하게 또는 여유 있게 이기다.

❶완연하다 完然하다 온전할 완 / 그러할 연 | 흠이 없이 완전하다.

❷완연하다 宛然하다 뚜렷할 완 / 그러할 연 | 아주

뚜렷하다.

완월 玩月 희롱할 완 / 달 월 | 달을 구경하며 즐김.

완자 卍字 중국어wan(만卍) / 글자 자 | 卍 자 모양.

완자문 卍字門 중국어wan(만卍) / 글자 자 / 문 문 | 문짝 살대가 卍 자 모양으로 된 문.

완장 腕章 팔뚝 완 / 글 장 | 신분이나 지위 따위를 나타내기 위하여 팔에 두르는 표장.

완전 完全 완전할 완 / 온전할 전 | 필요한 것이 모두 갖추어져 부족하거나 흠이 없음.

완전하다 完全하다 완전할 완 / 온전할 전 | 필요한 것이 모두 갖추어져 부족하거나 흠이 없다.

완전무결 完全無缺 완전할 완 / 온전할 전 / 없을 무 / 이지러질 결 | 충분히 갖추어져 있어 아무런 결점이 없음.

완전경쟁 完全競爭 완전할 완 / 온전할 전 / 다툴 경 / 다툴 쟁 | 경제 어떤 제한이나 독점이 없이 생산자와 소비자 사이에 자유로운 거래로 이루어지는 경쟁.

완전고용 完全雇用 완전할 완 / 온전할 전 / 품 팔 고 / 쓸 용 | 경제 일할 능력이 있고 일하고 싶어 하는 사람이 모두 고용되어 실업자가 없는 상태.

완전무장 完全武裝 완전할 완 / 온전할 전 / 호반 무 / 꾸밀 장 | 군사 전투에 필요한 각종 장비를 완전히 갖추는 일.

완전범죄 完全犯罪 완전할 완 / 온전할 전 / 범할 범 / 허물 죄 | 범행의 증거를 전혀 남기지 않아 범

죄가 드러나지 않음.

완전벽 完全癖 완전할 완 / 온전할 전 / 버릇 벽 | 완전에 대하여 불가능한 기준을 정해 두고 이를 추구하는 심적 경향.

완전식품 完全食品 완전할 완 / 온전할 전 / 밥 식 / 물건 품 | 우유 따위와 같이, 건강상 필요로 하는 영양소를 모두 지니고 있는 식품.

완전연소 完全燃燒 완전할 완 / 온전할 전 / 탈 연 / 불사를 소 | 산소의 공급이 충분한 상태에서 가연성 물질이 완전히 타는 일.

완제품 完製品 완전할 완 / 지을 제 / 물건 품 | 제작 공정을 완전히 마친 제품.

완주 完走 완전할 완 / 달릴 주 | 끝까지 다 달림.

완주하다 完走하다 완전할 완 / 달릴 주 | 끝까지 다 달리다.

완충 緩衝 느릴 완 / 찌를 충 | 충돌을 완화시킴.

완충장치 緩衝裝置 느릴 완 / 찌를 충 / 꾸밀 장 / 둘 치 | 충격을 완화하는 장치

완치 完治 완전할 완 / 다스릴 치 | 병을 완전히 낫게 함.

완쾌 完快 완전할 완 / 쾌할 쾌 | 병이 완전히 나음.

완투 完投 완전할 완 / 던질 투 | 야구에서, 한 투수가 한 경기에서 교대 없이 끝까지 던지는 일.

완판본 完板本 완전할 완 / 판대기 판 / 근본 본 | 조선 후기에, 전라북도 전주(완주完州)에서 간행된 목판본의 고대 소설을 통틀어 이르는 말. 전

라도 사투리가 많이 들어 있어 향토색이 짙다.

완행 緩行 느릴 완 / 다닐 행 | 느리게 감.

완행열차 緩行列車 느릴 완 / 다닐 행 / 벌일 열 / 차 차 | 빠르지 않은 속도로 달리며 각 역마다 멎는 열차.

왈가왈부 曰可曰否 말할 왈 / 옳다 가 // 아닐 부 | 어떤 일에 대하여 옳거니 옳지 않거니 하고 말함. ≒ 가타부타. 시시비비.

왕 王 임금 왕 | 1. 군주 국가에서 나라를 다스리는 우두머리. 2. 으뜸이 되는 사람이나 동물을 비유. ≒ 군왕, 주군, 패자.

왕가 王家 임금 왕 / 집 가 | 왕의 집안. ≒ 왕실, 왕족.

왕관 王冠 임금 왕 / 갓 관 | 왕이 머리에 쓰는 관.

왕국 王國 임금 왕 / 나라 국 | 왕이 다스리는 나라.

왕기 王氣 임금 왕 / 기운 기 | 왕이 될 만한 자질.

왕공대인 王公大人 임금 왕 / 공평할 공 / 클 대 / 사람 인 | 신분이 높은 귀족을 이르는 말.

왕권 王權 임금 왕 / 권세 권 | 왕이 지닌 권력.

왕권신수설 王權神授說 임금 왕 / 권세 권 / 귀신 신 / 줄 수 / 말씀 설 | 국왕의 권리는 신에게서 받은 절대적인 것이므로 인민이나 의회에 의하여 제한되지 않는다는 설. 절대왕정을 합리화한 주장.

❶왕도 王都 임금 왕 / 도읍 도 | 왕궁이 있는 도시.

❷왕도 王道 임금 왕 / 길 도 | 임금으로서 마땅히 지켜야 할 도리. ※ 천하를 힘이나 무력으로 다스리는 패도(霸道)가 아니라, 인덕(仁德)으로 다스리는 왕도는 유학에서 이상으로 삼는 정치 사상이다.

패도 霸道 으뜸 패 / 길 도 | 통치자가 인의(仁義)를 가볍게 여기고 무력이나 권모술수로 다스리려는 주의.

왕년 往年 갈 왕 / 해 년 | 지나간 해.

왕래 往來 갈 왕 / 올 래(내) | 오고 감.

왕릉 王陵 임금 왕 / 언덕 릉(능) | 임금의 무덤.

왕림 枉臨 굽을 왕 / 임할 림(임) | 남이 자기가 있는 곳으로 찾아옴을 높여 이르는 말.

왕립 王立 임금 왕 / 설 립(입) | 왕이 세움.

왕립학회 王立學會 임금 왕 / 설 립(입) / 배울 학 / 모일 회 | 국왕이나 왕족이 세운 학회.

왕명 王命 임금 왕 / 목숨 명 | 임금의 명령. ≒ 어명.

왕복 往復 갈 왕 / 회복할 복 | 갔다가 돌아옴.

❶왕사 王師 임금 왕 / 스승 사 | 1. 임금의 스승. 2. 임금이 거느리는 군사.

❷왕사 王事 임금 왕 / 일 사 | 1. 임금이 나라를 위하여 하는 일. 2. 임금이나 왕실에 관한 일.

왕실 王室 임금 왕 / 집 실 | 왕의 집안.

왕생극락 往生極樂 갈 왕 / 날 생 / 극진할 극 / 즐길 락(낙) | 죽어서 극락에 다시 태어남.

❶왕성 王城 임금 왕 / 재 성 | 왕궁이 있는 도시.

❷**왕성 旺盛** 왕성할 왕 / 성할 성 | 한창 성함. ≒ 번창, 흥성, 극성.

왕성하다 旺盛하다 왕성할 왕 / 성할 성 | 한창 성하다. ≒ 기운차다, 번창하다, 흥성하다.

왕손 王孫 임금 왕 / 손자 손 | 1. 왕의 후손. 2. 왕의 손자.

왕실 王室 임금 왕 / 집 실 | 임금의 집안. ≒ 왕족, 왕가.

왕업 王業 임금 왕 / 업 업 | 임금이 나라를 다스리는 대업.

왕왕 往往 갈 왕 | 시간의 간격을 두고 이따금.

왕위 王位 임금 왕 / 자리 위 | 임금의 자리. ≒ 보위, 제위.

❶**왕자 王子** 임금 왕 / 아들 자 | 왕의 아들.

❷**왕자 王者** 임금 왕 / 사람 자 | 1. 군주 국가에서 나라를 다스리는 왕. 2. 왕도로써 천하를 다스리는 왕.

왕자무친 王者無親 임금 왕 / 사람 자 / 없을 무 / 친할 친 | 왕이라도 국법 앞에서는 사사로운 정으로 일을 처리하지 못함.

▶ **왕정 王政** 임금 왕 / 정사 정 | 왕이 다스리는 정치.

왕정복고 王政復古 임금 왕 / 정사 정 / 회복할 복 / 옛 고 | 다른 정체가 무너지고 다시 왕이 다스리는 군주정치로 되돌아가는 일.

왕조 王朝 임금 왕 / 아침 조 | 같은 왕가에 속하는 통치자의 계열.

왕좌 王座 임금 왕 / 자리 좌 | 임금이 앉는 자리. 또는 임금의 지위. ≒ 보좌, 옥좌.

▶ ❶**왕후 王后** 임금 왕 / 뒤 후 | 왕의 아내. ≒ 왕비.

❷**왕후 王侯** 임금 왕 / 제후 후 | 제왕과 제후.

왕후장상 王侯將相 임금 왕 / 제후 후 / 장수 장 / 서로 상 | 제왕 · 제후 · 장수 · 재상을 아울러 이르는 말.

왕진 往診 갈 왕 / 진찰할 진 | 의사가 병원 밖의 환자가 있는 곳으로 가서 진료함.

왜곡 歪曲 비뚤어질 왜 / 굽을 곡 | 사실과 다르게 해석함.

왜관 倭館 일본 왜 / 집 관 | 역사 조선 시대에, 왜인들이 머물면서 외교적인 업무나 무역을 행하던 관사.

왜구 倭寇 일본 왜 / 도적 구 | 역사 13세기부터 16세기까지 중국과 우리나라 연안을 무대로 약탈을 일삼던 일본 해적.

▶ **왜란 倭亂** 일본 왜 / 어지러울 란(난) | 역사 일본이 쳐들어와 일으킨 난리.

임진왜란 壬辰倭亂 북방 임 / 별 진 / 일본 왜 / 어지러울 란(난) | 역사 조선 선조 25년(1592) 임진년에 일본이 침입한 전쟁. 선조 31년(1598)까지 7년 동안 두 차례에 걸쳐 침입하였으며, 1597년에 재침략한 것을 정유재란으로 부르기도 한다.

왜소하다 矮小하다 난쟁이 왜 / 작을 소 | 작고 초라하다.

왜식집 倭食집 일본 왜 / 밥 식 | '일식집'을 낮잡아

이르는 말.

❶왜인 倭人 일본 왜 / 사람 인 | 일본 사람을 낮잡아 이르는 말.

향화 왜인 向化倭人 향할 향 / 될 화 / 일본 왜 / 사람 인 | 역사 조선 시대에, 우리나라에 귀화하여 살던 일본 사람.

❷왜인 矮人 난쟁이 왜 / 사람 인 | 키가 매우 작은 사람을 낮잡아 이르는 말. ≒ 난쟁이.

왜적 倭敵 일본 왜 / 대적할 적 | 침략해온 적으로서의 일본이나 일본인.

왜정시대 倭政時代 일본 왜 / 정사 정 / 때 시 / 대신할 대 | 일제 강점기.

일제시대 日帝時代 날 일 / 임금 제 / 때 시 / 대신할 대 | 일제 강점기. 1910. 8. 29.~1945. 8. 1❺까지.

외가 外家 바깥 외 / 집 가 | 어머니의 친정.

외갓집 外家집 바깥 외 / 집 가 | 어머니의 친정집.

외간 外間 바깥 외 / 사이 간 | 1. 친척이 아닌 남. 2. 자기 집 밖의 다른 곳.

외견 外見 바깥 외 / 볼 견 | 겉으로 드러난 모양.

외견상 外見上 바깥 외 / 볼 견 / 윗 상 | 겉으로 드러난 측면.

외계 外界 바깥 외 / 지경 계 | 바깥 세계.

외과 外科 바깥 외 / 과목 과 | 의학 몸 외부의 상처나 질병을 수술과 같은 방법으로 치료하는 의학 분야.

외곽 外郭/外廓 바깥 외 / 둘레 곽 | 바깥 테두리.

외곽단체 外郭團體 바깥 외 / 둘레 곽 / 둥글 단 / 몸 체 | 단체나 조직의 외부에서 연락을 하면서 활동을 지원하는 단체.

외관 外觀 바깥 외 / 볼 관 | 겉으로 드러난 모양. ↔ 내면.

외교 外交 바깥 외 / 사귈 교 | 다른 나라와 정치적, 경제적, 문화적 관계를 맺는 일.

외교사절 外交使節 바깥 외 / 사귈 교 / 하여금 사 / 마디 절 | 행정 국가 간의 외교 교섭을 위하여 외국에 파견되는 국가의 대표자.

외교술 外交術 바깥 외 / 사귈 교 / 재주 술 | 외국과 교제하거나 교섭하는 수단.

외교특권 外交特權 바깥 외 / 사귈 교 / 특별할 특 / 권세 권 | 법률 외교 사절이 주재국에서 누리는 국제법의 특권. 신체와 명예, 거주 및 외교문서의 침해를 받지 않는 불가침권과 주재국의 재판권, 경찰권, 과세권 따위가 미치지 못하는 치외법권이 있다.

외국 外國 바깥 외 / 나라 국 | 다른 나라.

외근 外勤 바깥 외 / 부지런할 근 | 직장 바깥에 나가서 근무함.

외기 外氣 바깥 외 / 기운 기 | 바깥 공기.

외람되다 猥濫되다 외람될 외 / 넘칠 람 | 행동이나 생각이 분에 넘치다. 또는 분수에 지나치다.

외래 外來 바깥 외 / 올 래(내) | 밖에서 옴. 또는 다른 나라에서 옴.

외래종 外來種 바깥 외 / 올 래(내) / 씨 종 | 다른 나라에서 들어온 품종.

외래사상 外來思想 바깥 외 / 올 래(내) / 생각 사 / 생각 상 | 외국에서 전해 온 사상.

▶ **외래어 外來語** 바깥 외 / 올 래(내) / 말씀 어 | 외국에서 들어와 국어처럼 쓰이는 말. 버스, 컴퓨터, 피아노 따위가 있다.

외국어 外國語 바깥 외 / 나라 국 / 말씀 어 | 외국에서 쓰는 말.

전문어 專門語 오로지 전 / 문 문 / 말씀 어 | 학술이나 기타 전문 분야에서 특별한 의미로 쓰는 말. ≒ 전용어(專用語).

직업어 職業語 맡을 직 / 일 업 / 말씀 어 | 어떤 직업에 종사하는 사람들 사이에서 발달된 말. 군대어, 상인어, 심마니어 등이 있다.

한자어 漢字語 나라 한 / 글자 자 / 말씀 어 | 한자에 기초하여 만들어진 말. 우리말의 절반 이상을 차지하고 있으며 국어에 해당한다.

▶ **❶외면 外面** 바깥 외 / 낯 면 | 마주치기를 꺼리어 피하거나 얼굴을 돌림.

외면하다 外面하다 바깥 외 / 낯 면 | 얼굴을 피하거나 돌리다.

❷외면 外面 바깥 외 / 낯 면 | 겉에 드러나 보이는 면.

외면치레 外面치레 바깥 외 / 낯 면 | 체면이 서도록 일부러 행동을 함.

외모 外貌 바깥 외 / 모양 모 | 겉으로 드러나 보이는 모양.

외무 外務 바깥 외 / 힘쓸 무 | 외교에 관한 사무.

외물 外物 바깥 외 / 물건 물 | 1. 바깥 세계의 사물. 2. 마음에 접촉되는 객관적 세계의 모든 대상.

▶ **외박 外泊** 바깥 외 / 머무를 박 | 딴 데 나가서 잠.

외박하다 外泊하다 바깥 외 / 머무를 박 | 딴 데 나가서 자다.

외방 外邦 바깥 외 / 나라 방 | 자기 나라가 아닌 다른 나라.

▶ **외부 外部** 바깥 외 / 떼 부 | 밖. 바깥.

외부적 外部的 바깥 외 / 떼 부 / 과녁 적 | 외부와 관계되는.

외빈 外賓 바깥 외 / 손 빈 | 외부에서 온 귀한 손님.

▶ **외사 外事** 바깥 외 / 일 사 | 바깥일.

외사경찰 外事警察 바깥 외 / 일 사 / 깨우칠 경 / 살필 찰 | 외국 또는 외국인과 관계되는 사건을 담당하는 경찰.

▶ **❶외상 外象** 바깥 외 / 코끼리 상 | 바깥쪽의 모습. 또는 표면의 모양.

❷외상 外傷 바깥 외 / 다칠 상 | 몸의 겉에 생긴 상처.

외상성 外傷性 바깥 외 / 다칠 상 / 성품 성 | 외상 때문에 일어나는 병의 성질.

❸외상 外相 바깥 외 / 서로 상 | 외무성의 우두머리. 우리나라의 외교 통상부 장관에 해당한다.

외설 猥褻 외람할 외 / 더러울 설 | 성욕을 함부로 자극하여 난잡함.

외설물 猥褻物 외람할 외 / 더러울 설 / 물건 물 | 사람의 성욕을 자극하는 난잡한 글, 그림, 기구 따위 물건들.

외성 外城 바깥 외 / 재 성 | 성 밖에 겹으로 둘러쌓은 성.

외손 外孫 바깥 외 / 손자 손 | 딸이 낳은 자식. 외손자와 외손녀를 이른다.

외손봉사 外孫奉祀 바깥 외 / 손자 손 / 받들 봉 / 제사 사 | 직계 아들이 없어 외손이 대신 제사를 받듦.

외세 外勢 바깥 외 / 형세 세 | 외국의 세력.

외숙 外叔 바깥 외 / 아저씨 숙 | 어머니의 남자 형제.

외식 外飾 바깥 외 / 꾸밀 식 | 겉만 보기 좋게 꾸밈.

외신 外信 바깥 외 / 믿을 신 | 외국으로부터 온 소식. ≒ 해외소식.

외양 外樣 바깥 외 / 모양 양 | 겉으로 보이는 모양.

외연 外延 바깥 외 / 끌 연 | 일정한 개념이 적용되는 사물의 전 범위. 이를테면 금속이라고 하는 개념에 대해서는 금, 은, 구리, 쇠 따위이고, 동물이라고 하는 개념에 대해서는 원숭이, 호랑이, 개, 고양이 따위이다. ↔ 내포(內包).

❶외유 外遊 바깥 외 / 놀 유 | 나라 밖에 나가서 유람함.

❷외유 外誘 바깥 외 / 꾈 유 | 외부로부터의 유혹.

❸외유 外柔 바깥 외 / 부드러울 유 | 겉으로 보기에는 부드러움.

외유내강 外柔內剛 바깥 외 / 부드러울 유 / 안 내 / 굳셀 강 | 겉으로는 부드럽고 순하게 보이나 속은 굳셈.

외이 外耳 바깥 외 / 귀 이 | 겉귀. 귀의 바깥쪽 부분

❶외인 外人 바깥 외 / 사람 인 | 1. 가족 밖의 사람. 2. 어떤 일에 관계없는 사람.

외인부대 外人部隊 바깥 외 / 사람 인 / 떼 부 / 무리 대 | 외국인으로 편성된 용병부대.

❷외인 外因 바깥 외 / 인할 인 | 외부에서 생긴 원인

외인성 外因性 바깥 외 / 인할 인 / 성품 성 | 외부의 원인에 의하여 생기는 것.

외자 外資 바깥 외 / 재물 자 | 1. 외국 자본. 2. 외국 정부나 국제기관이 준 원조자금. 또는 차관으로 도입된 된 자금이나 물자.

외자 유치 外資誘致 바깥 외 / 재물 자 / 꾈 유 / 이를 치 | 외국의 자본을 국내로 끌어들여 옴.

외장 外裝 바깥 외 / 꾸밀 장 | 겉포장.

외재 外在 바깥 외 / 있을 재 | 어떤 사물이나 범위의 밖에 있음.

외재성 外在性 바깥 외 / 있을 재 / 성품 성 | 사물의 바깥에 있는 성질.

외재인 外在因 바깥 외 / 있을 재 / 인할 인 | 철학 사물의 밖에 있으면서 그 사물의 생성 · 운동 · 변

화를 일으키는 원인. 아리스토텔레스의 철학 개념이다.

❶**외적 外的** 바깥 외 / 과녁 적 | 1. 외부적인. 2. 물질의 겉모습.

외적 요인 外的要因 바깥 외 / 과녁 적 / 요긴할 요 / 인할 인 | 외부에 있는 요인.

❷**외적 外敵** 바깥 외 / 대적할 적 | 외국으로부터 쳐 들어오는 적.

❸**외적 外賊** 바깥 외 / 도둑 적 | 외부에 있는 도적.

❶**외전 外傳** 바깥 외 / 전할 전 | 정사(**正史**) 이외의 전기.

❷**외전 外典** 바깥 외 / 법 전 | 정전으로 인정된 경 전 외에 달리 전하는 서적.

외접 外接 바깥 외 / 이을 접 | 1. 〔수학〕 원이나 구 가 다각형이나 다면체의 모든 꼭짓점에 닿는 일. 2. 〔수학〕 다각형 또는 다면체의 모든 변이 나 면이 다른 원이나 구 또는 다각형이나 다면 체의 둘레에 닿는 일.

외조 外助 바깥 외 / 도울 조 | 1. 외부로부터 받는 도움. 2. 아내가 사회적인 활동을 잘할 수 있 도록 남편이 도와줌.

외주 外注 바깥 외 / 부을 주 | 자기 회사에서 만들 수 없는 제품이나 부품 따위를 다른 회사에 맡 겨 만들게 함.

외지 外地 바깥 외 / 땅 지 | 타향.

외직 外職 바깥 외 / 직분 직 | 지방 관아의 벼슬

외척 外戚 바깥 외 / 친척 척 | 1. 어머니 쪽의 친척. 2. 다른 성씨를 가진 친척.

외출 外出 바깥 외 / 날 출 | 집이나 근무지에서 벗 어나 잠깐 바깥으로 나감.

외출하다 外出하다 바깥 외 / 날 출 | 집이나 근무지 에서 벗어나 잠깐 바깥으로 나가다. ≒ 나들이, 바깥나들이, 출타.

외출복 外出服 바깥 외 / 날 출 / 옷 복 | 외출할 때 입는 옷. ≒ 나들이옷, 외출옷.

외측 外側 바깥 외 / 곁 측 | 바깥으로 향하는 쪽. ≒ 외부, 바깥쪽.

외치 外治 바깥 외 / 다스릴 치 | 다른 나라와 정치 적, 경제적, 문화적 관계를 맺는 일.

내치 內治 안내 / 다스릴 치 | 나라 안을 다스림.

외투 外套 바깥 외 / 씌울 투 | 추위를 막기 위하여 겉옷 위에 입는 옷. ≒ 오버코트.

외판 外販 바깥 외 / 팔 판 | 판매원이 직접 고객을 찾아다니면서 물건을 파는 일.

외풍 外風 바깥 외 / 바람 풍 | 밖에서 들어오는 바 람.

외피 外皮 바깥 외 / 가죽 피 | 겉을 싸고 있는 가죽.

❶**외항 外港** 바깥 외 / 항구 항 | 1. 항구 바깥쪽의 구역. 2. 도시의 문호 역할을 하는 항구.

❷**외항 外航** 바깥 외 / 배 항 | 배가 외국으로 항행 함.

외항선 外航船 바깥 외 / 배 항 / 배 선 | 국제 항로를

다니는 배.

외해 外海 바깥 외 / 바다 해 | 육지에서 멀리 떨어진 바다.

▶ **외향 外向** 바깥 외 / 향할 향 | 1. 바깥으로 드러남. 2. 마음의 움직임이 적극적으로 밖으로 나타남.

외향성 外向性 바깥 외 / 향할 향 / 성품 성 | 바깥쪽을 향하는 성질.

▶ **외형 外形** 바깥 외 / 모양 형 | 사물의 겉모양. ≒ 겉모양.

외형 성장 外形成長 바깥 외 / 모양 형 / 이룰 성 / 길 장 | 겉으로 드러난 형세가 커지는 일. 일반적으로 매출이 늘어나는 것을 이른다.

외형률 外形律 바깥 외 / 모양 형 / 법 률 | 정형시에서, 음의 고저(**高低**)·장단(**長短**)·음수(**音數**)·음보(**音步**) 따위의 규칙적 반복에 의하여 생기는 운율. ≒ 외재율(**外在律**)./ ↔ 내재율(**內在律**).

❶**외화 外畫** 바깥 외 / 그림 화 | 외국 영화.

❷**외화 外華** 바깥 외 / 빛날 화 | 화려한 겉치레.

외화내빈 外華內貧 바깥 외 / 빛날 화 / 안 내 / 가난할 빈 | 겉은 화려하나 속은 실속이 없음.

❸**외화 外貨** 바깥 외 / 재물 화 | 외국의 돈. 외국의 수표나 유가 증권 따위도 포함한다.

▶ ❶**외환 外換** 바깥 외 / 바꿀 환 | 외국과의 거래를 결제할 때 쓰는 환어음

외환 은행 外換銀行 바깥 외 / 바꿀 환 / 은 은 / 다닐 행 | 외국환의 매매, 수출입 신용장의 발행, 해외에서의 대금 지급 따위의 외국환 업무를 보는 은행.

외환 시세 外換時勢 바깥 외 / 바꿀 환 / 때 시 / 형세 세 | 자기 나라 돈과 다른 나라 돈의 교환 비율. 외국환 시장에서 결정된다.

외환시장 外換市場 바깥 외 / 바꿀 환 / 저자 시 / 마당 장 | 외국환이 거래되고 외국환 시세가 이루어지는 시장. 외국환 은행, 중매인, 무역상사 따위로 구성된다.

❷**외환 外患** 바깥 외 / 근심 환 | 외적의 침입으로 인한 재앙.

외환죄 外患罪 바깥 외 / 근심 환 / 허물 죄 | 국가의 대외적 안정을 해침으로써 성립하는 범죄. 외국이 자기 나라에 무력행사나 적대적인 행위를 하게 하여 국가의 존립과 안전을 위태롭게 하는 범죄를 이른다.

▶ **요격 邀擊** 맞을 요 / 칠 격 | 공격해 오는 대상을 기다리고 있다가 도중에서 맞받아침.

요격 미사일 邀擊missile 맞을 요 / 칠 격 | 목표물을 따라가서 격추하는 미사일.

요골 腰骨 허리 요 / 뼈 골 | 허리뼈.

요괴 妖怪 요사할 요 / 괴이할 괴 | 요사스러운 귀신.

요구 要求 요긴할 요 / 구할 구 | 필요한 것이나 받아야 할 것을 달라고 청함.

요금 料金 헤아릴 요(료) / 금 금 | 대가로 치르는 돈. ≒ 대금, 사용료.

❶요기 **妖氣** 요사할 요 / 기운 기 | 요사스러운 기운.

❷요기 **療飢** 고칠 요(료) / 주릴 기 | 시장기를 면하다.

요깃거리 **療飢**거리 고칠 요(료) / 주릴 기 | 먹어서 시장기를 면할 만한 음식.

요긴하다 **要緊**하다 요긴할 요 / 긴할 긴 | 꼭 필요하고 중요하다.

요대 **腰帶** 허리 요 / 띠 대 | 허리띠.

요동 **搖動** 흔들 요 / 움직일 동 | 흔들리어 움직임.

요동하다 **搖動**하다 흔들 요 / 움직일 동 | 흔들리어 움직이다.

요란 **搖亂/擾亂** 흔들 요 / 어지러울 란(난) | 시끄럽고 떠들썩함.

요란하다 **搖亂**하다/**擾亂**하다 흔들 요 / 어지러울 란(난) | 시끄럽고 떠들썩하다

❶요람 **要覽** 긴요할 요 / 볼 람 | 중요한 내용만 뽑아 간추려 놓은 책.

❷요람 **搖籃** 흔들 요 / 대바구니 람 | 1. 젖먹이를 태우고 흔들어 놀게 하거나 잠재우는 것.　2. 사물의 발생지나 근원지를 비유.　※ 예시: 요람에서 무덤까지.

요량 **料量** 헤아릴 요(료) / 헤아릴 량(양) | 헤아리고 생각함.

❶요령 **要領** 요긴할 요 / 거느릴 령(영) | 1. 일을 하는 데 꼭 필요한 이치.　2. 적당히 해서 넘기는 잔꾀.

요령부득 **要領不得** 요긴할 요 / 거느릴 령(영) / 아닐 부 / 얻을 득 | 말이나 글 따위의 요령을 잡을 수가 없음.

❷요령 **鐃鈴/搖鈴** 징 뇨(요) / 방울 령(영) | 놋쇠로 만든 종 모양의 큰 방울.

❶요리 **料理** 헤아릴 요(료) / 다스릴 리(이) | 여러 조리 과정을 거쳐 음식을 만듦.

요리상 **料理床** 헤아릴 요(료) / 다스릴 리(이) / 평상 상 | 요리를 차려 놓은 상.

❷요리 **要理** 요긴할 요 / 다스릴 리(이) | 1. 중요한 이치나 도리.　2. 중요한 교리.

❶요망 **要望** 요긴할 요 / 바랄 망 | 어떤 희망이나 기대가 꼭 이루어지기를 간절히 바람.

요망하다 **要望**하다 요긴할 요 / 바랄 망 | 어떤 희망이나 기대가 꼭 이루어지기를 간절히 바라다.

❷요망 **妖妄** 요사할 요 / 망령될 망 | 요사스럽고 망령됨.

요물 **妖物** 요사할 요 / 물건 물 | 1. 요망스러운 것.　2. 간사하고 간악한 사람.

요변 **妖變** 요사할 요 / 변할 변 | 요사하고 변덕스러움.

요변스럽다 **妖變**스럽다 요사할 요 / 변할 변 | 요사하고 변덕스러운 데가 있다.

❶요부 **腰部** 허리 요 / 떼 부 | 허리 부분.

❷요부 **凹部** 오목할 요 / 떼 부 | 오목하게 들어간 부

분.

요사하다 妖邪하다 요사할 요 / 간사할 사 | 요망하고 간사하다.

요사꾼 妖邪꾼 요사할 요 / 간사할 사 | 요사하고 간사스러운 행동을 잘하는 사람을 낮잡아 이르는 말.

요산요수 樂山樂水 좋아할 요 / 산 수 / / 물 수 | 산을 즐기고 물을 좋아함. 즉 산수(山水)의 자연을 즐기고 좋아함. ※ 참조: 인자요산 지자요수(仁者樂山 知者樂水 어진 이는 산을 좋아하고 지혜로운 이는 물을 좋아한다.)

요새 要塞 요긴할 요 / 변방 새 | 군사적으로 중요한 곳에 튼튼하게 만들어 놓은 방어 시설

요새전 要塞戰 요긴할 요 / 변방 새 / 싸움 전 | 요새를 공격하거나 방어하는 전투.

❶요소 要素 요긴할 요 / 본디 소 | 사물의 성립이나 효력 발생 따위에 꼭 필요한 성분

❷요소 要所 요긴할 요 / 바 소 | 중요한 장소나 지점.

요순시대 堯舜時代 요임금 요 / 순임금 순 / 때 시 / 대신할 대 | 요임금과 순임금이 덕으로 천하를 다스리던 태평한 시대.

요술 妖術 요사할 요 / 재주 술 | 초자연적 능력으로 괴이한 일을 행함.

요술쟁이 妖術쟁이 요사할 요 / 재주 술 | 요술을 부리는 재주가 있는 사람. 늑 마술사, 마법사, 주술사.

요시찰인 要視察人 요긴할 요 / 볼 시 / 살필 찰 / 사람 인 | 사상이나 보안 문제와 관련하여 행정 당국이나 경찰이 감시해야 할 인물.

❶요식 要式 요긴할 요 / 법 식 | 일정한 규정에 따라야 할 양식.

요식행위 要式行爲 요긴할 요 / 법 식 / 다닐 행 / 할 위 | 일정한 형식을 필요로 하는 법률 행위

❷요식업 料食業 헤아릴 요(료) / 밥 식 / 업 업 | 일정한 시설을 만들어 놓고 음식을 파는 일.

요약 要約 긴요할 요 / 묶을 약 | 간략하게 추림.

요약하다 要約하다 긴요할 요 / 묶을 약 | 간략하게 추리다.

요양 療養 고칠 요(료) / 기를 양 | 휴양하면서 조리하여 병을 치료함.

요양병원 療養病院 고칠 요(료) / 기를 양 / 병 병 / 집 원 | 장기적인 요양과 치료를 할 수 있도록 시설을 갖추어 놓은 병원.

요업 窯業 기와 굽는 가마 요 / 업 업 | 흙을 구워서 도자기, 벽돌, 기와 따위의 물건을 만드는 공업.

❶요요하다 撓撓하다 어지러울 요(뇨) | 자꾸 흔들다.

❷요요하다 嫋嫋하다 예쁠 요(뇨) | 맵시가 있고 날씬하다.

❸요요하다 夭夭하다 어릴 요 | 1. 나이가 젊고 아름답다. 2. 어떤 물건이 가냘프고 아름답다.

❹요요하다 姚姚하다 예쁠 요 | 아주 어여쁘고 아리

딴다.

❺요요하다 寥寥하다 쓸쓸할 요 | 고요하고 쓸쓸
하다.

❻요요하다 遙遙하다 멀 요 | 매우 멀고 아득하다.
≒ 아득하다, 막막하다, 망망하다.

❶요원 要員 요긴할 요 / 인원 원 | 필요한 사람.

❷요원 遙遠/遼遠 멀 요 / 멀 원 | 멀고멀음.

요원하다 遙遠/遼遠하다 멀 요 / 멀 원 | 멀고멀다.

❸요원 燎原 햇불 요(료) / 언덕 원 | 불타고 있는 벌
판.

요원의 불길 燎原의 불길 햇불 요(료) / 언덕 원 | 매
우 빠르게 번지는 벌판의 불길이라는 뜻으로,
무서운 기세로 퍼져 가는 세력 따위를 비유함.

❶요의 尿意 오줌 요(뇨) / 뜻 의 | 오줌이 마려운 느
낌.

❷요의 要義 요긴할 요 / 뜻 의 | 1. 중요한 뜻. 2.
요약한 뜻.

❶요인 要因 요긴할 요 / 인할 인 | 사물이나 사건이
성립되는 까닭. ≒ 까닭, 소이.

❷요인 要人 요긴할 요 / 사람 인 | 중요한 자리에
있는 사람. 또는 윗자리에 있는 사람.

요일 曜日 빛날 요 / 날 일 | 일주일의 날들.

❶요절 要節 요긴할 요 / 마디 절 | 문장에서 요긴한
마디.

❷요절 撓折 어지러울 뇨(요) / 꺾을 절 | 휘어져 부

러짐.

요절내다 撓折내다 어지러울 뇨(요) / 꺾을 절 | 못
쓰게 만들어 버리다.

❸요절 夭折 일찍 죽을 요 / 꺾을 절 | 젊은 나이에 죽
음.

❹요절 腰折/腰絶 허리 요 / 꺾을 절 | 허리가 부러진
다는 뜻으로, 몹시 우스워 허리가 아플 정도로
웃는 것을 이르는 말.

요절복통 腰折腹痛 허리 요 / 꺾을 절 / 배 복 / 아플
통 | 허리가 끊어질 듯하고 배가 아플 정도로 몹
시 웃음. ≒ 포복절도.

요점 要點 요긴할 요 / 점 점 | 가장 중요하고 중심
이 되는 사실.

❶요정 妖精 요사할 요 / 정할 정 | 1. 정령. 2. 서양
전설이나 동화에 나오는, 불가사의한 마력을 지
닌 초자연적인 존재.

❷요정 料亭 헤아릴 요(료) / 정자 정 | 고급 요릿집.

❸요정 了定 마칠 요(료) / 정할 정 | 결판을 내어 끝
마침.

요정내다 了定내다 마칠 요(료) / 정할 정 | 결판을
내어 끝을 내다.

요조하다 窈窕하다 그윽할 요 / 아늑할 조 | 여자의
행동이 얌전하고 정숙하다.

요조숙녀 窈窕淑女 그윽할 요 / 아늑할 조 / 맑을 숙
/ 여자 녀(여) | 말과 행동이 품위가 있으며 얌전
하고 정숙한 여자.

요족하다 饒足하다 넉넉할 요 / 발 족 | 살림이 넉넉하다.

요주의 要注意 요긴할 요 / 부을 주 / 뜻 의 | 각별한 주의가 필요함.

요지 要旨 요긴할 요 / 뜻 지 | 중요한 뜻. 또는 대강의 뜻.

❶**요지경** 瑤池鏡 아름다운 옥 요 / 못 지 / 거울 경 | 1. 확대경 속에 여러 가지 재미있는 그림을 돌리면서 구경하는 장난감. 2. 알쏭달쏭하고 묘한 세상일을 비유함.

❷**요지부동** 搖之不動 흔들 요 / 어조사 지 / 아닐 부 / 움직일 동 | 꿋꿋함. 흔들어도 움직이지 않음.

요철 凹凸 오목할 요 / 볼록할 철 | 오목함과 볼록함.

▶**요청** 要請 요긴할 요 / 청할 청 | 1. 필요한 어떤 일이나 행동을 청함 2. 공리(**公理**)처럼 자명하지는 않으나 증명이 불가능한 명제로서, 학문적 또는 실천적 원리로서 인정되는 것.

요청하다 要請하다 요긴할 요 / 청할 청 | 필요한 어떤 일이나 행동을 청하다. 늑 요구하다, 청구하다, 청하다.

요체 要諦 요긴할 요 / 살필 체 | 중요한 점.

요추 腰椎 허리 요 / 쇠몽치 추 | 허리등뼈.

요충지 要衝地 요긴할 요 / 찌를 충 / 땅 지 | 아주 중요한 곳.

▶**요해** 了解 마칠 요(료) / 풀 해 | 깨달아 알아냄.

요해하다 了解하다 마칠 요(료) / 풀 해 | 깨달아 알아내다.

▶**요행** 僥倖/徼幸 요행 요 / 요행 행 | 1. 행복을 바람. 2. 뜻밖에 얻는 행운.

요행수 僥倖數 요행 요 / 요행 행 / 셈 수 | 뜻밖에 얻는 좋은 운수.

▶**욕** 辱 욕될 욕 | 1. 남의 인격을 무시하는 모욕적인 말. 2. 부끄럽고 치욕적이고 불명예스러운 일. 늑 꾸중, 모욕, 악담.

욕설 辱說 욕될 욕 / 말씀 설 | 남을 무시하거나 저주하는 좋지 않은 말.

욕보다 辱보다 욕될 욕 | 1. 부끄러운 일을 당하다. 2. 몹시 고생스러운 일을 겪다. 늑 고생하다, 봉변하다.

욕되다 辱되다 욕될 욕 | 부끄럽고 명예스럽지 못하다.

▶**욕구** 欲求/慾求 하고자 할 욕 / 구할 구 | 무엇을 바라거나 얻고자 함.

욕구불만 欲求不滿 하고자 할 욕 / 구할 구 / 아닐 불 / 찰 만 | 욕구가 충족되지 않아서 불쾌하거나 불만인 상태.

▶**욕망** 欲望/慾望 욕심 욕 / 바랄 망 | 무언가를 간절히 바라는 마음.

욕망하다 欲望/慾望하다 욕심 욕 / 바랄 망 | 무언가를 간절히 바라다.

욕속부달 欲速不達 하고자 할 욕 / 빠를 속 / 아닐 부 / 통달할 달 | 빠르게 하려고 하나 도달하지 못함.

일을 빨리하려고 하면 도리어 이루지 못함.

욕심 欲心/慾心 하고자 할 욕 / 마음 심 | 분수에 넘치게 무엇을 탐내는 마음.

욕정 欲情/慾情 하고자 할 욕 / 뜻 정 | 1. 한순간의 충동으로 일어나는 욕심. 2. 이성에 대한 육체적 욕망.

욕창 褥瘡 요 욕 / 부스럼 창 | 병상에 오래 누워 지내는 사람의 병상에 닿은 데가 곪아서 생기는 부스럼.

용 龍 용 용(룡) | 상상의 동물 가운데 하나. 몸은 거대한 뱀과 비슷한데 비늘과 네 개의 발을 가지며 뿔은 사슴에, 귀는 소에 가깝다고 한다. 깊은 못이나 늪, 호수, 바다 등 물속에서 사는데 때로는 하늘로 올라가 풍운을 일으킨다고 한다

용감 勇敢 날랠 용 / 감히 감 | 용기가 있으며 씩씩함.

용감하다 勇敢하다 날랠 용 / 감히 감 | 용기가 있으며 씩씩하다. ≒ 용맹하다./↔ 비굴하다, 비겁하다.

용감무쌍 勇敢無雙 날랠 용 / 감히 감 / 없을 무 / 두 쌍 | 용기가 있으며 씩씩해서 비교할 대상이 없음.

용건 用件 쓸 용 / 물건 건 | 볼일.

용공 容共 얼굴 용 / 한가지 공 | 공산주의를 용인함.

용광 鎔鑛 쇠 녹일 용 / 쇳돌 광 | 광석을 녹여 쇠·구리와 같은 금속을 얻어 내는 일.

용광로 鎔鑛爐 쇠 녹일 용 / 쇳돌 광 / 화로 로(노) | 높은 온도로 광석을 녹여서 쇠붙이를 뽑아내는 커다란 가마.

용궁 龍宮 용 용(룡) / 집 궁 | 전설에서, 바닷속에 있다고 하는 용왕의 궁전. ≒ 수궁.

용기 勇氣 날랠 용 / 기운 기 | 1. 씩씩하고 군센 기운. 2. 겁내지 아니하는 기개.

용납 容納 얼굴 용 / 들일 납 | 받아들임. 받아 줌.

용단 勇斷 날랠 용 / 끊을 단 | 용기 있게 결단을 내림.

용도 用途 쓸 용 / 길 도 | 쓰이는 곳. ≒ 쓰임새.

용두사미 龍頭蛇尾 용 용 / 머리 두 / 뱀 사 / 꼬리 미 | 용의 머리와 뱀의 꼬리. 처음 시작은 좋았으나 갈수록 나빠짐을 비유.

용량 容量 얼굴 용 / 헤아릴 량(양) | 들어갈 수 있는 분량.

❶용력 勇力 날랠 용 / 힘 력(역) | 씩씩한 힘. 또는 뛰어난 역량.

❷용력 用力 쓸 용 / 힘 력(역) | 마음이나 힘을 씀.

용렬 庸劣 떳떳할 용 / 못할 렬(열) | 사람이 변변하지 못하고 졸렬함.

용렬하다 庸劣하다 떳떳할 용 / 못할 렬(열) | 사람이 변변하지 못하고 졸렬하다. ≒ 못나다, 비굴하다.

용린 龍鱗 용 용(룡) / 비늘 린(인) | 1. 용의 비늘. 2. 천자나 영웅의 위엄을 비유.

용린갑 龍鱗甲 용 용(룡) / 비늘 린(인) / 갑옷 갑 | 용 비늘 모양의 미늘을 달아 만든 갑옷.

용마 龍馬 용 용(룡) / 말 마 | 1. 용의 머리에 말의 몸을 하고 있다는 신령스러운 전설상의 짐승. 중국 복희씨 때 황허강(黃河江)에서 팔괘(八卦)를 등에 싣고 나왔다고 한다. 2. 매우 잘 달리는 훌륭한 말.

용매 溶媒 녹을 용 / 중매 매 | 어떤 액체에 물질을 녹일 때 체를 그 액체를 가리키는 말.

용맹 勇猛 날랠 용 / 사나울 맹 | 용감하고 사나움.

용모 容貌 얼굴 용 / 모양 모 | 사람의 얼굴 모양.

용모파기 容貌疤記 얼굴 용 / 모양 모 / 흉 파 / 기록할 기 | 어떠한 사람을 잡기 위하여 그 사람의 용모와 특징을 기록함.

❶용문 龍紋 용 용(룡) / 무늬 문 | 용을 그린 오색의 무늬.

❷용문 龍門 용 용(룡) / 문 문 | 중국 황허강(黃河江) 중류에 있는 여울목. 잉어가 이곳을 뛰어오르면 용이 된다고 전하여진다.

❶용병 傭兵 고용할 용 / 병사 병 | 봉급을 주고 고용한 병사.

❷용병 用兵 쓸 용 / 병사 병 | 군사를 지휘하여 부림.

용병술 用兵術 쓸 용 / 병사 병 / 재주 술 | 군사를 지휘하는 여러 가지 기술.

용봉 龍鳳 용 용(룡) / 봉새 봉 | 1. 용과 봉황. 2. 뛰어난 인물을 비유.

❶용부 庸夫 떳떳할 용 / 지아비 부 | 졸렬하고 못난 사나이.

❷용부 勇婦 날랠 용 / 며느리 부 | 용감한 여인.

❸용부 勇夫 날랠 용 / 지아비 부 | 용감한 사나이.

❹용부 傭婦 품 팔 용 / 며느리 부 | 고용살이하는 아낙.

❺용부 傭夫 품 팔 용 / 지아비 부 | 고용살이하는 사나이.

용불용 用不用 쓸 용 / 아닐 불 | 쓰거나 쓰지 아니함.

용불용설 用不用說 쓸 용 / 아닐 불 / 말씀 설 | 〔생물〕 자주 사용하는 기관은 세대를 거듭함에 따라서 잘 발달하며, 그러지 못한 기관은 점점 퇴화하여 소실되어 간다는 학설. 1809년에 라마르크가 제창하였으며 자손에게 유전한다고 하였다.

용사 勇士 날랠 용 / 선비 사 | 1. 용맹스러운 사람. 2. 용감한 군사. ≒ 용자.

용상 龍牀 용 용(룡) / 평상 상 | 임금이 정무를 볼 때 앉던 평상.

용서 容恕 얼굴 용 / 용서할 서 | 지은 죄나 잘못한 일에 대하여 벌을 주지 않고 너그럽게 봐 줌.

용서하다 容恕하다 얼굴 용 / 용서할 서 | 지은 죄나 잘못한 일에 대하여 벌을 주지 않고 너그럽게 봐주다. ≒ 사하다, 사면하다.

용서 없다 容恕없다 얼굴 용 / 용서할 서 | 지은 죄나 잘못한 일에 대하여 너그럽게 봐주지 않다.

❶용선 傭船 품 팔 용 / 배 선 | 삯을 주고 이용하는 배.

용선계약 傭船契約 품 팔 용 / 배 선 / 맺을 계 / 맺을 약 | 배를 빌릴 때 선주와 용선자 사이에 맺는 계약.

❷용선 用船 쓸 용 / 배 선 | 배를 부림.

❸용선 龍船 용 용(룡) / 배 선 | 1. 뱃머리에 용의 모형을 장식한 배. 2. 임금이 타는 배.

❹용선 龍扇 용 용(룡) / 부채 선 | 쌍룡을 그린 의장용 부채.

용안 龍顔 용 용(룡) / 낯 안 | 임금의 얼굴.

용암 鎔巖 쇠 녹일 용 / 바위 암 | 1. 화산의 분화구에서 분출된 마그마. 2. 마그마가 냉각 · 응고된 암석.

용액 溶液 녹을 용 / 진액 액 | 녹인 액체.

❶용약 勇躍 날랠 용 / 뛸 약 | 용감하게 뛰어감.

❷용약 踊躍 뛸 용 / 뛸 약 | 좋아서 뜀.

용역 用役 쓸 용 / 부릴 역 | 생산과 소비에 필요한 사람의 노력을 제공하는 일.

용역생산 用役生産 쓸 용 / 부릴 역 / 날 생 / 낳을 산 | 운수업이나 창고업과 같이 물자를 운송하거나 저장하는 활동.

용역수출 用役輸出 쓸 용 / 부릴 역 / 보낼 수 / 날 출 | 보험, 은행, 운송 따위의 서비스를 외국에 제공하거나, 근로자를 내보내어 외화를 벌어들임.

용연향 龍涎香 용 용(룡) / 침 연 / 향기 향 | 향유고래의 뱃속에서 얻는 향의 원료.

용오름 龍오름 용 용(룡) | 회오리바람. 바람의 소용돌이.

용왕 龍王 용 용(룡) / 임금 왕 | 1. 바다에 살며 비와 물을 맡고 해신으로 농민의 신으로 숭배됨. 2. 불교 용궁에 살며 비와 물을 다스리고 불법을 수호한다고 한다.

용왕제 龍王祭 용 용(룡) / 임금 왕 / 제사 제 | 민속 음력 정월 14일에 배의 주인이 제주가 되어 뱃사공들이 지내는 제사.

용융 溶融 녹을 용 / 녹을 융 | 액체로 녹음.

용융하다 溶融하다 녹을 용 / 녹을 융 | 액체로 녹다.

❶용의 用意 쓸 용 / 뜻 의 | 어떤 일을 하려고 마음을 먹음.

용의주도 用意周到 쓸 용 / 뜻 의 / 두루 주 / 이를 도 | 꼼꼼히 마음을 써서 일에 빈틈이 없음. ≒ 주도면밀(周到綿密).

❷용의 容疑 얼굴 용 / 의심할 의 | 범죄의 혐의.

용의자 容疑者 얼굴 용 / 의심할 의 / 사람 자 | 정식으로 입건되지는 않았으나 범죄의 혐의가 있는 사람. ≒ 피의자, 혐의자.

용이 容易 얼굴 용 / 쉬울 이 | 매우 쉬움.

용이하다 容易하다 얼굴 용 / 쉬울 이 | 매우 쉽다.

❶용인 容認 얼굴 용 / 알 인 | 너그럽게 인정함.

용인하다 容認하다 얼굴 용 / 알 인 | 너그럽게 인정하다.

❷용인 用人 쓸 용 / 사람 인 | 사람을 씀.

용자 勇者 날랠 용 / 사람 자 | 1. 용맹스러운 사람. 2. 용감한 군사.

❶용장 勇將 날랠 용 / 장수 장 | 용맹스러운 장수.

❷용장 宂將 한가로울 용 / 장수 장 | 용렬하고 못난 장수.

❶용재 用財 쓸 용 / 재물 재 | 재물을 씀.

❷용재 用材 쓸 용 / 재목 재 | 재료로 쓰는 물건.

❸용재 庸才 떳떳할 용 / 재주 재 | 평범하고 졸렬한 재주.

용적 容積 얼굴 용 / 쌓을 적 | 물건을 담을 수 있는 부피. 혹은 용기 안을 채우는 분량. ≒ 들이, 부피, 체적.

용적중량 容積重量 얼굴 용 / 쌓을 적 / 무거울 중 / 헤아릴 량(양) | 부피의 무게.

❶용전 用錢 쓸 용 / 돈 전 | 개인이 쓰는 돈. ≒ 용돈.

❷용전 勇戰 날랠 용 / 싸움 전 | 용감하게 싸움.

용점 鎔點 쇠 녹일 용 / 점 점 | 고체가 액체 상태로 바뀌는 온도. 같은 물질이라도 압력에 따라 변한다. 순수한 물질의 녹는점은 어는점과 같다.

❶용접 鎔接 쇠 녹일 용 / 이을 접 | 두 개의 금속·유리·플라스틱 따위를 녹인 상태에서 서로 이어 붙이는 일. ≒ 접합, 땜질.

용접공 鎔接工 쇠 녹일 용 / 이을 접 / 장인 공 | 금속, 유리, 플라스틱 따위의 접합 부위를 녹여서 서로 잇는 일을 하는 직공.

❷용접 容接 얼굴 용 / 이을 접 | 찾아온 손님을 만나 봄.

용졸하다 庸拙하다 떳떳할 용 / 옹졸할 졸 | 용렬하고 졸렬하다.

용종 龍鐘 용 용(룡) / 쇠북 종 | 용의 무늬를 새긴 종.

용좌 龍座 용 용(룡) / 자리 좌 | 1. 임금이 앉는 자리. 2. 임금이 정무를 볼 때 앉던 평상.

❶용주 龍舟 용 용(룡) / 배 주 | 임금이 타는 배.

❷용주 龍珠 용 용(룡) / 구슬 주 | 여의주.

❸용주 庸主 떳떳할 용 / 임금 주 | 어리석고 변변치 못한 임금.

❹용주 鎔鑄 쇠 녹일 용 / 불릴 주 | 쇠붙이를 녹여 기물을 만든다는 뜻으로, 일을 성취함을 비유.

❶용지 用紙 쓸 용 / 종이 지 | 어떤 일에 쓰는 종이.

❷용지 用地 쓸 용 / 땅 지 | 어떤 일에 쓰기 위한 토지.

❸용지 勇智 날랠 용 / 슬기 지 | 지혜와 용기.

용채 用채 쓸 용 | 용돈.

용처 用處 쓸 용 / 곳 처 | 쓸 곳. 사용할 곳.

용천 湧泉 물 솟을 용 / 샘 천 | 1. 물이 솟아나는 샘. 2. 왕성하게 발생함을 비유.

❶용체 容體 얼굴 용 / 몸 체 | 얼굴 모양과 몸맵시.

❷용체 龍體 용 용(룡) / 몸 체 | 천자나 임금의 몸.

❶용출 湧出 물 솟을 용 / 날 출 | 물이 솟아 나옴.

용출하다 湧出하다 물 솟을 용 / 날 출 | 물이 솟아 나오다. 늑 분출하다.

용출수 湧出水 물 솟을 용 / 날 출 / 물 수 | 밖으로 솟구쳐 나오는 지하수.

❷용출 溶出 녹을 용 / 날 출 | 녹아 나옴.

용출하다 溶出하다 녹을 용 / 날 출 | 녹아 나오다.

용출법 溶出法 녹을 용 / 날 출 / 법 법 | 녹여 내는 방법.

❸용출 聳出 솟을 용 / 날 출 | 우뚝 솟아남.

용출하다 聳出하다 솟을 용 / 날 출 | 우뚝 솟아나다.

용태 容態 얼굴 용 / 모습 태 | 1. 얼굴 모습이나 몸맵시. 2. 병의 상태나 모양.

용퇴 勇退 날랠 용 / 물러날 퇴 | 용기 있게 물러남.

용퇴하다 勇退하다 날랠 용 / 물러날 퇴 | 용기 있게 물러나다.

용트림 龍트림 용 용(룡) | 거드름을 피우며 일부러 크게 힘을 들여 하는 트림.

용틀임 龍틀임 용 용(룡) | 1. 이리저리 비틀거나 꼬면서 움직임. 2. 용의 모양을 틀어 새긴 장식.

용품 用品 쓸 용 / 물건 품 | 쓰이는 물품.

생활용품 生活用品 날 생 / 살 활 / 쓸 용 / 물건 품 | 생활에 필요한 물품.

일회용품 一回用品 한 일 / 돌아올 회 / 쓸 용 / 물건 품 | 한 번만 쓰고 버리도록 되어 있는 물건.

차용품 借用品 빌릴 차 / 쓸 용 / 물건 품 | 빌려 쓴 물건.

용해 溶解 녹을 용 / 풀 해 | 녹거나 녹이는 일.

용해도 溶解度 녹을 용 / 풀 해 / 법도 도 | 녹는 정도. 일정한 온도에서 일정한 양의 용매에 녹을 수 있는 용질의 최대의 양.

용호 龍虎 용 용(룡) / 범 호 | 1. 용과 범. 2. 실력이 비슷한 두 사람의 영웅을 비유.

용호상박 龍虎相搏 용 용(룡) / 범 호 / 서로 상 / 두드릴 박 | 용과 범이 서로 싸운다는 뜻으로, 강자끼리 서로 싸움을 이르는 말.

용화 鎔化 쇠 녹일 용 / 될 화 | 열에 녹아서 모양이 변함.

우각 牛角 소 우 / 뿔 각 | 소의 뿔.

우거 寓居 부칠 우 / 살 거 | 남의 집이나 타향에서 잠시 머물음.

❶우경 牛耕 소 우 / 밭갈 경 | 소로 밭을 갊.

❷우경 右傾 오른쪽 우 / 기울 경 | 1. 오른쪽으로 기울어짐. 2. 우익적인 사상으로 기울어짐.

우경화 右傾化 오른쪽 우 / 기울 경 / 될 화 | 1. 우익적인 사상으로 기울어짐. 2. 보수적인 경향을

띰. ↔ 좌경화.

우익적 右翼的 오른쪽 우 / 날개 익 / 과녁 적 | 보수적이거나 국수적인 성격을 띤.

좌경화 左傾化 왼쪽 좌 / 기울 경 / 될 화 | 1. 좌익적인 사상으로 기울어지게 됨. 2. 진보적. 급진적인 성향을 띤.

좌익적 左翼的 왼쪽 좌 / 날개 익 / 과녁 적 | 급진적이거나 사회주의적·공산주의적인 성질을 띤.

우골 牛骨 소 우 / 뼈 골 | 소의 뼈.

우골탑 牛骨塔 소 우 / 뼈 골 / 탑 탑 | 가난한 농가에서 소를 팔아 마련한 대학생의 등록금으로 세운 건물이라는 뜻으로, '대학'을 속되게 이르는 말.

우공이산 愚公移山 어리석을 우 / 어른 공 / 옮길 이 / 산 산 | 우공이 산을 옮긴다. 어떤 일이든 끊임없이 노력하면 반드시 이루어짐.   ※ 중국에 우공(**愚公**)이라는 노인이 집을 가로막은 산을 옮기려고 하여, 내가 못하면 대를 이어서 산의 흙을 파서 나르겠다고 하자, 이에 감동한 하느님이 산을 옮겨 주었다는 고사에서 유래.

우국 憂國 근심 우 / 나라 국 | 나랏일을 근심하고 염려함.

우국지사 憂國之士 근심 우 / 나라 국 / 갈 지 / 선비 사 | 나랏일을 근심하고 염려하는 사람.

우국충정 憂國衷情 근심 우 / 나라 국 / 속마음 충 / 뜻 정 | 나랏일을 근심하고 충성을 다하는 마음.

우군 友軍 벗 우 / 군사 군 | 자기와 같은 편인 군대. ≒ 아군, 원군.

우기 雨期 비 우 / 기약할 기 | 일 년 중 비가 많이 오는 시기.

우대 優待 넉넉할 우 / 기다릴 대 | 특별하게 잘 대우함.

우도할계 牛刀割鷄 소 우 / 칼 도 / 벨 할 / 닭 계 | 1. 소 잡는 칼로 닭을 잡는다. 작은 일에 어울리지 아니하게 큰 도구를 씀. 2. 지나치게 과장된 표현이나 몸짓 따위를 비유. ※ 참조: 견문발검 (**見蚊拔劍** 모기 보고 칼 뺀다.).

우둔하다 愚鈍하다 어리석을 우 / 둔할 둔 | 어리석고 둔하다.

우등 優等 넉넉할 우 / 무리 등 | 우수한 등급.

우등생 優等生 넉넉할 우 / 무리 등 / 날 생 | 성적이 우수한 학생.

우량 優良 넉할 우 / 어질 량(양) | 물건의 품질이나 상태가 좋음.

우량종 優良種 넉할 우 / 어질 량(양) / 씨 종 | 1. 품질이 우수한 씨앗. 2. 품질이 우수한 종류.

❶**우로 雨露** 비 우 / 이슬 로 | 비와 이슬.

❷**우로 迂路** 에돌 우 / 길 로(노) | 에돌아가는 길.

❸**우로 愚老** 어리석을 우 / 늙을 로(노) | 졸렬한 늙은이라는 뜻으로, 노인이 자기를 낮추어 이르는 일인칭 대명사.

우롱 愚弄 어리석을 우 / 희롱할 롱(농) | 놀리거나 함부로 대함. ≒ 조롱, 야유.

우롱하다 愚弄하다 어리석을 우 / 희롱할 롱(농) | 놀

리거나 함부로 대하다.

우마 牛馬 소 우 / 말 마 | 말과 소.

우마차 牛馬車 소 우 / 말 마 / 수레 차 | 우차와 마차를 통틀어 이르는 말. 늑 달구지.

우매 愚昧 어리석을 우 / 어두울 매 | 어리석고 사리에 어두움.

우매하다 愚昧하다 어리석을 우 / 어두울 매 | 어리석고 사리에 어둡다.

❶우모 羽毛 깃 우 / 터럭 모 | 새의 깃털.

❷우모 牛毛 소 우 / 터럭 모 | 쇠털. 소의 털.

우문 愚問 어리석을 우 / 물을 문 | 어리석은 질문.

우문현답 愚問賢答 어리석을 우 / 물을 문 / 어질 현 / 대답할 답 | 어리석은 질문에 대한 현명한 대답.

우미 優美 넉넉할 우 / 아름다울 미 | 우아하고 아름다움.

우미하다 優美하다 넉넉할 우 / 아름다울 미 | 우아하고 아름답다.

우민 愚民 어리석을 우 / 백성 민 | 어리석은 백성.

우민정책 愚民政策 어리석을 우 / 백성 민 / 정사 정 / 꾀 책 | 지배 계급이 피지배 계급의 정치적 관심이나 비판력을 둔화시킴으로써 맹목적인 충성심을 조성하는 정책.

우민화 愚民化 어리석을 우 / 백성 민 / 될 화 | 1. 어리석은 백성이 됨. 2. 어리석은 백성이 되게 만듦.

우박 雨雹 비 우 / 우박 박 | 큰 물방울들이 공중에서 갑자기 찬 기운을 만나 얼어 떨어지는 얼음덩어리.

우발 偶發 짝 우 / 필 발 | 우연히 발생함.

우발적 偶發的 짝 우 / 필 발 / 과녁 적 | 우연히 일어나는 것.

우방 友邦 벗 우 / 나라 방 | 서로 우호적인 관계를 맺고 있는 나라.

우방국 友邦國 벗 우 / 나라 방 / 나라 국 | 서로 우호적인 관계를 맺고 있는 나라.

우범 虞犯 염려할 우 / 범할 범 | 범죄를 저지를 우려가 있음.

우범지대 虞犯地帶 염려할 우 / 범할 범 / 땅 지 / 띠 대 | 범죄가 일어날 가능성이 높은 지역.

우보 牛步 소 우 / 걸음 보 | 소걸음. 또는 느린 걸음.

❶우부 愚夫 어리석을 우 / 지아비 부 | 어리석은 남자.

❷우부 愚婦 어리석을 우 / 며느리 부 | 어리석은 부녀자.

우비 雨備 비 우 / 갖출 비 | 비를 가리기 위하여 사용하는 물건들. 우산, 비옷, 삿갓, 도롱이 따위.

우사 牛舍 소 우 / 집 사 | 소를 기르는 외양간.

❶우산 雨傘 비 우 / 우산 산 | 비가 올 때에 넓게 펴서 비를 막을 수 있게 만든 물건.

❷우산국 于山國 어조사 우 / 산 산 / 나라 국 | 역사 삼

국 시대에, 울릉도에 있던 나라. 512년에 신라에 멸망하였다.

▶**우상 偶像** 짝 우 / 모양 상 | 1. 나무, 돌, 쇠붙이, 흙 따위로 만든 신이나 사람의 형상. 2. 신처럼 숭배의 대상이 되는 물건이나 사람.

우상화 偶像化 짝 우 / 모양 상 / 될 화 | 우상이 됨. 또는 우상으로 만듦.

우상숭배 偶像崇拜 짝 우 / 모양 상 / 높을 숭 / 절 배 | 신이 아니라 신의 형상을 본뜬 것을 숭배함.

우상파괴 偶像破壞 짝 우 / 모양 상 / 깨뜨릴 파 / 무너질 괴 | 우상을 숭배하는 풍습을 물리치자는 주장과 그 운동.

우상설 偶像說 짝 우 / 모양 상 / 말씀 설 | 〔철학〕 영국의 철학자 베이컨이 주장한 학설. 진정한 인식을 얻기 위하여 타파하지 않으면 안 되는 선입견적으로, 종족의 우상 · 동굴의 우상 · 시장의 우상 · 극장의 우상 등 네 가지를 들고 있다.

▶❶**우생 優生** 넉넉할 우 / 날 생 | 좋은 유전 형질을 보존하여 자손의 자질을 향상시키는 일.

우생학적 優生學的 넉넉할 우 / 날 생 / 배울 학 / 과녁 적 | 우생학에 바탕을 둔 것.

우생유전자 優生遺傳子 넉넉할 우 / 날 생 / 남길 유 / 전할 전 / 아들 자 | 좋은 유전 형질을 나타내는 유전자.

우성형질 優性形質 넉넉할 우 / 성품 성 / 모양 형 / 바탕 질 | 대립 형질을 지닌 양친을 교배했을 때, 잡종 1대에 표현형으로 나타나는 형질

❷**우생 愚生** 어리석을 우 / 날 생 | 어리석은 사람이라는 뜻으로, 자기를 낮추어 이르는 일인칭 대명사.

▶❶**우선 于先** 어조사 우 / 먼저 선 | 1. 어떤 일에 앞서서. 2. 아쉬운 대로.

❷**우선 優先** 넉넉할 우 / 먼저 선 | 다른 것보다 앞서 특별하게 대우함.

우선적 優先的 넉넉할 우 / 먼저 선 / 과녁 적 | 다른 것보다 앞서 특별하게 대우하는.

▶**우세 優勢** 넉넉할 우 / 형세 세 | 형세가 상대보다 나음.

우세하다 優勢하다 넉넉할 우 / 형세 세 | 형세가 상대보다 낫다.

▶**우송 郵送** 우편 우 / 보낼 송 | 우편으로 보냄.

우송하다 郵送하다 우편 우 / 보낼 송 | 우편으로 보내다.

▶❶**우수 雨水** 비 우 / 물 수 | 1. 빗물. 2. 이십사절기의 하나. 입춘과 경칩 사이에 들며, 양력 2월 18일경이 된다.

❷**우수 憂愁** 근심 우 / 근심 수 | 근심과 걱정.

❸**우수 優秀** 넉넉할 우 / 빼어날 수 | 여럿 가운데 뛰어남.

우수하다 優秀하다 넉넉할 우 / 빼어날 수 | 여럿 가운데 뛰어나다.

❹**우수 牛首** 소 우 / 머리 수 | 소의 머리.

❺**우수 偶數** 짝 우 / 셈 수 | 〔수학〕 짝수. 2로 나누어

서 나머지가 0이 되는 수.

❻우수 右手 오른쪽 우 / 손 수 | 오른손.

❼우수마발 牛溲馬勃 소 우 / 반죽할 수 / 말 마 / 노할 발 | 소의 오줌과 말의 똥이라는 뜻으로, 쓸데없는 물건의 비유.

우승하다 優勝하다 넉넉할 우 / 이길 승 | 이기다.

우승자 優勝者 넉넉할 우 / 이길 승 / 사람 자 | 우승한 사람. ≒ 승자, 챔피언.

우시장 牛市場 소 우 / 저자 시 / 마당 장 | 쇠장. 소를 사고파는 시장.

우심하다 尤甚하다 더욱 우 / 심할 심 | 더욱 심하다.

우아하다 優雅하다 뛰어날 우 / 단아할 아 | 고상하고 기품이 있다.

우아미 優雅美 뛰어날 우 / 단아할 아 / 아름다울 미 | 고상하고 기품 있는 아름다움.

우애 友愛 벗 우 / 사랑 애 | 형제나 친구 간의 사랑.

우애롭다 友愛롭다 벗 우 / 사랑 애 | 형제나 친구 간에 사랑이 있다.

우언 寓言 부칠 우 / 말씀 언 | 인격화한 동식물이나 사물을 내세워서 풍자와 교훈의 뜻을 은연중에 나타내는 이야기. ≪이솝 이야기≫ 따위가 여기에 속한다.

우여곡절 迂餘曲折 돌다 우 / 남을 여 / 굽을 곡 / 굽힐 절 | 이리저리 뒤얽혀 복잡해진 사정. ≒ 파란곡절.

우연 偶然 짝, 짝 우 / 그럴 연 | 아무런 인과관계 없이 뜻하지 않게 일어난 일. ↔ 필연(必然).

우연성 偶然性 짝 우 / 그럴 연 / 성품 성 | 인과율에 근거하지 않고 뜻밖에 일어난 것.

우연찮다 偶然찮다 짝 우 / 그럴 연 | 우연하지 아니하다.

❶우열 優劣 넉넉할 우 / 못할 열(렬) | 나음과 못함.

❷우열 愚劣 어리석을 우 / 못할 열(렬) | 어리석고 변변하지 못함.

우열하다 愚劣하다 어리석을 우 / 못할 열(렬) | 어리석고 변변하지 못하다. ≒ 용렬하다.

우왕좌왕 右往左往 오른쪽 우 / 갈 왕 / 왼쪽 좌 | 이리저리 왔다 갔다 하며 방향을 종잡지 못함. ≒ 갈팡지팡.

우울 憂鬱 근심 우 / 답답할 울 | 1. 기분이 맑지 않아 답답함. 2. 근심스러워 활기가 없음.

우울하다 憂鬱하다 근심 우 / 답답할 울 | 근심스럽거나 답답하여 활기가 없다.

우울증 憂鬱症 근심 우 / 답답할 울 / 증세 증 | 기분이 언짢아 답답한 심리 상태

가면 우울증 假面憂鬱症 거짓 가 / 낯 면 / 근심 우 / 답답할 울 / 증세 증 | 증상이 겉으로 드러나지 않는 우울증. 식욕부진, 가슴 두근거림, 피로감 따위의 신체적 증상만 나타난다.

우원하다 迂遠하다 에돌 우 / 멀 원 | 길이 빙 돌아

서 아득히 멀다.

우월 優越 넉넉할 우 / 넘을 월 | 다른 것보다 나음. 늑 우수, 우등./↔ 열등.

우월하다 優越하다 넉넉할 우 / 넘을 월 | 다른 것보다 낫다.

우월감 優越感 넉넉할 우 / 넘을 월 / 느낄 감 | 남보다 낫다고 여기는 생각이나 느낌.

우위 優位 넉넉할 우 / 자리 위 | 남보다 나은 위치나 수준.

❶우유 牛乳 소 우 / 젖 유 | 소의 젖. 살균하여 음료로 마시며, 아이스크림, 버터, 치즈 따위의 원료로 쓴다.

❷우유 優遊/優游 넉넉할 우 / 놀 유 | 하는 일 없이 한가롭고 편안하게 지냄.

우유부단 優柔不斷 넉넉할 우 / 부드러울 유 / 아닐 부 / 끊을 단 | 어물어물 망설이기만 하고 결단성이 없음.

우유자재 優遊自在 넉넉할 우 / 놀 유 / 스스로 자 / 있을 재 | 한가한 속에서 스스로 만족하며 지냄.

우유체 優柔體 넉넉할 우 / 부드러울 유 / 몸 체 | 문장을 부드럽고 우아하고 순하게 표현하는 문체. ↔ 강건체(剛健體).

우육 牛肉 소 우 / 고기 육 | 소의 고기.

우음 偶吟 짝 우 / 읊을 음 | 얼핏 떠오르는 생각을 시가로 읊음.

❶우의 友誼 벗 우 / 정 의 | 친구 사이의 정의. 늑 우애, 우정.

❷우의 雨衣 비 우 / 옷 의 | 비가 올 때 덧입는 옷.

❸우의 羽衣 깃 우 / 옷 의 | 선녀나 신선이 입는다는 날개옷.

❹우의 寓意 부칠 우 / 뜻 의 | 다른 사물에 빗대어 비유적인 뜻을 나타내거나 풍자함.

우의소설 寓意小說 부칠 우 / 뜻 의 / 작을 소 / 말씀 설 | 문학 동식물이나 사물을 의인화하여 쓴 소설. 교훈적이고 풍자적인 성격을 띤다. 〈토끼전〉, 〈장끼전〉, 〈두껍전〉 따위가 있다.

우이 牛耳 소 우 / 귀 이 | 쇠귀.

우이독경 牛耳讀經 소 우 / 귀 이 / 읽을 독 / 경서 경 | 쇠귀에 경 읽기. 아무리 좋은 말을 가르치고 일러 주어도 알아듣지 못함. 늑 우이송경(牛耳誦經), 마이동풍(馬耳東風).

❶우익 羽翼 깃 우 / 날개 익 | 새의 날개.

❷우익 右翼 오른쪽 우 / 날개 익 | 새나 비행기 따위의 오른쪽 날개.

우익적 右翼的 오른쪽 우 / 날개 익 / 과녁 적 | 보수적이거나 국수적인 성격을 띤.

우익 정당 右翼政黨 오른쪽 우 / 날개 익 / 정사 정 / 무리 당 | 보수적이거나 국수적인 정당.

❶우인 愚人 어리석을 우 / 사람 인 | 어리석은 사람.

❷우인 友人 벗 우 / 사람 인 | 벗. 비슷한 또래로서 서로 친하게 사귀는 사람. 늑 친구, 친우, 붕우, 동무.

우장 雨裝 비 우 / 꾸밀 장 | 비를 맞지 않기 위해서 차려입음.

우적 雨滴 비 우 / 물방울 적 | 빗방울.

❶우정 友情 벗 우 / 뜻 정 | 친구 사이의 정. ≒ 우의, 지란지교.

❷우정 郵政 우편 우 / 정사 정 | 우편에 관한 행정.

우주 宇宙 집 우 / 집 주 | 1. 무한한 시간과 만물을 포함하고 있는 끝없는 공간의 총체. 2. 모든 천체를 포함하는 공간.

우주선 宇宙船 집 우 / 집 주 / 배 선 | 우주 공간을 비행하기 위한 비행 물체.

우주선 宇宙線 집 우 / 집 주 / 줄 선 | 우주에서 끊임없이 지구로 내려오는 매우 높은 에너지의 입자선을 통틀어 이르는 말.

우주개벽설 宇宙開闢說 집 우 / 집 주 / 열 개 / 열 벽 / 말씀 설 | 우주의 발생과 발전에 대한 이론.

우주팽창설 宇宙膨脹說 집 우 / 집 주 / 부풀 팽 / 부을 창 / 말씀 설 | 우주가 팽창하고 있다는 학설. 은하계 밖의 성운이 백만 광년마다 초속 20~30km로 은하계에서 멀어져 가고 있다는 관측 사실을 근거로 들었다.

우주항법 宇宙航法 집 우 / 집 주 / 배 항 / 법 법 | 우주 비행에 필요한 기술 체계. 우주선의 자세나 로켓 분사의 제어, 지상 기지와의 통신, 지상의 추적망 따위가 필요하다.

❶우중 愚衆 어리석을 우 / 무리 중 | 어리석은 대중.

❷우중 雨中 비 우 / 가운데 중 | 빗속.

우지 牛脂 소 우 / 기름 지 | 소의 지방 조직에서 얻은 쇠기름.

우직 愚直 어리석을 우 / 곧을 직 | 어리석고 고지식함.

우직하다 愚直하다 어리석을 우 / 곧을 직 | 어리석고 고지식하다.

우천 雨天 비 우 / 하늘 천 | 비 오는 날씨.

우천순연 雨天順延 비 우 / 하늘 천 / 순할 순 / 늘일 연 | 당일에 비가 와서 다음날로 미룸.

우체국 郵遞局 우편 우 / 갈릴 체 / 판 국 | 과학기술정보통신부에 딸려 우편, 우편환, 체신예금, 체신보험 따위를 맡아보는 기관.

우측 右側 오른쪽 우 / 곁 측 | 오른쪽.

우파 右派 오른쪽 우 / 갈래 파 | 1. 우익의 당파. 2. 보수적이거나 온건적 경향을 지닌 파.

❶우편 右便 오른쪽 우 / 편할 편 | 오른편.

❷우편 郵便 우편 우 / 편할 편 | 우편으로 전달되는 서신이나 물품을 통틀어 이르는 말.

우편번호 郵便番號 우편 우 / 편할 편 / 차례 번 / 이름 호 | 우편물을 쉽게 분류하기 위하여 지역마다 매긴 번호. 우리나라에서는 이 제도가 1970년부터 실시되었다.

우편집배 郵便集配 우편 우 / 편할 편 / 모을 집 / 나눌 배 | 우편물을 거두어 모으고, 받을 대상자에게 날라다 주는 일.

우편환 郵便換 우편 우 / 편할 편 / 바꿀 환 | 우체국을 통하여 돈을 부치는 방법. 이에는 소액환, 통상환, 전신환 따위가 있다.

우편사서함 郵便私書函 우편 우 / 편할 편 / 사사 사 / 글 서 / 함 함 | 우체국장의 승인을 받고 비치하는 가입자 전용의 우편함.

우표 郵票 우편 우 / 표 표 | 우편 요금을 낸 표시로 우편물에 붙이는 증표.

우향우 右向右 오른쪽 우 / 향할 향 | 바로 서 있는 상태에서 몸을 오른쪽으로 90도 틀어 돌아서라는 구령.

우현 右舷 오른쪽 우 / 뱃전 현 | 오른쪽 뱃전.

우호 友好 벗 우 / 좋을 호 | 사이가 좋음,

우호적 友好的 벗 우 / 좋을 호 / 과녁 적 | 서로 사이가 좋은.

우호국 友好國 벗 우 / 좋을 호 / 나라 국 | 사이가 좋은 나라.

❶우화 寓話 빗댈 우 / 이야기 화 | 동식물이나 사물을 인격화하여 풍자와 교훈의 뜻을 나타내는 이야기. 〈이솝 이야기〉 따위가 있다.

❷우화 羽化 날개 우 / 될 화 | 1. 번데기가 날개 있는 성충이 됨. 2. 사람의 몸에 날개가 돋아 하늘로 올라가 신선이 됨

우화등선 羽化登仙 날개 우 / 될 화 / 오를 등 / 신선 선 | 사람의 몸에 날개가 돋아 하늘로 올라가 신선이 됨. ≒ 우화(**羽化**).

우환 憂患 근심 우 / 근심 환 | 걱정이나 근심.

우황 牛黃 소 우 / 누를 황 | 소의 쓸개 속에 병으로 생긴 덩어리. 열을 없애고 독을 푸는 작용을 한다고 함.

우황청심환 牛黃淸心丸 소 우 / 누를 황 / 맑을 청 / 마음 심 / 둥글 환 | 우황, 인삼, 산약 따위를 비롯한 30여 가지의 약재로 만든 알약. 중풍, 간질, 경풍 따위에 쓴다.

❶우회 迂廻/迂回 에돌 우 / 돌 회 | 멀리 돌아서 감.

우회하다 迂廻/迂回하다 에돌 우 / 돌 회 | 멀리 돌아서 가다.

우회적 迂廻的/迂回的 에돌 우 / 돌 회 / 과녁 적 | 곧바로 가지 않고 멀리 돌아서 가는. ※ 예시: 우회적 표현.

우회로 迂廻路 에돌 우 / 돌 회 / 길 로 | 1. 곧바로 가지 않고 멀리 돌아서 가는 길. 2. 목표를 향한 가까운 길이 막혔을 때에 취하는 간접적인 문제 해결 방법.

❷우회전 右回轉 오른쪽 우 / 돌아올 회 / 구를 전 | 오른쪽으로 돎.

우후 雨後 비 우 / 뒤 후 | 비가 온 뒤.

우후죽순 雨後竹筍 비 우 / 뒤 후 / 대 죽 / 죽순 순 | 비가 온 뒤에 여기저기 솟는 죽순이라는 뜻으로, 어떤 일이 한때에 많이 생겨남을 비유.

욱일 旭日 아침 해 욱 / 날 일 | 아침에 떠오르는 밝은 해.

운 運 옮길 운 | 1. 이미 정해져 있어 인간의 힘으로는 어쩔 수 없는 천운. 2. 어떤 일이 잘 이루

어지는 운수. ≒ 명운, 운수, 운명.

운각 雲閣 구름 운 / 집 각 | 구름무늬가 있는 널빤지를 궁전의 천장 밑에 돌려 붙인 장식

운교 雲橋 구름 운 / 다리 교 | 도로나 계곡을 건너질러 공중에 걸처 놓은 구름다리.

◀ **운동 運動** 옮길 운 / 움직일 동 | 사람이 몸을 단련하거나 건강을 위하여 몸을 움직이는 일.

운동량 運動量 옮길 운 / 움직일 동 / 헤아릴 량(양) | 1. 운동하는 데 드는 힘의 양. 2. 물리 운동하는 물체의 질량과 속도의 곱으로 나타내는 물리량. 외부의 힘이 작용되지 않는 한, 물체가 가지는 운동량의 합은 일정불변하다.

운동법칙 運動法則 옮길 운 / 움직일 동 / 법 법 / 법칙 칙 | 물리 물체의 운동에 대한 역학적 기본 법칙. 고전 역학의 기초인 뉴턴의 운동의 3법칙을 가리킨다. 제1법칙은 관성의 법칙, 제2법칙은 가속도의 법칙, 제3법칙은 작용 반작용의 법칙이다.

운동시차 運動視差 옮길 운 / 움직일 동 / 볼 시 / 다를 차 | 탈것을 타고 달리며 밖을 바라볼 때에, 멀리 있는 것은 그대로 있고 가까이 있는 것만 빠르게 뒤로 움직이는 것처럼 느껴지는 현상.

운동 잔상 運動殘像 옮길 운 / 움직일 동 / 잔인할 잔 / 모양 상 | 움직이는 대상을 바라보다가 갑자기 정지한 대상을 보았을 때에, 정지한 대상이 앞서 본 것과 반대 방향으로 움직이는 것처럼 보이는 현상.

◀ **운룡 雲龍** 구름 운 / 용 룡(용) | 1. 구름을 타고 하늘로 오르는 용이라는 뜻으로, 천자나 왕후 · 영웅을 이르는 말. 2. 구름과 용의 무늬.

운룡풍호 雲龍風虎 구름 운 / 용 룡(용) / 바람 풍 / 범 호 | 구름을 타고 하늘로 오르는 용과 바람을 타고 달리는 범이라는 뜻으로, 의기와 기질이 서로 잘 맞음을 비유.

◀ ❶**운명 運命** 옮길 운 / 목숨 명 | 인간을 포함한 모든 것을 지배하는 초인간적인 힘

운명론자 運命論者 옮길 운 / 목숨 명 / 논할 론(논) / 사람 자 | 운명론을 믿거나 주장하는 사람.

운명애 運命愛 옮길 운 / 목숨 명 / 사랑 애 | 철학 니체 철학에서, 운명을 긍정하고 받아들일 뿐 아니라 적극적으로 사랑하는 일. 니체는 이로써 높은 존재의 진리에 도달할 수 있다고 하였다.

❷**운명 殞命** 죽을 운 / 목숨 명 | 사람의 목숨이 끊어짐.

운모 雲母 구름 운 / 어머니 모 | 돌비늘. 육각 모양을 띠며 얇은 조각으로 잘 갈라지는 성질이 있다.

운무 雲霧 구름 운 / 안개 무 | 구름과 안개.

❶**운문 雲紋** 구름 운 / 무늬 문 | 구름무늬.

❷**운문 韻文** 소리 운 / 글월 문 | 언어의 배열에 일정한 운율이 있는 글. 시의 형식. ↔ 산문(散文).

운율 韻律 소리 운 / 법칙 율 | 시문의 음성적 형식. 음의 강약, 장단, 고저 또는 동음이나 유음의 반복으로 이루어지며, 시에 음악적 효과를 준다. 운율의 종류에는 음성률(音聲律), 음수율(音數律), 음위율(音位律)이 있다.

운반 運搬 옮길 운 / 옮길 반 | 물건 따위를 옮겨 나름.

운반하다 運搬하다 옮길 운 / 옮길 반 | 물건 따위를 옮겨 나르다.

운석 隕石 떨어질 운 / 돌 석 | 별똥별.

운세 運勢 옮길 운 / 형세 세 | 운명이나 운수가 닥쳐오는 기세.

운송 運送 옮길 운 / 보낼 송 | 실어 보냄.

운송업자 運送業者 옮길 운 / 보낼 송 / 업 업 / 사람 자 | 운임이나 수수료를 받고 사람이나 물건을 실어 나르는 일을 직업으로 하는 사람.

❶운수 運輸 옮길 운 / 보낼 수 | 나르는 일.

운수업 運輸業 옮길 운 / 보낼 수 / 업 업 | 큰 규모로 사람이나 물건을 실어 나르는 영업.

❷운수 運數 옮길 운 / 셈 수 | 타고난 운명.

운수대통 運數大通 옮길 운 / 셈 수 / 클 대 / 통할 통 | 인간의 능력을 초월하는 천운이 크게 트여 이루어짐.

운수소관 運數所關 옮길 운 / 셈 수 / 바 소 / 관계할 관 | 모든 일이 운수에 달려 있어 사람의 힘으로는 어찌할 수 없음.

❸운수 雲水 구름 운 / 물 수 | 1. 구름과 물. 2. 떠가는 구름이나 흐르는 물같이 정처 없음. 3. 탁발하는 승려.

운수납자 雲水衲子 구름 운 / 물 수 / 기울 납 / 아들 자 | 여러 곳으로 스승을 찾아 도를 묻기 위하여 돌아다니는 승려를 비유함.

운신 運身 옮길 운 / 몸 신 | 몸을 움직임.

운신하다 運身하다 옮길 운 / 몸 신 | 몸을 움직이다.

운영 運營 옮길 운 / 경영할 영 | 일을 조직적으로 해나감.

운영하다 運營하다 옮길 운 / 경영할 영 | 일을 조직적으로 해나가다.

운용 運用 옮길 운 / 쓸 용 | 무엇을 움직이게 하거나 부리어 씀.

운용하다 運用하다 옮길 운 / 쓸 용 | 무엇을 움직이게 하거나 부리어 쓰다.

운우 雲雨 구름 운 / 비 우 | 1. 구름과 비. 2. 두터운 혜택이나 덕택을 비유.

운운 云云 이를 운 | 글이나 말을 인용하거나 생략할 때에, 이러이러하다고 말함의 뜻으로 쓰는 말.

운율 韻律 운 운 / 법칙 율(률) | 시문의 음성적 형식. 음의 강약, 장단, 고저 또는 동음이나 유음의 반복으로 이루어진다. ≒ 리듬, 율격, 율.

운위 云謂 이를 운 / 이를 위 | 일러 말함.

운위하다 云謂하다 이를 운 / 이를 위 | 일러 말하다.

운임 運賃 옮길 운 / 품삯 임 | 짐삯.

운전 運轉 옮길 운 / 구를 전 | 1. 기계나 자동차 따위를 움직여 부림. 2. 사업이나 자본 따위를 조

절하여 움직임. 늑 운행.

운전자 運轉者 옮길 운 / 구를 전 / 사람 자 | 자동차를 운전하는 사람.

운전자금 運轉資金 옮길 운 / 구를 전 / 재물 자 / 금 금 | 기업체에서 생산 활동에 필요한 재료비, 인건비 따위의 지급에 쓰는 돈.

운종가 雲從街 구름 운 / 좇을 종 / 거리 가 | 역사 조선 시대에, 서울의 종로 네거리를 중심으로 한 곳. 육주비전이 있었다.

운종룡풍종호 雲從龍風從虎 구름 운 / 좇을 종 / 용 룡(용) / 바람 풍 // 범 호 | 용 가는 데 구름 가고 범 가는 데 바람 간다는 뜻으로, 뜻과 마음이 맞는 사람끼리 서로 좇음을 이르는 말.

운지법 運指法 옮길 운 / 가리킬 지 / 법 법 | 악기를 연주할 때에 손가락을 쓰는 방법.

운집 雲集 구름 운 / 모을 집 | 구름처럼 모인다는 뜻으로, 많은 사람이 모여듦.

운집하다 雲集하다 구름 운 / 모을 집 | 많은 사람이 모여들다.

운치 韻致 운 운 / 이를 치 | 1. 고상하고 우아한 멋. 2. 그윽한 멋.

운필 運筆 옮길 운 / 붓 필 | 글씨를 쓰거나 그림을 그리기 위하여 붓을 움직임.

❶운하 雲霞 구름 운 / 노을 하 | 1. 구름과 안개, 또는 구름과 노을. 2. '봄'을 달리 이르는 말.

❷운하 運河 옮길 운 / 물 하 | 배의 운항을 위하여 육지에 파 놓은 물길. 늑 수로.

운하세 運河稅 옮길 운 / 물 하 / 세금 세 | 운하를 통과하거나 이용하는 데 대한 세금.

운학문 雲鶴紋 구름 운 / 학 학 / 무늬 문 | 구름과 학을 그린 무늬.

운항 運航 옮길 운 / 배 항 | 배나 비행기가 정해진 항로를 오고 감.

운행 運行 옮길 운 / 다닐 행 | 1. 정해진 길을 따라 운전하여 다님. 2. 천체가 궤도를 따라 움직이는 일.

운휴 運休 옮길 운 / 쉴 휴 | 운전을 멈춤.

울분 鬱憤 답답할 울 / 분할 분 | 답답하고 분함. 늑 분심, 울화.

울울하다 鬱鬱하다 답답할 울 | 1. 답답하다. 2. 빽빽하다.

울울창창하다 鬱鬱蒼蒼하다 답답할 울 / 푸를 창 | 나무가 빽빽하고 푸르게 우거져 있다.

울창하다 鬱蒼하다 답답할 울 / 푸를 창 | 나무가 빽빽하고 푸르게 우거져 있다. 늑 무성하다, 우거지다.

울적하다 鬱寂하다 답답할 울 / 고요할 적 | 마음이 답답하고 쓸쓸하다.

울창술 鬱鬯술 답답할 울 / 울창주 창 | 울금향을 넣어서 빚은 향기로운 술. 제사의 강신주로 쓰인다.

울혈 鬱血 답답할 울 / 피 혈 | 몸의 어떤 조직에 정맥의 피가 몰려 있는 증상

울화 鬱火 답답할 울 / 불 화 | 마음속이 답답하여 일어나는 화.

울화통 鬱火통 답답할 울 / 불 화 | 마음속에 쌓인 화를 속되게 이르는 말.

웅담 熊膽 곰 웅 / 쓸개 담 | 곰의 쓸개.

웅대 雄大 수컷 웅 / 클 대 | 웅장하게 큼.

웅대하다 雄大하다 수컷 웅 / 클 대 | 웅장하게 크다.

❶웅도 雄圖 수컷 웅 / 그림 도 | 웅대한 계획.

❷웅도 雄途 수컷 웅 / 길 도 | 큰일이나 여행을 위한 장한 출발.

❸웅도 雄都 수컷 웅 / 도읍 도 | 웅장하게 큰 도시.

웅변 雄辯 수컷 웅 / 말씀 변 | 조리가 있고 유창하고 당당하게 말함

웅비 雄飛 수컷 웅 / 날 비 | 기운차고 용기 있게 활동함.

웅비하다 雄飛하다 수컷 웅 / 날 비 | 기운차고 용기 있게 활동하다.

❶웅자 雄雌 수컷 웅 / 암컷 자 | 암컷과 수컷.

❷웅자 雄姿 수컷 웅 / 모양 자 | 웅장한 모습.

웅지 雄志 수컷 웅 / 뜻 지 | 웅장한 뜻.

웅장 雄壯 수컷 웅 / 장할 장 | 규모가 크고 성대함.

웅장하다 雄壯하다 수컷 웅 / 장할 장 | 규모가 크고 성대하다. ≒ 웅혼하다, 으리으리하다.

웅혼하다 雄渾하다 수컷 웅 / 흐릴 혼 | 기운 따위가 웅장하고 막힘이 없다.

❶원가 原價 근원 원 / 값 가 | 본값. 상품의 제조, 판매, 배급 따위에 든 재화와 용역을 계산한 가격.

❷원가 怨歌 원망할 원 / 노래 가 | 문학 원망하는 노래. 신라 효성왕 때 신충(信忠)이 지은 향가. 옛정을 저버린 임금을 원망하는 내용으로, ≪삼국유사≫에 실려 있다.

원거리 遠距離 멀 원 / 상거할 거 / 떠날 리(이) | 먼 거리.

원격 遠隔 멀 원 / 사이뜰 격 | 멀리 떨어져 있음.

원격조정 遠隔調整 멀 원 / 사이 뜰 격 / 고를 조 / 가지런할 정 | 먼 곳에서 신호를 보내서 기계 장치를 조종하는 일. 공기압이나 유압을 사용하는 기계적 방법과 유·무선에 의한 전기적 방법이 있다.

원경 遠景 멀 원 / 볕 경 | 멀리 보이는 경치. ↔ 근경.

❶원고 原告 근원 원 / 고할 고 | 법률 법원에 민사소송을 제기한 사람.

❷원고 原稿 근원 원 / 볏짚 고 | 인쇄하거나 발표하기 위하여 쓴 글이나 그림.

원고지 原稿紙 근원 원 / 볏짚 고 / 종이 지 | 원고를 쓰는 종이.

원광 圓光 둥글 원 / 빛 광 | 둥근 빛.

원교 遠郊 멀 원 / 들 교 | 멀리 떨어진 교외.

원교농업 遠郊農業 멀 원 / 들 교 / 농사 농 / 업 업 | 도시에 내다 팔기 위하여 멀리 떨어진 곳에서 채소, 과일 따위를 재배하는 농업.

원구단 圓丘壇 둥글 원 / 언덕 구 / 단 단 | 천자가 동지에 제사를 지내던 곳.

원군 援軍 도울 원 / 군사 군 | 도와주는 군대.

원근 遠近 멀 원 / 가까울 근 | 멀고 가까움.

원근법 遠近法 멀 원 / 가까울 근 / 법 법 | 멀고 가까움을 느낄 수 있도록 평면 위에 표현하는 방법.

▶**원기 元氣** 으뜸 원 / 기운 기 | 본디 타고난 기운.

원기둥 圓기둥 둥글 원 | 밑면이 원인 기둥 모양의 입체.

❶**원납 願納** 원할 원 / 들일 납 | 재물을 스스로 원하여 바침.

❷**원납전 願納錢** 원할 원 / 들일 납 / 돈 전 | 1. 스스로 원하여 바치는 돈. 2. 역사 조선 말기에, 대원군이 임진왜란 때 타버린 경복궁 중수를 위하여 백성들로부터 거두어들였던 기부금.

▶❶**원내 園內** 동산 원 / 안 내 | 1. 정원의 안. 2. 동물원, 식물원, 유치원 따위와 같이 '원'자가 붙은 곳의 안.

❷**원내 院內** 집 원 / 안 내 | 병원, 연구원, 고아원 따위와 같이 '원' 자가 붙은 기관의 안. ↔ 원외.

원내 교섭 단체 院內交涉團體 집 원 / 안 내 / 사귈 교 / 건널 섭 / 둥글 단 / 몸 체 | 국회에서, 단체 교섭회에 참가하여 중요한 안건을 협의하기 위하

여 의원들이 구성하는 단체.

❸**원내 員內** 인원 원 / 안 내 | 인원의 안.

❹**원내 圓內** 둥글 원 / 안 내 | 동그라미의 안.

원년 元年 으뜸 원 / 해 년(연) | 1. 임금이 즉위한 해. 2. 나라를 세운 해. 3. 연호(年號)를 정한 첫해.

원념 怨念 원망할 원 / 생각 념(염) | 원망스러운 마음.

▶❶**원단 元旦** 으뜸 원 / 아침 단 | 설날 아침. ≒ 정조(正朝).

❷**원단 原緞** 근원 원 / 비단 단 | 가공하지 않은 천.

▶**원대 遠大** 멀 원 / 클 대 | 규모가 큼.

원대하다 遠大하다 멀 원 / 클 대 | 규모가 크다.

❶**원동 原動** 근원 원 / 움직일 동 | 움직임을 일으키는 근본.

원동력 原動力 근원 원 / 움직일 동 / 힘 력 | 움직임을 일으키는 근본이 되는 힘.

❷**원동 遠東** 멀 원 / 동녘 동 | 서구 유럽의 관점에서 동아시아를 이르는 말. 한국, 중국, 일본, 대만 따위가 여기에 속한다.

중근동 中近東 가운데 중 / 가까울 근 / 동녘 동 | 서구유럽의 관점에서, 중동과 근동을 아울러 이르는 말. 리비아에서 아프가니스탄까지의 북아프리카와 서아시아를 가리킨다.

▶❶**원두 原豆** 근원 원 / 콩 두 | 가공하기 전의 커피의 열매. 또는 커피콩을 말려서 볶은 것. 원두커피

의 원료이다.

❷원두 園頭 동산 원 / 머리 두 | 밭에 심어 기르는 둥근 모양의 오이, 참외, 수박, 호박 따위를 이르는 말.

원두밭 園頭밭 동산 원 / 머리 두 | 오이, 참외, 수박, 호박 따위를 심은 밭.

원두막 園頭幕 동산 원 / 머리 두 / 장막 막 | 원두밭을 지키기 위하여 지은 막.

원래 元來/原來 으뜸 원 / 올 래(내) | 사물이 전해 내려온 처음.

원려 遠慮 멀 원 / 생각할 려(여) | 앞으로 있을 일에 대한 생각.

원력 原力 근원 원 / 힘 력(역) | 본디부터 가지고 있는 기운.

❶원로 元老 으뜸 원 / 늙을 로(노) | 1. 한 가지 일에 오래 종사하여 경험과 공로가 많은 사람. 2. 예전에, 나이나 벼슬, 덕망이 높은 사람.

원로대신 元老大臣 으뜸 원 / 늙을 로(노) / 클 대 / 신하 신 | 예전에, 나이가 많고 덕망이 높은 벼슬아치를 이르던 말.

원로원 元老院 으뜸 원 / 늙을 로(노) / 집 원 | 1. 역사 고대 로마의 최고 정치기관. 공화정 시대에는 거의 귀족이 차지하여 실질적인 정치를 지배했으나 3세기 이후 그 힘이 약해졌다. 2. 공화국에 있어서 '상원'의 다른 이름.

❷원로 遠路 멀 원 / 길 로(노) | 먼 길.

원론 原論 근원 원 / 논할 론(논) | 근본이 되는 이론.

원료 原料 근원 원 / 헤아릴 료(요) | 어떤 물건을 만드는 데 들어가는 본디 재료.

원료비 原料費 근원 원 / 헤아릴 료(요) / 쓸 비 | 원료를 사들이는 데 쓰는 비용.

원루 冤淚 원통할 원 / 눈물 루(누) | 원통하여 흘리는 눈물.

원류 源流 근원 원 / 흐를 류(유) | 1. 강이나 내의 본줄기. 2. 사물이나 현상의 본래 바탕. 3. 주가 되는 유파(流派). ≒ 수원, 기원, 연원.

원리 原理 근원 원 / 이치 리 | 1. 사물의 근본이 되는 이치. 2. 행위의 규범. 3. 철학 일체 진리의 기초. 즉 설명이나 판단의 근거가 되는 진리.

❶원림 原林 근원 원 / 수풀 림(임) | 원시림. 사람의 손이 가지 않은 자연 그대로의 산림.

❷원림 園林 동산 원 / 수풀 림(임) | 1. 집터에 딸린 숲. 2. 정원이나 공원의 숲.

원만하다 圓滿하다 둥글 원 / 찰 만 | 1. 성격이 부드럽고 너그럽다. 2. 일의 진행이 순조롭다.

❶원망 怨望 원망할 원 / 바랄 망 | 못마땅하게 여겨 탓하거나 불평을 품고 미워함. ≒ 불평, 탓, 지청구.

원망하다 怨望하다 원망할 원 / 바랄 망 | 못마땅하게 여겨 탓하거나 불평을 품고 미워하다.

원망스럽다 怨望스럽다 원망할 원 / 바랄 망 | 못마땅하게 여겨 탓하거나 미워하고 싶은 마음이 있다.

❷**원망 願望** 원할 원 / 바랄 망 | 원하고 바람.

원망하다 願望하다 원할 원 / 바랄 망 | 원하고 바라다.

❶**원매자 願買者** 원할 원 / 살 매 / 사람 자 | 사려는 사람.

❷**원매자 願賣者** 원할 원 / 팔 매 / 사람 자 | 팔려는 사람.

원모 遠謀 멀 원 / 꾀 모 | 원대하게 계획함.

원목 原木 근원 원 / 나무 목 | 베어 낸 그대로 아직 가공하지 않은 나무.

❶**원무 圓舞** 둥글 원 / 춤출 무 | 여럿이 둥글게 서서 추거나 돌면서 추는 춤. ≒ 윤무.

❷**원무 元舞** 으뜸 원 / 춤출 무 | 여러 사람이 춤을 출 때 주동이 되어 추는 춤.

원문 原文 근원 원 / 글월 문 | 베끼거나 번역하거나 퇴고한 글에 대한 본래의 글.

원민 怨民 원망할 원 / 백성 민 | 원한을 품은 백성.

원반 圓盤 둥글 원 / 소반 반 | 둥글 넙적하게 생긴 물건.

❶**원방 遠方** 멀 원 / 모 방 | 먼 지방.

❷**원방 遠邦** 멀 원 / 나라 방 | 먼 나라.

원병 援兵 도울 원 / 병사 병 | 전투에서 자기편을 도와주는 군대. ≒ 구원병, 지원군.

원본 原本 근원 원 / 근본 본 | 1. 여러 차례 간행된 책에서 맨 처음 간행된 책. 2. 개정, 번역 따위

를 하기 전 본디의 서류나 책.

원부 怨婦 원망할 원 / 며느리 부 | 원한을 품은 부녀.

❶**원사 原絲** 근원 원 / 실 사 | 직물의 원료가 되는 실.

❷**원사 怨辭** 원망할 원 / 말씀 사 | 원망하는 말.

❸**원사 園舍** 동산 원 / 집 사 | 유치원, 학원 따위와 같이 '원(園)' 자가 붙은 곳의 건물.

원산 原産 근원 원 / 낳을 산 | 어떤 고장에서 처음으로 생산되거나 자라남.

원산지 原産地 근원 원 / 낳을 산 / 땅 지 | 물건의 본디 생산지.

원삼 圓衫 둥글 원 / 적삼 삼 | 부녀 예복의 하나. 비단이나 명주로 지으며 연두색 길에 자주색 깃과 색동 소매를 달고 옆을 튼 것으로, 신부나 궁중에서 내명부들이 입었다.

❶**원상 圓床** 둥글 원 / 평상 상 | 둥글게 생긴 상.

❷**원상 原象** 근원 원 / 코끼리 상 | 본디의 형상이나 모습. ≒ 원형.

원색 原色 근원 원 / 빛 색 | 1. 본디의 빛깔. 2. 현란한 빛깔.

원색적 原色的 근원 원 / 빛 색 / 과녁 적 | 1. 강렬한 색의. 2. 비난이나 표현 따위가 노골적인. ※ 예시: 원색적 비난.

❶**원서 願書** 원할 원 / 글 서 | 지원하거나 청원하는 서류.

❷**원서 原書** 근원 원 / 글 서 | 베끼거나 번역한 책에 대하여 본디의 책.

원석 原石 근원 원 / 돌 석 | 가공하지 않은 그대로의 광석.

원성 怨聲 원망할 원 / 소리 성 | 원망하는 소리.

❶**원소 元素** 으뜸 원 / 본디 소 | 1. 집합을 이루는 낱낱의 요소. 2. 만물의 본 바탕. ≒ 요소.

❷**원소 冤訴** 원통할 원 / 호소할 소 | 억울함을 호소함.

원손 元孫 으뜸 원 / 손자 손 | 왕세자의 맏아들.

❶**원수 元首** 으뜸 원 / 머리 수 | 나라에서 으뜸가는 권력을 지닌 국가수반. 공화국에서는 대통령을, 군주국에서는 군주를 이른다. ≒ 국가원수.

❷**원수 元帥** 으뜸 원 / 장수 수 | 장성 계급의 하나. 대장의 위로 가장 높은 계급이다. 우리나라에는 아직 원수 계급이 없었다.

❸**원수 怨讐** 원망할 원 / 원수 수 | 자기에게 해를 끼쳐 원한이 맺히게 한 사람.

원수 갚다 怨讐갚다 원망할 원 / 원수 수 | 원한이 맺힌 것을 복수하여 갚다.

원수지다 怨讐지다 원망할 원 / 원수 수 | 서로 원한이 맺힌 사이가 되다.

원숙 圓熟 둥글 원 / 익을 숙 | 무르익음.

원숙하다 圓熟하다 둥글 원 / 익을 숙 | 무르익다.

❶**원시 原始/元始** 근원 원 / 비로소 시 | 1. 시작하는 처음. 2. 처음 시작한 그대로 아직 발달하지 않은 상태. ≒ 원초.

원시림 原始林 근원 원 / 비로소 시 / 수풀 림(임) | 사람의 손이 가지 않은 자연 그대로의 삼림.

원시시대 原始時代 근원 원 / 비로소 시 / 때 시 / 대신할 대 | 문화가 아직 발달하지 못한, 역사 이전의 시대.

원시사회 原始社會 근원 원 / 비로소 시 / 모일 사 / 모일 회 | 1. 원시시대의 사회. 2. 문명 세계에서 떨어져서 원시적인 생활을 그대로 유지하는 부족사회.

원시공동체 原始共同體 근원 원 / 비로소 시 / 한가지 공 / 한가지 동 / 몸 체 | 원시 공산제를 토대로 하는 공동체. 혈연적 유대를 기초로 성립하며, 공동생산 · 공동분배 · 공동소비를 하는 사회.

❷**원시 遠視** 멀 원 / 볼 시 | 멀리 바라봄.

원시안 遠視眼 멀 원 / 볼 시 / 눈 안 | 멀리 있는 물체는 보이나, 가까이 있는 것은 잘 볼 수 없는 눈.

원심 遠心 멀 원 / 마음 심 | 중심에서 멀어지려는 현상. ↔ 구심.

원심력 遠心力 멀 원 / 마음 심 / 힘 력 | 물리 물체가 원운동을 할 때, 중심에서 바깥쪽으로 멀어지려는 힘

원안 原案 근원 원 / 책상안 | 본안.

원앙금침 鴛鴦衾枕 원앙 원 / 원앙 앙 / 이불 금 / 베개 침 | 원앙을 수놓은 이불과 베개.

원액 原液 근원 원 / 진액 | 묽게 하거나 가공하지 않은, 본디의 액체.

원양 遠洋 멀 원 / 큰 바다 양 | 난바다. 육지에서 멀리 떨어진 바다.

원양어업 遠洋漁業 멀 원 / 큰 바다 양 / 물고기 어 / 업 업 | 먼 바다에서 장기간에 걸쳐 고기를 잡는 어업

원예 園藝 동산 원 / 재주 예 | 채소, 과일, 화초 따위를 심어서 가꾸는 일.

❶**원외 員外** 인원 원 / 바깥 외 | 정원의 밖. 또는 일정한 수의 밖.

❷**원외 圓外** 둥글 원 / 바깥 외 | 동그라미의 밖.

❸**원외 院外** 집 원 / 바깥 외 | 고아원, 병원, 연구원 따위의 '원(院)' 자가 붙은 기관이나 국회의 외부.

원외 투쟁 院外鬪爭 집 원 / 바깥 외 / 싸울 투 / 다툴 쟁 | 국회 밖에서 하는 정치 투쟁. 시위나 청원 따위가 있다.

원용 援用 도울 원 / 쓸 용 | 1.자기의 주장이나 학설을 세우기 위하여, 문헌이나 관례 따위를 끌어다 씀. 2. 자기의 이익을 위하여 어떤 특정한 사실을 다른 데서 끌어다가 주장하는 일. 늑인용.

원운동 圓運動 둥글 원 / 옮길 운 / 움직일 동 | 물체가 원둘레를 따라서 도는 운동.

❶**원유 原油** 근원 원 / 기름 유 | 아직 정제하지 않은 기름.

❷**원유회 園遊會** 동산 원 / 놀 유 / 모일 회 | 여러 사람이 산이나 들 또는 정원에 나가서 노는 모임.

원융 圓融 둥글 원 / 녹을 융 | 한데 통하여 막히는 데가 없음.

원융하다 圓融하다 둥글 원 / 녹을 융 | 한데 통하여 막히는 데가 없다.

원음 原音 근원 원 / 소리 음 | 글자 본디의 소리.

원의 原意/原義 근원 원 / 뜻 의 | 1. 본디의 생각. 2. 본디의 뜻.

❶**원인 原因** 근근원 원 / 원인 인 | 어떤 현상을 일으키게 하는 근본이 된 일이나 사건.

❷**원인 猿人** 원숭이 원 / 사람 인 | 100~300만 년 이전에 생존하였던 가장 오래되고 원시적인 화석 인류를 통틀어 이르는 말. 아프리카의 오스트랄로피테쿠스는 머리뼈와 치아의 모습이 현생 인류와 가까우며 직립 보행을 하였다.

❸**원인 原人** 근원 원 / 사람 인 | 40~50만 년 전의 제2간빙기에 살았던 것으로 추정되는 화석 원시인류. 인류가 진화한 제2단계로 원인(猿人)의 다음 단계이며, 자바 원인과 베이징 원인이 있다.

❶**원자 元子** 으뜸 원 / 아들 자 | 아직 왕세자에 책봉되지 않은 임금의 맏아들.

❷**원자 原子** 근원 원 / 아들 자 | 물질의 기본적 구성 단위. 하나의 핵과 이를 둘러싼 여러 개의 전자로 구성되어 있고, 한 개 또는 여러 개가 모여 분자를 이룬다.

원자력 原子力 근원 원 / 아들 자 / 힘 력 | 원자핵의

붕괴나 핵반응을 일으킬 때 방출되는 에너지가 지속적으로 연쇄 반응을 일으켜 동력 자원으로 쓰이는 원자핵에너지.

원작 原作 근원 원 / 지을 작 | 본디의 저작이나 제작.

원장 院長 집 원 / 길 장 | '원(院)' 자가 붙은 시설이나 기관의 우두머리.

원저 原著 근원 원 / 나타날 저 | 번역하거나 번안한 것의 근본이 되는 저작.

원전 原典 근원 원 / 책 전 | 기준이 되는 본디의 고전.

원전비평 原典批評 근원 원 / 법 전 / 비평할 비 / 평할 평 | 고전 작품이나 문헌에서 여러 가지 문서나 책이 있는 경우, 서로 틀리고 맞는 부분을 비판하고 연구하여 올바른 본문을 정하는 일.

❶원점 原點 근원 원 / 점 점 | 1. 시작이 되는 출발점. 2. 좌표를 정할 때에 기준이 되는 점.

❷원점 圓點 둥글 원 / 점 점 | 둥근 점.

원정 遠征 멀 원 / 칠 정 | 먼 곳으로 싸우러 나감.

원정대 遠征隊 멀 원 / 칠 정 / 무리 대 | 원정을 갈 목적으로 조직된 무리.

원제 原題 근원 원 / 제목 제 | 본디의 제목.

❶원조 元祖 으뜸 원 / 할아버지 조 | 1. 첫 대의 조상. 2. 어떤 일을 처음으로 시작한 사람. 3. 최초 시작으로 인정되는 사물이나 물건. ≒ 개조, 비조, 시조.

❷원조 元朝 으뜸 원 / 아침 조 | 설날 아침.

❸원조 援助 도울 원 / 도울 조 | 물품이나 돈 따위로 도와줌. ≒ 구호, 지원.

원조하다 援助하다 도울 원 / 도울 조 | 물품이나 돈 따위로 도와주다.

원족 遠足 멀 원 / 발 족 | 소풍.

원종공신 原從功臣 근원 원 / 좇을 종 / 공 공 / 신하 신 | 〔역사〕 공신 이외의 작은 공을 세운 사람에게 주던 공신 칭호.

원죄 原罪 근원 원 / 허물 죄 | 〔종교〕 기독교에서 인류의 시조인 아담과 하와가 선악과를 따 먹은 죄 때문에 모든 인간이 날 때부터 가지고 있다는 죄.

원주 圓柱 둥글 원 / 기둥 주 | 원기둥.

원주면 圓柱面 둥글 원 / 기둥 주 / 낯 면 | 원기둥 곡면.

원지름 圓지름 둥글 원 | 원의 지름.

원주율 圓周率 둥글 원 / 두루 주 / 비율 율(률) | 원둘레와 지름의 비. 약 3.14:1이며 기호는 π.

원주민 原住民 근원 원 / 살 주 / 백성 민 | 본디부터 살고 있는 사람들.

❶원지 園池 동산 원 / 못 지 | 1. 정원과 못. 2. 정원 안에 있는 못.

❷원지 圓池 둥글 원 / 못 지 | 둥근 못.

원찰 願刹 원할 원 / 절 찰 | 〔불교〕 죽은 사람의 명복을 빌던 법당. 궁중에 둔 것은 내불당 또는 내원

당이라 하였다.

▶

원천 源泉 근원 원 / 샘 천 | 1. 물이 흘러나오는 근원. 2. 사물의 근원.

원천과세 源泉課稅 근원 원 / 샘 천 / 공부할 과 / 세금 세 | 세금을 소득자에게 부과하지 않고, 소득을 지급하는 곳에서 직접 부과하는 방법.

▶

원초 原初 근원 원 / 처음 초 | 일이나 현상이 비롯하는 맨 처음.

원초적 原初的 근원 원 / 처음 초 / 과녁 적 | 일이나 현상이 비롯하는 맨 처음이 되는.

▶

❶원촌 遠村 멀 원 / 마을 촌 | 멀리 떨어져 있는 마을.

❷원촌 圓村 둥글 원 / 마을 촌 | 중앙에 광장 또는 목초지가 있고 그 주위에 가옥이 둥글게 둘러싸고 있는 촌락.

❸원촌 遠寸 멀 원 / 마디 촌 | 먼 촌수.

▶

원추 圓錐 둥글 원 / 송곳 추 | 원뿔.

원추형 圓錐形 둥글 원 / 송곳 추 / 모양 형 | 원뿔형.

▶

원칙 原則 근원 원 / 법칙 칙 | 기본적인 규칙이나 법칙.

원칙적 原則的 근원 원 / 법칙 칙 / 과녁 적 | 원칙이 있거나 원칙에 따르는.

원탁 圓卓 둥글 원 / 높을 탁 | 둥근 탁자.

▶

원통 冤痛 원통할 원 / 아플 통 | 분하고 억울함.

원통하다 冤痛하다 원통할 원 / 아플 통 | 분하고 억울하다.

▶

❶원판 圓板 둥글 원 / 널빤지 판 | 판판하고 둥근 모양의 판. ≒ 디스크.

❷원판 原版 근원 원 / 판목 판 | 1. 복제의 바탕이 되는 본디의 판. 2. 서적의 첫 출판물.

❸원판 元판 으뜸 원 | 본디부터.

▶

❶원풀이 願풀이 원할 원 | 간절하게 바라던 바를 이루는 일.

❷원풀이 怨풀이 원망할 원 | 원망스럽고 한이 되는 마음을 어떤 보상 행위로 풀어 없앰.

원하다 願하다 원할 원 | 무엇을 바라다.

원한 怨恨 원망할 원 / 한 한 | 억울하고 원통한 일을 당하여 응어리진 마음.

원행 遠行 멀 원 / 다닐 행 | 먼 길을 감.

원형 原形 근원 원 / 모양 형 | 어떤 사물이 지닌 본디의 모습.

원형적 상징 原形的 象徵 근원 원 / 모양 형 / 과녁 적 / 코끼리 상 / 부를 징 | 개인이나 민족을 초월하여 인류에게 공통적으로 동일한 의미를 지니는 상징. ※ 예시: 태양은 창조자나 밝음을 상징하고, 사막은 삭막함이나 죽음이란 원형적 이미지를 지니고 있다.

원혼 冤魂 원통할 원 / 넋 혼 | 분하고 억울하게 죽은 사람의 넋

원환 圓環 둥글 원 / 고리 환 | 둥글게 생긴 고리.

원활 圓滑 둥글 원 / 미끄러울 활 | 모난 데가 없고 원만함.

원활하다 圓滑하다 둥글 원 / 미끄러울 활 | 1. 모난 데가 없고 원만하다. 2. 일이 거침없이 잘 되어 가다.

원후 猿猴 원숭이 원 / 원숭이 후 | 원숭이.

원흉 元兇 으뜸 원 / 흉악할 흉 | 못된 짓을 한 사람들의 우두머리.

월간 月刊 달 월 / 새길 간 | 한 달에 한 번씩 책을 발행함.

월간지 月刊誌 달 월 / 새길 간 / 기록할 지 | 한 달에 한 번씩 발행하는 잡지.

월강 越江 넘을 월 / 강 강 | 강을 건넘.

월경 越境 넘을 월 / 지경 경 | 경계를 넘음.

월계관 月桂冠 달 월 / 계수나무 계 / 갓 관 | 고대 그리스에서, 월계수의 가지와 잎으로 만들어 경기의 우승자에게 씌워 주던 관.

월광 月光 달 월 / 빛 광 | 달빛.

월권 越權 넘을 월 / 권세 권 | 자기 권한 밖의 일에 관여함.

월권행위 越權行爲 넘을 월 / 권세 권 / 다닐 행 / 할 위 | 자기 권한 밖의 일에 관여하여 남의 직권을 침범하는 일.

월급 月給 달 월 / 줄 급 | 한 달을 단위로 하여 지급하는 급료.

❶**월남 越南** 넘을 월 / 남녘 남 | 베트남.

❷**월남 越南** 넘을 월 / 남녘 남 | 1. 어떤 경계선을 지나 남쪽으로 넘음. 2. 북쪽에서 삼팔선의 남쪽으로 넘어옴.

월북 越北 넘을 월 / 북녘 북 | 1. 어떤 경계를 지나 북쪽으로 넘어감. 2. 삼팔선의 북쪽으로 넘어감.

월담 越담 넘을 월 | 담을 넘음.

월대 月臺 달 월 / 대 대 | 궁궐의 정전, 묘단, 향교 등 주요 건물 앞에 설치하는 넓은 기단 형식의 대.

월동 越冬 넘을 월 / 겨울 동 | 겨울을 남.

월동준비 越冬準備 넘을 월 / 겨울 동 / 준할 준 / 갖출 비 | 겨울을 지내기 위한 준비.

월등 越等 넘을 월 / 무리 등 | 수준이 정도 이상으로 뛰어남.

월등하다 越等하다 넘을 월 / 무리 등 | 수준이 정도 이상으로 뛰어나다.

월령 月令 달달 월 / 하여금 령(영) | 농가나 국가의 정례적인 연간 행사를 월별로 기록한 표.

월령가 月令歌 달 월 / 하여금 령(영) / 노래 가 | 달의 순서에 따라 한 해 동안의 기후 변화나 의식(儀式) 및 행사를 읊은 노래. 고려 가요인 〈동동〉, 정학유(丁學游)의 〈농가월령가〉. 늑 월령체가.

월령체 月令體 달 월 / 하여금 령(영) / 몸 체 | 한 해 열두 달의 순서에 따라 노래한 시가의 형식. = 달거리 노래.

월말 月末 달 월 / 끝 말 | 그달의 끝 무렵.

월맹 越盟 넘을 월 / 맹세 맹 | 베트민. 1941년에 호찌민을 중심으로 중국에서 결성된 독립 운동 단체. 항일운동을 전개하기 위하여 조직된 것으로 뒤에 공산 베트남의 중심 단체가 되었다.

월륜 月輪 달 월 / 바퀴 륜(윤) | 둥근 모양의 달. 또는 그 둘레.

월면 月面 달 월 / 낯 면 | 달의 표면.

월색 月色 달 월 / 빛 색 | 달빛.

❶**월반 越班** 넘을 월 / 나눌 반 | 학생의 성적이 뛰어나 상급 학년으로 건너뛰어 진급하는 일.

❷**월반 月半** 달 월 / 반 반 | 한 달의 반인 15일.

월보 月報 달 월 / 갚을 보 | 다달이 내는 보고.

월부금 月賦金 달 월 / 부세 부 / 금 금 | 다달이 나누어 치르는 돈.

월수 月收 달 월 / 거둘 수 | 다달이 들어오는 돈.

월식 月蝕/月食 달 월 / 좀먹을 식 | 달이 지구의 그림자에 가려 일부나 전부가 가려짐.

월정 月定 달 월 / 정할 정 | 달로 정함.

월야 月夜 달 월 / 밤 야 | 달밤.

월하 月下 달 월 / 아래 하 | 달빛이 비치는 아래.

월하노인 月下老人 달 월 / 아래 하 / 늙을 노 / 사람 인 | 결혼중매인. 부부의 인연을 맺어준다는 전설상의 늙은이. ※ 중국 당나라의 위고(韋固)가 달밤에 어떤 노인을 만나 장래의 아내에 대한 예언을 들었다는 고사.

❶**위계 僞計** 거짓 위 / 셀 계 | 거짓으로 계책을 꾸밈.

❷**위계 位階** 자리 위 / 계단 계 | 1. 벼슬의 품계. 2. 지위나 계층의 등급.

위계질서 位階秩序 자리 위 / 계단 계 / 차례 질 / 차례 서 | 상하 질서. 관등이나 직책의 따른 차례와 순서.

위관 尉官 벼슬 위 / 벼슬 관 | 군사 준위, 소위, 중위, 대위의 초급 장교를 통틀어 이르는 말.

위구 危懼 위태할 위 / 두려워할 구 | 두려워 함.

위구심 危懼心 위태할 위 / 두려워할 구 / 마음 심 | 염려하고 두려워하는 마음.

위국 爲國 할 위 / 나라 국 | 나라를 위함.

위국충절 爲國忠節 할 위 / 나라 국 / 충성 충 / 마디 절 | 나라를 위한 충성스러운 절개.

위급 危急 위태할 위 / 급할 급 | 몹시 위태롭고 급함.

위기 危機 위태할 위 / 틀 기 | 위험한 고비나 시기.

위기일발 危機一髮 위태할 위 / 틀 기 / 하나 일 / 터럭 발 | 여유가 조금도 없이 몹시 절박한 순간.

위기의식 危機意識 위태할 위 / 틀 기 / 뜻 의 / 알 식 | 1. 위험한 상황을 느끼는 의식. 2. 철학 인간 본래의 가치, 질서를 잃는 데서 느끼는 불안과 절망 의식.

위기관리 危機管理 위태할 위 / 틀 기 / 대롱 관 / 다스릴 리(이) | 위기를 적절하게 예방하고 처리해

나가는 일.

위난 危難 위태할 위 / 어려울 난 | 위급하고 곤란한 경우.

위대 偉大 클 위 / 클 대 | 뛰어나고 훌륭함.

위대하다 偉大하다 클 위 / 클 대 | 뛰어나고 훌륭하다.

위독 危篤 위태할 위 / 도타울 독 | 병이 매우 중하여 생명이 위태로움.

위독하다 危篤하다 위태할 위 / 도타울 독 | 병이 매우 중하여 생명이 위태롭다.

위력 威力 위엄 위 / 힘 력(역) | 상대를 압도할 만큼 강력한 힘.

위령 慰靈 위로할 위 / 신령 령(영) | 영혼을 위로함.

위령제 慰靈祭 위로할 위 / 신령 령(영) / 제사 제 | 죽은 사람의 영혼을 위로하기 위하여 지내는 제사.

위로 慰勞 위로할 위 / 일할 로(노) | 따뜻한 말이나 행동으로 고통이나 슬픔을 달래 줌.

위로연 慰勞宴 위로할 위 / 일할 로(노) / 잔치 연 | 괴로움이나 슬픔을 달래주고 수고를 치하할 목적으로 여는 잔치.

위로금 慰勞金 위로할 위 / 일할 로(노) / 금 금 | 괴로움이나 슬픔을 달래주고 수고를 치하하기 위하여 주는 돈.

위리 圍籬 에워쌀 위 / 울타리 리(이) | 울타리를 침.

위리안치 圍籬安置 에워쌀 위 / 울타리 리(이) / 편안 안 / 둘 치 | 유배된 죄인이 거처하는 집 둘레에 가시로 울타리를 치고 가두어 두던 일.

위무 慰撫 위로할 위 / 어루만질 무 | 위로하여 어루만짐.

위문 慰問 위로할 위 / 물을 문 | 위로하기 위하여 문안하거나 방문함.

위문품 慰問品 위로할 위 / 물을 문 / 물건 품 | 위로하기 위하여 보내는 물품.

위민 爲民 할 위 / 백성 민 | 백성을 위함.

위반 違反 어긋날 위 / 돌이킬 반 | 법률, 명령, 약속 따위를 어김.

위배 違背 어긋날 위 / 등 배 | 법률, 명령, 약속 따위를 어김.

위법 違法 어긋날 위 / 법 법 | 법률이나 명령 따위를 어김.

위법성 違法性 어긋날 위 / 법 법 / 성품 성 | 〔법률〕 어떤 행위가 법을 어기는 요건. 민법에서는 권리침해를, 형법에서는 정당행위·정당방위·긴급피난 들에 해당하지 않음을 요건으로 규정한다.

위병 衛兵 지킬 위 / 병사 병 | 〔군사〕 부대나 숙영지를 지키는 병사.

위상 位相 자리 위 / 상태 상 | 위치나 상태.

위상공간 位相空間 자리 위 / 상태 상 / 빌 공 / 사이 간 | 물체의 위치와 운동량을 좌표로 하는 공간.

위생 衛生 지킬 위 / 날 생 | 건강에 유익하도록 환

경을 깨끗이 하는 일.

위생관리 衛生管理 지킬 위 / 날 생 / 대롱 관 / 다스릴 리(이) | 위생 환경을 정비하고 건강을 보살피는 일.

위서 僞書 거짓 위 / 글서 | 위조문서.

▶**위선 僞善** 거짓 위 / 착할 선 | 겉으로만 착한 체함. ↔ 위악(僞惡).

위선적 僞善的 거짓 위 / 착할 선 / 과녁 적 | 겉으로만 착한 체하는. ↔ 위악적(僞惡的).

▶**위악 僞惡** 거짓 위 / 악할 악 | 악한 체함. ↔ 위선(僞善).

위악적 僞惡的 거짓 위 / 악할 악 / 과녁 적 | 짐짓 악한 체하는. 위선적(僞善的).

▶**위성 衛星** 지킬 위 / 별 성 | 행성의 인력에 의하여 그 둘레를 도는 천체.

위성국 衛星局 지킬 위 / 별 성 / 판 국 | 라디오나 텔레비전 방송을 수신하기 어려운 지역에서, 본국의 전파를 중계하는 보조 방송국.

위성도시 衛星都市 지킬 위 / 별 성 / 도읍 도 / 저자 시 | 대도시 주변에 위치하면서 유기적인 종속 관계를 가지는 중소도시. 기능에 따라 위성주택도시, 위성공업도시 따위가 있다.

위성통신 衛星通信 지킬 위 / 별 성 / 통할 통 / 믿을 신 | 통신위성을 중계소로 하는 무선통신.

위세 威勢 위엄 위 / 형세 세 | 사람을 두렵게 하여 복종하게 하는 힘.

▶**위수 衛戍** 지킬 위 / 수자리 수 | 1. （군사） 부대가 일정한 지역의 질서와 안전을 유지하려고 장기간 머무르면서 경비하는 일. 2. （군사） 국경을 지키던 일.

위수령 衛戍令 지킬 위 / 수자리 수 / 하여금 령(영) | 육군부대가 계속적으로 일정한 지역에 주둔하여 그 지역의 경비, 질서유지 등을 하도록 규정한 대통령령.

위신 威信 위엄 위 / 믿을 신 | 위엄과 신용.

▶**위안 慰安** 위로할 위 / 편안 안 | 위로하여 마음을 편하게 함.

위안부 慰安婦 위로할 위 / 편안 안 / 며느리 부 | 주로 전쟁 때 남자들의 성욕 해결을 위하여 군대에 강제로 동원된 여자.

▶**위압 威壓** 위엄 위 / 누를 압 | 위엄이나 위력으로 압박하거나 억누름.

위압적 威壓的 위엄 위 / 누를 압 / 과녁 적 | 위엄이나 위력 따위로 압박하거나 억누르는 것.

▶❶**위약 違約** 어긋날 위 / 맺을 약 | 약속을 어김.

위약금 違約金 어긋날 위 / 맺을 약 / 금 금 | 계약을 지키지 못한 사람이 상대에게 손해배상으로 치르는 돈.

❷**위약 僞藥** 거짓 위 / 약 약 | 가짜 약. 정신적 효과(플라시보)를 줄 수 있다.

위엄 威嚴 위엄 위 / 엄할 엄 | 존경할 만한 위세가 있어 점잖고 엄숙함

위업 偉業 클 위 / 업 업 | 큰일.

위용 威容 위엄/모습 용| 위엄찬 모습.

위원 委員 맡길 위/인원 원| 1. 위원회를 구성하는 사람. 2. 특별한 자격을 가지거나 특별히 위임받은 사람.

위원회 委員會 맡길 위/인원 원/모일 회| 특별한 자격을 가지거나 특별히 위임받은 사람들로써 구성되는 합의체.

위의 威儀 위엄 위/거동 의| 엄숙한 차림새.

❶위인 偉人 클 위/사람 인| 큰사람.

위인전 偉人傳 클 위/사람 인/전할 전| 뛰어나고 훌륭한 사람의 업적과 삶을 적은 글.

❷위인설관 爲人設官 할 위/사람 인/베풀 설/벼슬 관| 어떤 사람을 채용하기 위하여 일부러 벼슬자리를 마련함.

위임 委任 맡길 위/맡길 임| 어떤 일을 책임 지워 맡김.

위임장 委任狀 맡길 위/맡길 임/문서 장| 어떤 일에 관한 대리권을 줄 것을 표시하는 문서.

위임통치 委任統治 맡길 위/맡길 임/거느릴 통/다스릴 치| 국제 연맹의 규약에 따른 국가통치의 형식. 제1차 세계대전 이후에 영국, 프랑스 등 국제연맹의 위임을 받은 선진국이 독일과 터키의 옛 식민지를 통치하였다. 국제연합의 신탁통치는 이 제도를 이어받은 것이다.

위자 慰藉 위로할 위/깔 자| 위로하고 도와줌.

위자료 慰藉料 위로할 위/깔 자/헤아릴 료(요)| 불법 행위로 인하여 생기는 정신적 고통과 손

해에 대한 배상금.

위작 僞作 거짓 위/지을 작| 다른 사람의 작품을 흉내 내어 비슷하게 만드는 일.

위작품 僞作品 거짓 위/지을 작/물건 품| 속일 목적으로 진짜처럼 보이게 만든 물품.

❶위장 胃腸 위장 위/창자 장| 밥통.

위장약 胃腸藥 위장 위/창자 장/약 약| 탈이 난 위와 장에 쓰는 약. 소화제, 설사제, 지사제, 제산제, 건위제, 최토제 따위가 있다.

❷위장 僞裝 거짓 위/꾸밀 장| 속임 장치. 거짓꾸밈.

❶위정자 爲政者 할 위/정사 정/사람 자| 정치를 하는 사람.

❷위정척사 衛正斥邪 지킬 위/바를 정/배척할 척/간사할 사| 정학(正學)과 정도(正道)를 지키고 사학(邪學)과 이단(異端)을 물리치자는 주장. 조선 말기에 유교 주자학을 지키고 가톨릭을 물리치기 위하여 내세운 주장.

위조 僞造 거짓 위/지을 조| 속일 목적으로 진짜처럼 만듦.

위조품 僞造品 거짓 위/지을 조/물건 품| 속일 목적으로 진짜처럼 보이게 만든 물품.

위조지폐 僞造紙幣 거짓 위/지을 조/종이 지/화폐 폐| 진짜처럼 보이게 만든 가짜 지폐.

위주 爲主 할 위/주인 주| 으뜸으로 삼음.

위중하다 危重하다 위태할 위/무거울 중| 병세가

대단히 중하다.

위증 僞證 거짓 위 / 증거 증 | 1. 거짓 증거. 2. 법률에 따라 선서한 증인이 허위 증언을 하는 일.

위증죄 僞證罪 거짓 위 / 증거 증 / 허물 죄 | 법원이나 국회 등에서, 선서를 한 증인이 고의로 허위 진술을 함으로써 성립하는 죄.

위촉 委囑 맡길 위 / 부탁할 촉 | 부탁하여 맡김.

위축 萎縮 시들 위 / 줄일 축 | 쪼그라들음.

위축감 萎縮感 시들 위 / 줄일 축 / 느낄 감 | 쪼그라듦. 움추러듦.

위치 位置 자리 위 / 둘 치 | 있는 곳이나 자리.

위치하다 位置하다 자리 위 / 둘 치 | 일정한 곳에 자리를 차지하다.

위탁 委託 맡길 위 / 부탁할 탁 | 맡기다. 맡겨 부탁하다.

위탁 판매 委託販賣 맡길 위 / 부탁할 탁 / 팔 판 / 팔 매 | 상품의 판매를 제삼자에게 수수료를 주고 맡기는 일.

위태 危殆 위태할 위 / 거의 태 | 위험하여 마음을 놓을 수 없음.

위태하다 危殆하다 위태할 위 / 거의 태 | 위험하여 마음을 놓을 수 없다.

위통 胃痛 위장 위 / 아플 통 | 위가 아픔.

위패 位牌 자리 위 / 패 패 | 신주로 모시는 패.

위편삼절 韋編三絶 가죽 위 / 엮을 편 / 셋 삼 / 끊을

절 | 1. 책을 열심히 읽음. 2. 공자가 주역을 즐겨 읽어 '책의 가죽 끈이 세 번이나 끊어졌다.' 는 뜻. 당시 책은 종이가 아니라 죽간에 써서 가죽끈으로 묶음.

위폐 僞幣 거짓 위 / 화폐 폐 | 위조지폐.

위풍 威風 위엄 위 / 바람 풍 | 위엄이 있는 풍채.

위학 僞學 거짓 위 / 배울 학 | 1. 정도에 어그러진 학문. 2. 정통으로 인정되지 아니하는 학문이나 학파. 3. 역사 조선 시대에, 성리학자들이 사장파(詞章派)와 실학파의 학문을 나쁘게 평하여 이르던 말.

위항 委巷 맡길 위 / 거리 항 | 좁고 지저분한 거리.

위항문학 委巷文學 맡길 위 / 거리 항 / 글월 문 / 배울 학 | 조선 선조 이후에, 중인 · 서얼 · 서리 · 평민과 같은 여항인 출신 문인들이 이룬 문학

위해 危害 위태할 위 / 해할 해 | 위험과 재해.

위헌 違憲 어긋날 위 / 법 헌 | 법률 또는 명령, 규칙, 처분 따위가 헌법의 조항이나 정신에 위배되는 일.

위험 危險 위태할 위 / 험할 험 | 위태롭고 험함.

위험천만 危險千萬 위태할 위 / 험할 험 / 일천 천 / 일만 만 | 매우 위험하기 짝이 없음.

위험부담 危險負擔 위태할 위 / 험할 험 / 질 부 / 멜 담 | 법률 매매와 같은 쌍무 계약에서, 양쪽에 잘못이 없는 손실이 발생하였을 경우에 어느 쪽에서 그 부담을 안느냐 하는 문제.

위험수당 危險手當 위태할 위 / 험할 험 / 손 수 / 마땅 당 | 위험한 일을 하는 사람에게 봉급 이외에 따로 주는 보수.

위협 威脅 위엄 위 / 위협할 협 | 힘으로 으르고 협박함.

위협하다 威脅하다 위엄 위 / 위협할 협 | 으르고 협박하다.

위화 違和 어긋날 위 / 화할 화 | 조화가 어그러짐.

위화감 違和感 어긋날 위 / 화할 화 / 느낄 감 | 조화되지 아니하는 어설픈 느낌.

❶**유가 有價** 있을 유 / 값 가 | 1. 금전상의 가치가 있음. 2. 값이 정하여져 있음.

❷**유가 油價** 기름 유 / 값 가 | 석유의 가격.

❸**유가 儒家** 선비 유 / 집 가 | 공자의 학설을 따르고 연구하는 학자나 학파.

❹**유가 遊街** 놀 유 / 거리 가 | 역사 과거 급제자가 풍악을 울리면서 시가행진을 벌이고 선배 급제자, 친척 등을 찾아보던 일. 보통 사흘에 걸쳐 행하였다.

❺**유가족 遺家族** 남길 유 / 집 가 / 겨레 족 | 죽은 사람의 남은 가족.

유감 遺憾 남길 유 / 섭섭할 감 | 마음에 차지 아니하여 섭섭하거나 불만이 남음.

유감스럽다 遺憾스럽다 남길 유 / 섭섭할 감 | 마음에 차지 아니하여 섭섭하다.

유감없다 遺憾없다 남길 유 / 섭섭할 감 | 섭섭한 마음이 없이 흡족하다.

유개 有蓋 있을 유 / 덮을 개 | 지붕이나 뚜껑이 있음.

유개차 有蓋車 있을 유 / 덮을 개 / 수레 차 | 지붕을 해 덮은 차량.

유개호 有蓋壺 있을 유 / 덮을 개 / 병 호 | 뚜껑이 덮여 있는 항아리 모양의 토기.

❶**유객 遊客** 놀 유 / 손님 객 | 1. 유람하는 사람. 2. 하는 일 없이 놀고 지내는 사람.

❷**유객 幽客** 그윽할 유 / 손님 객 | 세상일을 피하여 한가하게 사는 사람.

❸**유객 留客** 머무를 유(류) / 손님 객 | 손님을 머무르게 함.

❹**유객 誘客** 꾈 유 / 손님 객 | 손님을 꾐.

유격대 遊擊隊 놀 유 / 칠 격 / 무리 대 | 적의 배후에서 기습·교란·파괴 활동을 하는 특수부대나 비정규 부대.

유계 幽界 그윽할 유 / 지경 계 | 저승.

❶**유고 有故** 있을 유 / 연고 고 | 사고가 있음.

❷**유고 遺稿** 남길 유 / 볏짚 고 | 죽은 사람이 생전에 남긴 글.

유공 有功 있을 유 / 공 공 | 공로가 있음.

유공자 有功者 있을 유 / 공 공 / 사람 자 | 공로가 있는 사람.

국가유공자 國家有功者 나라 국 / 집 가 / 있을 유 /

공 공 / 사람 자 | 나라를 위하여 공헌하거나 희생한 사람. 순국선열, 애국지사, 전몰군경, 상이군인, 국가사회발전을 위한 특별 공로 순직자 등이 해당한다.

유관 有關 있을 유 / 관계할 관 | 관련이 있음.

유괴 誘拐 꾈 유 / 후릴 괴 | 사람을 속여서 꾀어냄.

유교 儒教 선비 유 / 가르칠 교 | '유학'을 종교적인 관점에서 이르는 말.

❶유구 悠久 멀 유 / 오랠 구 | 길고 오래됨.

유구하다 悠久하다 멀 유 / 오랠 구 | 길고 오래다.

❷유구 有口 있을 유 / 입 구 | 입이 있음.

유구무언 有口無言 있을 유 / 입 구 / 없을 무 / 말씀 언 | 입은 있어도 말은 없다는 뜻으로, 변명할 말이 없음.

❸유구 乳狗 젖 유 / 개 구 | 젖먹이인 어린 강아지.

유권자 有權者 있을 유 / 권세 권 / 사람 자 | 선거할 권리를 가진 사람. ≒ 선거인.

❶유급 有給 있을 유 / 줄 급 | 급료가 있음.

유급휴가 有給休暇 있을 유 / 줄 급 / 쉴 휴 / 틈 가 | 휴가 기간에도 급료가 지급되는 휴가. 연차·출산휴가 따위가 있다.

❷유급 留級 머무를 유(류) / 등급 급 | 진급하지 못함. ≒ 낙제. / ↔ 진급.

❶유기 有機 있을 유 / 틀 기 | 1. 생명을 가지며, 생활 기능이나 생활력을 갖추고 있음. 2. 생물체처럼 전체를 구성하고 있는 각 부분이 서로 밀

접하게 관련을 가지고 있음.

유기적 有機的 있을 유 / 틀 기 / 과녁 적 | 생물체처럼 전체를 구성하고 있는 각 부분이 서로 밀접하게 관련을 가지고 있어서 따로 떼어 낼 수 없는 것. ↔ 무기적(無機的).

유기적 세계관 有機的世界觀 있을 유 / 틀 기 / 과녁 적 / 인간 세 / 지경 계 / 볼 관 | 사람은 물론 이 세상의 모든 구성물은 서로 내면적으로 긴밀한 관계를 가지고 있으며 고립된 것은 없다고 보는 세계관. 기계론적 세계관과 대립하는 것으로, 콩트나 스펜서 등의 사회유기체설에 나타난다.

❷유기 遺棄 남길 유 / 버릴 기 | 내다 버림.

유기죄 遺棄罪 남길 유 / 버릴 기 / 허물 죄 | 자기 힘으로 생활할 수 없는 노인, 어린이, 병자 따위를 보호할 의무가 있는 사람이 그 보호를 하지 않음으로써 성립하는 죄.

직무유기죄 職務遺棄罪 직분 직 / 힘쓸 무 / 남길 유 / 버릴 기 / 허물 죄 | 공무원이 정당한 이유 없이 직무를 거부하거나 유기함으로써 성립하는 범죄.

❸유기 鍮器 놋쇠 유 / 그릇 기 | 놋쇠로 만든 그릇. ≒ 유기그릇.

❹유기 柳器 버들 류(유) / 그릇 기 | 키버들의 가지나 대오리로 엮어서 상자같이 만든 물건.

유기장이 柳器장이 버들 류(유) / 그릇 기 | 키버들로 고리짝이나 키 따위를 만들어 파는 일을 직업으로 하는 사람.

❺유기형 有期刑 있을 유 / 기약할 기 / 형벌 형 | 【법률】 기간이 정해져 있는 자유형. 형법의 유기징역, 유

기금고 및 구류 따위이다.

유년 幼年 어릴 유 / 해 년(연) | 어린 시절.

유년기 幼年期 어릴 유 / 해 년(연) / 기약할 기 | 유아기와 소년기의 중간으로 유치원과 초등학교 저학년 교육이 이루어지는 시기.

유념 留念 머무를 유(류) / 생각 념(염) | 마음속에 간직함.

유념하다 留念하다 머무를 유(류) / 생각 념(염) | 마음속에 깊이 간직하다. 늑 명심하다.

유능 有能 있을 유 / 능할 능 | 능력이 있음.

유대 紐帶 맺을 유(뉴) / 띠 대 | 끈과 띠라는 뜻으로, 서로 연결하거나 결합하는 것. 늑 관계.

유덕하다 有德하다 있을 유 / 클 덕 | 덕성이 있다.

유도 誘導 꾈 유 / 인도할 도 | 이끌거나 꾀어냄.

유도하다 誘導하다 꾈 유 / 인도할 도 | 이끌다.

❶유독 唯獨/惟獨 생각할 유 / 홀로 독 | 많은 것 가운데 홀로 두드러지게.

❷유독 有毒 있을 유 / 독 독 | 독이 있음.

유독성 有毒性 있을 유 / 독 독 / 성품 성 | 독이 있는 성질.

유동 流動 흐를 유(류) / 움직일 동 | 1. 흘러 움직임. 2. 이리저리 흐름.

유동성 流動性 흐를 유(류) / 움직일 동 / 성품 성 | 1. 액체처럼 흐르는 성질. 2. 기업의 자산이나 채권을 현금화할 수 있는 정도. ※ 예시: 자금

유동성.

유동적 流動的 흐를 유(류) / 움직일 동 / 과녁 적 | 흘러 움직이는.

유동식 流動食 흐를 유(류) / 움직일 동 / 밥 식 | 소화되기 쉽도록 묽게 만든 음식. 미음 · 죽 · 수프 따위가 있다.

유동자산 流動資産 흐를 유(류) / 움직일 동 / 재물 자 / 낳을 산 | 짧은 기간 안에 현금으로 바꿀 수 있는 자산. 현금 · 미수금 · 예금 · 외상매출금 · 유가증권 따위의 당좌 자산과, 상품 · 제품 · 원재료 · 저장품 따위의 재고 자산을 이른다.

유두 流頭 흐를 유(류) / 머리 두 | 민속 우리나라 명절의 하나. 음력 유월 보름날. 나쁜 일을 떨어버리기 위하여 동쪽으로 흐르는 물에 머리를 감는 풍속이 있었다.

유락 遊樂 놀 유 / 즐길 락(나) | 놀며 즐김.

유람 遊覽 놀 유 / 볼 람(남) | 돌아다니며 구경함.

유람단 遊覽團 놀 유 / 볼 람(남) / 둥글 단 | 돌아다니며 구경하는 사람들의 무리.

유람선 遊覽船 놀 유 / 볼 람(남) / 배 선 | 구경하는 손님을 태우고 다니는 배.

유랑 劉郎 죽일 유(류) / 사내 랑(낭) | 일정한 거처가 없이 떠돌아다님. 늑 방랑, 부랑, 방황./↔ 정착.

유랑민 流浪民 죽일 유(류) / 사내 랑(낭) / 백성 민 | 일정한 거처 없이 이리저리 떠돌아다니는 백성.

유래 由來 말미암을 유 / 올 래(내) | 사물이나 일이

생겨남.

유량 流量 흐를 유(류) / 헤아릴 량(양) | 유동량. 액체가 흘러서 움직이는 양.

유려하다 流麗하다 흐를 유(류) / 고울 려 | 미끈하고 아름답다. ※ 예시: 유려한 필치.

▶
유력 有力 있을 유 / 힘 력(역) | 1. 가능성이 많음. 2. 세력이나 재산이 있음.

유력하다 有力하다 있을 유 / 힘 력(역) | 가능성이 많다.

유력자 有力者 있을 유 / 힘 력(역) / 사람 자 | 세력이나 재산이 있는 사람.

▶
유령 幽靈 그윽할 유 / 신령 령(영) | 1. 죽은 사람의 혼령. 2. 이름뿐이고 실제는 없는 것.

유령도시 幽靈都市 그윽할 유 / 신령 령(영) / 도읍 도 / 저자 시 | 거주 인구가 없어져 텅 빈 도시. 광산도시가 폐광하거나 군사도시에서 군대가 철수할 때 생긴다.

▶
유례 類例 무리 유(류) / 법식 례(예) | 같거나 비슷한 예.

유례없다 類例없다 무리 유(류) / 법식 례(예) | 비슷한 예가 없다.

유료 有料 있을 유 / 헤아릴 료(요) | 요금을 내게 되어 있음.

▶
❶유류 油類 기름 유 / 무리 류(유) | 기름 종류.

유류파동 油類波動 기름 유 / 무리 류(유) / 물결 파 / 움직일 동 | 1973년의 아랍 산유국의 석유무기

화 정책과 1978년의 이란 혁명 이후, 두 차례에 걸쳐 석유공급 부족과 석유가격 폭등으로 세계경제가 큰 혼란과 어려움을 겪은 일.

❷유류 遺留 남길 유 / 머무를 류(유) | 남기어 놓음.

유류분 遺留分 남길 유 / 머무를 류(유) / 나눌 분 | 상속 재산 가운데, 상속자가 마음대로 처리하지 못하고 일정한 상속인을 위하여 법률상 반드시 남겨 두어야 할 일정 부분.

▶
❶유리 琉璃 유리 유(류) / 유리 리(이) | 투명하고 단단하며 잘 깨지는 물질.

❷유리 有利 있을 유 / 이로울 리(이) | 이익이 있음.

유리하다 有利하다 있을 유 / 이로울 리(이) | 이익이 있다.

❸유리 遊離 놀 유 / 떠날 리(이) | 동떨어짐. 따로 떨어짐.

유리하다 遊離하다 놀 유 / 떠날 리(이) | 따로 떨어지다.

❹유리 流離 흐를 유(류) / 떠날 리(이) | 일정한 집과 직업이 없이 이곳저곳으로 떠돌아다님.

유리걸식 流離乞食 흐를 유(류) / 떠날 리(이) / 빌 걸 / 밥 식 | 정처 없이 떠돌아다니며 빌어먹음.

유린 蹂躪/蹂躙/蹂蹸 밟을 유 / 짓밟을 린 | 남의 권리나 인격을 짓밟음. ※ 예시: 인권 유린.

유림 儒林 유학 유 / 무리 림 | 유학을 신봉하는 무리. ≒ 사림(士林).

유만부동 類萬不同 무리 유(류) / 일만 만 / 아닐 부 /

한가지 동 | 1. 비슷한 것이 많으나 서로 같지는 아니함. 2. 정도에 넘침. 또는 분수에 맞지 아니함.

▶유망하다 有望하다 있을 유 / 바랄 망 | 희망이 있다.

유망주 有望株 있을 유 / 바랄 망 / 그루 주 | 어떤 분야에서 발전될 가망이 많은 사람을 비유함.

❶유명 有名 있을 유 / 이름 명 | 이름이 널리 알려져 있음. ≒ 저명. / ↔ 무명.

유명하다 有名하다 있을 유 / 이름 명 | 이름이 있다.

유명세 有名稅 있을 유 / 이름 명 / 세금 세 | 세상에 이름이 널리 알려져 있는 탓으로 당하는 불편이나 곤욕을 속되게 이르는 말.

유명무실 有名無實 있을 유 / 이름 명 / 없을 무 / 열매 실 | 이름만 그럴듯하고 실속은 없음.

유명짜하다 有名짜하다 있을 유 / 이름 명 | 꽤 널리 알려져 있다.

❷유명 幽明 그윽할 유 / 밝을 명 | 1. 어둠과 밝음. 2. 저승과 이승. ※ 참조: 유명을 달리하다. (돌아가다)

❸유명 幽冥 그윽할 유 / 어두울 명 | 1. 깊숙하고 어두움. 2. 사람이 죽은 뒤에 혼이 가서 산다고 하는 세상.

❹유명 遺命 남길 유 / 목숨 명 | 임금이나 부모가 죽을 때에 남긴 명령.

유모 乳母 젖 유 / 어머니 모 | 젖어머니.

유목 遊牧 놀 유 / 칠 목 | 일정한 거처를 정하지 않고 물과 풀밭을 찾아 옮겨 다니면서 목축을 하면서 살아감.

유무 有無 있을 유 / 없을 무 | 있음과 없음.

❶유물 遺物 남길 유 / 물건 물 | 지나간 세대나 죽은 사람이 남긴 물건.

❷유물 唯物 오직 유 / 물건 물 | 철학 물질적인 것을 실재하는 것 또는 중심적인 것이라고 보며, 마음은 물질의 작용에 지나지 아니한다고 생각하는 입장.

유물론 唯物論 오직 유 / 물건 물 / 논할 론 | 철학 만물의 근원을 물질로 보고, 모든 정신 현상도 물질의 작용이나 그 산물이라고 주장하는 이론.

유물사관 唯物史觀 오직 유 / 물건 물 / 사기 사 / 볼 관 | 철학 사회의 여러 현상의 성립·연관·발전 방법을 변증법적 유물론의 입장에서 설명한 마르크스주의의 역사관

유미 唯美 오직 유 / 아름다울 미 | 아름다움을 추구하여 거기에 빠지거나 깊이 즐김. ≒ 탐미.

유미주의 唯美主義 오직 유 / 아름다울 미 / 주인 주 / 뜻 의 | 아름다움을 최고의 가치로 여기며 추구하는 문예 사조. 19세기 후반 유럽에서 나타났으며, 페이터, 보들레르, 오스카 와일드 등이 대표적 인물이다.

유민 遺民 남길 유 / 백성 민 | 없어진 나라의 남아 있는 백성.

유발 誘發 꾀다 유 / 피다 발 | 1. 어떤 것이 다른 일을 일어나게 함. 2. 발생하게 함.

유방 遺芳 남길 유 / 꽃다울 방 | 꽃다운 이름을 후세에 남김.

유방백세 流芳百世 흐를 유(류) / 꽃다울 방 / 일백 백 / 인간 세 | 꽃다운 이름을 후세에 길이 전함.

유배 流配 흐를 유(류) / 귀양 보낼 배 | 죄인을 귀양 보냄.

유별나다 有別나다 있을 유 / 나눌 별 | 특별하게 다르다.

유병 油餠 기름 유 / 떡 병 | 기름떡.

유보 留保 머무를 유(류) / 지킬 보 | 보류. 미뤄둠.

유보하다 留保하다 머무를 유(류) / 지킬 보 | 보류하다. 미뤄두다.

유복자 遺腹子 남길 유 / 배 복 / 아들 자 | 태어나기 전에 아버지를 여읜 자식.

유부족 猶不足 오히려 유 / 아닐 부 / 발 족 | 아직도 부족함. 또는 오히려 부족함.

유분수 有分數 있을 유 / 나눌 분 / 셈 수 | 마땅히 지켜야 할 분수가 있음.

유불 儒佛 선비 유 / 부처 불 | 유교와 불교.

❶유비 類比 무리 유(류) / 견줄 비 | 1. 사물 사이의 유사성. 2. 사물 사이의 닮은 꼴.

❷유비 有備 있을 유 / 갖출 비 | 준비가 되어 있음.

유비무환 有備無患 있을 유 / 갖출 비 / 없을 무 / 근심 환 | 1. 미리 준비가 되어 있으면 걱정할 것이 없음. 2. 항상 어떤 일이 일어날 것에 미리 대비함.

❶유사 流沙/流砂 흐를 유(류) / 모래 사 | 흐르는 모래.

❷유사 類似 무리 유 / 비슷할 사 | 서로 비슷함.

유사성 類似性 무리 유(류) / 닮을 사 / 성품 성 | 서로 비슷한 성질.

유사종교 類似宗敎 무리 유(류) / 닮을 사 / 마루 종 / 가르칠 교 | 종교는 아니지만 종교와 비슷한 특징을 지닌 단체를 이름.

❸유사시 有事時 있을 유 / 일 사 / 때 시 | 급하거나 비상한 일이 일어날 때

❶유산 遺産 남길 유 / 낳을 산 | 1. 죽은 사람이 남긴 재산. 2. 앞 세대가 물려준 사물 또는 문화.

문화유산 文化遺産 글월 문 / 될 화 / 남길 유 / 낳을 산 | 문화적 발전을 위하여 다음 세대 또는 젊은 세대에게 계승·상속할 만한 가치를 지닌 과학, 기술, 관습, 규범 따위의 문화적 소산. 정신적·물질적 각종 문화재나 문화 양식 따위를 모두 포함한다.

❷유산 有産 있을 유 / 낳을 산 | 재산이 많이 있음.

유산계급 有産階級 있을 유 / 낳을 산 / 섬돌 계 / 등급 급 | 사회에서, 지주·자본가 등 재산이 많은 사회 계급.

❸유산 乳酸 젖 유 / 실 산 | 젖당이나 포도당 따위의 발효로 생기는 유기산.

유산발효 乳酸醱酵 젖 유 / 실 산 / 술 괼 발 / 삭힐 효 | 젖산균이 당류를 분해하여 젖산이 생기는 현상.

❹유산 遊山 놀 유 / 산 산 | 산으로 놀러 다님.

❺유산 流産 흐를 유 / 낳을 산 | 1. 태아가 달이 차기 전에 죽어서 나옴. 2. 추진하는 일이 이루어지지 못함을 비유.

❶유상 有償 있을 유 / 갚을 상 | 보상이 있음.

유상원조 有償援助 있을 유 / 갚을 상 / 도울 원 / 도울 조 | 대가를 받고 하는 물질적으로 도와줌. ↔ 무상원조.

❷유상 有相 있을 유 / 서로 상 | 형상이나 모습이 있음.

유상무상 有象無象 있을 유 / 코끼리 상 / 없을 무 | 1. 우주에 존재하는 모든 물체. 2. 여러 방면에서 모여든, 탐탁하지 못한 사람들을 통틀어 낮잡아 이르는 말

유색 有色 있을 유 / 빛 색 | 빛깔이 있음.

유색인 有色人 있을 유 / 빛 색 / 사람 인 | 황색, 동색(구릿빛), 흑색 따위의 유색 피부를 가진 인종. 백색 인종을 제외한 모든 인종을 이르는 말이다.

❶유생 儒生 선비 유 / 날 생 | 유학을 공부하는 선비. ≒ 사림, 유가.

❷유생 幼生 어릴 유 / 날 생 | 변태하는 동물의 어린 것.

❶유서 由緖 말미암을 유 / 실마리 서 | 전해 오는 까닭과 내력.

❷유서 遺書 남길 유 / 글 서 | 유언하는 글.

유선 有線 있을 유 / 줄 선 | 전선줄이 있음.

유선전신 有線電信 있을 유 / 줄 선 / 번개 전 / 믿을 신 | 전선을 통하여 전신 신호를 먼 곳까지 전달하는 방식.

❶유성 遊星 놀 유 / 별 성 | 천문 중심별의 강한 인력의 영향으로 타원 궤도를 그리며 중심별의 주위를 도는 천체. 스스로 빛을 내지 못하고, 중심별의 빛을 받아 반사한다. 태양계에는 수성, 금성, 지구, 화성, 목성, 토성, 천왕성, 해왕성의 여덟 개 행성이 있다. ≒ 떠돌이별, 행성.

❷유성 流星 흐를 유(류) / 별 성 | 지구의 대기권 안으로 들어와 빛을 내며 떨어지는 작은 물체. ≒ 별똥별, 운성(隕星).

유성우 流星雨 흐를 유(류) / 별 성 / 비 우 | 많은 유성이 비처럼 쏟아지는 현상.

❸유성 有性 있을 유 / 성품 성 | 암컷과 수컷의 구별이 있음.

유성생식 有性生殖 있을 유 / 성품 성 / 날 생 / 불릴 식 | 암수의 두 배우자가 합일한 접합체에서 새로운 생명체가 발생하는 생식법. 대개의 다세포 생물에서 볼 수 있다.

❶유세 遊說 놀 유 / 달랠 세 | 여러 곳에 돌아다니며 제 뜻을 말하는 일.

유세하다 遊說하다 놀 유 / 달랠 세 | 여러 곳에 돌아다니며 제 뜻을 말하다.

유세객 遊說客 놀 유 / 달랠 세 / 손님 객 | 자기의 의견이나 자기가 속한 조직의 주장을 선전하며 돌아다니는 사람.

❷유세 有勢 있을 유 / 형세 세 | 세력이 있음.

유세 떨다 有勢떨다 있을 유 / 형세 세 | 자랑삼아 위세를 부리다.

❸유세차 維歲次 벼리 유 / 해 세 / 버금 차 | 제문의 첫머리에 쓰는 말. '이 해의 차례'의 뜻.

유속 流速 흐를 유(류) / 빠를 속 | 흐름빠르기.

❶유수 流水 흐를 유(류) / 물 수 | 흐르는 물.

유수불부 流水不腐 흐를 유(류) / 물 수 / 아닐 불 / 썩을 부 | 흐르는 물은 썩지 아니한다. 늘 움직이는 것은 썩지 아니함. ※ 참조: 구르는 돌에는 이끼가 끼지 않는다.

❷유수 有數 있을 유 / 셈 수 | 1. 손꼽을 만큼 두드러지거나 훌륭함. 2. 정해진 운수나 순서가 있음.

유수하다 有數하다 있을 유 / 셈 수 | 1. 손꼽을 만큼 두드러지거나 훌륭하다. 2. 정해진 운수나 순서가 있다.

❸유수 幽囚 그윽할 유 / 가둘 수 | 잡아 가둠.

❹유수 留守 머무를 유(류) / 지킬 수 | 역사 조선 시대에, 수도 이외의 요긴한 곳을 맡아 다스리던 정이품의 외관 벼슬. 개성·강화·광주·수원·춘천 등지에 두었다.

유숙 留宿 머무를 유(류) / 잘 숙 | 남의 집에서 묵음. ≒ 기숙, 사숙.

유숙하다 留宿하다 머무를 유(류) / 잘 숙 | 남의 집에서 묵다.

유숙객 留宿客 머무를 유(류) / 잘 숙 / 손님 객 | 남의 집에서 묵는 손님.

유순 柔順 부드러울 유 / 순할 순 | 부드럽고 순함.

유순하다 柔順하다 부드러울 유 / 순할 순 | 부드럽고 순하다.

유습 遺習 남길 유 / 익힐 습 | 옛날부터 전해 오는 풍습.

❶유시 幼時 어릴 유 / 때 시 | 어릴 때.

❷유시 酉時 닭 유 / 때 시 | 십이시(十二時)의 열째 시. 오후 다섯 시부터 일곱 시까지이다.

❸유시 流矢 흐를 유(류) / 화살 시 | 1. 목표를 벗어나 빗나간 화살. 2. 누가 어디서 쏘았는지 모르게 날아오는 화살.

❹유시 諭示 타이를 유 / 보일 시 | 관청 따위에서 국민에게 알리는 문서.

❺유시 有始 있을 유 / 비로소 시 | 시작이 있음.

유시무종 有始無終 있을 유 / 비로소 시 / 없을 무 / 마칠 종 | 처음은 있되 끝이 없다는 뜻으로, 시작한 일의 마무리를 하지 않음.

유시유종 有始有終 있을 유 / 비로소 시 / 있을 유 / 마칠 종 | 처음도 있고 끝도 있다는 뜻으로, 시작한 일을 끝까지 마무리함.

❶유식 有識 있을 유 / 알 식 | 지식이나 학식이 있음.

유식하다 有識하다 있을 유 / 알 식 | 지식이나 학식이 있다.

유식자 有識者 있을 유 / 알 식 / 사람 자 | 지식과 학문이 있는 사람.

❷유식 唯識 오직 유 / 알 식 | 【불교】 마음의 본체인 식(識)을 떠나서는 어떠한 실재(實在)도 없음을 이르는 말.

❶유신 維新 벼리 유 / 새 신 | 낡은 제도를 고쳐 새롭게 함. ≒ 쇄신, 혁신.

유신헌법 維新憲法 벼리 유 / 새 신 / 법 헌 / 법 법 | 1972년 10월 17일의 비상조치에 의하여 단행된 대한민국 헌법의 제7차 개헌으로, 1972년 12월 27일에 시행된 제4공화국의 헌법. 조국의 평화적 통일과 한국적 민주주의 토착화를 목적으로 하였으며, 1980년 10월 22일 개정 헌법안이 국민투표로 확정됨에 따라 폐지되었다.

❷유신 遺臣 남길 유 / 신하 신 | 나라가 망한 뒤에 남아있는 신하.

❸유신 有信 있을 유 / 믿을 신 | 신의가 있음.

❹유신 有神 있을 유 / 귀신 신 | 신을 믿거나 신이 존재한다고 믿음.

유신론 有神論 있을 유 / 귀신 신 / 논할 론(논) | 우주를 창조하고 지배하는 신이 있다는 종교적·철학적 사상. 일신론과 다신론이 있다.

유신론자 有神論者 있을 유 / 귀신 신 / 논할 론(논) / 사람 자 | 유신론을 믿거나 주장하는 사람.

유실 遺失 남길 유 / 잃을 실 | 잃어버림.

유실물 遺失物 남길 유 / 잃을 실 / 물건 물 | 잃어버린 물건. ≒ 분실물.

유실물 횡령죄 遺失物橫領罪 남길 유 / 잃을 실 / 물건 물 / 가로 횡 / 거느릴 령(영) / 허물 죄 | 다른 사람이 잃어버린 물품을 횡령하는 죄.

❶유심 唯心 오직 유 / 마음 심 | 마음이나 정신적인 것이 만물의 근원이며 실재하는 중심적인 것이라는 생각.

유심론 唯心論 오직 유 / 마음 심 / 논할 론(논) | 【철학】 우주의 본체를 정신적인 것으로 보며 물질적 현상도 정신적인 것의 발현이라는 이론. 플라톤, 라이프니츠, 헤겔 등이 그 대표적 철학자이다. ≒ 정신론. / ↔ 유물론.

❷유심하다 有心하다 있을 유 / 마음 심 | 속뜻이 있다.

유심히 有心히 있을 유 / 마음 심 | 1. 속뜻이 있게. 2. 주의가 깊게.

❶유아 乳兒 젖 유 / 아이 아 | 젖먹이.

유아기 乳兒期 젖 유 / 아이 아 / 기약할 기 | 젖으로 양육되는 생후 약 1년간의 시기. 대뇌 겉질이 매우 빠르게 발달하고, 신생아 특유의 반사 행동이 환경에 대응한 능동적인 행동으로 바뀐다.

❷유아 幼兒 어릴 유 / 아이 아 | 어린아이.

유아기 幼兒期 어릴 유 / 아이 아 / 기약할 기 | 만 1세부터 6세까지의 어린 시기. 자기중심성, 정서성, 구체성이 나타나며 만 3세까지의 전기에는 일상어의 습득, 생활습관의 확립이 이루어지고 후기에는 개성이 뚜렷하여진다.

유아교육 幼兒敎育 어릴 유 / 아이 아 / 가르칠 교 / 기를 육 | 초등학교에 들어가기 전의 아이들을 대상으로 하는 교육.

❸**유아 唯我** 오직 유/나 아| 오직 나 하나.

유아독존 唯我獨尊 오직 유/나 아/홀로 독/높을 존| 1. 세상에서 자기 혼자 잘났다고 뽐내는 태도. 2. 우주 가운데 자기보다 더 존귀한 이는 없음. 석가모니가 태어났을 때 처음으로 한 말이라고 한다. 천상천하유아독존.

▶

유압 油壓 기름 유/누를 압| 기름의 압력.

유압기 油壓器 기름 유/누를 압/그릇 기| 밀폐한 부분에 채운 기름을 피스톤으로 눌러, 압력을 다른 데에 전하는 장치.

유압계 油壓計 기름 유/누를 압/셀 계| 기름의 압력을 재는 계기.

유야무야 有耶無耶 있을 유/어조사 야/없을 무| 흐지부지.

유약하다 柔弱하다 부드러울 유/약할 약| 부드럽고 약하다.

▶❶**유언 遺言** 남길 유/말씀 언| 죽음에 이르러 남기는 말.

유언장 遺言狀 남길 유/말씀 언/문서 장| 유언 내용을 적은 글발.

❷**유언 流言** 흐를 유(류)/말씀 언| 떠도는 말.

유언비어 流言蜚語 흐를 유(류)/말씀 언/바퀴 비/말씀 어| 아무 근거 없이 널리 퍼진 소문. ≒ 낭설, 뜬소문, 항설.

유여하다 有餘하다 있을 유/남을 여| 여유가 있다.

유역 流域 흐를 유(류)/지경 역| 강물이 흐르는 언저리.

▶

유연 柔軟 부드러울 유/연할 연| 부드럽고 연함.

유연하다 柔軟하다 부드러울 유/연할 연| 부드럽고 연하다. ↔ 완강하다, 경직되다, 완고하다.

유연탄 有煙炭 있을 유/연기 연/숯 탄| 탈 때 연기가 나는 석탄.

유영 游泳 놀 유/헤엄칠 영| 헤엄침.

▶

유예 猶豫 오히려 유/미리 예| 뒤로 미룸.

유예하다 猶豫하다 오히려 유/미리 예| 뒤로 미루다.

유예기간 猶豫期間 오히려 유/미리 예/기약할 기/사이 간| 뒤로 미루어 두는 기간.

▶

유용 有用 있을 유/쓸 용| 쓸모가 있음.

유용성 有用性 있을 유/쓸 용/성품 성| 소용에 닿고 이용할 만한 특성.

유유상종 類類相從 무리 유(류)/서로 상/따를 종| 같은 무리끼리 서로 사귐. ※ 참조: 가재는 게 편. 초록은 동색(**同色**).

▶

유유하다 悠悠하다 멀 유| 1. 움직임이 한가하고 여유가 있고 느리다. 2. 아득하게 멀거나 오래되다. ≒ 아득하다, 유장하다, 유구하다.

유유히 悠悠히 멀 유| 천천히 여유있게.

유유자적 悠悠自適 한가할 유/스스로 자/즐길 적| 속세를 떠나 아무 속박 없이 자유롭고 편안하게 즐김.

유의어 類義語 무리 유 / 뜻 의 / 단어 어 | 뜻이 서로 비슷한 말. ≒ 비슷한말.

동의어 同義語/同意語 같을 동 / 뜻 의 / 단어 어 | 뜻이 같은 말. ↔ 반의어(**反意語**).

반의어 反義語/反意語 반대 반 / 뜻 의 / 단어 어 | 뜻이 서로 정반대되는 말. '남자' 와 '여자', '위' 와 '아래', '작다' 와 '크다', 따위이다. ≒ 반대말, 상대어(**相對語**).

❶유의 留意 머무를 유(류) / 뜻 의 | 마음에 새겨 두어 조심하며 관심을 가짐.

유의하다 留意하다 머무를 유(류) / 뜻 의 | 마음에 새겨 두어 조심하며 관심을 가지다.

❷유의미하다 有意味하다 있을 유 / 뜻 의 / 맛 미 | 뜻있다.

유익하다 有益하다 있을 유 / 더할 익 | 이롭다.

❶유인 誘引 꾈 유 / 끌 인 | 꾀어 냄.

유인하다 誘引하다 꾈 유 / 끌 인 | 꾀어 내다.

❷유인물 油印物 기름 유 / 도장 인 / 물건 물 | 인쇄한 물건.

❸유인원 類人猿 무리 유(류) / 사람 인 / 원숭이 원 | 성성이과에 속하는 포유류를 통틀어 이르는 말. 오랑우탄, 침팬지, 고릴라, 긴팔원숭이 따위가 있다. 사람과 DNA의 98% 전후를 공유한다.

유일 唯一/惟一 오직 유 / 한 일 | 하나만 있음.

유일무이 唯一無二 오직 유 / 한 일 / 없을 무 / 두 이 | 오직 하나뿐이고 둘도 없음.

유일신 唯一神 오직 유 / 한 일 / 귀신 신 | 오직 하나밖에 없는 신.

유일자 唯一者 오직 유 / 한 일 / 사람 자 | 철학 외부의 제약을 받지 않는 완전한 자유인.

유임 留任 머무를 유(류) / 맡길 임 | 있는 직위에 계속 머무름.

유입 流入 흐를 유(류) / 들 입 | 흘러 듦.

❶유자 幼子 어릴 유 / 아들 자 | 어린 자식.

❷유자녀 遺子女 남길 유 / 아들 자 / 여자 녀(여) | 죽은 사람의 남아있는 자녀.

유작 遺作 남길 유 / 지을 작 | 생전에 남긴 작품.

유자격 有資格 있을 유 / 재물 자 / 격식 격 | 어떤 일에 적당한 자격이 있음.

유장하다 悠長하다 멀 유 / 길 장 | 길고 오래다.

❶유재 遺財 남길 유 / 재물 재 | 죽은 사람이 남긴 재물.

❷유재 遺在 남길 유 / 있을 재 | 남아 있음.

❸유재 留財 머무를 유(류) / 재물 재 | 모아 둔 재물.

❹유재 留在 머무를 유(류) / 있을 재 | 머물러 있음.

유적 遺跡/遺蹟 남길 유 / 발자취 적 | 남아있는 자취.

❶유전 油田 기름 유 / 밭 전 | 석유가 있는 곳.

❷유전 流轉 흐를 유(류) / 구를 전 | 이리저리 떠돎.

유전하다 流轉하다 흐를 유(류) / 구를 전 | 이리저리 떠돌다.

❸**유전 遺傳** 남길 유 / 전할 전 | 물려받아 내려 옴.

유전법칙 遺傳法則 남길 유 / 전할 전 / 법 법 / 법칙 칙 | 《생물》 오스트리아의 유전학자 멘델이 1865년에 발표한 유전 법칙. 우성과 열성의 대립 유전자 중 우성이 형질로 발현된다는 우열의 법칙.

유전자 遺傳子 남길 유 / 전할 전 / 아들 자 | 생물체의 유전형질을 발현시키는 원인이 되는 인자. 염색체 가운데 일정한 순서로 배열되어, 생식세포를 통하여 자손에게 유전정보를 전달한다.

❶**유정 有情** 있을 유 / 뜻 정 | 1. 인정이나 동정심이 있음. 2. 마음을 가진 살아 있는 중생. ↔ 무정.

❷**유정 油井** 기름 유 / 우물 정 | 석유의 원유를 퍼내는 샘.

유제 遺制 남길 유 / 절제할 제 | 남아있는 예전의 제도.

유조 油槽 기름 유 / 구유 조 | 석유, 가솔린 따위 기름을 담아 두는 통. 규모가 아주 크고 원통 모양이다.

유조선 油槽船 기름 유 / 구유 조 / 배 선 | 유조 시설을 갖추고 석유를 운반하는 배.

❶**유족 遺族** 남길 유 / 겨레 족 | 죽은 사람의 남은 가족.

❷**유족하다 有足**하다 있을 유 / 발 족 | 1. 형편이

넉넉하다. 2. 충분하고 만족스럽다. ≒ 윤택하다.

❸**유족하다 裕足**하다 넉넉할 유 / 발 족 | 여유 있게 풍족하다.

유종 有終 있을 유 / 마칠 종 | 끝이 있음.

유종지미 有終之美 있을 유 / 마칠 종 / 갈 지 / 아름다울 미 | 한번 시작한 일을 끝까지 잘하여 끝맺음이 좋음.

유죄 有罪 있을 유 / 허물 죄 | 잘못이나 죄가 있음.

유증 遺贈 남길 유 / 줄 증 | 유언에 의해 재산을 물려줌.

❶**유지 遺旨** 남길 유 / 뜻 지 | 죽은 사람이 남긴 뜻.

❷**유지 維持** 버릴 유 / 가질 지 | 어떤 상태를 그대로 이어감. ≒ 지속./↔ 중지, 중단.

유지하다 維持하다 버릴 유 / 가질 지 | 그대로 이어가다.

❸**유지 有志** 있을 유 / 뜻 지 | 1. 마을이나 지역에서 명망 있고 영향력을 가진 사람. 2. 어떤 일에 뜻이 있거나 관심이 있는 사람.

❹**유지 乳脂** 젖 유 / 기름 지 | 우유에서 얻는 지방질. 버터, 아이스크림의 원료로 쓰인다.

❺**유지 油脂** 기름 유 / 기름 지 | 동물 또는 식물에서 채취한 기름을 통틀어 이르는 말.

유착 癒着 병 나을 유 / 붙을 착 | 1. 엉겨 붙음. 2. 서로 깊은 관계를 가지고 결합됨.

정경유착 政經癒着 정사 정 / 지날 경 / 병 나을 유 /

붙을 착 | 정치인과 기업가 사이에 이루어지는 부도덕한 밀착 관계. 기업가는 정치인에게 정치자금을 제공하고, 정치인은 기업가에게 특혜를 베풀어 부당한 이익을 얻게 해 준다.

유찰 流札 흐를 유(류) / 편지 찰 | 입찰 결과 낙찰이 결정되지 않고 무효로 돌아가는 일.

유창하다 流暢하다 흐를 유(류) / 화창할 창 | 말을 하거나 글을 읽는 것이 물 흐르듯이 거침이 없다. ※ 예시: 유창한 언변에 끌리다.

유채색 有彩色 있을 유 / 채색 채 / 빛 색 | 색상, 명도, 채도를 가진 빛깔. 빨강 · 노랑 · 파랑과 이들이 섞인 색들로, 검정 · 하양 · 회색을 제외한 모든 색이다.

유책 有責 있을 유 / 꾸짖을 책 | 책임이 있음.

유체 流體 흐를 유(류) / 몸 체 | 기체와 액체처럼 흐를 수 있는 물체. ≒ 유동체.

유추 類推 무리 유 / 미루어 헤아릴 추 | 1. 미루어 추측함. 2. 두 개의 사물이 여러 면에서 비슷하다는 것을 근거로, 다른 속성도 유사할 것이라고 추론하는 일. ≒ 아날로지, 유비(類比).

❶**유출 流出** 흐를 유(류) / 날 출 | 밖으로 흘러 나감.

유출하다 流出하다 흐를 유(류) / 날 출 | 밖으로 흘러 나가다.

❷**유출 溜出** 낙숫물 유(류) / 날 출 | 증류할 때에 액체가 되어 나옴.

유충 幼蟲 어릴 유 / 벌레 충 | 어린 벌레.

❶**유치 誘致** 꾈 유 / 이를 치 | 행사나 사업 따위를 이끌어 들임.

유치하다 誘致하다 꾈 유 / 이를 치 | 이끌어 들이다.

❷**유치 留置** 머무를 유(류) / 둘 치 | 1. 남의 물건을 맡아 둠. 2. 어떤 사람을 가두어 둠. ≒ 구류.

유치장 留置場 머무를 유(류) / 둘 치 / 마당 장 | 피의자나 경범죄를 지은 사람 등을 한때 가두어 두는 곳. 경찰서에 있다.

❸**유치 乳齒** 젖 유 / 이 치 | 유아기에 사용한 뒤 갈게 되어 있는 젖니.

❹**유치하다 幼稚하다** 어릴 유 / 어릴 치 | 1. 나이가 어리다. 2. 수준이 낮거나 미숙하다.

유치찬란하다 幼稚燦爛하다 어릴 유 / 어릴 치 / 빛날 찬 / 빛날 란(난) | 수준이나 정도가 엄청나게 낮다.

유치원 幼稚園 어릴 유 / 어릴 치 / 동산 원 | 학령이 안 된 어린이의 심신 발달을 위한 교육 시설. 쉬운 음악 · 그림 · 공작 · 유희 따위를 가르치는 곳으로, 독일의 교육자 프뢰벨이 1837년에 창시하였다.

유쾌 愉快 즐거울 유 / 쾌할 쾌 | 즐겁고 상쾌함.

유쾌하다 愉快하다 즐거울 유 / 쾌할 쾌 | 즐겁고 상쾌하다.

유탄 流彈 흐를 유(류) / 탄알 탄 | 빗나간 탄환.

유통 流通 흐를 유(류) / 통할 통 | 1. 막힘이 없이 통함. 2. 화폐나 물품 따위가 세상에서 널리 쓰

임. ≒ 융통, 통용.

유통량 流通量 흐를 유(류) / 통할 통 / 헤아릴 량 | 유통되는 양.

유파 流派 흐를 유(류) / 갈래 파 | 1. 원줄기에서 갈려 나온 갈래나 무리. 2. 학계나 예술계에서, 생각이나 경향이 비슷한 사람들의 무리.

유폐 幽閉 그윽할 유 / 닫을 폐 | 깊숙이 가두어 둠.

유포 流布 흐를 유(류) / 베포 | 세상에 널리 퍼짐.

유품 遺品 남길 유 / 물건 품 | 유물. 남겨진 물건.

❶**유풍 遺風** 남길 유 / 바람 풍 | 1. 옛날부터 전하여 내려오는 풍속. 2. 돌아간 조상이나 선배를 닮은 기풍. ≒ 풍습, 유습.

❷**유풍 流風** 흐를 유(류) / 바람 풍 | 1. 예로부터 전하여 오는 풍속. 2. 세상에 널리 퍼져 있는 풍속.

❶**유하다 柔**하다 부드러울 유 | 부드럽다.

❷**유하다 留**하다 머무를 유(류) | 묵다.

❶**유학 儒學** 선비 유 / 배울 학 | 중국의 공자를 시조로 하는 전통적인 학문. 요, 순으로부터 주공에 이르는 성인을 이상으로 하고 인(仁)과 예(禮)를 근본 개념으로 하여, 수신(修身)에서 비롯하여 치국평천하(治國平天下)에 이르는 실천을 중심 과제로 한다. ≪역경≫, ≪서경≫ 따위의 경전이 있다. ≒ 유교, 공맹학, 추로학.

유학자 儒學者 선비 유 / 배울 학 / 사람 자 | 유학을 깊이 연구하여 높은 경지에 오른 사람.

❷**유학 留學** 머무를 유(류) / 배울 학 | 외국에 머물면서 공부함.

❸**유학 遊學** 놀 유 / 배울 학 | 타향에서 공부함.

❶**유한 有限** 있을 유 / 한할 한 | 한도나 한계가 있음.

유한하다 有限하다 있을 유 / 한할 한 | 일정한 한도나 한계가 있다

유한책임 有限責任 있을 유 / 한할 한 / 꾸짖을 책 / 맡길 임 | 일정한 한도에 한하여 책임을 짐.

❷**유한 有閑** 있을 유 / 한가할 한 | 1. 시간의 여유가 있어 한가함. 2. 재물이 많아 생활에 여유가 있음.

유한계급 有閑階級 있을 유 / 한가할 한 / 섬돌 계 / 등급 급 | 생산 활동에 종사하지 않으면서 소유한 재산으로 소비만 하는 계층.

유한부인 有閑夫人 있을 유 / 한가할 한 / 지아비 부 / 사람 인 | 유한계급의 부인. 생활이 넉넉하여 소비하면서 놀러 다니는 것을 일삼는 부인을 이른다.

유해 有害 있을 유 / 해할 해 | 해가 있음.

❶**유행 流行** 흐를 유(류) / 다닐 행 | 1. 특정한 행동 양식이나 사상이 많은 사람의 추종을 받아서 널리 퍼짐. 또는 그런 사회적 동조 현상. 2. 전염병이 널리 퍼짐.

유행가 流行歌 흐를 유(류) / 다닐 행 / 노래 가 | 특정한 시기에 대중의 인기를 얻어서 많은 사람이 듣고 따라 부르는 노래.

유행병 流行病 흐를 유(류) / 다닐 행 / 병 병 | 어떤 지역에 널리 퍼져 여러 사람이 잇따라 돌아가며 옮아 앓는 병

❷유행 遊行 놀 유 / 다닐 행 | 1. 유람하기 위하여 각처로 돌아다님. 2. (불교) 여기저기 돌아다니며 수행함.

유현하다 幽玄하다 그윽할 유 / 검을 현 | 1. 깊고 그윽하며 미묘하다. 2. 캄캄하고 아득하다.

유혈 流血 흐를 유(류) / 피 혈 | 피를 흘림.

유협 遊俠 놀 유 / 의기로울 협 | 호방하고 의협심이 있는 사람. ≒ 협객.

❶유형 類型 무리 유 / 틀 형 | 성질이 같은 것끼리 하나로 묶음.

❷유형 有形 있을 유 / 모양 형 | 형상이나 형체가 있음.

유형무형 有形無形 있을 유 / 모양 형 / 없을 무 | 모양이 있고 없음.

유형적 有形的 있을 유 / 모양 형 / 과녁 적 | 형체가 있는.

유형문화재 有形文化財 있을 유 / 모양 형 / 글월 문 / 될 화 / 재물 재 | 형체가 있는 문화적 유산. 역사상·예술상의 가치가 큰 건축물, 회화, 조각, 공예품, 책, 문서 따위이다.

유형자본 有形資本 있을 유 / 모양 형 / 재물 자 / 근본 본 | 일정한 형태를 가지고 있는 자본. 화폐, 건축물, 기계 따위를 이른다.

유혹 誘惑 꾈 유 / 미혹할 혹 | 꾀어서 정신을 혼미

하게 함.

유혹적 誘惑的 꾈 유 / 미혹할 혹 / 과녁 적 | 꾀어서 혼미하게 하는.

유혼 幽魂 그윽할 유 / 넋 혼 | 영혼.

❶유화 油畫 기름 유 / 그림 화 | 서양화에서, 물감을 기름에 개어 캔버스천에 그리는 그림.

❷유화 柔和 부드러울 유 / 화할 화 | 부드럽고 온화함.

유화하다 柔和하다 부드러울 유 / 화할 화 | 부드럽고 온화하다.

❸유화정책 宥和政策 너그러울 유 / 화할 화 / 정사 정 / 꾀 책 | 국내·국제 정치에서, 상대편의 적극적이고 강경한 요구에 양보·타협함으로써 직접적인 충돌을 피하고 긴장을 완화하여 해결하려는 온건한 정책

❹유화제 乳化劑 젖 유 / 될 화 / 약제 제 | 섞이지 않는 두 액체를 잘 섞이게 하는 물질.

유회 流會 흐를 유(류) / 모일 회 | 성원 미달이나 그 밖의 이유로 회의가 열리지 못함.

유효 有效 있을 유 / 효과 효 | 효과가 있음.

유효기간 有效期間 있을 유 / 효과 효 / 기약할 기 / 사이 간 | 효력이 있는 기간.

유훈 遺訓 남길 유 / 가르칠 훈 | 죽은 사람이 남긴 훈계.

유휴 遊休 놀 유 / 쉴 휴 | 놀리거나 묵힘.

유휴설비 遊休設備 놀 유 / 쉴 휴 / 베풀 설 / 갖출 비

| 쓰지 아니하고 놀리는 설비.

▶

유흥 遊興 놀 유 / 일 흥 | 흥겹게 놂.

유흥비 遊興費 놀 유 / 일 흥 / 쓸 비 | 흥겹게 노는 데에 드는 비용.

유흥장 遊興場 놀 유 / 일 흥 / 마당 장 | 흥겹게 놀 수 있는 장소.

유희 遊戲 놀 유 / 희롱할 희 | 즐겁게 놀며 장난함.

언어유희 言語遊戲 말씀 언 / 말씀 어 / 놀 유 / 놀이 희 | 1. 말이나 글자를 소재로 하는 놀이. 말 잇기, 새말 만들기 따위가 있다. 2. 내용 없는 미사여구나 현학적인 말을 늘어놓는 일.

유희본능 遊戲本能 놀 유 / 놀이 희 / 근본 본 / 능할 능 | 심신을 발달시키거나 환경에 적응하기 위하여, 스스로를 즐겁게 하는 동작이나 언어로 표현되는 인간의 기본적인 본능.

육각 六角 여섯 육(륙) / 뿔 각 | 여섯모.

육감 肉感 고기 육 / 느낄 감 | 육체가 느끼는 감각. 또는 육체의 감각.

육갑 六甲 여섯 육(륙) / 갑옷 갑 | 1. 천간(天干)과 지지(地支)를 차례로 배합하여 예순 가지로 늘어놓은 것. 2. 남이 하는 언동을 비속하게 이르는 말.

육괴 肉塊 고기 육 / 덩어리 괴 | 고깃덩이.

육교 陸橋 뭍 육(륙) / 다리 교 | 도로나 철로 위로 안전하게 건너다닐 수 있도록 공중으로 놓은 다리.

육군 陸軍 뭍 육(륙) / 군사 군 | 땅 위에서 전투를 맡아 하는 군대.

육담 肉談 고기 육 / 말씀 담 | 저속하고 품격이 낮은 이야기.

육두문자 肉頭文字 고기 육 / 머리 두 / 글월 문 / 글자 자 | 육담 따위의 저속한 말. ≒ 음담패설.

육대주 六大洲 여섯 육(륙) / 클 대 / 물가 주 | 지구 위의 여섯 대륙. 아시아, 아프리카, 유럽, 오세아니아, 남아메리카, 북아메리카를 이른다.

육덕 肉德 고기 육 / 클 덕 | 몸에 살이 많아서 덕스러운 상태.

육로 陸路 뭍 육(륙) / 길 로(노) | 땅 위로 난 길. ≒ 뭍길./↔ 수로, 물길.

육류 肉類 고기 육 / 무리 류(유) | 고기 종류.

▶

❶육림 育林 기를 육 / 수풀 림(임) | 나무를 심거나 씨를 뿌려 나무를 가꾸는 일.

❷육림 肉林 고기 육 / 수풀 림(임) | 고기의 숲이라는 뜻으로, 잔치 따위에 고기가 많이 있는 사치스러운 모양.

주지육림 酒池肉林 술 주 / 못 지 / 고기 육 / 수풀 림(임) | 술로 연못을 이루고 고기로 숲을 이룬다는 뜻으로, 호사스러운 술잔치를 이르는 말. 중국 은나라 주왕이 못을 파 술을 채우고 숲의 나뭇가지에 고기를 걸어 잔치를 즐겼던 일에서 유래한다.

육모 六모 여섯 육(륙) | 여섯 개의 평면.

육모정 六모亭 여섯 육(륙) / 정자 정 | 여섯 개의 기

둥으로 여섯 모가 나게 지은 정자.

육모방망이 六모방망이 여섯 육(륙) | 역졸·포졸들이 쓰던 여섯 모가 진 방망이.

육미 六味 여섯 육(륙) / 맛 미 | 쓰고, 달고, 짜고, 싱겁고, 시고, 매운 여섯 가지 맛. 온갖 맛을 이른다.

육박 肉薄 고기 육 / 엷을 박 | 바짝 다가붙음.

육박하다 肉薄하다 고기 육 / 엷을 박 | 바짝 가까이 다가붙다.

육박전 肉薄戰 고기 육 / 엷을 박 / 싸움 전 | 적과 직접 맞붙어서 총검으로 치고받는 싸움. ≒ 근접전, 육탄전.

❶육방 六方 여섯 육(륙) / 모 방 | 여섯 방위. 동, 서, 남, 북, 위, 아래쪽.

❷육방 六房 여섯 육(륙) / 방 방 | 역사 조선 시대에, 승정원 및 지방 관아에 둔 여섯 부서. 이방(吏房), 호방(戶房), 예방(禮房), 병방(兵房), 형방(刑房), 공방(工房)을 이른다.

육법 六法 여섯 육(륙) / 법 법 | 여섯 가지의 기본이 되는 법률. 헌법, 형법, 민법, 상법, 형사 소송법, 민사 소송법을 이른다.

육상 陸上 뭍 육(륙) / 윗 상 | 뭍 위.

육상경기 陸上競技 뭍 육(륙) / 윗 상 / 다툴 경 / 재주 기 | 달리기, 뛰기, 던지기를 기본 동작으로 하여 육상에서 행해지는 각종 경기.

육서 六書 여섯 육 / 글 서 | 1. 한자의 여섯 가지 서체. 2. 한자의 구조 및 사용에 관한 여섯 가지의 명칭. 상형(象形), 지사(指事), 회의(會意), 형성(形聲), 전주(轉注), 가차(假借)를 이른다.

❶육성 肉聲 고기 육 / 소리 성 | 사람의 목소리.

❷육성 育成 기를 육 / 이룰 성 | 기름.

육성하다 育成하다 기를 육 / 이룰 성 | 기르다.

육수 肉水 고기 육 / 물 수 | 고기를 삶아낸 물.

육시 戮屍 죽일 육(륙) / 주검 시 | 예전에 이미 죽은 사람의 시신에 다시 목을 베는 형벌을 가함.

육식 肉食 고기 육 / 밥 식 | 1. 음식으로 고기를 먹음. 2. 동물이 동물을 먹이로 함.

육식동물 肉食動物 고기 육 / 밥 식 / 움직일 동 / 물건 물 | 동물의 고기를 먹고 사는 동물. 먹이를 잡기 위하여 큰 입, 날카로운 이와 발톱, 예민한 후각을 가진 것이 많다.

육신 肉身 고기 육 / 몸 신 | 사람의 몸. ≒ 몸, 사지, 육체.

육아 育兒 기를 육 / 아이 아 | 어린아이를 기름.

육아법 育兒法 기를 육 / 아이 아 / 법 법 | 어린아이를 잘 기르는 방법

육아휴직 育兒休職 기를 육 / 아이 아 / 쉴 휴 / 직분 직 | 자녀 양육을 위해 만 8세 이하 또는 초등학교 2학년 이하의 자녀가 있는 근로자가 유급으로 최대 1년 동안 휴직할 수 있는 제도.

공동육아 共同育兒 한가지 공 / 한가지 동 / 기를 육 / 아이 아 | 여러 집의 어린아이들을 모아서 기르는 일.

육안 肉眼 고기 육 / 눈 안 | 눈. 맨눈.

육영 育英 기를 육 / 꽃부리 영 | 인재를 기름.

육적 肉炙 고기 육 / 구울 적 | 쇠고기로 만든 적.

육종 育種 기를 육 / 씨 종 | 생물이 가진 유전적 성질을 이용하여 새로운 품종을 만들어 내거나 개량하는 일

육중 肉重 고기 육 / 무거울 중 | 덩치가 크고 무거움.

육중하다 肉重하다 고기 육 / 무거울 중 | 덩치가 크고 무겁다.

육즙 肉汁 고기 육 / 즙 즙 | 고기즙.

육지 陸地 뭍 육(륙) / 땅 지 | 뭍. 땅.

육질 肉質 고기 육 / 바탕 질 | 고기의 품질.

육찬 肉饌 고기 육 / 반찬 찬 | 고기반찬.

육체 肉體 고기 육 / 몸 체 | 사람의 몸.

육체파 肉體派 고기 육 / 몸 체 / 갈래 파 | 체격이나 육체미가 뛰어난 사람.

육친 肉親 고기 육 / 친할 친 | 조부모, 부모, 형제 등과 같이 혈족 관계가 있는 사람.

육풍 陸風 뭍 육(륙) / 바람 풍 | 뭍바람. 밤에 육지에서 바다로 부는 바람.

육하원칙 六何原則 여섯 육 / 어찌 하 / 근본 원 / 법칙 칙 | 기사문을 쓸 때에 지켜야 하는 여섯 가지 기본 원칙. '누가, 언제, 어디서, 무엇을, 어떻게, 왜'의 여섯 가지를 이른다.

❶윤 潤 윤택할 윤 | 반질반질하고 매끄러운 기운. ≒ 윤택, 윤기.

❷윤 閏 윤달 윤 | [천문] 달력과 실제의 계절 차이를 조절하기 위하여, 일 년 중에 어떤 날이나 달을 늘리는 일. 태양력에서는 4년마다 한 번씩 2월을 하루 늘리고, 태음력에서는 5년에 두 번씩 하나의 달을 되풀이한다.

윤날 閏날 윤달 윤 | 태양력에서 윤년에 드는 날. 곧 2월 29일을 이른다. 지구가 태양을 공전하는 데에 365일 5시간 48분 46초 걸리므로, 5시간 48분 46초를 모아서 4년에 한 번씩 하루를 늘린다.

윤달 閏달 윤달 윤 | 태음력에서 윤년에 드는 달. 태음력에서는 5년에 두 번의 비율로 한 달을 더하여 윤달을 만든다.

윤년 閏年 윤달 윤 / 해 년(연) | 윤달이나 윤일이 든 해.

윤강 輪講 바퀴 윤(륜) / 외울 강 | 돌림강의.

윤곽 輪廓 바퀴 윤(륜) / 둘레 곽 | 일이나 사건의 대체적인 줄거리.

윤곽선 輪廓線 바퀴 윤(륜) / 둘레 곽 / 줄 선 | 사물의 테두리를 잇는 선.

윤기 潤氣 불을 윤 / 기운 기 | 반질반질하고 매끄러운 기운.

윤내다 潤내다 불을 윤 | 윤택한 기운이 나게 하다.

윤독하다 輪讀하다 바퀴 윤(륜) / 읽을 독 | 돌려가면서 읽다.

윤리 倫理 인륜 윤(륜) / 이치 리(이) | 사람으로서 마땅히 지켜야 할 도리.

윤리관 倫理觀 인륜 윤(륜) / 이치 리(이) / 볼 관 | 윤리에 대하여 가지는 생각이나 태도.

윤리학 倫理學 인륜 윤(륜) / 다스릴 리(이) / 배울 학 | 인간 행위의 규범에 관하여 연구하는 학문. 도덕의 본질과 발달, 선악의 기준 등을 다룬다.

윤리적 실존 倫理的實存 인륜 윤(륜) / 다스릴 리(이) / 과녁 적 / 열매 실 / 있을 존 | 철학 키에르케고르의 철학에서, 윤리적 실존은 미적 실존과 종교적 실존의 중간에 위치하는 실존으로서 윤리적 규범에 따라 사는 삶을 이른다.

탈윤리화 脫倫理化 벗을 탈 / 인륜 윤(륜) / 다스릴 리(이) / 될 화 | 1. 윤리적인 틀이나 제재에서 벗어남. 2. 다원적 민주사회에서 국가가 형벌을 가지고, 특정한 종교적 가치관이나 도덕적 가치관을 강제하는 것은 공동체의 유지에 필요불가결의 것이 아닌 한 허용될 수 없다.

언어윤리 言語倫理 말씀 언 / 말씀 어 / 인륜 윤(륜) / 다스릴 리(이) | 언어를 쓰는 이들이 지켜야 할 도덕적 규범.

윤무 輪舞 바퀴 윤(륜) / 춤출 무 | 여럿이 둥글게 돌면서 추는 춤.

윤문 潤文 불을 윤 / 글월 문 | 글다듬기.

윤번 輪番 바퀴 윤(륜) / 차례 번 | 차례대로 돌아가는 순서.

윤색 潤色 불을 윤 / 빛 색 | 1. 윤이 나도록 매만져 곱게 함. 2. 사실을 과장하거나 미화함을 비유. ≒ 가미, 손질, 미화.

윤습 潤濕 불을 윤 / 젖을 습 | 젖음. 물이 배어 축축함.

윤음 綸音 벼리 륜(윤) / 소리 음 | 왕의 말씀.

윤전 輪轉 바퀴 윤(륜) / 구를 전 | 바퀴를 돌림.

윤전기 輪轉機 바퀴 윤(륜) / 구를 전 / 틀 기 | 인쇄기의 하나. 원통형의 판면에 둥글게 감은 인쇄용지를 끼워 인쇄한다.

윤택 潤澤 불을 윤 / 못 택 | 1. 광택에 윤기가 있음. 2. 살림이 풍부함. ≒ 윤기, 광.

윤택하다 潤澤하다 불을 윤 / 못 택 | 광택에 윤기가 있다.

윤환 輪環 바퀴 윤(륜) / 고리 환 | 둥근 고리.

윤활 潤滑 불을 윤 / 미끄러울 활 | 기름기가 있어서 미끄러움.

윤활유 潤滑油 불을 윤 / 미끄러울 활 / 기름 유 | 1. 기계가 맞닿는 부분의 마찰을 줄이기 위하여 쓰는 기름. 2. 어떤 일을 매끄럽게 이루어지도록 해 주는 요소를 비유.

윤회 輪廻 바퀴 윤(륜) / 돌 회 | 불교 수레바퀴가 끊임없이 구르는 것과 같이, 중생이 번뇌와 업에 의하여 삼계육도의 세계를 돌고 도는 일.

율격 律格 법칙 율(률) / 격식 격 | 격식이나 규격.

율동 律動 법칙 율(률) / 움직일 동 | 일정한 규칙을 따라 주기적으로 움직임.

율려 律呂 법칙 율(률) / 성씨 려(여) | 국악에서, 음

악이나 음성의 가락을 이르는 말.

율령 律令 법칙 율(률) / 하여금 령(영) | 형률과 법령. 곧 법률의 총칭이다.

율목 栗木 밤 율(률) / 나무 목 | 밤나무.

율법 律法 법칙 율(률) / 법 법 | 1. 국회의 의결을 거쳐 대통령이 서명하고 공포함으로써 성립하는 국법. 2. 종교 종교적·사회적·도덕적 생활과 행동에 관하여 신의 이름으로 규정한 규범.

► **융기 隆起** 성할 융(륭) / 일어날 기 | 높게 일어남.

융기하다 隆起하다 성할 융(륭) / 일어날 기 | 높게 일어나다.

► **융단 絨緞** 가는 베 융 / 비단 단 | 양털 따위의 털로 보풀이 있게 짠 두꺼운 모직물.

융단폭격 絨緞爆擊 가는 베 융 / 비단 단 / 터질 폭 / 칠 격 | 일정한 지역을 철저하게 폭격함.

융모 絨毛 가는 베 융 / 터럭 모 | 작고 가는 털.

융복 戎服 병장기 융 / 옷 복 | 철릭과 주립으로 된 옛 군복

► **융성 隆盛** 높을 융(륭) / 성할 성 | 기운차게 일어나거나 매우 번성함. ≒ 융창.

융성하다 隆盛하다 높을 융(륭) / 성할 성 | 기운차게 일어나거나 매우 번성하다.

► **융창 隆昌** 높을 융(륭) / 창성할 창 | 기운차게 일어나거나 대단히 번성함.

융창하다 隆昌하다 높을 융(륭) / 창성할 창 | 기운

차게 일어나거나 대단히 번성하다.

융숭하다 隆崇하다 높을 융(륭) / 높을 숭 | 대우하는 태도가 정중하다. ≒ 극진하다, 깍듯하다, 정성스럽다.

융자 融資 녹을 융 / 재물 자 | 자금을 융통함. ≒ 대부.

융점 融點 녹을 융 / 점 점 | 녹는 점.

► **융통 融通** 녹을 융 / 통할 통 | 1. 그때그때의 사정과 형편에 따라 일을 처리함. 2. 금전, 물품 따위를 돌려씀. ≒ 변통.

융통성 融通性 녹을 융 / 통할 통 / 성품 성 | 1. 그때그때의 사정과 형편에 따라 일을 처리하는 재주. 2. 금전, 물품 따위를 돌려쓸 수 있는 성질. ≒ 주변성, 신축성.

융합 融合 녹을 융 / 합할 합 | 1. 녹음. 2. 녹아서 하나로 합쳐짐.

► **융해 融解** 녹을 융 / 풀 해 | 1. 녹아 풀어짐. 2. 고체에 열을 가했을 때 액체로 되는 현상. ≒ 용융, 용해.

융해점 融解點 녹을 융 / 풀 해 / 점 점 | 고체가 액체 상태로 바뀌는 온도. 같은 물질이라도 압력에 따라 변한다.

► ❶**융화 融化** 녹을 융 / 될 화 | 녹아서 다른 물질로 변화함.

❷**융화 融和** 녹을 융 / 화할 화 | 서로 어울려 갈등이 없이 화목하게 됨. ≒ 융합, 화합, 화해.

융화하다 融和하다 녹을 융 / 화할 화 | 서로 어울려

화목하게 되다.

융화책 融和策 녹을 융 / 화할 화 / 꾀 책 | 서로 어울려 갈등 없이 화목하게 되는 방법.

융흥 隆興 높을 융(륭) / 일 흥 | 형세가 세차게 일어남.

융흥하다 隆興하다 높을 융(륭) / 일 흥 | 형세가 세차게 일어나다.

은광 銀鑛 은 은 / 쇳돌 광 | 은을 캐내는 광산.

은갱 銀坑 은 은 / 구덩이 갱 | 은을 캐는 광산 구덩이.

은괴 銀塊 은 은 / 덩어리 괴 | 은 덩어리.

은거 隱居 숨을 은 / 살 거 | 세상을 피해서 숨어 삶. ≒ 둔거.

은거하다 隱居하다 숨을 은 / 살 거 | 세상을 피해서 숨어 살다.

은결 銀결 은 은 | 은빛으로 번쩍거리는 물결.

은공 恩功 은혜 은 / 공 공 | 은혜와 공로.

은근 慇懃 괴로워할 은 / 은근할 근 | 야단스럽지 아니하고 꾸준함.

은근하다 慇懃하다 괴로워할 은 / 은근할 근 | 1. 야단스럽지 않고 꾸준하다. 2. 정취가 깊고 그윽하다. 3. 함부로 드러나지 않고 은밀하다.

은근슬쩍 慇懃슬쩍 괴로워할 은 / 은근할 근 | 은근하게 슬쩍.

은닉 隱匿 숨을 은 / 숨길 닉(익) | 숨김. 감춤.

은닉하다 隱匿하다 숨을 은 / 숨길 닉(익) | 숨기다. 감추다.

은닉죄 隱匿罪 숨을 은 / 숨길 닉(익) / 허물 죄 | 〔법률〕 벌금형 이상의 형에 해당하는 범죄자를 숨겨줌으로써 성립하는 범죄.

은덕 恩德 은혜 은 / 클 덕 | 은혜와 덕.

은둔 隱遁/隱遯 숨을 은 / 숨을 둔 | 세상일을 피하여 숨음.

은둔생활 隱遁生活 숨을 은 / 숨을 둔 / 날 생 / 살 활 | 사회로부터 멀리 피하여 숨어서 사는 생활.

은륜 銀輪 은 은 / 바퀴 륜(윤) | 은으로 된 바퀴.

은밀 隱密 숨을 은 / 빽빽할 밀 | 숨어 있어서 드러나지 않음.

은밀하다 隱密하다 숨을 은 / 빽빽할 밀 | 숨어 있어서 드러나지 아니하다.

은반 銀盤 은 은 / 소반 반 | 은으로 만든 쟁반.

은배 銀杯 은 은 / 잔 배 | 은잔.

은본위제 銀本位制 은 은 / 근본 본 / 자리 위 / 절제할 제 | 은을 화폐 단위로 하는 제도.

은분 銀粉 은 은 / 가루 분 | 은가루.

은비 隱祕 숨을 은 / 숨길 비 | 숨겨서 비밀로 함.

❶**은사 恩師** 은혜 은 / 스승 사 | 가르침을 받은 은혜로운 스승. ≒ 사부.

❷**은사 恩賜** 은혜 은 / 줄 사 | 1. 임금이 은혜로써 신하에게 물건을 내려 주던 일. 2. 하나님이 준

재능.

❸**은사 隱士** 숨을 은 / 선비 사 | **역사** 예전에, 벼슬하지 않고 숨어 살던 선비. ≒산림.

❹**은사 隱事** 숨을 은 / 일 사 | 숨겨 두고 남에게 드러내지 않는 일.

❺**은사 銀絲** 은 은 / 실 사 | 은을 얇게 입힌 실.

▶**은성 殷盛** 성할 은 / 성할 성 | 번화하고 풍성함.

은성하다 殷盛하다 성할 은 / 성할 성 | 번화하고 풍성하다.

은수자 隱修者 숨을 은 / 닦을 수 / 사람 자 | 숨어서 도를 닦는 사람.

▶**은신 隱身** 숨을 은 / 몸 신 | 몸을 감춤.

은신처 隱身處 숨을 은 / 몸 신 / 곳 처 | 몸을 숨기는 곳.

은애 恩愛 은혜 은 / 사랑 애 | 은혜와 사랑.

은어 隱語 숨을 은 / 단어 어 | 어떤 특정한 사람들이, 다른 사람들이 알아듣지 못하도록 자기네 구성원들끼리만 사용하는 말. 상인·학생·군인·노름꾼·부랑배의 은어.

은연중 隱然中 숨을 은 / 그럴 연 / 가운데 중 | 남모르는 가운데.

은원 恩怨 은혜 은 / 원망할 원 | 은혜와 원수.

은은하다 隱隱하다 숨을 은 | 겉으로 뚜렷하게 드러나지 않고 흐릿하다.

은의 恩誼 은혜 은 / 정 의 | 은혜로운 정.

▶❶**은인 恩人** 은혜 은 / 사람 인 | 자신에게 은혜를 베푼 사람.

❷**은인 隱人** 숨을 은 / 사람 인 | 1. 산야에 묻혀 숨어 사는 사람. 2. 벼슬을 하지 않고 숨어 사는 사람.

은인자중 隱忍自重 숨을 은 / 참을 인 / 스스로 자 / 소중할 중 | 마음속에 감추어 참고 견디면서 신중하게 행동함.

은일 隱逸 숨을 은 / 편안할 일 | 숨음.

은자 隱者 숨을 은 / 사람 자 | 숨은 이.

은잔 銀盞 은 은 / 잔 잔 | 은으로 만든 술잔.

은잠 銀簪 은 은 / 비녀 잠 | 은비녀.

은장도 銀粧刀 은 은 / 단장할 장 / 칼 도 | 은으로 만든 작은 칼.

▶**은적 隱跡/隱迹** 숨을 은 / 자취 적 | 자취나 종적을 감춤.

은적하다 隱跡/隱迹하다 숨을 은 / 자취 적 | 자취나 종적을 감추다.

은전 恩典 은혜 은 / 법 전 | 나라에서 은혜로 내리는 특전.

▶❶**은점 銀店** 은 은 / 가게 점 | 1. 은을 캐내는 광산. 2. **역사** 조선 시대에, 관청의 허가를 받아 은을 캐고 제련하던 곳.

❷**은점 銀點** 은 은 / 점 점 | 은이 녹는 온도. 960.8℃이다.

은정 恩情 은혜 은 / 뜻 정 | 은혜로운 정.

은제 銀製 은 은 / 지을 제 | 은으로 만든 물건.

은줄 銀줄 은 은 | 은으로 만든 줄.

은총 恩寵 은혜 은 / 사랑할 총 | 높은 사람에게서 받는 특별한 은혜와 사랑.

은택 恩澤 은혜 은 / 못 택 | 은혜와 덕택.

은퇴 隱退 숨을 은 / 물러날 퇴 | 물러나서 한가하게 지냄.

은파 銀波 은 은 / 물결 파 | 은물결.

은판 銀板 은 은 / 널빤지 판 | 은으로 만든 판자.

은폐 隱蔽 숨을 은 / 덮을 폐 | 덮어 감추거나 가리어 숨김.

은피 隱避 숨을 은 / 피할 피 | 숨어서 피함.

▶은하수 銀河水 은 은 / 물 하 / 물 수 | 별들이 모여 있는 '은하'를 강에 비유함.

은한 銀漢 은 은 / 한수 한 | 은하수.

은하계 銀河系 은 은 / 물 하 / 맬 계 | 은하를 이루고 있는 항성을 비롯한 수많은 천체의 집단. 항성, 성단, 가스상 성운, 성간진, 성간 가스 따위로 이루어져 있다. 태양계는 은하계의 한 부분이다.

은하적도 銀河赤道 은 은 / 물 하 / 붉을 적 / 길 도 | 은하계의 중심 면을 나타내는 큰 원. 은하 좌표의 기준이 된다.

은하계 창문 銀河系窓門 은 은 / 물 하 / 맬 계 / 창 창 / 문 문 | 천문 은하 적도 부근의 영역. 이 방향에서는 우주운에 의한 흡수가 적어, 은하

계 밖에 있는 외부 은하들이 보인다. ≒ galactic window.

은행 銀行 은 은 / 다닐 행 | 예금을 받아 그 돈을 자금으로 하여 대출, 어음 거래, 증권의 인수 따위 업무를 하는 금융기관

은현 隱現/隱顯 숨을 은 / 나타날 현 | 1. 숨었다 나타났다 함. 2. 보일락 말락 함.

은혜 恩惠 은혜 은 / 은혜 혜 | 고맙게 베풀어 주는 혜택.

은환 銀環 은 은 / 고리 환 | 은으로 만든 가락지.

❶은휼 恩恤 은혜 은 / 불쌍할 휼 | 사랑이나 은혜로 남을 도움.

❷은휼 隱恤 숨을 은 / 불쌍할 휼 | 남을 불쌍히 여겨 은혜를 베풂.

음 音 소리 음 | 귀로 느낄 수 있는 소리.

음감 音感 소리 음 / 느낄 감 | 음에 대한 감수성.

❶음객 吟客 읊을 음 / 손님 객 | 시인. 시를 즐겨 짓는 사람.

❷음객 飮客 마실 음 / 손님 객 | 술꾼. 술을 좋아하는 사람.

음계 音階 소리 음 / 섬돌 계 | 음악 일정한 음정의 순서로 음을 차례로 늘어놓은 것. 동양음악은 5음계, 서양음악은 7음계를 기초로 한다.

음곡 音曲 소리 음 / 굽을 곡 | 1. 음률의 곡조. 2. '음악'을 달리 이르는 말.

음기 陰氣 그늘 음 / 기운 기 | 1. 어둡고 침침하거나

쌀쌀한 기운. 2. 있는 음의 기운. ↔ 양기.

음담패설 淫談悖說 음란할 음 / 말씀 담 / 거스를 패 / 말씀 설 | 음탕하고 덕의에 벗어나는 상스러운 이야기.

음덕 蔭德 그늘 음 / 클 덕 | 조상의 덕.

❶**음독 音讀** 소리 음 / 읽을 독 | 소리 내어 읽음.

❷**음독 飮毒** 마실 음 / 독 독 | 독약을 먹음.

음량 音量 소리 음 / 헤아릴 량(양) | 소리의 분량.

음률 音律 소리 음 / 법칙 률(율) | 소리와 음악의 가락.

음모 陰謀 그늘 음 / 꾀 모 | 남몰래 흉악한 일을 꾸밈.

음미 吟味 맛볼 음 / 맛 미 | 맛을 감상함. 맛을 느낌.

음벽 音壁 소리 음 / 벽 벽 | 비행기가 음속을 돌파할 때의 공기 저항. 비행물체가 음속에 가까워지면 충격파가 발생하며, 이 충격파에 따른 소용돌이 때문에 기체가 심하게 진동한다.

❶**음보 音步** 소리 음 / 걸음 보 | 시에 있어서 운율을 이루는 기본 단위

❷**음보 音譜** 소리 음 / 족보 보 | 음악의 곡조를 일정한 기호를 써서 기록한 것

음복 飮福 마실 음 / 복 복 | 제사를 지내고 난 뒤 제사에 쓴 음식을 나누어 먹음.

음산 陰散 그늘 음 / 흩을 산 | 1. 날씨가 흐리고 으스스함. 2. 분위기가 을씨년스럽고 썰렁함.

음산하다 陰散하다 그늘 음 / 흩을 산 | 1. 날씨가 흐리고 으스스하다. 2. 분위기가 을씨년스럽고 썰렁하다. 늑 을씨년스럽다. 음침하다./↔ 쾌청하다, 화창하다.

음서 蔭敍 그늘 음 / 펼 서 | 역사 고려 · 조선 시대에, 공신이나 전 · 현직 고관의 자제를 과거를 치르지 않고 관리로 채용하던 일.

❶**음성 音聲** 소리 음 / 소리 성 | 말소리.

❷**음성 陰性** 그늘 음 / 성품 성 | 밖으로 드러나지 않는 성질.

음소 音素 소리 음 / 본디 소 | 낱소리.

음속 音速 소리 음 / 빠를 속 | 물리 소리가 매질을 통하여 전파되는 속도. 공기 중의 음속은 0℃, 1기압일 때 초당 331.5미터인데, 온도가 1℃ 오를 때마다 초당 약 0.6미터씩 증가하며, 물속에서는 초당 약 1,500미터씩 증가한다.

음속 장벽 音速障壁 소리 음 / 빠를 속 / 막을 장 / 벽 벽 | 물리 음속을 넘으려 할 때 눈에 보이지 않는 벽에 부딪치는 것과 같은 현상. 항공기의 속도가 음속에 가까워지면, 충격파의 발생이나 경계층 박리 등 여러 가지 장애가 생긴다.

음속 폭음 音速爆音 소리 음 / 빠를 속 / 터질 폭 | 물리 제트기가 음속을 돌파하거나 음속 상태에서 감속할 때 또는 초음속으로 비행할 때 생기는 충격파로 발생하는 폭발음.

음송 吟誦 읊을 음 / 외울 송 | 소리 내어 읽음.

음수 飮水 마실 음 / 물 수 | 마실 물.

음습하다 陰濕하다 그늘 음 / 젖을 습 | 그늘이 지고

축축하다.

음식 飮食 마실 음 / 먹을 식 | 사람이 먹을 수 있도록 만든, 밥이나 국 따위의 것.

음악 音樂 소리 음 / 노래 악 | 박자, 가락, 음성 따위를 갖가지 형식으로 조화하고 결합하여, 목소리나 악기를 통하여 표현하는 예술.

▶

음양오행 陰陽五行 그늘 음 / 볕 양 / 다섯 오 / 다닐 행 | 음양과 오행.

음양 陰陽 그늘 음 / 볕 양 | 음과 양. 우주 만물의 서로 반대되는 두 가지 기운으로서 이원적 대립 관계를 나타냄. 달과 해, 겨울과 여름, 북과 남, 여자와 남자 등.

오행 五行 다섯 오 / 다닐 행 | 우주 만물을 이루는 다섯 가지 원소. 금(金), 수(水), 목(木), 화(火), 토(土).

음역 音域 소리 음 / 지경 역 | 최저 음에서 최고 음까지의 넓이. ≒ 음폭.

❶**음영 陰影** 그늘 음 / 그림자 영 | 1. 어두운 부분. 2. 그림자. 그늘.

음영법 陰影法 그늘 음 / 그림자 영 / 법 법 | 〔미술〕 회화에서, 한 가지 색상의 명도 차에 의하여 입체감을 나타내는 기법.

❷**음영 吟詠** 읊을 음 / 읊을 영 | 시가를 읊음.

소요음영 逍遙吟詠 노닐 소 / 멀 요 / 읊을 음 / 읊을 영 | 자유롭게 이리저리 슬슬 거닐며 나지막이 시를 읊조림.

음용 飮用 마실 음 / 쓸 용 | 마시는 데 씀.

음용수 飮用水 마실 음 / 쓸 용 / 물 수 | 마실 수 있는 물.

▶

음울 陰鬱 그늘 음 / 답답할 울 | 기분이나 분위기 따위가 음침하고 우울함.

음울하다 陰鬱하다 그늘 음 / 답답할 울 | 음침하고 우울하다. ≒ 침울하다.

▶

음유 吟遊 읊을 음 / 놀 유 | 시를 지어 읊으며 여기저기 떠돌아다님.

음유시인 吟遊詩人 읊을 음 / 놀 유 / 시 시 / 사람 인 | 중세 유럽에서 여러 지방을 떠돌아다니면서 시를 읊었던 시인.

음절 音節 소리 음 / 마디 절 | 소리마디.

음정 音程 소리 음 / 한도 정 | 높이가 다른 두 음 사이의 간격

음조 音調 소리 음 / 고를 조 | 소리의 높낮이와 강약, 빠르고 느린 것 따위의 정도.

음지 陰地 그늘 음 / 땅 지 | 응달.

음질 音質 소리 음 / 바탕 질 | 소리 바탕.

음치 音癡 소리 음 / 어리석을 치 | 소리에 대한 음악적 감각이 무디어 음을 바르게 인식하거나 발성하지 못하는 사람.

음침하다 陰沈하다 그늘 음 / 잠길 침 | 1. 성질이 명랑하지 못하고 의뭉스럽다. 2. 분위기가 어두컴컴하고 스산하다. 3. 날씨가 흐리고 컴컴하다. ≒ 엉큼하다, 음산하다.

음파 音波 소리 음 / 물결 파 | 공기가 소리의 진동

을 받아서 생기는 파동. ≒ 소릿결.

▶ **음폐 陰蔽** 그늘 음 / 덮을 폐 | 숨김. 감춤.

음폐하다 陰蔽하다 그늘 음 / 덮을 폐 | 적에게 관측되지 않게 주변의 지형지물을 이용하여 감추다. ≒ 엄폐하다, 은폐하다.

음폭 音幅 소리 음 / 폭 폭 | 음넓이.

음표 音標 소리 음 / 표할 표 | 악보에서, 음의 장단과 고저를 나타내는 기호.

▶ **❶음풍 淫風** 음란할 음 / 바람 풍 | 음란하고 더러운 풍습.

❷음풍 吟諷 읊을 음 / 풍자할 풍 | 시가를 읊음.

음풍농월 吟風弄月 읊을 음 / 바람 풍 / 희롱할 농 / 달 월 | 맑은 바람과 밝은 달을 대상으로 시를 짓고 흥취를 자아내어 즐겁게 놂. ≒ 풍월(風月).

▶ **음향 音響** 소소리 음 / 울릴 향 | 물체에서 나는 소리와 그 울림.

음향효과 音響效果 소리 음 / 울릴 향 / 효과 효 / 실과 과 | 연극, 영화, 방송 등에서 여러 가지 소리를 내어 극의 실감을 돋우는 일.

음화 陰畫 그늘 음 / 그림 화 | 사진의 건판에 감광시켜 현상한 모양.

음해 陰害 그늘 음 / 해할 해 | 넌지시 남을 해침.

음흉 陰凶 그늘 음 / 흉할 흉 | 음침하고 흉악함.

읍간 泣諫 울 읍 / 간할 간 | 눈물을 흘리면서 간절하게 간함.

읍소 泣訴 울 읍 / 호소할 소 | 눈물을 흘리며 간절히 하소연함.

읍내 邑內 고을 읍 / 안내 | 읍 안.

읍성 邑城 고을 읍 / 재 성 | 한 도읍 전체를 성벽으로 둘러싼 성.

읍참마속 泣斬馬謖 울 읍 / 목 벨 참 / 말 마 / 일어날 속 | 큰 목적을 위하여 자기가 아끼는 사람을 버림을 이르는 말. 법의 공정함을 지키려고 사사로운 정을 버림. ※ 중국 촉나라 제갈량이 군령을 어기어 가정(街亭) 싸움에서 패한 마속을 눈물을 머금고 참형에 처하였다는 고사. 〈삼국지(三國志)〉.

읍치 邑治 고을 읍 / 다스릴 치 | 고을.

응감 應感 응할 응 / 느낄 감 | 마음에 응하여 느낌.

응결 凝結 엉길 응 / 맺을 결 | 한데 엉기어 뭉침.

응고 凝固 엉길 응 / 굳을 고 | 액체가 엉거서 딱딱하게 굳어짐.

응과 應科 응할 응 / 과목 과 | 과거시험에 응시함.

▶ **응급 應急** 응할 응 / 급할 급 | 급한 대로 우선 처리함.

응급수단 應急手段 응할 응 / 급할 급 / 손 수 / 층계 단 | 급한 상황에 직면하여서 빠르게 조처하는 수단.

응낙 應諾 응할 응 / 허락할 낙(락) | 상대편의 요청에 응하여 승낙함

응답 應答 응할 응 / 대답 답 | 대답.

응당 應當 응할 응 / 마땅 당 | 마땅히.

응대 應對 응할 응 / 대할 대 | 부름이나 물음에 응하여 상대함.

응모 應募 응할 응 / 모을 모 | 모집에 응하거나 지원함.

응모자 應募者 응할 응 / 모을 모 / 사람 자 | 모집에 응하는 사람.

응보 應報 응할 응 / 갚을 보 | 선악의 행위에 응하여 그 갚음을 받음.

응분 應分 응할 응 / 나눌 분 | 분수나 정도에 알맞음.

응사 應射 응할 응 / 쏠 사 | 적의 사격에 대응하여 마주 쏨.

응수 應酬 응할 응 / 갚을 수 | 상대편이 한 말이나 행동을 받아서 마주 응함.

응시 凝視 엉길 응 / 볼 시 | 눈길을 모아 한참 바라봄.

응용 應用 응할 응 / 쓸 용 | 어떤 이론이나 지식을 실제적인 일에 적용하여 씀.

응용미술 應用美術 응할 응 / 쓸 용 / 아름다울 미 / 재주 술 | 미술 실제적인 효용에 목적을 둔 미술. 도안, 장식 따위가 있다.

응원 應援 응할 응 / 도울 원 | 운동 경기 따위에서, 선수들이 힘을 낼 수 있도록 북돋아 줌.

응원단 應援團 응할 응 / 도울 원 / 둥글 단 | 응원을 하기 위하여 조직된 집단.

응전하다 應戰하다 응할 응 / 싸움 전 | 싸움에 응하다.

응접 應接 응할 응 / 이을 접 | 손님을 맞아들임.

응접실 應接室 응할 응 / 이을 접 / 집 실 | 손님을 맞아들여 접대하기 위하여 꾸며 놓은 방. ≒ 접대실, 객실, 살롱.

응접세트 應接set 응할 응 / 이을 접 | 손님을 맞아들여 접대하는 데 쓰는 탁자와 의자.

응집 凝集 엉길 응 / 모을 집 | 엉겨 뭉침.

응집력 凝集力 엉길 응 / 모을 집 / 힘 력(역) | 1. 조직의 구성원들을 통합하는 힘. 2. 물체를 구성하는 분자나 원자 사이에 작용하는 인력.

응징 膺懲 가슴 응 / 징계할 징 | 잘못을 깨우쳐 뉘우치도록 징계함.

응징하다 膺懲하다 가슴 응 / 징계할 징 | 잘못을 징계하다.

응찰 應札 응할 응 / 편지 찰 | 입찰에 참가함.

응축 凝縮 엉길 응 / 줄일 축 | 한데 엉겨 굳어서 줄어듦.

응축하다 凝縮하다 엉길 응 / 줄일 축 | 한데 엉겨 굳어서 줄어들다.

응축열 凝縮熱 엉길 응 / 줄일 축 / 더울 열 | 어떤 기체가 액체로 응축될 때 방출하는 열.

응하다 應하다 응할 응 | 어떤 요구나 필요에 맞추어 대하거나 행동하다.

응혈 凝血 엉길 응 / 피 혈 | 피가 굳음.

응화 應和 응할 응 / 화할 화 | 서로 응하여 대답함.

❶의거 依據 의지할 의 / 의지할 거 | 1. 어떤 사실에 의지함. 2. 어떤 힘을 빌려 의지함. 늑 의지, 빙자.

❷의거 義擧 옳을 의 / 들 거 | 정의를 위하여 일어남.

의견 意見 뜻 의 / 볼 견 | 어떤 대상에 대하여 가지는 생각.

의결 議決 의논할 의 / 결단할 결 | 의논하여 결정함.

의결기관 議決機關 의논할 의 / 결단할 결 / 틀 기 / 관계할 관 | 의사를 결정할 수 있는 권한을 가지는 합의 기관. 지방의회나 주주총회, 사원총회 따위가 있다.

의고 擬古 비길 의 / 옛 고 | 옛것을 본뜸.

의고주의 擬古主義 비길 의 / 옛 고 / 주인 주 / 뜻 의 | 옛것을 숭배하여 모방하는 주의.

의관 衣冠 옷 의 / 갓 관 | 남자의 웃옷과 갓이라는 뜻으로, 남자가 정식으로 갖추어 입는 옷차림.

의구하다 依舊하다 의지할 의 / 옛 구 | 옛날 그대로 변함이 없다. ※ 참조: 산천은 의구하되 인걸(人傑)은 간 데 없다.

의궤 儀軌 거동 의 / 바퀴자국 궤 | 1. 의례의 본보기. 2. 예전에, 나라에서 큰일을 치를 때 후세에 참고하기 위하여, 그 일의 처음부터 끝까지의 경과를 자세하게 적은 책. ※ 참조 | 경복궁(景福宮) 중건(重建) 의궤.

❶의기 意氣 뜻 의 / 기운 기 | 1. 기세가 좋음. 2. 장한 마음. 3. 사람이 타고난 기개나 마음씨. 늑 기상.

의기양양 意氣揚揚 뜻 의 / 기운 기 / 날릴 양 / | 뜻한 바를 이루어 만족한 표정.

의기소침 意氣銷沈 뜻 의 / 기운 기 / 녹일 소 / 잠길 침 | 기운이 없어지고 풀이 죽음.

의기상합 意氣相合 뜻 의 / 기운 기 / 서로 상 / 합할 합 | 마음이나 뜻이 서로 맞음.

❷의기 義氣 옳을 의 / 기운 기 | 정의감에서 우러나오는 기개.

의기남아 義氣男兒 옳을 의 / 기운 기 | 의기가 있는 남자.

의논 議論▽ 의논할 의 / 논할 논(론) | 서로 의견을 주고받음.

의당 宜當 마땅 의 / 마땅 당 | 으레.

의대 衣帶 옷 의 / 띠 대 | 옷띠.

의도 意圖 뜻 의 / 그림 도 | 무엇을 하고자 하는 생각이나 계획.

의례 儀禮 거동 의 / 예도 례(예) | 행사를 치르는 일정한 법식

의례적 儀禮的 거동 의 / 예도 례(예) / 과녁 적 | 1. 의례에 맞는. 2. 형식이나 격식만을 갖춘

의롭다 義롭다 옳을 의 | 정의를 위한 의기가 있다.

의뢰 依賴 의지할 의 / 의뢰할 뢰(뇌) | 1. 굳게 믿고 의지함. 2. 남에게 부탁함.

의뢰인 依賴人 의지할 의 / 의뢰할 뢰(뇌) / 사람 인 | 남에게 어떤 일을 맡긴 사람.

▶
의료 醫療 의원 의 / 고칠 료(요) | 의술로 병을 고침.

의료보험 醫療保險 의원 의 / 고칠 료(요) / 지킬 보 / 험할 험 | 상해나 질병에 대하여 의료를 보장하는 사회적 보험.

의류 衣類 옷 의 / 무리 류(유) | 옷붙이. 옷가지.

의리 義理 옳을 의 / 다스릴 리(이) | 사람으로서 마땅히 지켜야 할 도리.

의리감 義理感 옳을 의 / 다스릴 리(이) / 느낄 감 | 사람으로서 마땅히 해야 할 도리를 지키려는 마음.

의리부동 義理不同 옳을 의 / 다스릴 리(이) / 아닐 부 / 한가지 동 | 의리에 맞지 않음.

▶
의무 義務 옳을 의 / 힘쓸 무 | 사람으로서 마땅히 하여야 할 일.

의무감 義務感 옳을 의 / 힘쓸 무 / 느낄 감 | 의무를 느끼는 마음.

의무교육 義務敎育 옳을 의 / 힘쓸 무 / 가르칠 교 / 기를 육 | 국가에서 제정한 법률에 따라 일정한 연령에 이른 아동이 의무적으로 받아야 하는 보통 교육.

▶
의문 疑問 의심할 의 / 물을 문 | 의심하여 물음.

의문문 疑問文 의심할 의 / 물을 문 / 글월 문 | 화자가 청자에게 질문을 하는 문장. 의문형 어미로 문장을 끝맺는데, "거기서 무얼 하고 있니?",

"아직도 밖에 비가 오느냐?" 따위이다.

▶
의미 意味 뜻 의 / 맛 미 | 뜻.

의미심장하다 意味深長하다 뜻 의 / 맛 미 / 깊을 심 / 길 장 | 뜻이 매우 깊다.

의발 衣鉢 옷 의 / 바리때 발 | 불교 스님들이 사용하는 가사(옷)와 바리때(밥그릇).

의법 依法 의지할 의 / 법 법 | 법에 의거함.

의법처단 依法處斷 의지할 의 / 법 법 / 곳 처 / 끊을 단 | 법률이 정해 놓은 기준에 따라서 처벌함.

▶
의병 義兵 옳을 의 / 병사 병 | 외적의 침입을 물리치기 위하여, 백성들이 자발적으로 조직한 군대

의병장 義兵將 옳을 의 / 병사 병 / 장수 장 | 의병을 거느리는 장수.

의복 衣服 옷 의 / 옷 복 | 옷.

의부 義父 옳을 의 / 아버지 부 | 어머니가 재혼함으로써 생긴 아버지.

의분 義憤 옳을 의 / 분할 분 | 의로운 분노.

▶
❶의사 意思 뜻 의 / 생각 사 | 무엇을 하고자 하는 생각. ≒ 의의, 뜻.

의사능력 意思能力 뜻 의 / 생각 사 / 능할 능 / 힘 력(역) | 자기 행위의 의미나 결과를 정상적으로 판단할 수 있는 정신적 능력.

❷의사 醫師 의원 의 / 스승 사 | 병을 진료하는 사람.

❸의사 義士 옳을 의 / 선비 사 | 의로운 지사.

❹**의사 擬似** 비길 의 / 닮을 사 | 실제와 비슷함.

❺**의사 議事** 의논할 의 / 일 사 | 회의에서 어떤 일을 의논함.

의사록 議事錄 의논할 의 / 일 사 / 기록할 록(녹) | 회의의 경과 및 결정 따위를 적어 놓은 기록.

의사방해 議事妨害 의논할 의 / 일 사 / 방해할 방 / 해할 해 | 의회에서 합법적인 수단을 통하여 의사 진행을 계획적으로 방해하는 일.

의사당 議事堂 의논할 의 / 일 사 / 집 당 | 의원들이 모여서 회의하기 위한 건물. 주로 국회의사당을 이른다.

▶ **의상 衣裳** 옷 의 / 치마 상 | 겉옷.

의상실 衣裳室 옷 의 / 치마 상 / 집 실 | 1. 옷을 두고 갈아입고 하는 방. 2. 여자의 옷을 짓고 파는 가게.

의생활 衣生活 옷 의 / 날 생 / 살 활 | 옷을 장만하거나 입는 일에 관한 생활.

의서 醫書 의원 의 / 글 서 | 의학에 관한 책.

의석 議席 의논할 의 / 자리 석 | 회의하는 자리.

▶ **의성 擬聲** 비길 의 / 소리 성 | 소리를 그대로 흉내를 내는 일.

의성어 擬聲語 비길 의 / 소리 성 / 말씀 어 | 소리를 그대로 흉내 낸 말. '쌕쌕', '멍멍', '땡땡', '우당탕', '퍼덕퍼덕' 따위가 있다.

의성법 擬聲法 비길 의 / 소리 성 / 법 법 | 소리를 그대로 묘사하여 표현하는 비유법. '주룩주룩

비가 내린다.', '아기가 쌕쌕 잠을 잔다.' 따위이다.

▶ **의태 擬態** 비길 의 / 모양 태 | 모양이나 움직임을 그대로 흉내를 내는 일.

의태어 擬態語 비길 의 / 모양 태 / 말씀 어 | 모양이나 움직임을 그대로 흉내 낸 말. '아장아장', '엉금엉금', '번쩍번쩍' 따위가 있다.

의태법 擬態法 비길 의 / 모양 태 / 법 법 | 모양이나 태도를 본떠서 표현하는 수사법. '뭉게뭉게.', '어슬렁어슬렁.' 따위가 있다.

1등급

국어한자단어3만자 ❸

1판 1쇄 인쇄 · 2022년 07월 20일
1판 1쇄 발행 · 2022년 07월 27일

펴낸이 · 홍행숙
펴낸곳 · 문창탑
디자인 · 김경일
인쇄 · 반석기획

등록 · 105 91 90635
주소 · 서울 구로구 개봉로 3길 87 103동 103호
대표전화 · (02) 722-3588
팩스 · (02) 722-3587

ISBN · 979-11-87433-33-0 (54710)